实用经济数学

主　编　汪　丽　罗姣姣
副主编　康军凤　李发学
参　编　王　英　董　蓉

中国经济出版社
CHINA ECONOMIC PUBLISHING HOUSE

图书在版编目（CIP）数据

实用经济数学 / 汪丽，罗姣姣主编.--北京：中国经济出版社，2022.9
中经金课公共基础类精品课程
ISBN 978-7-5136-7072-2

Ⅰ.①实… Ⅱ.①汪… ②罗… Ⅲ.①经济数学-高等学校-教材 Ⅳ.①F224

中国版本图书馆CIP数据核字（2022）第154737号

选题策划 雷 生
责任编辑 牛慧珍
责任印制 马小宾
封面设计 牧野春晖

出版发行 中国经济出版社
印 刷 者 北京富泰印刷有限责任公司
经 销 者 各地新华书店
开 本 787 mm×1 092 mm 1/16
印 张 18.5
字 数 427 千字
版 次 2022 年 9 月第 1 版
印 次 2022 年 9 月第 1 次
定 价 49.90 元
广告经营许可证 京西工商广字第 8179 号

中国经济出版社 网址 www.economyph.con 社址 北京市东城区安定门外大街 58 号 邮编 100011
本版图书如存在印装质量问题，请与本社销售中心联系调换（联系电话：010-57512564）

前言

PREFACE

《实用经济数学》是高等院校经济（类）专业必修的一门重要公共基础课。它对培养学生科学文化素养、综合素质、逻辑思维、创新能力、可持续发展以及运用数学知识解决实际问题的能力有着非常重要的作用。

本书以教育部高等院校经济类专业教学大纲和人才培养目标为依据；本着“以应用为目的，以必需、够用为度”的基本原则；同时结合了我们在教学和教改中的成功经验，坚持以适用性和针对性为出发点，删繁就简、削枝强干，尽量减少枯燥、应用性不强的理论概念及证明。本书重点突出经济（类）数学的基本思想和基本方法，使学生能够掌握基本概念，形成基本的数学思维，具有利用数学工具解决实际问题的能力，增强职业适应能力，为学生的就业和创业奠定基础。本书在每章节后设置了“思政天地”，体现“立德树人”的教育功能。

本书在内容安排上以生为本、循序渐进、深入浅出，引入案例教学和启发式教学方法；选择例题、作业题、案例时结合现实社会生产、生活实际，便于激发学生的学习兴趣，使学生在学习中感受到数学在现实中的应用途径和方法。

本书分为 11 个项目，分别为认识函数模型、极限与连续及其应用、导数与微分、微分中值定理与导数的应用、不定积分、定积分及其应用、多元函数微积分学、微分方程、线性代数初步、线性规划初步及概率论初步。

本书主要由甘肃财贸职业学院理科教研室成员编写完成。参与编写的人员均具有丰富的教学经验，均为学科骨干教师。本书由汪丽、罗姣姣担任主编，康军凤、李发学担任副主编，王英、董蓉参与了部分编写。最后由副主编康军凤完成全书统稿，王英、董蓉修改校对最终定稿。甘肃财贸职业学院院长周雅顺、副院长何科鹏指导编写工作。

在编写过程中，参阅了相关文献资料，在此向其作者深表感谢。

本书是甘肃财贸职业学院专业群建设的试行版本，在编写过程中得到了学院领导、教务处及公共课教学部主任张辽圣的大力支持，在此特别致以诚挚的谢意！

由于水平有限，书中不足之处在所难免，欢迎广大读者批评指正。

编　者

目录

CONTENTS

05

06

07

08 项目八　微分方程 // 159

09 项目九　线性代数初步 // 184

项目一　认识函数模型

关于函数概念，在中学数学中我们已经有了初步了解，本章将对函数的概念和性质做进一步的讨论.

任务 1　理解函数的基本知识

1.1　函　　数

1.1.1　变量与区间

1. 常量与变量

在日常生产生活和经济活动中，经常遇到各种不同的量. 例如：身高、产量、收入、成本等. 这些量可以分为两类，一类量在考察的过程中不发生变化，只取固定的值，称为常量，例如，圆周率 π 是个不变的量；另一类量在所考察的过程中是变化的，可以取不同的数值，称为变量. 例如，一天中的气温、生产过程中的产量都是不断变化的，它们都是变量.

常量与变量的确定依赖所研究的过程，同一个量，在不同的过程中可能是常量，也可能是变量. 例如，某种商品的价格在一段时间内是常量，而在较长时间内则可能是变量.

常量也可看作一种特殊的变量.

2. 区间与邻域

变量的变化范围一般是一个集合，设有变量 x，a 和 b 都是实数，且 $a<b$. 集合

$$\{x \mid a<x<b\}$$

称为开区间，记作(a, b)，即

$$(a, b)=\{x \mid a<x<b\},$$

a 和 b 称为开区间的端点，这里 $a \notin (a, b)$，$b \notin (a, b)$. 集合

$$\{x \mid a \leqslant x \leqslant b\}$$

称为闭区间，记作$[a, b]$，即

$$[a, b]=\{x \mid a \leqslant x \leqslant b\},$$

a 和 b 也称为闭区间的端点，这里 $a \in [a, b]$，$b \in [a, b]$.

类似再有：

$$[a, b)=\{x \mid a \leqslant x<b\} \text{和} (a, b]=\{x \mid a<x \leqslant b\}.$$

$(a, b]$和$[a, b)$都称为半开区间.

上述区间都称为有限区间. 数$b-a$称为这些区间的长度, 此外, 还有所谓无穷区间, 例如, 区间$[a, +\infty)=\{x|x\geqslant a\}$, $(-\infty, b)=\{x|x<b\}$, $(-\infty, +\infty)=\{x|x\in \mathbf{R}\}$ (记号$-\infty$读作负无穷大, 记号$+\infty$读作正无穷大).

设δ是任一正数, 则开区间$(a-\delta, a+\delta)$称作以点a为中心以δ为半径的点a的δ邻域, 记作$U(a, \delta)$, 即

$$U(a, \delta)=\{x|a-\delta<x<a+\delta\}.$$

显然, $U(a, \delta)=\{x|a-\delta<x<a+\delta\}$ 也可记为 $U(a, \delta)=\{x||x-a|<\delta\}$.

如不强调邻域的半径, 则以点a为中心的邻域记作$U(a)$.

有时用到的邻域需要把邻域中心去掉, 点a的δ邻域去掉中心a后, 称为点a的去心δ邻域, 记作$\mathring{U}(a, \delta)$, 即

$$\mathring{U}(a, \delta)=\{x|0<|x-a|<\delta\}.$$

1.1.2 函数的概念及其表示法

1. 函数的基本概念

函数的概念

在所研究的某个变化过程中, 常会同时出现几个变量, 这些变量并不是彼此独立变化的, 而是相互影响和相互制约的, 一个量或一些量的变化会引起另一个量的变化, 如果这些变化是依照某一规则的, 则常说这些变量之间存在着函数关系.

定义 1.1 设x, y是两个变量, x取值于实数集合X, 如果对于每一个$x\in X$, 按照某一规则f都可以唯一地确定一个y值与之对应, 则称变量y是变量x的函数, 记为

$$y=f(x), \quad x\in X.$$

其中, x称为自变量, y称为因变量, 自变量x的变域X称为函数的定义域, 因变量y的变域

$$Y=\{y|y=f(x), x\in X\}$$

称为函数的值域, f称为函数的对应法则.

由函数定义可知, 一个函数$y=f(x)$是由以下 3 个因素确定的, 称为函数的三要素, 即

(1)定义域X, 即自变量的取值范围.

(2)对应法则f.

(3)函数值域Y, 即函数值的集合.

对于两个函数, 如果它们的定义域、对应法则和值域都相同, 那么这两个函数就是等同的. 例如, 函数$f(x)=x^3\sin^2x+x^3\cos^2x$和$g(x)=x^3$就是等同的. 又如函数$y=x^2$, $x\in(1, 2)$和$y=x^2$, $x\in(-1, 2)$, 虽然有相同的对应法则, 但定义域不同, 所以它们是不同的函数.

当自变量x取定义域中某个值x_0时, 对应的因变量的值称为函数值, 记作$f(x_0)$或$y|_{x=x_0}$, 例如对函数$f(x)=\dfrac{1}{1+x^2}$, $f(0)=1$, $f(u+1)=\dfrac{1}{1+(u+1)^2}$, $y|_{x=1}=\dfrac{1}{2}$, 等等.

在定义 1.1 中，对自变量 x 的一个确定的取值，y 只能有一个值与之对应，这种函数称为单值函数，简称函数．若对自变量 x 的一个确定的取值有多个 y 值与之对应，则称这种函数为多值函数，多值函数不是定义 1.1 意义下的函数．例如，由关系式 $y^2=x$ 所确定的 y 关于 x 的函数就是一个多值函数．对这一多值函数，可将其分解成两个单值函数：

$$y=\sqrt{x},\ x\in[0,\ +\infty) \quad 和 \quad y=-\sqrt{x},\ x\in[0,\ +\infty).$$

在研究函数时，必须注意函数的定义域．函数的定义域通常按以下两种情形来确定．

(1)对于实际应用问题中的函数，要根据实际问题中变量的实际意义确定．

例如，用边长为 $a(a>0)$ 的正方形铁片，从 4 个角各减去边长为 x 的小正方形，做成一个无盖铁盒，其体积 V 是 x 的函数，即

$$V=x(a-2x)^2.$$

考虑本问题的实际意义，函数的定义域应为 $X=\left(0,\ \dfrac{a}{2}\right)$. 这种情况一定要在函数表达式后表示出函数的定义域.

(2)对于用数学式子抽象表示的函数，这种函数的定义域通常是使得数学式子有意义的一切实数组成的集合，对于这种约定下的函数，我们可以不必表示出定义域，而把函数用“$y=f(x)$”来表达．例如函数 $y=\sqrt{1-x^2}$ 的定义域为 $[-1,\ 1]$.

【例 1-1】 确定函数 $y=\dfrac{\sqrt{5-x}}{1-x^2}+\sqrt{x+2}$ 的定义域.

解：要使表达式有意义，必须满足

$$\begin{cases}1-x^2\neq 0,\\5-x\geqslant 0,\\x+2\geqslant 0,\end{cases} 解得 \begin{cases}x\neq \pm 1,\\x\leqslant 5,\\x\geqslant -2.\end{cases}$$

因此，函数的定义域为

$$X=[-2,\ -1)\cup(-1,\ 1)\cup(1,\ 5].$$

2. 函数的表示方法

函数的主要表示方法有三种：表格法、图形法、解析法.

(1)表格法．表格法是用表格形式来表示自变量和因变量的函数关系，它在生产实际中应用广泛，例如，某市场一年中各月毛线的零售量(单位：kg)见表 1-1.

表 1-1　　　　(单位：kg)

月份 x	1 月	2 月	3 月	4 月	5 月	6 月	7 月	8 月	9 月	10 月	11 月	12 月
零售量 Q	91	85	50	43	12	10	9	23	123	154	178	123

它表示出毛线的零售量 Q 随月份 x 而变化的函数关系，其定义域为 $X=\{1,\ 2,\ \cdots,\ 12\}$，值域为 $\{91,\ 85,\ 50,\ 43,\ 12,\ 10,\ 9,\ 23,\ 123,\ 154,\ 178,\ 123\}$.

(2)图形法．图形法就是用坐标平面上的图形来表示函数，坐标平面上的点集

$$\{(x,\ y)\mid y=f(x),\ x\in X\}$$

称为函数 $y=f(x)$，$x\in X$ 的图形，如图 1-1 所示.

(3)解析法．解析法就是将自变量与因变量之间的关系用方程表示．这些方程通常称为函数的解析表达式．例如：

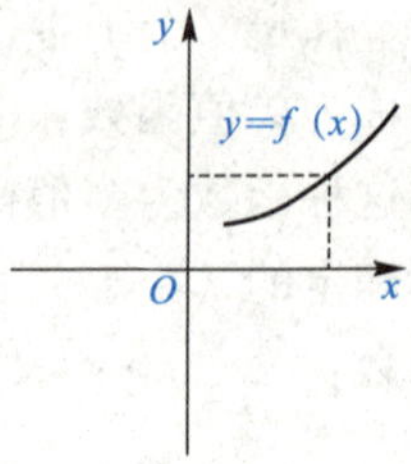

图 1-1

$$y=\cos x-\lg(1+x),\ y+\sin y=x^2\cos x \text{ 和 } y=\begin{cases}x, & x\geqslant 0,\\ 1-x, & x<0\end{cases}$$

都是函数的解析表达式．它们分别代表了 3 种不同类型的函数．

1)函数 $y=\cos x-\lg(1+x)$，y 已由 x 的解析式直接表示出来，这种形式的函数称为显函数．

2)函数 $y+\sin y=x^2\cos x$，y 没有由 x 的解析式直接表示出来，这种形式的函数称为隐函数．一般地，若一个函数的自变量 x 和因变量 y 的对应关系是由一个二元方程 $F(x,y)=0$ 来确定的，并且 y 未被解成 x 的显函数的形式，则这个函数称为隐函数．

显函数也可被看成一种特殊的隐函数．将隐函数化成显函数的过程，称为函数的显化，但并不是所有的隐函数都能化成显函数．例如，隐函数 $y+\sin y=x^2\cos x$ 就不能显化，而隐函数 $y+2ye^{2x}-5=0$ 就可以显化．

3)函数

$$y=\begin{cases}x, & x\geqslant 0,\\ 1-x, & x<0,\end{cases}$$

y 在定义域的不同范围中具有不同的解析式，这种函数称为分段函数，应该注意的是，分段函数是用几个解析式合起来表示一个函数，而不是表示几个函数．

分段函数

【例 1-2】 函数

$$y=\operatorname{sgn}x=\begin{cases}-1, & x<0,\\ 0, & x=0,\\ 1, & x>0\end{cases}$$

称为符号函数，它是一个分段函数．它的定义域为 $X=(-\infty,+\infty)$，它的图形如图 1-2 所示．对任何实数 x，有 $|x|=\operatorname{sgn}x\cdot x$．

【例 1-3】 函数

$$y=|x|=\begin{cases}x, & x\geqslant 0,\\ -x, & x<0\end{cases}$$

的定义域 $X=(-\infty,+\infty)$，值域为 $[0,+\infty)$，它的图形如图 1-3 所示，这个函数称为绝对值函数．

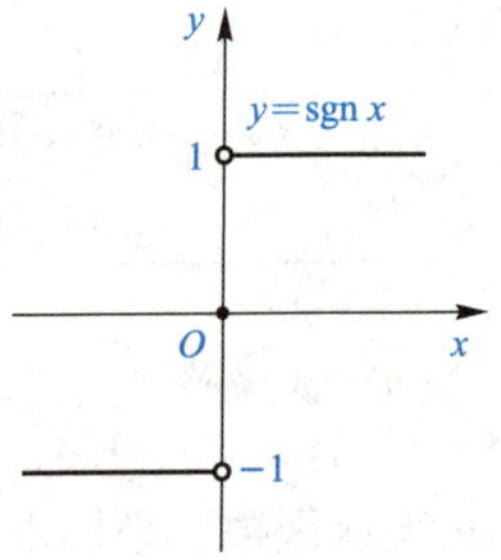

图 1-2

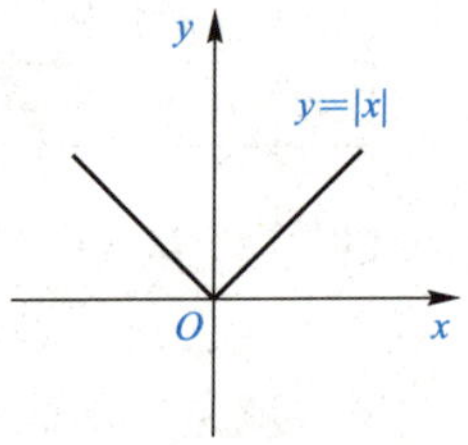

图 1-3

1.2　函数的几种特性

1.2.1　函数的有界性

定义 1.2　设函数 $y=f(x)$ 在集合 X 上有定义，如果存在一个数 M，对于所有的 $x\in X$，恒有 $f(x)\leqslant M$，则称函数 $f(x)$ 在 X 上是有上界的．如果存在一个数 m，对于所有的 $x\in X$，恒有 $f(x)\geqslant m$，则称 $f(x)$ 在 X 上是有下界的．

函数的性质

例如，函数 $f(x)=\sin x$ 在区间 $(-\infty,\ +\infty)$ 内有上界也有下界，函数 $f(x)=\dfrac{1}{x}$ 在区间 $(0,\ 1)$ 内有下界而无上界．

定义 1.3　设函数 $y=f(x)$ 在集合 X 上有定义，如果存在一个正数 M，对于所有的 $x\in X$，恒有 $|f(x)|\leqslant M$，则称函数 $f(x)$ 在 X 上是有界的．如果不存在这样的正数 M，则称 $f(x)$ 在 X 上是无界的．

例如，函数 $f(x)=\sin x$ 在区间 $(-\infty,\ +\infty)$ 内有 $|\sin x|\leqslant 1$，故函数 $f(x)=\sin x$ 在区间 $(-\infty,\ +\infty)$ 内有界．对于有界函数，其界正数 M 的取法不唯一，对于 $f(x)=\sin x$，可取任何大于 1 的数作为 M，而使 $|f(x)|\leqslant M$ 成立．

函数 $f(x)=\dfrac{1}{x}$ 在区间 $(0,\ 1)$ 内无界，因为不存在这样的正数 M，使 $\left|\dfrac{1}{x}\right|\leqslant M$ 对于区间 $(0,\ 1)$ 内的一切 x 都成立．但函数 $f(x)=\dfrac{1}{x}$ 在区间 $(1,\ 2)$ 内有界，如可取正数 $M=1$，而有 $\left|\dfrac{1}{x}\right|\leqslant 1$ 对 $x\in(1,\ 2)$ 都成立．

容易证明，函数 $y=f(x)$ 在 X 上有界的充分必要条件是它在 X 上既有上界又有下界．

1.2.2　函数的奇偶性

定义 1.4　设函数 $y=f(x)$ 在集合 X 上有定义，

(1) 若对任意 $x\in X$，有 $-x\in X$ 且 $f(-x)=-f(x)$，则称 $f(x)$ 为 X 上的奇函数．

(2) 若对任意 $x\in X$，有 $-x\in X$ 且 $f(-x)=f(x)$，则称 $f(x)$ 为 X 上的偶函数．

例如，$y=x^3$ 是 $(-\infty,\ +\infty)$ 上的奇函数，$y=x^2$ 是 $(-\infty,\ +\infty)$ 上的偶函数，$y=\sqrt{1-x^2}$ 是 $[-1,\ 1]$ 上的偶函数．

奇函数的图形关于原点对称，即如果点 $P(x,\ f(x))$ 在函数的图象上，则点 $P'(-x,\ -f(x))$ 也在此图象上．

偶函数的图形关于 y 轴对称，即如果点 $Q(x,\ f(x))$ 在函数的图象上，则点 $Q'(-x,\ f(x))$ 也在此图象上．

容易证明以下结论．

(1) 两个奇函数的代数和仍是奇函数，两个偶函数的代数和仍是偶函数．

(2)两个奇函数的乘积是偶函数，两个偶函数的乘积是偶函数，一个奇函数与一个偶函数的乘积是奇函数.

1.2.3 函数的单调性

定义 1.5 设函数 $y=f(x)$ 在集合 X 上有定义，区间 $I \subset X$，如果对于 I 上的任意两点 x_1，x_2：

(1)当 $x_1 < x_2$ 时，恒有 $f(x_1) < f(x_2)$，则称 $y=f(x)$ 在区间 I 上是单调增加的.

(2)当 $x_1 < x_2$ 时，恒有 $f(x_1) > f(x_2)$，则称 $y=f(x)$ 在区间 I 上是单调减少的.

单调增加和单调减少的函数统称为单调函数.

函数的单调性与所讨论的函数的区间有关．例如，函数 $y=x^2$ 在 $(-\infty, +\infty)$ 内并不是单调函数，但它在 $(-\infty, 0)$ 内是单调减少的，在 $(0, +\infty)$ 内是单调增加的；函数 $y=x^3$ 在 $(-\infty, +\infty)$ 内是单调增加的，它是单调函数.

1.2.4 函数的周期性

定义 1.6 设函数 $y=f(x)$ 在集合 X 上有定义．如果存在一个正数 T，对任意 $x \in X$，有 $(x+T) \in X$，恒有 $f(x+T)=f(x)$，则称 $y=f(x)$ 是以 T 为周期的周期函数．满足 $f(x+T)=f(x)$ 的最小正数 T 称为 $y=f(x)$ 的最小正周期，简称为周期.

例如，函数 $y=\sin x$，$y=\cos x$ 都是以 2π 为周期的周期函数，函数 $y=\tan x$ 是以 π 为周期的周期函数.

对于周期为 T 的函数 $y=f(x)$，只要作出函数在一个周期上的图象，则整个函数的图象就可以将该周期上的图象向左或向右平移得到.

并非每个周期函数都有最小正周期.

例如，狄利克雷函数

$$D(x)=\begin{cases}1, & x \in Q, \\ 0, & x \in Q^c.\end{cases}$$

任何正有理数都是它的周期．因为不存在最小的正有理数，所以它没有最小正周期.

1.3 反　函　数

在函数的定义中，有两个变量：一个是自变量，一个是因变量．它们地位不同，但在实际问题中，谁是自变量，谁是因变量，并不是绝对的，而要根据所研究的问题而定．在一定的条件下，函数的自变量与因变量的地位是可以交换的，这样就可得到一个新的函数，这个函数通常称为原函数的反函数.

定义 1.7 设给定函数 $y=f(x)$，定义域为 X，值域为 Y. 如果对于 Y 中的任一 y 的值，按关系式 $y=f(x)$，总有唯一的一个 $x \in X$ 与之对应，这样就得到一个以 y 为自变量的函数，称这个函数为 $y=f(x)$ 的反函数，记作

$$x=f^{-1}(y), \ y \in Y.$$

因习惯用 x 表示自变量，用 y 表示因变量，所以总是将 $y=f(x)$ 的反函数表示为

$$y=f^{-1}(x),\ x\in Y.$$

在同一坐标系中，$y=f(x)$ 与 $y=f^{-1}(x)$ 图形关于直线 $y=x$ 对称，如图 1-4 所示.

【例 1-4】 求函数 $y=2x-3$ 的反函数.

解：由 $y=2x-3$ 解得 $x=\dfrac{y+3}{2}$，故 $y=2x-3$ 的反函数为 $y=\dfrac{x+3}{2}$.

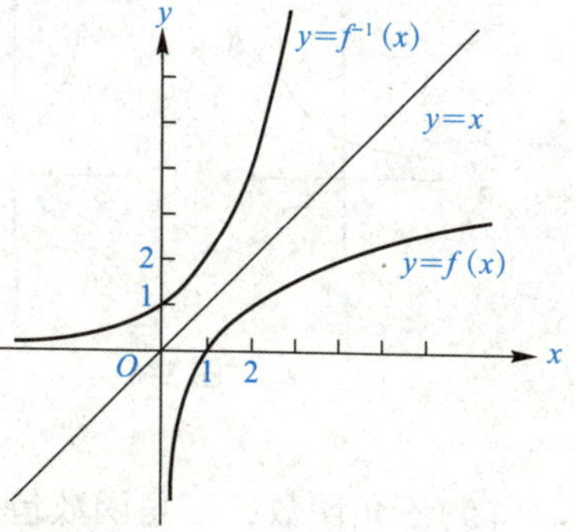

图 1-4

值得注意的是，并非每个函数都具有反函数．例如函数 $y=x^2$，$x\in X=(-\infty,+\infty)$，对其值域中的每个 $y\in(0,+\infty)$，在 X 中有 x 的两个值 $x=\pm\sqrt{y}$，使得 $x^2=y$，故在 $(-\infty,+\infty)$ 内，$y=x^2$ 没有反函数. 那么，在什么条件下函数 $y=f(x)$ 才具有反函数呢？有如下的结论：

定理 1.1 若 $y=f(x)$ 在其定义域上单调，则 $y=f(x)$ 存在反函数，且其反函数也是单调的(证明略).

例如，$y=x^2$，$x\in(0,+\infty)$ 存在反函数 $y=\sqrt{x}$，$x\in(0,+\infty)$；$y=x^2$，$x\in(-\infty,0]$ 存在反函数 $y=-\sqrt{x}$，$x\in[0,+\infty)$.

1.4 基本初等函数及图形

基本初等函数是指常量函数、幂函数、指数函数、对数函数、三角函数和反三角函数这 6 种函数.

下面给出这些函数的图形和一些主要的性质.

(1) 常量函数 $y=c$(c 为常数)．常量函数的定义域为 $(-\infty,+\infty)$，它是偶函数且有界.

(2) 幂函数 $y=x^a$(a 为实数)．幂函数的定义域依 a 的取值不同而不同，但不论 a 为何值，它在 $(0,+\infty)$ 内恒有定义，其图形如图 1-5 所示.

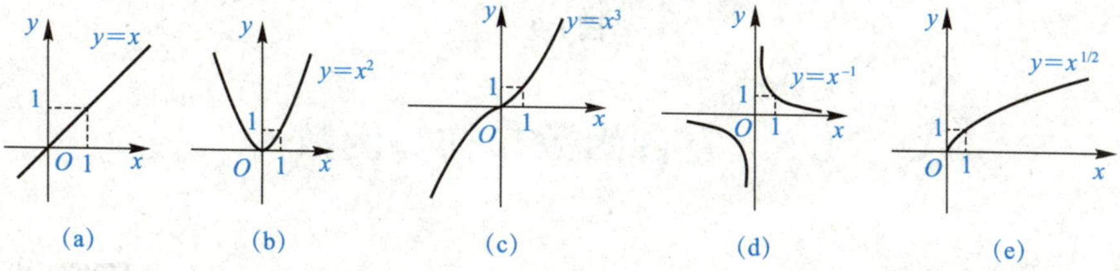

图 1-5

(3) 指数函数 $y=a^x$($a>0$，$a\neq1$)．指数函数的定义域为 $(-\infty,+\infty)$，当 $a>1$ 时，为单调增加函数，当 $0<a<1$ 时，为单调减少函数，其图形如图 1-6 所示.

(4) 对数函数 $y=\log_a x\,(a>0,\ a\neq 1)$. 对数函数的定义域为 $(0,\ +\infty)$，它是指数函数的反函数，当 $a>1$ 时，为单调增加函数，当 $0<a<1$ 时，为单调减少函数，其图形如图 1-7 所示.

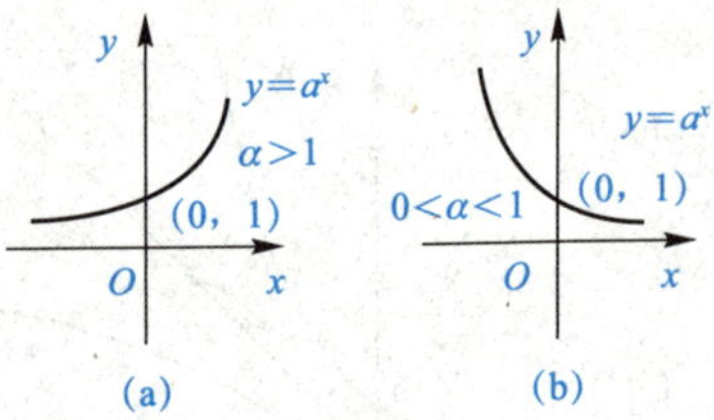

图 1-6

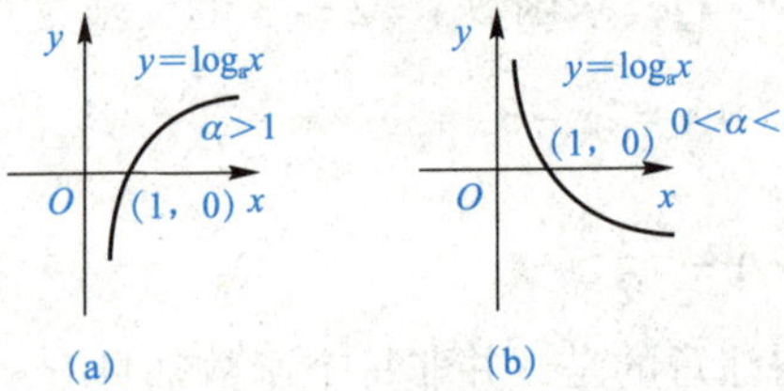

图 1-7

(5) 三角函数. 三角函数包括以下 6 种函数：$y=\sin x$，$y=\cos x$，$y=\tan x$，$y=\cot x$，$y=\sec x$，$y=\csc x$. 三角函数均为周期函数，它们的图形如图 1-8 所示.

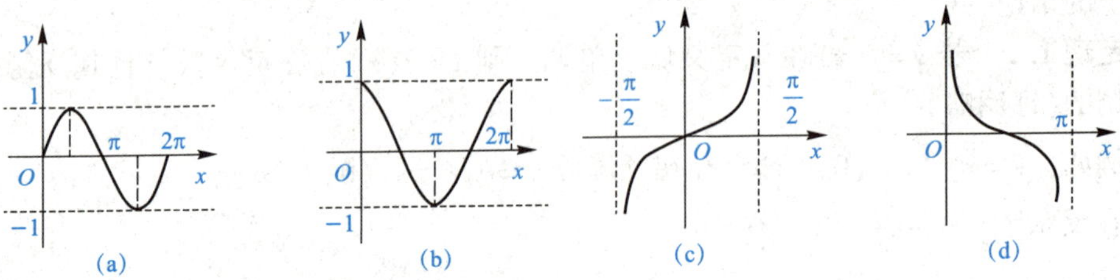

(a) $y=\sin x$；(b) $y=\cos x$；(c) $y=\tan x$；(d) $y=\cot x$

图 1-8

(6) 反三角函数. 常用的反三角函数有以下几种：$y=\arcsin x$，$y=\arccos x$，$y=\arctan x$，$y=\operatorname{arccot} x$. 它们都是单调函数，它们的图形如图 1-9 所示.

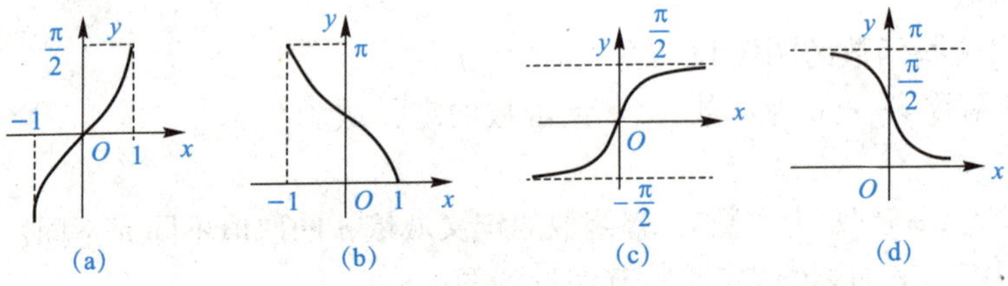

(a) $y=\arcsin x$；(b) $y=\arccos x$；(c) $y=\arctan x$；(d) $y=\operatorname{arccot} x$

图 1-9

1.5 复合函数与初等函数

1.5.1 复合函数

函数关系是可以传递的，就是说，如果变量 y 是变量 u 的函数，而 u 又是变量 x 的函数，那么在一定条件下，y 也是变量 x 的函数.

初等函数

定义 1.8 设函数 $y=f(u)$，$u\in U$ 和 $u=\varphi(x)$，$x\in X$. 若 $u=\varphi(x)$ 的

值域包含在$y=f(u)$的定义域U中，将$u=\varphi(x)$代入$y=f(u)$得函数$y=f(\varphi(x))$，$x\in X$，则称$y=f(\varphi(x))$，$x\in X$为$y=f(u)$和$u=\varphi(x)$复合而成的复合函数．其中u称为中间变量.

不是任意两个函数都能进行复合，$y=\ln u$和$u=x-\sqrt{x^2+1}$就不能构成复合函数，因为$u=x-\sqrt{x^2+1}$的值域是$u<0$，而$y=\ln u$的定义域是$u>0$，后者函数的值域并没有被包含在前者函数的定义域中.

复合函数的复合可以是多重的复合，即可以有多个中间变量.

【例1-5】 已知$y=\sin u$，$u=x^3-3$，将y表示成x的函数.

解： 将$u=x^3-3$代入$y=\sin u$，可得

$$y=\sin(x^3-3).$$

【例1-6】 设$f(x)=\sqrt{x}+1$，$\varphi(x)=x^2$，求$f(\varphi(x))$及$\varphi(f(x))$，并求它们的定义域.

解： $f(\varphi(x))=\sqrt{\varphi(x)}+1=\sqrt{x^2}+1=|x|+1$，其定义域为$(-\infty,\ +\infty)$.

$\varphi(f(x))=[f(x)]^2=(\sqrt{x}+1)^2=x+2\sqrt{x}+1$，其定义域为$[0,\ +\infty)$.

【例1-7】 指出下列函数是由哪些函数复合而成的.

(1)$y=\cos(x^2-1)$；

(2)$y=e^{\tan\frac{1}{x}}$.

解： (1)设$u=x^2-1$，则$y=\cos(x^2-1)$由$y=\cos u$，$u=x^2-1$两个函数复合而成.

(2)设$u=\tan\dfrac{1}{x}$，则$y=e^u$，又设$v=\dfrac{1}{x}$，则$u=\tan v$．故$y=e^{\tan\frac{1}{x}}$可以看作是由$y=e^u$，$u=\tan v$，$v=\dfrac{1}{x}$三个函数复合而成.

1.5.2　初等函数

定义1.9 由基本初等函数经过有限次四则运算和有限次复合所构成并用一个数学式子表示的函数，称为初等函数.

例如，$y=\sqrt{1+\sin x}+e^{\frac{x}{3}}$，$y=\dfrac{3x+\ln(x^3+1)}{x\sec x}$，$y=1+x+x^2+\cdots+x^n$都是初等函数.

而函数$y=1+x+x^2+\cdots$与函数$y=\begin{cases}x, & x\geqslant 0,\\ -1, & x<0\end{cases}$都不是初等函数.

任务2　掌握常用的经济函数模型

1.6　经济活动中的常用函数

常用经济函数

供给与需求函数

1.6.1　需求函数

需求函数表示的是在某一特定时期内，市场上某种商品的各种可能的购买量和决

定这些购买量的诸因素之间的数量关系．假定其他因素(消费者的货币收入、偏好和相关的商品价格等)不变，某种商品需求的决定因素就是这种商品的价格．这时，需求函数表示的就是商品需求量和价格这两个经济变量之间的数量关系．

一般地，需求函数表示为

$$Q=f(P)\,(P>0).$$

其中，Q 表示需求量，P 表示价格．需求函数 $Q=f(P)\,(P>0)$ 的反函数

$$P=f^{-1}(Q)$$

称为价格函数．有时价格函数也统称为需求函数．

一般情况下，当某一商品的价格下降时，商品销量就会增加．因此，一般情况下需求函数应该是单调减少函数．

1.6.2 供给函数

供给函数表示的是在某一特定时期内，某种商品的各种可能的供给量和决定这些供给量的诸因素之间的数量关系．假定生产技术水平、生产成本等其他因素不变，某种商品的供给量的决定因素就是这种商品的价格．这时，供给函数表示的是商品的供给量和价格这两个经济变量之间的数量关系．

一般地，供给函数表示为

$$Q=g(P)\,(P>0).$$

其中，Q 表示供给量，P 表示价格．

一般情况下，当某一商品的价格上涨时，商品供给量就会增加；反之，当某种商品的价格下降时，商品供给量就会减少．因此，一般情况下供给函数应该是单调增加函数．

1.6.3 成本函数

产品成本是以货币形式表现的企业生产和销售产品的全部费用支出．一般地，以货币计值的成本 C 是产量 Q 的函数，称为成本函数，记作

$$C=C(Q)\,(Q\geqslant 0).$$

成本函数表示费用总额与产量之间的依赖关系，产品成本可分为固定成本 C_0 和变动成本 C_1. 所谓固定成本，就是在一定时期不随产量变化的那部分成本；当产量 $Q=0$ 时，对应的成本函数值 C_0 就是固定成本值．所谓变动成本，就是随产量变化而变化的那部分成本 C_1，记作 $C_1=C_1(Q)$. 于是成本函数可表示为

$$C(Q)=C_0+C_1(Q).$$

设 $C(Q)$ 为成本函数，称 $\overline{C}(Q)=\dfrac{C(Q)}{Q}\,(Q>0)$ 为单位成本函数或平均成本函数．

1.6.4 收入函数与利润函数

销售某种商品的收入 R 等于商品的单位价格 P 乘以销售量 Q，即

$$R=PQ,$$

这个函数称为收入函数．

常用经济函数
成本收益利润函数

根据反映 P，Q 关系的需求函数 $Q=f(P)$ 或 $P=f^{-1}(Q)$，收入函数可有两种形式，即

$$R(Q)=Qf^{-1}(Q),$$

或

$$R(P)=Pf(P).$$

又销售利润 L 等于收入 $R(Q)$ 减去成本 $C(Q)$，即

$$L=R(Q)-C(Q),$$

这个函数称为利润函数.

【例 1-8】 某厂家生产一种新产品，在定价时需考虑生产成本及销售商的出价．根据调查得出需求函数为

$$Q=-900P+45\ 000.$$

该厂生产该产品的固定成本是 270 000 元，而单位产品的变动成本为 10 元．为获得最大利润，出厂价格应为多少？

解： 以 Q 表示产量，C 表示成本，P 表示价格，则有

$$C(Q)=10Q+270\ 000,$$

而需求函数为

$$Q=-900P+45\ 000,$$

代入 $C(Q)$ 中，得

$$C(P)=-9\ 000P+720\ 000,$$

收入函数为

$$R(P)=P\cdot(-900P+45\ 000)=-900P^2+45\ 000P,$$

利润函数为

$$L(P)=R(P)-C(P)=-900P^2+54\ 000P-720\ 000=-900[(P-30)^2-100],$$

则当 $P=30$ 元时，利润 $L=90\ 000$ 元，为最大利润.

在此价格下，可期待的销售量为

$$Q=-900\times 30+45\ 000=18\ 000(\text{单位}).$$

项 目 小 结

本项目知识结构思维导图：

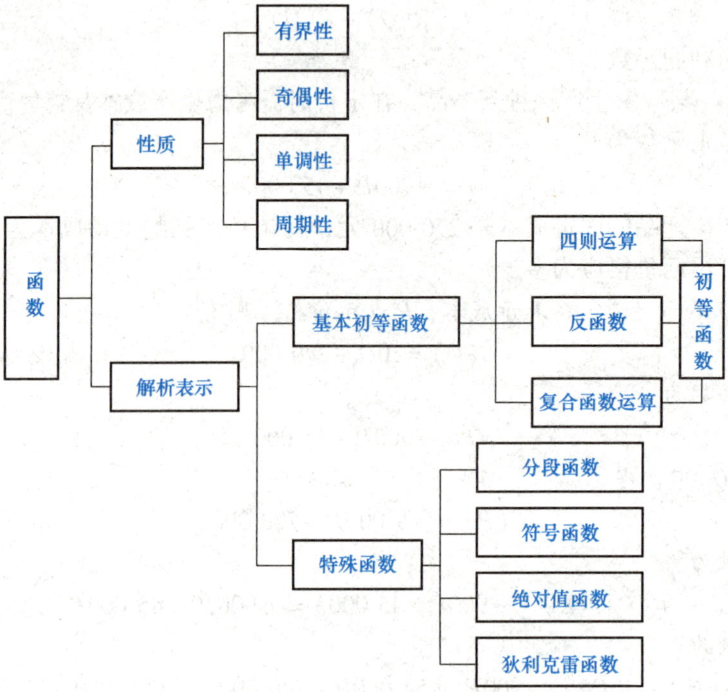

思 政 天 地

学习数学的重要性

数学是研究现实世界中数量关系和空间形式的一门科学．它是自然科学、技术科学、社会科学、管理科学等领域巨大的智力资源，能为其他科学提供语言、概念、方法和理论．同时，数学也是一切重大技术发展的基础．数学又是一种文化，是一门具有严密性、逻辑性、精确性并且集创造力与想象力于一体的学问．掌握数学理论与应用方法对提高管理人员的分析、决策能力以及科技人员的推理、创新能力至关重要．

数学是自然科学和社会科学的基本语言，已成为研究多种人文科学的重要工具．李克强反复强调数学等基础学科的重要性．在2018年1月3日的国务院常务会议上，李克强总理突出强调理论数学等基础学科对提升原始创新能力的重要意义．“数学，特别是理论数学，是我国科学研究的重要基础．我到一些大学调研时发现，能潜下心来钻研数学等基础学科的人还不够多，”李克强说，“无论是人工智能还是量子通信等，都需要数学、物理等基础学科作有力支撑，我们之所以缺乏重大原创性科研成果，‘卡脖子’就卡在基础学科上．”

当天会议确定加大支持基础科学研究的力度，李克强指出，深化科技体制改革，加强基础科学研究，提升原始创新能力，是实施创新驱动发展战略、建设创新型国家的重要举措.

此前，李克强总理曾在多次考察中强调理论数学等基础学科对原始创新能力的重要意义．他在主持召开一次座谈会时特别询问一位大学校长，与几年前相比报考理论数学专业的人数是否有所增加，在考察北京大学数学科学学院时，他特别强调要把理论数学研究摆在更加重要的位置．数学等基础学科研究要着眼于未来，但必须从教育抓起．李克强在2018年1月3日会上要求教育部门和科技部门要加强合作，“要营造良好氛围，让一批有志者能够潜下心来把‘冷板凳’坐热，大学及一些重点基础研究院所，要对理论数学等重点基础学科给予更多倾斜，这是我们的长远大计”．与此同时，李克强总理强调要促进基础科学和应用研究融通．“不能说坐‘冷板凳’就不要现实发展了，科学发明和应用创新同等重要，”李克强总理说，“既要重视原始性、颠覆性的发明创造，也要力推智能制造、信息技术、现代农业、资源环境等重点领域应用技术创新．”在解决基础学科研究投入不足等问题上，李克强总理特别强调，在这方面不仅政府要加大支持力度而且要在体制机制创新上做文章、下功夫，吸引更多企业和社会力量加大对基础研究的投入．“在发达国家，企业是参与基础研究的重要力量，基础研究经费占研发经费支出比例很大，我们在这方面远远不够，”李克强总理说，“要采取政府引导、税收杠杆等方式，激励企业和社会力量加大基础研究投入．”

当天会议决定：加大国际科研合作，大力培养和引进战略科技人才，加大中青年人才储备，稳定支持优秀创新团队持续从事基础科学研究，支持海外专家牵头或参与实施国家科技项目．“他山之石，可以攻玉，”李克强总理最后说，“要多方引才引智，借助外脑外力促进我国基础研究实现跨越式发展．”

项　目　训　练

一、填空题

1. 若 $f(x)=2x^2-1$，则 $f(x-1)=$____________.

2. 函数 $y=\dfrac{2x-1}{3x-2}$ 的定义域是____________.

3. $f(x)=\begin{cases}2^x, & -1\leqslant x<0,\\ 2, & 0\leqslant x<1,\\ x-1, & 1\leqslant x\leqslant 3,\end{cases}$ 则 $f(x)$ 的定义域为____________.

4. 函数 $y=\dfrac{x-1}{x+1}$ 的反函数是____________.

5. 函数 $f(x)=|\sin x|$ 是以____________为周期的函数.

二、选择题

1. 若 $\varphi(t)=t^3+1$，则 $\varphi(t^3+1)=($　　$)$.

A. t^3+1　　　　B. t^6+2

C. t^9+2

D. $t^9+3t^6+3t^3+2$

2. 设 $y=f(x)$ 的定义域为 $[-1, 1]$，则 $y=f(x+a)+f(x-a)$ 的定义域是(　　)，其中 $0\leqslant a\leqslant 1$.

A. $[a-1, a+1]$

B. $[-a-1, a+1]$

C. $[1-a, a-1]$

D. $[a-1, 1-a]$

3. 函数 $y=\log_a(x+\sqrt{x^2+1})$(　　).

A. 是偶函数

B. 是奇函数

C. 是非奇非偶函数

D. 既是奇函数又是偶函数

4. 函数 $y=f(x)$ 与其反函数 $y=f^{-1}(x)$ 的图形关于直线(　　)对称.

A. $y=0$

B. $x=0$

C. $y=x$

D. $y=-x$

5. 下列函数中，既是奇函数又是减函数的是(　　).

A. $f(x)=-x(-1\leqslant x\leqslant 1)$

B. $f(x)=-x^{\frac{2}{3}}$

C. $f(x)=\sin x$，$x\in\left(-\frac{\pi}{2}, \frac{\pi}{2}\right)$

D. $f(x)=x^3$

6. 函数 $y=10^{x-1}-2$ 的反函数是(　　).

A. $y=\frac{1}{2}\lg\frac{x}{x-2}$

B. $y=\log_x 2$

C. $y=\log_2\frac{1}{x}$

D. $y=1+\lg(x+2)$

7. 在区间 $(-1, 0)$ 上，函数(　　)是单调增加的.

A. $y=|x|+1$

B. $y=5x-2$

C. $y=-4x+3$

D. $y=|x|-2x$

8. 函数 $y=|\sin x|+|\cos x|$ 是周期函数，它的最小正周期是(　　).

A. 2π

B. π

C. $\frac{\pi}{2}$

D. $\frac{\pi}{4}$

9. 下列各项函数中，表示同一函数的是(　　).

A. $f(x)=\sqrt{x^2}$，$g(x)=x$

B. $f(x)=(\sqrt{x})^2$，$g(x)=x$

C. $f(x)=\ln x^2$，$g(x)=2\ln|x|$

D. $f(x)=e^{\ln x}$，$g(x)=x$

10. 以下结论正确的是(　　).

A. 函数 $y=x^3+1$ 是奇函数

B. 函数 $y=\frac{x^2}{1+x^2}$ 在 $(-\infty, +\infty)$ 内有界

C. 函数 $y=-\ln x$ 在 $(0, +\infty)$ 上单调增加

D. 函数 $y=\tan 2x$ 的周期是 π

三、解答题

下列函数是由哪些简单函数复合而成的？

1. $y=\sqrt{2-x^2}$.

2. $y=\tan\sqrt{1+x}$.

3. $y=\sin^2(1+2x)$.

4. $y=\arcsin^3(1-x^2)^3$.

5. $y=\sin 2x$.

6. $y=\cos\dfrac{1}{x-1}$.

7. $y=\sqrt{\ln(2-x)}$.

8. $y=\sin \mathrm{e}^{2x+1}$.

9. $y=\sqrt{1+x^2}$.

10. $y=\arctan\sqrt{x+1}$.

四、应用题

1. 某商品的销售量 Q 与价格 P 的函数关系为

$$Q=8\ 000-8P.$$

试将收入函数 R 表示为销售量 Q 的函数.

2. 某产品成本 C 为年产量 Q 的函数 $C(Q)=a+b\sqrt{Q^3}$，其中 a，b 为待定系数．已知固定成本为 4 万元，且当年产量 $Q=900$ t 时，成本为 31 万元．试求产品成本与年产量的函数关系.

3. 某商品定价 20 元时，每月可卖出 300 单位，定价 15 元时，每月可卖出 500 单位，假定需求关系是线性的，试写出：

(1) 需求量 Q 作为价格 P 的函数；

(2) 收入 R 作为价格 P 的函数；

(3) 收入 R 作为需求量 Q 的函数.

教学实验　MATLAB 软件简介

首先介绍 MATLAB 程序设计与应用的基础知识，包括 MATLAB 的操作界面，MATLAB 语言的各种基本要素、MATLAB 基本运算符以及 MATLAB 函数等，然后进行函数、极限与连续运算实验.

一、MATLAB 基础知识介绍

MATLAB 是 MATrix LABoratory 的缩写，是由美国 Math Works 公司于 1982 年推出的一套高性能数值计算的可视化软件，不但可以解决数值计算问题，还可以解决符号演算问题，并且能够绘制函数图形．具有语言简单易学易用、代码短小高效、计算功能强大、绘图方便、可扩展性强等特点．已广泛地应用于教学和科研领域.

MATLAB 安装成功后，开始/程序/MATLAB 菜单项(或双击桌面上的 MATLAB 图标快捷键)即可打开 MATLAB 界面(如图 1-10 所示)．若要退出，单击右上关闭按钮便可.

在图 1-10 中，第一栏为 MATLAB 标题栏，第二栏为菜单栏，第三栏为工具栏．工具栏中，除了一般的 Windows 程序通用按钮之外，有 1 个仿真程序启动按钮，另外，在最右端还有一个当前目录窗口．在工具栏下面是命令编辑区，利用菜单栏中的“View 菜单”中的命令可打开或关闭多个窗口．图 1-10 已打开多个窗口.

1) 命令窗口(Command Window)．在该窗口输入命令，回车实现计算或绘图等功能．符号“ ≫ ”表示等待用户输入．在命令窗口利用功能键，可使操作简便快捷．一些常用的功能键如表 1-2 所示.

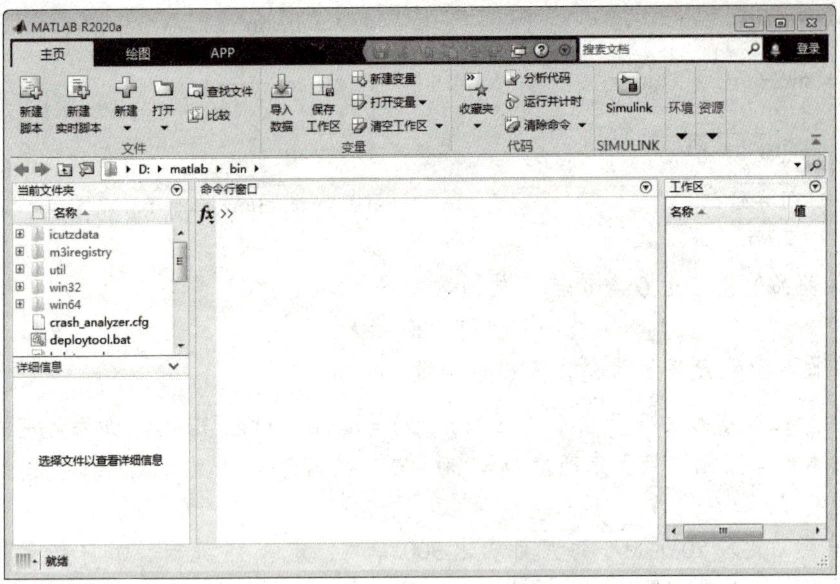

图 1-10

表 1-2　命令窗口常用功能键

功能键	功能	功能键	功能
↑，Ctrl-P	重调前一行	Home，Ctrl-A	光标移到行首
↓，Ctrl-N	重调下一行	End，Ctrl-E	光标移到行尾
←，Ctrl-B	光标左移一个字符	Esc	清除一行命令
→，Ctrl-F	光标右移一个字符	Del，Ctrl-D	删除光标右边字符
Ctrl-←	光标左移一个字	Backspace	删除光标左边字符
Ctrl-→	光标右移一个字	Ctrl-K	删除到行尾

2)工作空间窗口(Work Space). 运行 MATLAB 命令时所产生的变量都被加入工作空间，该窗口可以显示变量的名称、数值、尺寸、最小值和最大值等，并用不同的图标表示数据类型，并可对变量及其赋值进行修改.

3)命令历史窗口(Command History). 该窗口显示所有执行过的命令，当选定某个命令后可以直接双击或按 F9 键执行该命令.

4)当前目录窗口(Current Driectory). 显示当前目录下的文件信息.

5)帮助导航(?). 单击可以打开帮助浏览器.

MATLAB 是一种交互式语言，输入命令即给出运算结果. 当命令窗口出现提示符“ >> ”时，表示 MATLAB 已准备好，可以输入命令、变量或运行函数.

二、MATLAB 基本运算

1. 算术运算符

MATLAB 中提供的常用算术运算符如表 1-3 所示.

表 1-3　常用算术运算符

+	加	\	右除
-	减	/	左除
*	乘	^	乘方

【说明】/与\ 这两种符号对数值操作时，作用相同，如 1/2 与 2\1，其结果都是 0.5；但对矩阵操作时，它们却表达了两种完全不同的操作.

算术运算按照从左到右的顺序进行．幂运算具有最高优先级，乘、除法具有相同的次优先级，加、减有相同的最低优先级，括号可用来改变优先次序.

【例 1-9】　用 MATLAB 软件计算式子 $\dfrac{4\times5.23^2+3\times(4.38+6.27)^3}{3.5+4.8}$ 的值.

MATLAB 输入命令	MATLAB 输出结果
`(4 * 5.23^2 +3 * (4.38 +6.27)^3)/(3.5 +4.8)`	ans = 449.790 4

正如上面运算结果所示，在默认情况下，MATLAB 显示小数点后 4 位小数，可以利用 format 命令改变显示格式，以 e 为例，常用的格式如表 1-4 所示.

表 1-4　MATLAB 数据显示格式

命令	说明	显示
format short	小数点后 4 位	2.718 3
format long	小数点后 15 位	2.718 281 828 459 046
format bank	小数点后 2 位	2.72
format short e	小数点后 4 位科学记数法	2.718 3 e+000
format long e	小数点后 15 位科学记数法	2.718 281 828 459 046 e+000
format rat	最接近的有理数	1 457/536

2. MATLAB 变量

(1)变量赋值形式.

MATLAB 语句由表达式和变量组成，变量赋值通常有两种形式：

变量=表达式　　**表达式**

其中，“=”为赋值符号，将右边表达式的值赋给左边变量．当不指定输出变量时，MATLAB 将表达式的值赋给临时变量 ans.

同一行可以有多个表达式，用分号(不显示结果)或逗号(显示结果)分隔.

(2)变量命名规则.

1)变量名必须以字母开头，后面可跟字母、数字或下划线．例如 x，yl，z_2.

2)变量名区分字母的大小写．例如 a 与 A 是两个不同的变量.

3)变量名不能超过 63 个字符.

在 MATLAB 中，一些常用的特殊变量如表 1-5 所示.

表 1-5　MATLAB 的常用特殊变量

变量名	说明
pi	圆周率
inf	正无穷大
eps	最小浮点数 2^(-52)
i, j	虚数单位
NaN	非数值，0/0，inf/inf，0 * inf 等

(3)数值变量.

例如，将 0.182 赋值给变量 x，将 0.235 赋值给变量 y 可如下操作：

MATLAB 输入命令	MATLAB 输出结果
x = 0.182，y = 0.235	x = 0.182 0 y = 0. 235 0

输入时，如 0.128 也可简写成 .128；若 x 后面加分号，不显示 x 的数值，只显示 y 的数值.

(4)数组(向量)的建立.

数组建立的常用方式有两种：①在方括号中依次输入元素，中间用逗号或空格分开. ②利用符号“:”建立等差数组. 例如，

MATLAB 输入命令	MATLAB 输出结果
a = [1, -5, 0, 1/3, pi]	a = 1.000 0 -5.000 0　0　0. 333 3　3.141 6

这里建立了一个 1 ×5 的数组 a，在工作空间窗口能看到 a 的信息. 若要使用其中某个元素，可在括号中输入列号(即第几个元素)，例如取第 2 个元素.

MATLAB 输入命令	MATLAB 输出结果
a(2)	ans = -5

用符号“:”建立等差数组的格式：

X=初值：步长：终值

例如建立一个 1 至 6，公差(步长)为 1 的等差数组：

MATLAB 输入命令	MATLAB 输出结果
a = 1: 1: 6	a = 1 2 3 4 5 6

步长为 1 时可省略，步长也可以为负数.

(5)数组的运算.

利用 MATLAB 运算符与函数可以快速完成对数组元素的运算．数组元素的乘除与乘幂运算必须在运算符前加点，称为“点”运算，如表 1-6 所示.

表 1-6　“点”运算符

命令	说明
.*	“点”乘
./	“点”除
.^	“点”乘幂

【例 1-10】　设 $f(x)=x^2-\frac{1}{x}$，求 $f(1)$，$f(2)$，…，$f(5)$.

MATLAB 输入命令	MATLAB 输出结果
x=1: 5; f=x.^2-1./x	f= 0　3.5000　8.6667　15.7500　24.8000

如果要计算到 $f(100)$，只需把第一句中的 5 改成 100.

3. 符号变量

MATLAB 不仅能做数值运算，也能进行符号运算．MATLAB 的符号运算是通过符号工具箱(Symbolic Math Toolbox)来实现的.

(1)符号变量与符号表达式.

首先可以利用 syms 命令定义一个或多个符号变量，进而建立所需的符号表达式(符号变量)．若建立多个符号变量，可依次输入，中间用空格分开.

【例 1-11】　建立符号表达式 $y=ax-\frac{b}{x^2}+5$.

MATLAB 输入命令	MATLAB 输出结果
syms x a b y=a*x-b/x^2+5	y= a*x-b/x^2+5

这里一共有 4 个符号变量，第一行定义了 3 个，第二行的 y 是由表达式赋值定义的符号变量．在工作空间窗口双击 y，打开变量编辑器如图 1-11 所示，比较符号变量与数值变量的区别.

(2)符号变量的替换.

符号工具箱提供的替换命令 subs 如表 1-7 所示.

表 1-7　符号替换命令

命令	功能
subs(s, old, new)	将符号表达式 s 中的变量 old 用 new 代替

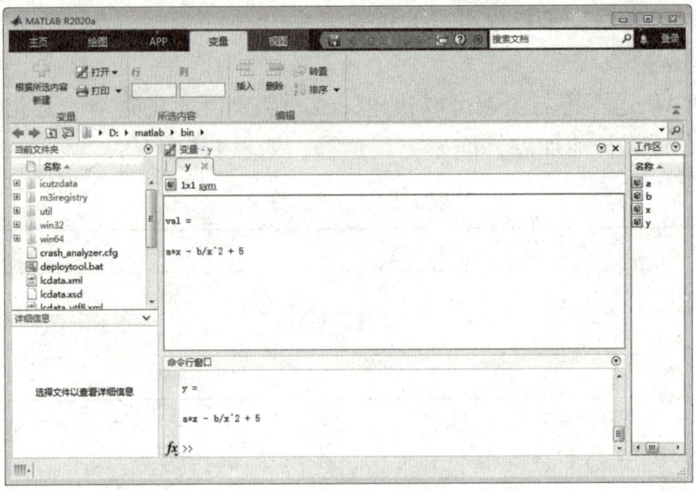

图 1-11

表中的 old 是符号变量；new 可以是符号变量，也可以是数值变量．利用替换命令可以方便地计算函数数值.

4. 字符变量

在 MATLAB 中用单引号括起来的一串字符称为字符串，字符串赋给变量，就构成字符变量．例如

MATLAB 输入命令	MATLAB 输出结果
'hello'	ans = hello

5. 常用函数

MATLAB 具有大量内部函数，用户只要输入相应的函数名就能直接调用，非常方便．常用的函数如表 1-8 所示.

表 1-8　MATLAB 常用函数

命令	功能	命令	功能
sin(x)	正弦函数	asin(x)	反正弦函数
cos(x)	余弦函数	acos(x)	反余弦函数
tan(x)	正切函数	atan(x)	反正切函数
cot(x)	余切函数	acot(x)	反余切函数
sec(x)	正割函数	asec(x)	反正割函数
csc(x)	余割函数	acsc(x)	反余割函数
sqrt(x)	平方根	log(x)	自然对数
abs(x)	绝对值	log10(x)	以 10 为底的对数
exp(x)	以 e 为底的指数	log2(x)	以 2 为底的对数
pow2(x)	以 2 为底的指数	sign(x)	符号函数

函数的调用格式为

函数（变量）

【例 1-12】　计算$\dfrac{\sqrt{\sin(|x|+|y|)}}{x^2+y^2}$的值，其中 $x=-1.42$，$y=0.52$.

MATLAB 输入命令	MATLAB 输出结果
`x = -1.42; y = 0.52;` `sqrt(sin(abs (x) + abs(y)))/(x^2 + y^2)`	`ans =` `0.4223`

输入时要注意函数名后带括号；计算数值的方法可以有多种，例如命令 3^$\frac{1}{2}$与 sqrt(3)所产生的效果是相同的.

项目二　极限与连续及其应用

极限概念是从常量到变量，从有限到无限，即从初等数学过渡到高等数学的关键.

任务 1　领悟极限思想

2.1　数列的极限

极限的概念需要分情形叙述，下面先来学习数列极限.

2.1.1　数列极限的概念

我们先来回忆一下初等数学中学习的数列的概念.

数列，通常是按一定规律排列的一串数 a_1，a_2，…，a_n，…. 所谓的规律，往往表现为第 n 项 a_n 与项数 n 之间的对应规律．讨论数列常常要求通项公式，其实就是找规律．确切地说，是确定以正整数集 $\mathbf{N}_+$ 为定义域的函数 $f(n)=a_n$，该函数通常称为整标函数．由于它完全可以表示数列，人们也常把数列简记为 $\{a_n\}$，即 $\{f(n)\,|\,n\in\mathbf{N}_+\}=\{a_n\}$.

例如：

(1) $\left\{\dfrac{(-1)^n}{n}\right\}$：$-1$，$\dfrac{1}{2}$，$-\dfrac{1}{3}$，$\dfrac{1}{4}$，…；

(2) $\left\{1+\dfrac{1}{n}\right\}$：2，$1+\dfrac{1}{2}$，$1+\dfrac{1}{3}$，$1+\dfrac{1}{4}$，…；

(3) $\{n^2\}$：1，4，9，16，25，…；

(4) $\{1+(-1)^{n+1}\}$：2，0，2，0，2，….

什么是数列极限，对于这个问题，先看一个例子：古代哲学家庄周所著的《庄子·天下篇》引用过一句话："一尺之棰，日取其半，万世不竭．"把每天截下的部分的长度列出如下(单位为尺)：

第 1 天截下$\dfrac{1}{2}$，

第 2 天截下$\dfrac{1}{2}\times\dfrac{1}{2}=\dfrac{1}{2^2}$，

第 3 天截下$\dfrac{1}{2}\times\dfrac{1}{2^2}=\dfrac{1}{2^3}$，

……

第 n 天截下$\frac{1}{2}\times\frac{1}{2^{n-1}}=\frac{1}{2^n}$,

……

得到一个数列:

$$\frac{1}{2},\ \frac{1}{2^2},\ \frac{1}{2^3},\ \cdots,\ \frac{1}{2^n},\ \cdots$$

不难看出，数列$\left\{\frac{1}{2^n}\right\}$的通项$\frac{1}{2^n}$随着 n 的无限增大而无限地接近于常数零.

引例　$\{a_n\}$: 0.3，0.33，0.333，…不难发现，这里存在常数$\frac{1}{3}$，当 n 无限增大时，数列通项 $a_n=\frac{1}{3}\left(1-\frac{1}{10^n}\right)$无限趋近于$\frac{1}{3}$.

定义 2.1　一般地说，对于数列$\{a_n\}$，当 n 无限增大时，a_n 能无限趋近某一个常数 A，则称此数列为收敛数列，常数 A 称为它的极限，记为

$$\lim_{n\to\infty}a_n=A \quad 或 \quad a_n\to A(n\to\infty).$$

不具有这种特性的数列就不是收敛数列，或称为发散数列.

那么，“无限趋近”的含义是什么呢？首先它指的是“变化过程永无休止”，即 a_n 与 A 一再靠近；更为重要的是，它包含着“接近程度无穷无尽”的意思，即 a_n 与 A 的距离 $|a_n-A|$ 可以变得无限小，比任意给定的正数都要小.

在数列$\left\{\frac{1}{2^n}\right\}$中，$\frac{1}{2^n}$显然也在向 -2 无休止地靠近，但$\frac{1}{2^n}$与 -2 的距离永远大于 2，只有 0 是唯一能使$\frac{1}{2^n}$无限接近的常量. 同时要注意到，“无限趋近”是“趋近”并不是到达. 木棒的剩余量$\frac{1}{2^n}$的极限是 0，但永远没有等于 0，因此不能将 a_n 与 $\lim\limits_{n\to\infty}a_n$ 混为一谈.

另外，设想“日取其半”的工作经历了很长一段时间后不再继续，那么$\frac{1}{2^n}$也随之不再变化，而与常量 0 保持一定距离，不可能无限趋近了. 所以，a_n 是否趋近于 A，会有多近，是以 n 的无限增大为前提的.

需要提出的是，上面关于“收敛数列”的说法，并不是严格的定义，而仅是一种“描述性”的说法，下面用数学语言把它精确地定义下来.

定义 2.2　设$\{a_n\}$为数列，A 为实数，若对任给的正数 ε，总存在正整数 N，使得当 $n>N$ 时有 $|a_n-A|<\varepsilon$，则称数列$\{a_n\}$收敛于 A，实数 A 称为数列$\{a_n\}$的极限，并记作

$$\lim_{n\to\infty}a_n=A \quad 或 \quad a_n\to A(n\to\infty).$$

因为 n 限于取正整数，所以在数列极限的记号中把 $n\to+\infty$ 写成 $n\to\infty$，即$\lim\limits_{n\to\infty}a_n=A$ 或 $a_n\to A(n\to\infty)$.

此定义多用于极限的证明中，在此不多加讨论.

2.1.2　收敛数列的性质

性质 1(唯一性)　如果数列$\{a_n\}$收敛，则它的极限唯一.

性质2(有界性) 如果数列$\{a_n\}$收敛，则$\{a_n\}$必为有界数列.

性质3(四则运算法则) 若$\{a_n\}$和$\{b_n\}$都收敛，则$\{a_n+b_n\}$，$\{a_n-b_n\}$，$\{a_nb_n\}$也都收敛，且

$$\lim_{n\to\infty}(a_n\pm b_n)=\lim_{n\to\infty}a_n\pm\lim_{n\to\infty}b_n,\quad \lim_{n\to\infty}a_n\cdot b_n=\lim_{n\to\infty}a_n\cdot\lim_{n\to\infty}b_n.$$

特别地，$\lim\limits_{n\to\infty}ca_n=c\lim\limits_{n\to\infty}a_n$，$c$为常数.

如再有$\lim\limits_{n\to\infty}b_n\neq0$，则$\left\{\dfrac{a_n}{b_n}\right\}$也收敛，且$\lim\limits_{n\to\infty}\dfrac{a_n}{b_n}=\dfrac{\lim\limits_{n\to\infty}a_n}{\lim\limits_{n\to\infty}b_n}$.

【例2-1】 求下面数列的极限$\lim\limits_{n\to\infty}a_n$.

$\{a_n\}$：-10，$\sqrt{2}$，π，$\dfrac{-7}{4}$，$\dfrac{-9}{5}$，$\dfrac{-11}{6}$，$\dfrac{-13}{7}$，…

解：此数列从第4项开始满足下述规律：

$$a_n=\frac{1-2n}{n}(n\geqslant4),$$

$$\lim_{n\to\infty}a_n=\lim_{n\to\infty}\frac{1-2n}{n}=\lim_{n\to\infty}\left(\frac{1}{n}-2\right)=-2.$$

一般地，在数列中，加上或减去有限项，不改变其敛散性.

【例2-2】 考察数列$a_n=\dfrac{100-n^3}{n+n^3}$是否收敛.

解：
$$a_n=\frac{100-n^3}{n+n^3}=\frac{\frac{100}{n^3}-1}{\frac{1}{n^2}+1}\to-1\qquad(n\to\infty)$$

即数列$\{a_n\}$以-1为极限，即$\lim\limits_{n\to\infty}\dfrac{100-n^3}{n+n^3}=-1$，故数列收敛.

极限是个有效的分析工具，但当数列$\{a_n\}$的极限不存在时，难道$\{a_n\}$没有一点规律吗？当然不是！出现这种情况的原因是：我们是从“整个”数列的特征角度对数列进行研究．那么，如果“整体无序”，“部分”是否也无序呢？如果“部分”有序，可否从“部分”来推断整体的性质呢？简而言之，能否从“部分”来把握“整体”呢？这个“部分数列”就是下面要讲的“子列”.

定义2.3 设$\{a_n\}$为数列，$\{n_k\}$为正整数集$\mathbf{N}_+$的无限子集，且

$$n_1<n_2<n_3<\cdots<n_k<\cdots$$

则数列

$$a_{n_1},\ a_{n_2},\ \cdots,\ a_{n_k},\ \cdots$$

称为数列$\{a_n\}$的一个子列，简记为$\{a_{n_k}\}$.

注意：(1)由定义可见，$\{a_n\}$的子列$\{a_{n_k}\}$的各项都来自$\{a_n\}$且保持这些项在$\{a_n\}$中的先后次序．简单地讲，从$\{a_n\}$中取出无限多项，按照其在$\{a_n\}$中的顺序排成一个数列，就是$\{a_n\}$的一个子列(或子列就是从$\{a_n\}$中顺次取出无穷多项组成的数列).

(2)子列$\{a_{n_k}\}$中的n_k表示a_{n_k}是$\{a_n\}$中的第n_k项，k表示a_{n_k}是$\{a_{n_k}\}$中的第k项，即$\{a_{n_k}\}$中的第k项就是$\{a_n\}$中的第n_k项，故总有$n_k>k$. 特别地，若$n_k=k$，则$a_{n_k}=$

a_n，即$\{a_{n_k}\}=\{a_n\}$.

(3)数列$\{a_n\}$本身以及$\{a_n\}$去掉有限项以后得到的子列，称为$\{a_n\}$的平凡子列；不是平凡子列的子列，称为$\{a_n\}$的非平凡子列.

如$\{a_{2k}\}$，$\{a_{2k-1}\}$都是$\{a_n\}$的非平凡子列．由上节可知：数列$\{a_n\}$与它的任一平凡子列同为收敛或发散，且在收敛时有相同的极限.

那么数列$\{a_n\}$的收敛性与它的非平凡子列的收敛性又有何关系呢？此即下面的结论：

定理 2.1　数列$\{a_n\}$收敛的充要条件是：$\{a_n\}$的任何非平凡子列都收敛.

【例 2-3】　求数列极限，设数列为

$$a_n=\begin{cases}\sqrt{1+|\cos n\pi|}, & n\text{ 为奇数},\\ 2\sqrt{2}n(\sqrt{n^2+1}-n), & n\text{ 为偶数}.\end{cases}$$

解：当 n 为奇数时，

$$\lim_{n\to\infty}a_n=\lim_{n\to\infty}\sqrt{1+|\cos n\pi|}=\sqrt{2};$$

当 n 为偶数时，

$$\lim_{n\to\infty}a_n=\lim_{n\to\infty}\frac{2\sqrt{2}n}{\sqrt{n^2+1}+n}=\sqrt{2}.$$

因此，$\lim\limits_{n\to\infty}a_n=\sqrt{2}$.

2.2　函数的极限

函数极限与数列极限类似．如果在自变量的某一变化过程中，函数值无限接近于某一常数，则称在自变量的该变化过程中，函数的极限是这一常数．这里，自变量的变化过程可以是趋于一个有限数，也可以是趋于无穷大.

2.2.1　函数极限的定义

函数的极限 1

1. $x\to\infty$ 时函数极限

记号 $x\to\infty$ 称为"x 趋于无穷"，它包括以下三种情形：

(1)$x\to+\infty$ 表示 x 取正值无限增大.

(2)$x\to-\infty$ 表示 x 取负值且$|x|$无限增大.

(3)$x\to\infty$ 表示$|x|$无限增大.

当 $x\to+\infty$ 时，函数$f(x)$的极限与数列极限极为相似．仿照数列极限的定义，有

定义 2.4　设函数$f(x)$当 x 大于某一正数时有定义，如果当 x 无限增大时，即 $x\to+\infty$ 时，相应的函数值无限接近于常数 A，则称 A 为函数$f(x)$当 $x\to+\infty$ 时的极限．记作

$$\lim_{x\to+\infty}f(x)=A\quad\text{或}\quad f(x)\to A(x\to+\infty).$$

类似地，可以定义函数$f(x)$当 $x\to-\infty$ 或 $x\to\infty$ 时的极限，且容易证明：

$$\lim_{x\to\infty}f(x)=A\Leftrightarrow\lim_{x\to+\infty}f(x)=\lim_{x\to-\infty}f(x)=A.$$

【例 2-4】 考察反比例函数 $y=\dfrac{1}{x}$，当 $x\to+\infty$，$x\to-\infty$，$x\to\infty$ 的变化趋势.

解： 函数 $y=\dfrac{1}{x}$ 的图形如图 2-1 所示.

当 $x>0$ 时，随着 x 的增大，$y=\dfrac{1}{x}$ 变小：当 x 无限增大时，$y=\dfrac{1}{x}$ 就无限变小且趋于 0. 故

$$\lim_{x\to+\infty}\frac{1}{x}=0.$$

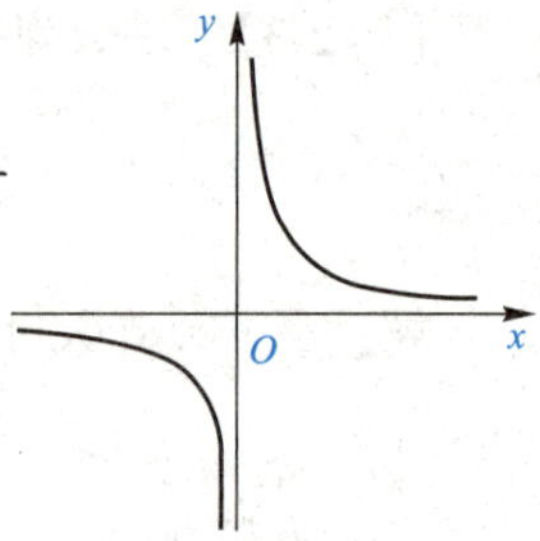

图 2-1

当 $x<0$ 时，随着 x 的减小，$y=\dfrac{1}{x}$ 变大：当 x 无限趋近于 $-\infty$ 时，$y=\dfrac{1}{x}$ 就无限增大且趋于 0. 即

$$\lim_{x\to-\infty}\frac{1}{x}=0.$$

故
$$\lim_{x\to\infty}\frac{1}{x}=0.$$

【例 2-5】 考察函数 $y=f(x)$，当 $x\to+\infty$，$x\to-\infty$，$x\to\infty$ 的变化趋势. 其中

$$f(x)=\begin{cases}\operatorname{arccot}x, & x<0,\\ \dfrac{\pi}{2}+\arctan x, & x>0.\end{cases}$$

分析： 它研究的是分段函数的极限，我们结合第 1 章反正切、反余切函数的图象来看.

解： 因为 $\lim\limits_{x\to-\infty}f(x)=\lim\limits_{x\to-\infty}\operatorname{arccot}x=\pi$，$\lim\limits_{x\to+\infty}f(x)=\lim\limits_{x\to+\infty}\left(\dfrac{\pi}{2}+\arctan x\right)=\pi$，
所以
$$\lim_{x\to\infty}f(x)=\pi.$$

为了对极限有个直观形象的认识，以便更好地掌握极限概念和理论，现在讨论极限的几何意义：

由于 $x\to+\infty$ 的直观解释是：x 沿数轴向右无限背离原点；$x\to\infty$ 则是 x 沿数轴无限背离原点（既含向左，也含向右）. 而 $f(x)\to A$ 的直观解释为函数 $y=f(x)$ 的图形，即动点 $(x, f(x))$ 的轨迹，随着 x 的变化，其纵坐标 $f(x)$ 无限趋近于 A，亦即该轨迹“无限趋近”于直线 $y=A$. 因此，极限 $\lim\limits_{x\to+\infty}f(x)=A$ 与 $\lim\limits_{x\to\infty}f(x)=A$ 的几何意义如图 2-2，图 2-3（图中假定 $A>0$）所示.

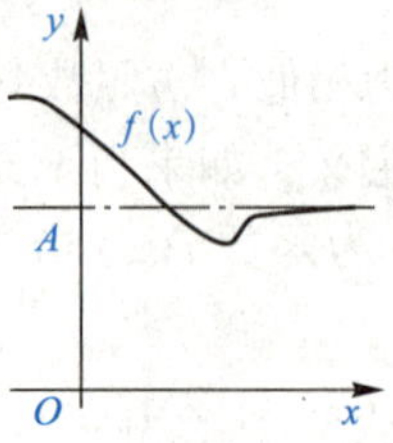

图 2-2

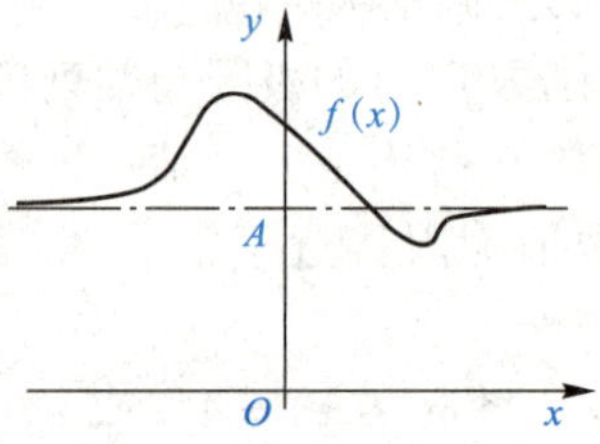

图 2-3

同样可以给出 $\lim\limits_{x\to+\infty} f(x)=A$ 的精确定义($\varepsilon-M$)如下：

定义 2.5　设 $f(x)$ 为定义在 $[a,\ +\infty)$ 上的函数，A 为定数．若对任给的 $\varepsilon>0$，存在正数 $M(M\geqslant a)$，使得当 $x>M$ 时有 $|f(x)-A|<\varepsilon$，则称函数 $f(x)$ 当 $x\to+\infty$ 时以 A 为极限，记作

$$\lim_{x\to+\infty} f(x)=A \quad 或 \quad f(x)\to A(x\to+\infty).$$

【例 2-6】　证明 $\lim\limits_{x\to\infty}\dfrac{\sin x}{x}=0$.

证明： 由于

$$\left|\frac{\sin x}{x}-0\right|=\frac{|\sin x|}{|x|}\leqslant\frac{1}{|x|},$$

所以对任给的 $\varepsilon>0$，取 $M=\dfrac{1}{\varepsilon}$，则当 $|x|>M$ 时，有

$$\left|\frac{\sin x}{x}-0\right|=\frac{|\sin x|}{|x|}\leqslant\frac{1}{|x|}<\varepsilon,$$

故

$$\lim_{x\to\infty}\frac{\sin x}{x}=0.$$

2. $x\to x_0$ 时函数极限

函数的极限 2

上述介绍了 x 趋于无穷时函数 $f(x)$ 的极限．若函数 $f(x)$ 在点 x_0 的某个空心邻域 $\mathring{U}(x_0)$ 内有定义，现在讨论当 $x\to x_0(x\neq x_0)$ 时，对应的函数值能否趋于某个定数 A. 我们先看几个例子：

(1) $f(x)=1(x\neq0)$，当 x 无限趋于 0 时，$f(x)$ 趋于 1；

(2) $f(x)=\begin{cases}x^2, & x\neq0,\\ 1, & x=0,\end{cases}$ 当 x 无限趋于 0 时，$f(x)$ 趋于 0；

(3) $f(x)=\sin\dfrac{1}{x}$，当 x 无限趋于 0 时，$f(x)$ 不趋于任何数.

由此看出，有些函数具有“当 x 趋于某个数时，对应的函数值趋于某个定数”的性质，而有些函数不具有这个性质．因此有必要研究当 $x\to x_0(x\neq x_0)$ 时，$f(x)$ 的变化趋势．类似例(1)(2)，当 $x\to x_0$ 时，对应的函数值无限接近于某个定数 A，称这个函数当 $x\to x_0$ 时以 A 为极限.

定义 2.6　设函数 $f(x)$ 在点 x_0 的某个空心邻域 $\mathring{U}(x_0)$ 内有定义，若存在常数 A，使 $x\to x_0$ 时，$f(x)$ 无限趋近于 A，则称 $x\to x_0$ 时函数 $f(x)$ 以 A 为极限，记为

$$\lim_{x\to x_0} f(x)=A \quad 或 \quad f(x)\to A(x\to x_0).$$

其中，$x\to x_0$ 的直观表示是动点 x 沿数轴向定点 x_0 无限趋近(包含从 x_0 的左侧和右侧两个方向趋近).

上述定义中蕴含着 $x\to x_0$ 时，$f(x)$ 有极限的充要条件：

$$\lim_{x\to x_0} f(x)=A \Leftrightarrow \lim_{x\to x_0^+} f(x)=\lim_{x\to x_0^-} f(x)=A.$$

$\lim\limits_{x\to x_0^+} f(x)$ 也常记作 $f(x_0+0)$，叫作函数 $f(x)$ 的右极限，是 x 从 x_0 的右侧 $(x>x_0)$ 趋近于 x_0 时 $f(x)$ 的极限.

$\lim\limits_{x\to x_0^-} f(x)$也常记作$f(x_0-0)$，叫作函数$f(x)$的左极限，是$x$从$x_0$的左侧($x<x_0$)趋近于$x_0$时$f(x)$的极限.

【例 2-7】 函数

$$f(x)=\begin{cases}x+1, & x<0,\\ x-1, & 0\leqslant x<2.\end{cases}$$

求：$\lim\limits_{x\to -1} f(x)$，$\lim\limits_{x\to 0} f(x)$，$f(2-0)$以及$\lim\limits_{x\to 2} f(x)$和$\lim\limits_{x\to 3} f(x)$.

解：

$$\lim_{x\to -1} f(x)=\lim_{x\to -1}(x+1)=0.$$

由于

$$f(0-0)=\lim_{x\to 0^-}(x+1)=1,\ f(0+0)=\lim_{x\to 0^+}(x-1)=-1,$$

两者不相等，故$\lim\limits_{x\to 0} f(x)$不存在.

$$f(2-0)=\lim_{x\to 2^-} f(x)=\lim_{x\to 2^-}(x-1)=1.$$

而当$x\geqslant 2$时函数$f(x)$无意义，故$f(2+0)$不存在. 所以$\lim\limits_{x\to 2} f(x)$不存在.

而函数$f(x)$在$x\geqslant 2$时无意义，故$\lim\limits_{x\to 3} f(x)$不存在.

对函数的极限前面定义只是一个直观的解释，精确的定义($x\to x_0$时函数极限的$\varepsilon-\delta$定义)如下：

定义 2.7 设函数$f(x)$在点x_0的某个空心邻域$\mathring{U}(x_0)$内有定义，若存在常数A，对任给$\varepsilon>0$，存在正数$\delta(\delta>0)$，使得当$0<|x-x_0|<\delta$时，有$|f(x)-A|<\varepsilon$，则称函数$f(x)$当$x\to x_0$时以A为极限，记作

$$\lim_{x\to x_0} f(x)=A \quad 或 \quad f(x)\to A(x\to x_0).$$

$\varepsilon-\delta$定义的几何意义如下：

对任给的$\varepsilon>0$，在坐标平面上画一条以直线$y=A$为中心线、宽为2ε的横带，则必存在以直线$x=x_0$为中心线、宽为2δ的竖带，使函数$y=f(x)$的图形在该竖带中部分全部落入横带内，但点$(x_0, f(x_0))$可能例外(或者无意义).

【例 2-8】 设$f(x)=\dfrac{x^2-4}{x-2}$，证明$\lim\limits_{x\to 2} f(x)=4$.

证明： 因为当$x\neq 2$时，

$$|f(x)-4|=\left|\frac{x^2-4}{x-2}-4\right|=|x+2-4|=|x-2|,$$

所以$\forall\varepsilon>0$，取$\delta=\varepsilon$，则当$0<|x-2|<\delta$，有$|f(x)-4|<\varepsilon$，这就证明了$\lim\limits_{x\to 2} f(x)=4$.

2.2.2 函数极限的性质

不同变化过程中的极限有许多共同点(约定：表述极限的共同点时，将 lim 下方的变化过程省略不写).

$$\lim C=C(C\text{ 为常数}).$$

性质 1 若$\lim f(x)$存在，则极限必唯一.

性质 2 若$\lim f(x)=A>0$(或$A<0$)，则变化过程进行到一定时刻后，必有$f(x)>0$(或$f(x)<0$). 若$f(x)\geqslant 0$(或$f(x)\leqslant 0$)，且$\lim f(x)=A$，则$A\geqslant 0$(或$A\leqslant 0$).

2.3　无穷小量与无穷大量

在确定的变化过程中，有两类变化趋势特殊的变量——绝对值无限变小与绝对值无限变大的变量.

无穷小与无穷大

2.3.1　无穷大量

定义 2.8　如果当 $x \to x_0$（或 $x \to \infty$）时，对应的函数值 $|f(x)|$ 无限增大，则称函数 $f(x)$ 当 $x \to x_0$（或 $x \to \infty$）时为无穷大量，记作

$$\lim_{x \to x_0} f(x) = \infty \text{（或} \lim_{x \to \infty} f(x) = \infty \text{）}.$$

当 $x \to x_0$（或 $x \to \infty$）时为无穷大的函数 $f(x)$，按函数极限的定义来说，极限是不存在的，但为了便于叙述函数的这一形态，我们也说“函数的极限是无穷大”. 在某个变化过程中，极限为 $+\infty$（或 $-\infty$）的函数 $f(x)$，称为该过程中的正无穷大（或负无穷大）.

注意：无穷大量不是很大的数；若函数为自变量的某种趋向时的无穷大量，则它是无界函数；但无界函数并不一定是无穷大量.

例如，$\frac{1}{x^2}$ 是当 $x \to 0$ 时的无穷大量；$a^x(0 < a < 1)$ 是当 $x \to -\infty$ 时的无穷大量.

2.3.2　无穷小量

定义 2.9　如果当 $x \to x_0$（或 $x \to \infty$）时，函数 $f(x)$ 的极限值为零，则称函数 $f(x)$ 当 $x \to x_0$（或 $x \to \infty$）时为无穷小量.

例如：x^2，$\sin x$ 是 $x \to 0$ 时的无穷小量；$\sqrt{1-x}$ 是 $x \to 1^-$ 时的无穷小量；$\frac{1}{x}$ 是 $x \to \infty$ 时的无穷小量.

注意：无穷小量是指变量在某一变化过程中而言的，无穷小量是指变量的绝对值无限小，而非变量无限变小或非常小的量，在所有常数中只有 0 是无穷小量.

2.3.3　无穷小量与无穷大量的性质

性质 1　两个（相同类型的）无穷小量之和、差、积仍为无穷小量.

性质 2　无穷小量与有界变量乘积为无穷小量.

无穷大量在极限运算中，有自身的规律：

(1) 同号无穷大相加，仍为无穷大；

(2) 无穷大相乘，仍为无穷大；

(3) 有极限且不为无穷小的量乘无穷大，仍为无穷大.

【例 2-9】　求 $\lim_{x \to 0} x^2 \sin \frac{1}{x}$.

解： 由于当 $x\to 0$ 时，x^2 是无穷小量，$\sin\frac{1}{x}$ 是有界变量，所以 $\lim\limits_{x\to 0}x^2\sin\frac{1}{x}=0$.

性质 3（极限与无穷小的关系） $\lim\limits_{x\to x_0}f(x)=A\Leftrightarrow f(x)-A$ 是当 $x\to x_0$ 时的无穷小量.

2.3.4 无穷小量与无穷大量的关系

定理 2.2 设 $f(x)$ 在某 $\mathring{U}(x_0)$ 内有定义且不等于 0.

(1) 若 $f(x)$ 为 $x\to x_0$ 时的无穷小量，则 $\frac{1}{f(x)}$ 为 $x\to x_0$ 时的无穷大量.

(2) 若 $g(x)$ 为 $x\to x_0$ 时的无穷大量，则 $\frac{1}{g(x)}$ 为 $x\to x_0$ 时的无穷小量.

例如，在 $x\to 0$ 时，$\lim\limits_{x\to 0}x=0$，则 $y=x$ 为 $x\to 0$ 时的无穷小量；而 $\lim\limits_{x\to 0}\frac{1}{x}=\infty$，则 $y=\frac{1}{x}$ 为 $x\to 0$ 时的无穷大量.

任务 2　掌握极限的四则运算及其应用

2.4 极限运算法则

极限的运算

2.4.1 极限的四则运算法则

定理 2.3（四则运算法则） 在某变化过程中，若设 $\lim f(x)=A$，$\lim g(x)=B$，则

(1) $\lim[f(x)\pm g(x)]=A\pm B$；

(2) $\lim[f(x)g(x)]=AB$；

(3) $\lim\frac{f(x)}{g(x)}=\frac{A}{B}$，且 $B\neq 0$.

注意： 用该定理要把握前提条件，而且变化过程是同一的.

例如 $\lim\limits_{x\to 0}x\sin\frac{1}{x}=\lim\limits_{x\to 0}x\cdot\lim\limits_{x\to 0}\sin\frac{1}{x}$ 是错误的，这是因为 $\lim\limits_{x\to 0}\sin\frac{1}{x}$ 不存在，上述定理不适用.

上述定理显然可以推广到有限个变量的情形．从定理出发，进一步有

推论 1 若 $\lim f(x)$ 存在，则 $\lim[cf(x)]=c\lim f(x)$.

推论 2 若 $\lim f(x)$ 存在，则 $\lim[f(x)]^n=[\lim f(x)]^n$.

2.4.2 复合函数的极限运算法则

定理 2.4 设 $\lim\limits_{x\to x_0}\varphi(x)=a$，$\lim\limits_{u\to a}f(u)=f(a)$，则 $\lim\limits_{x\to x_0}f(\varphi(x))$ 存在，且

$$\lim_{x\to x_0} f(\varphi(x)) = f[\lim_{x\to x_0}\varphi(x)] = f(a).$$

上式说明：求复合函数的极限时，函数符号与极限符号可以交换次序，即极限运算可以移到内层函数上去实行.

【例 2-10】 求$\lim\limits_{x\to 1}(x^2+8x-7)$.

解：依据定理及推论有

$$\lim_{x\to 1}(x^2+8x-7) = \lim_{x\to 1}x^2 + \lim_{x\to 1}8x + \lim_{x\to 1}(-7) = 1+8-7 = 2.$$

一般地，有

$$\lim_{x\to x_0}(a_n x^n + a_{n-1}x^{n-1} + \cdots + a_1 x + a_0) = a_n x_0^n + a_{n-1}x_0^{n-1} + \cdots + a_1 x_0 + a_0,$$

即多项式函数在 $x\to x_0$ 处的极限等于该函数在 x_0 处的函数值.

【例 2-11】 求$\lim\limits_{x\to -1}\dfrac{4x^2-3x+1}{2x^2-6x+4}$.

解：由上例可知，当 $x\to -1$ 时，分子、分母都有极限且分母极限不为零，依据除法法则可得

$$\lim_{x\to -1}\frac{4x^2-3x+1}{2x^2-6x+4} = \frac{\lim\limits_{x\to -1}(4x^2-3x+1)}{\lim\limits_{x\to -1}(2x^2-6x+4)} = \frac{2}{3}.$$

【例 2-12】 求$\lim\limits_{x\to 1}\dfrac{x^2-3}{x^2-5x+4}$.

分析：所给函数当 $x\to 1$ 时分子极限不为零，分母极限为零，“$\dfrac{0}{0}$”型故不适于除法法则．这一类题目应先算函数倒数的极限，再利用无穷大与无穷小的关系来计算.

解：因$\lim\limits_{x\to 1}\dfrac{x^2-5x+4}{x^2-3} = \dfrac{\lim\limits_{x\to 1}(x^2-5x+4)}{\lim\limits_{x\to 1}(x^2-3)} = \dfrac{0}{-2} = 0$，即当 $x\to 1$ 时，$\dfrac{x^2-5x+4}{x^2-3}$为无穷小量，则由无穷大与无穷小的关系可知：当 $x\to 1$ 时，$\dfrac{x^2-3}{x^2-5x+4}$为无穷大，即

$$\lim_{x\to 1}\frac{x^2-3}{x^2-5x+4} = \infty.$$

【例 2-13】 求$\lim\limits_{x\to 2}\dfrac{x^2-3x+2}{x^2-x-2}$.

分析：此函数分子、分母的极限同时为零，称为“$\dfrac{0}{0}$”型．它们趋于零的原因是都含有公因式$(x-2)$，当 $x\to 2$ 时，$x-2\to 0$，但 $x-2\neq 0$，故可约去公因式进行计算.

解：
$$\lim_{x\to 2}\frac{x^2-3x+2}{x^2-x-2} = \lim_{x\to 2}\frac{(x-1)(x-2)}{(x+1)(x-2)}$$
$$= \lim_{x\to 2}\frac{x-1}{x+1} = \frac{\lim\limits_{x\to 2}(x-1)}{\lim\limits_{x\to 2}(x+1)} = \frac{1}{3}.$$

【例 2-14】 计算下列极限.

(1)$\lim\limits_{x\to 4}\dfrac{\sqrt{x+5}-3}{x-4}$;

(2) $\lim\limits_{x\to1}\dfrac{1-\sqrt[4]{x^3}}{1-\sqrt[3]{x^2}}$.

解：(1) $\lim\limits_{x\to4}\dfrac{\sqrt{x+5}-3}{x-4}=\lim\limits_{x\to4}\dfrac{x+5-9}{(x-4)(\sqrt{x+5}+3)}=\lim\limits_{x\to4}\dfrac{1}{\sqrt{x+5}+3}=\dfrac{1}{6}$;

(2) 令 $x=t^{12}$，当 $x\to1$ 时，$t\to1$. 故

$$\lim_{x\to1}\frac{1-\sqrt[4]{x^3}}{1-\sqrt[3]{x^2}}=\lim_{t\to1}\frac{1-t^9}{1-t^8}=\lim_{t\to1}\frac{(1-t)(1+t+t^2+\cdots+t^8)}{(1-t)(1+t+t^2+\cdots+t^7)}=\frac{9}{8}.$$

【例 2-15】 求 $\lim\limits_{x\to2}\left(\dfrac{x^2}{x^2-4}-\dfrac{1}{x-2}\right)$.

分析：括号内两项的极限都是无穷大，称为“$\infty-\infty$”型．不能直接用定理，一般处理方法是先通分，再利用前面的方法求解.

解：$\lim\limits_{x\to2}\left(\dfrac{x^2}{x^2-4}-\dfrac{1}{x-2}\right)=\lim\limits_{x\to2}\dfrac{x^2-x-2}{x^2-4}=\lim\limits_{x\to2}\dfrac{(x+1)(x-2)}{(x+2)(x-2)}=\lim\limits_{x\to2}\dfrac{x+1}{x+2}=\dfrac{3}{4}$.

【例 2-16】 若 $a_n\neq0$，$b_m\neq0$，m，n 为正整数，试证：

$$\lim_{x\to\infty}\frac{a_nx^n+a_{n-1}x^{n-1}+\cdots+a_1x+a_0}{b_mx^m+b_{m-1}x^{m-1}+\cdots+b_1x+b_0}=\begin{cases}\dfrac{a_n}{b_m}, & m=n,\\ 0, & m>n,\\ \infty, & m<n.\end{cases}$$

证明：当 $x\to\infty$ 时，所给函数的分子、分母都趋于无穷大，将原式变形：

$$\lim_{x\to\infty}\frac{a_nx^n+a_{n-1}x^{n-1}+\cdots+a_1x+a_0}{b_mx^m+b_{m-1}x^{m-1}+\cdots+b_1x+b_0}=\lim_{x\to\infty}\left(\frac{x^n}{x^m}\cdot\frac{a_n+a_{n-1}\frac{1}{x}+\cdots+a_1\frac{1}{x^{n-1}}+a_0\frac{1}{x^n}}{b_m+b_{m-1}\frac{1}{x}+\cdots+b_1\frac{1}{x^{m-1}}+b_0\frac{1}{x^m}}\right).$$

(1) 当 $m=n$ 时，$\dfrac{x^n}{x^m}=1$，括号内除 a_n，b_m 外，当 $x\to\infty$ 时各项的极限都为零，因此可得：

$$\lim_{x\to\infty}f(x)=\frac{a_n}{b_m};$$

(2) 当 $m>n$ 时，括号中第一个分式的极限为零，第二个分式的极限为 $\dfrac{a_n}{b_m}$，于是

$$\lim_{x\to\infty}f(x)=0;$$

(3) 当 $m<n$ 时，括号中第一个分式的极限为无穷大，第二个分式的极限为 $\dfrac{a_n}{b_m}$，于是

$$\lim_{x\to\infty}f(x)=\infty.$$

于是命题得证.

【例 2-17】 计算下列极限.

(1) $\lim\limits_{x\to0}\sin3x$;

(2) $\lim\limits_{x\to\infty}2^{\frac{1}{x}}$;

(3) $\lim\limits_{x\to 0^+} 2^{-\frac{1}{x}}$.

解：(1) 函数 $y=\sin 3x$ 可分解为 $y=\sin u$，$u=3x$，当 $x\to 0$ 时，$u=3x\to 0$；且 $u\to 0$ 时，$\sin u\to 0$.

由复合函数极限的运算法则可知 $\lim\limits_{x\to 0}\sin 3x=0$.

(2) 令 $u=\dfrac{1}{x}$，因 $\lim\limits_{x\to\infty}\dfrac{1}{x}=0$，且 $\lim\limits_{u\to 0}2^u=1$，所以 $\lim\limits_{x\to\infty}2^{\frac{1}{x}}=1$.

(3) 因为 $\lim\limits_{x\to 0^+}\dfrac{1}{x}=+\infty$，得 $\lim\limits_{x\to 0^+}2^{\frac{1}{x}}=+\infty$，而 $2^{-\frac{1}{x}}=1/2^{\frac{1}{x}}$，所以由无穷大量和无小量的关系可知 $\lim\limits_{x\to 0^+}2^{-\frac{1}{x}}=0$.

任务3　熟记两个重要极限及其应用

2.5　极限存在准则与两个重要极限

2.5.1　夹逼准则

在已有的基础上，我们不加证明地给出下列准则及其推论.

准则Ⅰ(夹逼准则)　设在某变化过程中，若有 $u\leqslant v\leqslant w$ 且 $\lim u=\lim w=A$，则必有 $\lim v=A$.

准则Ⅱ　单调有界数列必有极限.

推论　若数列 a_n 单调，则有 a_n 有界$\Leftrightarrow a_n$ 收敛.

例如：对于 $y_n=\sqrt[n]{2^n+3^n}$，由于 $n\geqslant 1$ 时，$3=\sqrt[n]{3^n}<y_n<\sqrt[n]{3^n+3^n}=3\times 2^{\frac{1}{n}}$，两端数列均收敛于3，故 y_n 也收敛于3.

借助它们可以证明下面的两个重要极限.

2.5.2　重要极限Ⅰ $\lim\limits_{x\to 0}\dfrac{\sin x}{x}=1$

第一个重要极限

证明：作单位圆，取锐角 $\angle AOB=x$，即 $0<x<\dfrac{\pi}{2}$(此时 $\sin x>0$)，过 A 点作切线与 OB 交于 C 点(如图2-4所示).

过 B 点作垂线与 x 轴交于 D 点，则有

$$S_{\triangle AOB}=\frac{1}{2}\sin x;\ S_{扇形OAB}=\frac{1}{2}x;\ S_{\triangle AOC}=\frac{1}{2}\tan x.$$

由图可见
$$\frac{1}{2}\sin x<\frac{1}{2}x<\frac{1}{2}\tan x,$$

即
$$1<\frac{x}{\sin x}<\frac{1}{\cos x}.$$

由夹逼准则可知 $\lim\limits_{x\to 0^+}\dfrac{x}{\sin x}=1$，即 $\lim\limits_{x\to 0^+}\dfrac{\sin x}{x}=1$.

又有 $\lim\limits_{x\to 0^-}\dfrac{\sin x}{x}\xlongequal{x=-t}\lim\limits_{t\to 0^+}\dfrac{\sin(-t)}{-t}=\lim\limits_{t\to 0^+}\dfrac{\sin t}{t}=1$.

命题得证.

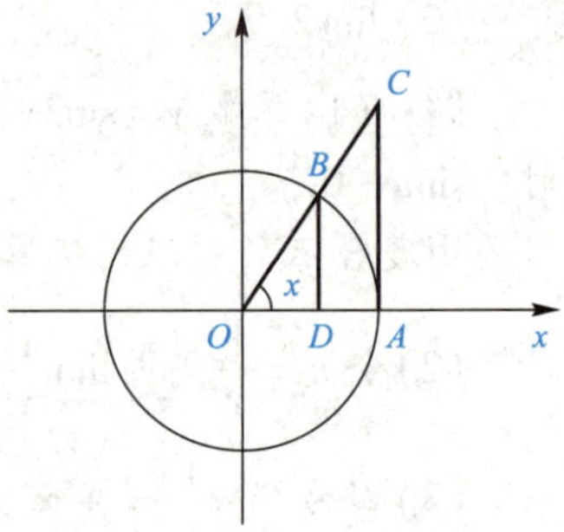

图 2-4

这一极限的主要特征是：正弦与角度的比，在角度趋近于零时的极限为 1.

注意：此极限与 $\lim\limits_{x\to\infty}\dfrac{\sin x}{x}=0$ 的区别.

【例 2-18】 求 $\lim\limits_{x\to 0}\dfrac{\sin 3x}{x}$.

解：$\lim\limits_{x\to 0}\dfrac{\sin 3x}{x}=\lim\limits_{x\to 0}3\cdot\dfrac{\sin 3x}{3x}=3\lim\limits_{x\to 0}\dfrac{\sin 3x}{3x}=3$.

【例 2-19】 求 $\lim\limits_{x\to\infty}x\sin\dfrac{1}{x^2}$.

解：$\lim\limits_{x\to\infty}x\sin\dfrac{1}{x^2}=\lim\limits_{x\to\infty}\dfrac{1}{x}\cdot\dfrac{\sin\frac{1}{x^2}}{\frac{1}{x^2}}=\lim\limits_{x\to\infty}\dfrac{1}{x}\cdot\lim\limits_{x\to\infty}\dfrac{\sin\frac{1}{x^2}}{\frac{1}{x^2}}=0\times 1=0$.

【例 2-20】 求 $\lim\limits_{x\to 0}\dfrac{\tan x}{x}$.

解：$\lim\limits_{x\to 0}\dfrac{\tan x}{x}=\lim\limits_{x\to 0}\dfrac{\sin x}{x}\cdot\dfrac{1}{\cos x}=\lim\limits_{x\to 0}\dfrac{\sin x}{x}\cdot\lim\limits_{x\to 0}\dfrac{1}{\cos x}=1$.

【例 2-21】 求 $\lim\limits_{x\to 0}\dfrac{1-\cos x}{x^2}$.

提示：$\cos x=\cos^2\dfrac{x}{2}-\sin^2\dfrac{x}{2}=1-2\sin^2\dfrac{x}{2}=2\cos^2\dfrac{x}{2}-1$.

解：$\lim\limits_{x\to 0}\dfrac{1-\cos x}{x^2}=\lim\limits_{x\to 0}\dfrac{2\sin^2\frac{x}{2}}{x^2}=\lim\limits_{x\to 0}\dfrac{2\sin^2\frac{x}{2}}{4\cdot\left(\frac{x}{2}\right)^2}=\dfrac{1}{2}\lim\limits_{x\to 0}\left(\dfrac{\sin\frac{x}{2}}{\frac{x}{2}}\right)^2=\dfrac{1}{2}$.

【例 2-22】 求 $\lim\limits_{x\to 0}\dfrac{x}{\arctan x}$.

解：作变量代换，令 $u=\arctan x$，则 $x=\tan u$，有

$$\lim_{x\to 0}\frac{x}{\arctan x}=\lim_{u\to 0}\frac{\tan u}{u}=1.$$

2.5.3 重要极限Ⅱ $\lim\limits_{x\to\infty}\left(1+\dfrac{1}{x}\right)^x=e$

第二个重要极限

这个极限可利用本节的准则Ⅱ来证明，但较繁杂，我们借助表 2-1 来认识理解.

表 2-1

x	1	2	5	10	100	1 000	10 000	…
$\left(1+\frac{1}{x}\right)^x$	2	2.25	2.488	2.593 7	2.704 9	2.717 9	2.718 1	…

在$\lim\limits_{x\to\infty}\left(1+\frac{1}{x}\right)^x=\mathrm{e}$中，底数为变量，且以自然底数 e 为极限；把底数写为$1+\alpha$(α为无穷小)，则幂指数正好是α的倒数.

把握住这些特征，此极限可以等价地写为

$$\lim_{\alpha\to0}(1+\alpha)^{\frac{1}{\alpha}}=\mathrm{e}.$$

【例 2-23】 求$\lim\limits_{x\to\infty}\left(1+\frac{1}{x}\right)^{\frac{x}{2}}$.

解： 方法一：因为$\left(1+\frac{1}{x}\right)^{\frac{x}{2}}=\left[\left(1+\frac{1}{x}\right)^x\right]^{\frac{1}{2}}$且$\lim\limits_{x\to\infty}\left(1+\frac{1}{x}\right)^x=\mathrm{e}$，由复合函数极限的计算法则有

$$\lim_{x\to\infty}\left(1+\frac{1}{x}\right)^{\frac{x}{2}}=\lim_{x\to\infty}\left[\left(1+\frac{1}{x}\right)^x\right]^{\frac{1}{2}}=\mathrm{e}^{\frac{1}{2}}.$$

方法二：设$f(u)=u^{\frac{1}{2}}$，$u=\left(1+\frac{1}{x}\right)^x$，有

$$\lim_{x\to\infty}\left(1+\frac{1}{x}\right)^{\frac{x}{2}}=\lim_{x\to\infty}\left[\left(1+\frac{1}{x}\right)^x\right]^{\frac{1}{2}}=\lim_{u\to e}u^{\frac{1}{2}}=\mathrm{e}^{\frac{1}{2}}.$$

【例 2-24】 计算$\lim\limits_{x\to0}(1-x)^{\frac{2}{x}}$.

解： $\lim\limits_{x\to0}(1-x)^{\frac{2}{x}}=\lim\limits_{-x\to0}\{[1+(-x)]^{-\frac{1}{x}}\}^{-2}=\mathrm{e}^{-2}$.

【例 2-25】 计算$\lim\limits_{x\to0}\frac{\ln(1+x)}{x}$.

解： $\lim\limits_{x\to0}\frac{\ln(1+x)}{x}=\lim\limits_{x\to0}[\ln(1+x)^{\frac{1}{x}}]=\ln[\lim\limits_{x\to0}(1+x)^{\frac{1}{x}}]=\ln\mathrm{e}=1$.

【例 2-26】 计算$\lim\limits_{x\to0}\frac{\mathrm{e}^x-1}{x}$.

解： 令$u=\mathrm{e}^x-1$，则$x=\ln(1+u)$，当$x\to0$时$u\to0$，故得

$$\lim_{x\to0}\frac{\mathrm{e}^x-1}{x}=\lim_{u\to0}\frac{u}{\ln(1+u)}=1.$$

【例 2-27】 计算$\lim\limits_{x\to\infty}\left(\frac{x+3}{x-5}\right)^{3x}$.

解： $\lim\limits_{x\to\infty}\left(\frac{x+3}{x-5}\right)^{3x}=\lim\limits_{x\to\infty}\left(1+\frac{8}{x-5}\right)^{3x}\xlongequal{令\alpha=\frac{8}{x-5}}\lim\limits_{\alpha\to0}(1+\alpha)^{3\left(\frac{8}{\alpha}+5\right)}=\lim\limits_{\alpha\to0}[(1+\alpha)^{\frac{1}{\alpha}}]^{24}\cdot\lim\limits_{\alpha\to0}(1+\alpha)^{15}=\mathrm{e}^{24}$.

【例 2-28】 计算$\lim\limits_{x\to\infty}\left(\frac{x^2}{x^2-1}\right)^x$.

解：$\lim\limits_{x\to\infty}\left(\dfrac{x^2}{x^2-1}\right)^x=\lim\limits_{x\to\infty}\left(\dfrac{x}{x+1}\right)^x\left(\dfrac{x}{x-1}\right)^x=\lim\limits_{x\to\infty}\left(1+\dfrac{-1}{x+1}\right)^x\lim\limits_{x\to\infty}\left(1+\dfrac{1}{x-1}\right)^x$，

$\lim\limits_{x\to\infty}\left(1+\dfrac{-1}{x+1}\right)^x\xlongequal[x=\alpha-1]{令\alpha=x+1}\lim\limits_{\alpha\to\infty}\left(1+\dfrac{-1}{\alpha}\right)^{\alpha-1}=\lim\limits_{\alpha\to\infty}\left[\left(1+\dfrac{-1}{\alpha}\right)^{-\alpha}\right]^{-1}\cdot\left(1-\dfrac{1}{\alpha}\right)^{-1}=e^{-1}$，

$\lim\limits_{x\to\infty}\left(1+\dfrac{1}{x-1}\right)^x=\lim\limits_{x\to\infty}\left(1+\dfrac{1}{x-1}\right)^{x-1}\cdot\left(1+\dfrac{1}{x-1}\right)=e$，

故 $\lim\limits_{x\to\infty}\left(\dfrac{x^2}{x^2-1}\right)^x=\lim\limits_{x\to\infty}\left(1+\dfrac{-1}{x+1}\right)^x\lim\limits_{x\to\infty}\left(1+\dfrac{1}{x-1}\right)^x=e^{-1}\cdot e=1$.

任务 4　掌握无穷小的比较与函数的连续性

2.6　无穷小量阶的比较

现在考虑两个相同类型的无穷小量的商情况：当 $x\to0$ 时，x，x^2，$3x^2$，$\sin x$ 都是无穷小量，但是 $\lim\limits_{x\to0}\dfrac{x^2}{x}=0$，$\lim\limits_{x\to0}\dfrac{\sin x}{x}=1$，$\lim\limits_{x\to0}\dfrac{3x}{x}=3$，$\lim\limits_{x\to0}\dfrac{x}{x^2}$ 不存在，由此看出，无穷小量收敛于 0 的速度是不一样的，例如：x^2 收敛于 0 的速度比 x 收敛于 0 的速度快，为了研究收敛速度，现在对无穷小量进行阶的比较.

无穷小的比较

下面主要研究 $x\to x_0$ 情况，其他情况类似.

设当 $x\to x_0$ 时，$f(x)$ 与 $g(x)$ 均为无穷小量.

(1) 若 $\lim\limits_{x\to x_0}\dfrac{f(x)}{g(x)}=0$，则称当 $x\to x_0$ 时，$f(x)$ 为 $g(x)$ 的高阶无穷小量，或称 $g(x)$ 为 $f(x)$ 的低阶无穷小量，记作 $f(x)=o(g(x))(x\to x_0)$.

例如：$1-\cos x=o(\sin x)(x\to0)$，这是由于

$$\lim_{x\to0}\frac{1-\cos x}{\sin x}=\lim_{x\to0}\frac{2\sin^2\dfrac{x}{2}}{2\sin\dfrac{x}{2}\cos\dfrac{x}{2}}=\lim_{x\to0}\tan\frac{x}{2}=0.$$

(2) 若 $\lim\limits_{x\to x_0}\dfrac{f(x)}{g(x)}=A\neq0$，则称当 $x\to x_0$ 时，$f(x)$ 与 $g(x)$ 为同阶无穷小量.

(3) 若 $\lim\limits_{x\to x_0}\dfrac{f(x)}{g(x)}=1$，则称 $f(x)$ 与 $g(x)$ 是当 $x\to x_0$ 时的等价无穷小量，记作 $f(x)\sim g(x)(x\to x_0)$.

由上节内容可知，当 $x\to0$ 时，有下列几对等价无穷小：

$\sin x\sim x$；$\tan x\sim x$；$1-\cos x\sim\dfrac{1}{2}x^2$；$\arctan x\sim x$；$\arcsin x\sim x$；$\ln(1+x)\sim x$；$e^x-1\sim x$.

【例 2-29】 试分析无穷小中有无最高阶、最低阶的无穷小.

解：对于某过程中的任一无穷小 $\alpha\neq0$，因为 $\dfrac{0}{\alpha}=0$，所以 0 为最高阶的无穷小. 但

无穷小一般没有最低阶的，像 $\alpha^{\frac{1}{3}}$ 为比 α 低阶的无穷小.

【例 2-30】 无穷小 $\alpha \neq 0$，除 0 以外，有无其他高阶的无穷小？

解：α 为无穷小，α^2，α^3，α^4，…都是无穷小，并且后者的阶数更高.

【例 2-31】 计算 $\lim\limits_{x\to 0}\dfrac{x^2+5x}{\sin 3x}$.

解：由于 $x\to 0$ 时，$\sin 3x$ 等价于 $3x$，所以

$$\lim_{x\to 0}\frac{x^2+5x}{\sin 3x}=\lim_{x\to 0}\frac{x^2+5x}{3x}=\frac{5}{3}.$$

【例 2-32】 计算 $\lim\limits_{x\to +\infty} x\sin\dfrac{1}{x\sqrt{1+x^2}}$.

解：当 $x\to +\infty$ 时，$\dfrac{1}{x\sqrt{1+x^2}}\to 0$，即 $\sin\dfrac{1}{x\sqrt{1+x^2}}$ 等价于 $\dfrac{1}{x\sqrt{1+x^2}}$，

$$\lim_{x\to +\infty} x\sin\frac{1}{x\sqrt{1+x^2}}=\lim_{x\to +\infty} x\cdot\frac{1}{x\sqrt{1+x^2}}=0.$$

2.7　函数的连续性

微积分中研究函数时，常要求函数具有连续性．本节来讨论函数的这一性质.

函数的连续性

2.7.1　函数连续的概念

1. 函数的改变量

定义 2.10　对于函数 $y=f(x)$，自变量由 x_0（初值）变到 x（终值），其间的改变量 $x-x_0=\Delta x$ 叫作自变量的增量；相应的函数值 $f(x_0)$ 与 $f(x)$［或记为 $f(x_0+\Delta x)$］，分别叫函数初值、函数终值，称

$$f(x)-f(x_0)=f(x_0+\Delta x)-f(x_0)=\Delta y$$

为函数增量.

2. 函数在一点连续的定义

定义 2.11　设函数 $y=f(x)$ 在一点 x_0 的某邻域内有定义，若

$$\lim_{x\to x_0} f(x)=f(x_0),$$

则称函数 $y=f(x)$ 在点 x_0 处连续，否则称之为在点 x_0 处间断.

由此，可得函数 $f(x)$ 在点 x_0 处**连续的三要素**：

(1) $\lim\limits_{x\to x_0} f(x)$ **存在；**

(2) $f(x_0)$ **存在；**

(3) 两者相等.

如果令 $x=x_0+\Delta x$，则有 $x\to x_0$ 时 $\Delta x\to 0$，于是上述定义可以换为另外一种说法：

设函数 $y=f(x)$ 在一点 x_0 处的某邻域内有定义．若

$$\Delta y = f(x_0 + \Delta x) - f(x_0) \to 0 \quad (\Delta x \to 0),$$

则称函数 $y=f(x)$ 在点 x_0 处连续，否则在点 x_0 处间断.

【例 2-33】 求证：$f(x)=\begin{cases} x^2, & x \leqslant 0, \\ x\sin\dfrac{1}{x}, & x>0 \end{cases}$ 在 $x=-2$，0 处均连续.

证明： 由 $\lim\limits_{x\to -2} f(x)=4=f(-2)$，故 $f(x)$ 在 $x=-2$ 处连续.

又
$$f(0)=0^2=0,\ f(0-0)=\lim_{x\to 0^-} x^2=0,\ f(0+0)=\lim_{x\to 0^+} x\sin\frac{1}{x}=0,$$

即 $\lim\limits_{x\to 0} f(x)=0=f(0)$，故 $f(x)$ 在 $x=0$ 处连续.

3. 函数在区间连续的定义

定义 2.12 若函数 $y=f(x)$ 在某区间内任意一点均连续，则称函数 $y=f(x)$ 在该区间内连续.

特别规定：函数 $y=f(x)$ 在闭区间 $[a, b]$ 上连续，即在 (a, b) 内每一点均连续且在左端点处右连续，在右端点处左连续.

即
$$\lim_{x\to a^+} f(x)=f(a),\quad \lim_{x\to b^-} f(x)=f(b).$$

【例 2-34】 证明函数 $y=x$ 在其定义域内连续.

证明： 定义域为 $(-\infty, +\infty)$，在其中任选一点 x，有

$$\Delta y=(x+\Delta x)-x=\Delta x \to 0 \quad (\Delta x\to 0),$$

于是，函数 $y=x$ 在点 x 处连续，又因为 x 为 $(-\infty, +\infty)$ 中的任一点，所以函数在 $(-\infty, +\infty)$ 上连续.

2.7.2 函数的间断点及其分类

1. 间断点的定义

定义 2.13 对于函数 $y=f(x)$，若 $x=x_0$ 时，$f(x_0)$ 不存在；或 $\lim\limits_{x\to x_0} f(x)$ 不存在；或 $\lim\limits_{x\to x_0} f(x)\neq f(x_0)$，则称函数 $y=f(x)$ 在 x_0 处间断，也称点 x_0 为 $f(x)$ 的间断点.

【例 2-35】 讨论 $y=\dfrac{x^2-1}{x-1}$ 有无间断点.

解： 函数定义域为 $x\neq 1$，即 $f(1)$ 不存在，故 $x=1$ 为函数的间断点.

【例 2-36】 判断函数 $f(x)=\begin{cases} x-1, & x<0, \\ x+1, & x\geqslant 0 \end{cases}$ 在 $x=0$ 处的连续性.

解： $f(0)=1$，但是 $\lim\limits_{x\to 0} f(x)$ 不存在，故 $x=0$ 为间断点.

【例 2-37】 判断函数 $y=\dfrac{1}{x}$ 在点 $x=0$ 处的连续性.

解： 因函数 $y=\dfrac{1}{x}$ 在点 $x=0$ 无定义，故点 $x=0$ 为函数的间断点.

2. 间断点的分类

如例 2-35 中，函数在点 $x=1$ 处无定义，但是 $\lim\limits_{x\to 1} f(x)=2$ 极限存在的间断点，称为可去间断点.

函数的间断

如例 2-37 中，若$\lim\limits_{x \to x_0} f(x)=\infty$，则称 $x=x_0$ 为函数$f(x)$的无穷间断点.

函数$f(x)$的间断点也常常按趋近于定点 x_0 的左、右极限的情况分为两类：

(1)若 x_0 为函数 $y=f(x)$的间断点，且$\lim\limits_{x \to x_0^-} f(x)$和$\lim\limits_{x \to x_0^+} f(x)$都存在，则称 x_0 为函数 $y=f(x)$的第一类间断点．可去间断点便是其中的一种特殊情况.

(2)若 x_0 为函数 $y=f(x)$的间断点，且在该点至少有一个单侧极限不存在，则称 x_0 为函数 $y=f(x)$的第二类间断点．无穷间断点也是其中的一种特殊情况.

2.7.3　连续函数的运算与初等函数的连续性

1. 连续函数的和、差、积、商的连续性

定理 2.5　(1)有限个在某点连续的函数的和是一个在该点连续的函数；

(2)有限个在某点连续的函数的乘积是一个在该点连续的函数；

(3)两个在某点连续的函数的商是一个在该点连续的函数，只要分母在该点不为零.

证明：(1)设$f(x)$与 $g(x)$都在点 x_0 处连续，即

$$\lim_{x \to x_0} f(x)=f(x_0),\ \lim_{x \to x_0} g(x)=g(x_0),$$

根据极限的运算法则，有

$$\lim_{x \to x_0}[f(x)+g(x)]=f(x_0)+g(x_0),$$

即$f(x)+g(x)$在点 x_0 处连续.

这一证明可推广到任意有限个连续函数和的情形．(2)和(3)的证明与之类似，请读者自己证明.

2. 反函数与复合函数的连续性

关于反函数的连续性，我们不加证明给出下述定理，

定理 2.6(反函数的连续性)　如果函数在某区间内单调且连续，则它的反函数也在对应的区间内单调且连续.

定理 2.7　设$\lim\limits_{x \to x_0} \varphi(x)=a$，而函数 $y=f(u)$在点 a 处连续，则

$$\lim_{x \to x_0} f(\varphi(x))=f(a).$$

【例 2-38】　求$\lim\limits_{x \to 3}\sqrt{\dfrac{x-3}{x^2-9}}$.

解：$y=\sqrt{\dfrac{x-3}{x^2-9}}$可看作由 $y=\sqrt{u}$ 与 $u=\dfrac{x-3}{x^2-9}$复合而成，因为$\lim\limits_{x \to 3}\dfrac{x-3}{x^2-9}=\dfrac{1}{6}$，而函数 $u=\dfrac{x-3}{x^2-9}$在点 $u=\dfrac{1}{6}$处连续，所以

$$\lim_{x \to 3}\sqrt{\frac{x-3}{x^2-9}}=\sqrt{\lim_{x \to 3}\frac{x-3}{x^2-9}}=\sqrt{\frac{1}{6}}=\frac{\sqrt{6}}{6}.$$

定理 2.8(复合函数的连续性)　设函数 $u=\varphi(x)$在点 $x=x_0$ 处连续，且 $\varphi(x_0)=u_0$，而函数 $y=f(u)$在点 $u=u_0$ 处连续，则复合函数 $y=f(\varphi(x))$在点 $x=x_0$ 处连续.

利用连续函数的定义及连续函数的性质可以证明，所有基本初等函数在其定义域

内都是连续的.

3. 初等函数的连续性

由于初等函数是由基本初等函数经过有限次的四则运算及有限次的复合所构成的，因此由基本初等函数的连续性，根据连续函数的运算法则可知：任何初等函数在其定义区间内都是连续的. 有些复合函数的定义域不能构成区间，连续性得不到保证.

例如：$y=\arcsin(1+\cos^2 x)$的定义域要求$1+\cos^2 x\leqslant 1$即$\cos x=0$，所以其定义域为$D=\left\{x \,\middle|\, x=\dfrac{\pi}{2}+n\pi,\ n\in \mathbf{Z}\right\}$，这说明该函数实际只是一个数列，故不连续.

2.7.4 闭区间上连续函数的性质

函数$y=f(x)$在闭区间$[a,b]$上连续，其几何意义表现为一段连续不断的曲线. 结合这个几何意义我们很容易理解下述定理.

1. 最大值和最小值定理

定理 2.9 若函数$y=f(x)$在闭区间$[a,b]$上连续，则$y=f(x)$在闭区间$[a,b]$上必有最大值和最小值.

此定理有明显的现实意义，如天气预报中预报第二天的气温，分别是气温的最高值和最低值.

2. 有界性定理

定理 2.10 闭区间上的连续函数必有界.

此定理的逆命题不成立. 例如数列$\{\sin n\pi\}$是有界的，但是任何数列都是无连续性的.

3. 介值定理

定理 2.11 设函数$y=f(x)$在闭区间$[a,b]$上连续，若$f(a)\neq f(b)$，则对于$f(a)$与$f(b)$之间的任一常数c，至少在(a,b)内有一点ξ，使得$f(\xi)=c$.

该定理的几何意义是：连续曲线弧$y=f(x)$与水平直线$y=c$至少有一个交点，如图 2-5 所示.

由介值定理还可以得到下面推论：

推论 在闭区间上连续的函数必取得介于最大值与最小值之间的任何值.

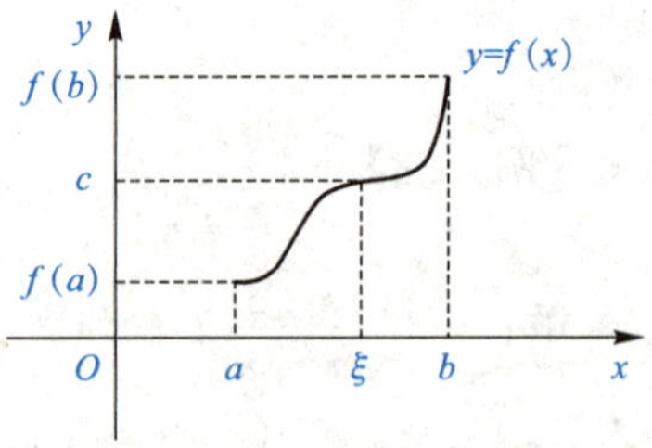

图 2-5

4. 零点定理

定理 2.12 设函数$y=f(x)$在闭区间$[a,b]$上连续，若$f(a)\cdot f(b)<0$，则在(a,b)内至少存在一点ξ，使得$f(\xi)=0$.

该定理常应用于证明方程的根的存在性并确定根的位置.

【例 2-39】 证明$x^3-6x+2=0$在$(0,1)$内至少有一实数根.

证明： 因函数$f(x)=x^3-6x+2$在$[0,1]$上连续，且

$$f(0)=2>0,\ f(1)=-3<0,$$

由零点定理可知，在(0，1)内至少有一点ξ，使得

$$f(\xi)=\xi^3-6\xi+2=0,$$

即$x^3-6x+2=0$在(0，1)内至少有一实数根.

项　目　小　结

本项目知识结构思维导图：

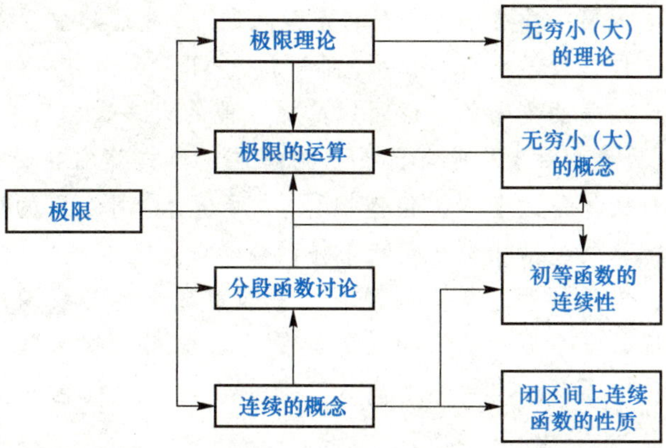

思　政　天　地

刘　徽

刘徽(约公元三世纪)，山东临淄人，魏晋期间伟大的数学家，是中国古典数学理论的奠基者之一，在世界数学史上也占有杰出的地位.

刘徽在公元263年写了《九章算术注》，全面证明了《九章算术》的方法和公式，指出并纠正了其中的错误，在数学方法和数学理论上做出了杰出的贡献.

《九章算术》于公元前一世纪成书，至刘徽时代已300余年，《九章算术》包括方田粟米、衰分、少广、商功均输、盈不足、方程、勾股九章，奠定了中国古算的基本框架；书中提出了上百个公式、解法，有完整的分数四则运算法则，比例和比例分配算法，若干面积、体积公式，开平方、开立方方程，盈不足算法，方程术即线性方程组的解法，正负数加减法则，解勾股形公式和简单的测望问题算法，其中许多成就在世界上处于领先地位，形成中国古算以计算为中心的特点，内有246个应用题，体现了中国古算密切联系实际的特点.

刘徽所做的工作并不是只停留在对《九章算术》的注释上，而是更上一层楼，在注释的同时提出了许多创造性见解．例如为阐述几何命题，证明几何定理，创造了“以盈补虚法”，并且纠正了其中的一些错误．他同时又撰有《重差》一卷，《重差》后来印成单行本改称为《海岛算经》.在注中，刘徽用语言来讲清道理，用图形来解释问题.

刘徽创造性地运用极限思想证明了圆面积公式并提出了计算圆周率的方法．他用

割圆术，从直径为2尺的圆内接正六边形开始割圆，依次得正12、24形，边割得越细，正多边形面积和圆面积之差越小，用他的原话说是**“割之弥细，所失弥少，割之又割，以至于不可割，则与圆周合体而无所失矣”**．他计算了3072边形面积并验证了这个值．刘徽提出的计算圆周率的科学方法，奠定了此后千余年中国圆周率计算在世界上的领先地位．

刘徽在数学上的贡献极多，在开方不尽的问题中提出“求徽数”的思想，这种方法与后来求无理根的近似值的方法一致，它不仅是圆周率精确计算的必要条件，而且促进了十进制小数的产生；在线性方程组的解法中，他创造了比直除法更简便的互乘相消法；中国数学史上他第一次提出了“不定方程问题”，他还建立了等差级数前n项和公式，提出并定义了许多数学概念：如幂(面积)、方程(线性方程组)、正负数等．刘徽还提出了许多公认正确的判断作为证明的前提．他的大多数推理、证明都合乎逻辑，十分严谨，从而把《九章算术》及他自己提出的解法、公式建立在必然性的基础之上．虽然刘徽没有写出自成体系的著作，但他注释《九章算术》所运用的数学知识实际上已经形成了一个独具特色、包括概念和判断、并以数学证明为其联系纽带的理论体系．

刘徽思维敏捷、方法灵活，既提倡推理又主张直观．他是我国最早明确主张用逻辑推理的方式来论证数学命题的人，他的一生是为数学刻苦探求的一生，他虽然地位低下，但人格高尚，他不是沽名钓誉的庸人，而是学而不厌的伟人，他给我们中华民族留下了宝贵的财富．

项 目 训 练

一、填空题

1. 如果$\lim\limits_{x\to 0}\dfrac{\sin 2x}{kx}=5$，则$k=$__________.

2. 设$f(x)=\begin{cases} e^x, & x\leqslant 0, \\ ax+b, & x>0, \end{cases}$ $b=$__________时，$\lim\limits_{x\to 0}f(x)=1$.

3. 当$x\to\infty$时，$f(x)$与$\dfrac{1}{x}$为等价无穷小量，则$\lim\limits_{x\to\infty}2xf(x)=$__________.

4. 当$x\to$__________时，$f(x)=\dfrac{1}{(x-1)^2}$是无穷大.

5. 函数$y=\dfrac{x}{\sin x}$的间断点是__________.

二、选择题

1. 当$x\to 0$时，下列无穷小中，(　　)是等价无穷小．

A. $x\operatorname{arccot}x$ 与 x　　　　B. $1-\cos x$ 与 $\dfrac{x^2}{2}$

C. $\tan 3x$ 与 x　　　　D. $2x-x^2$ 与 x^2-x^3

2. 如果$\lim f(x)=\infty$，$\lim g(x)=\infty$，则下列式子成立的是(　　)．

A. $\lim[f(x)+g(x)]=\infty$　　　　B. $\lim[f(x)-g(x)]=0$

C. $\lim \frac{1}{f(x)}=0$ 　　D. $\lim \frac{1}{f(x)+g(x)}=0$

3. 从$\lim\limits_{x\to x_0} f(x)=1$不能推出(　　).

A. $\lim\limits_{x\to x_0^-} f(x)=1$ 　　B. $\lim\limits_{x\to x_0^+} f(x)=1$

C. $f(x_0)=1$ 　　D. $\lim\limits_{x\to x_0}[f(x)-1]=0$

4. $\lim\limits_{x\to a^+} f(x)=\lim\limits_{x\to a^-} f(x)$是函数$f(x)$在$x=a$处连续的(　　).

A. 必要条件 　　B. 充分条件

C. 充要条件 　　D. 无关条件

5. $f(x)$在点$x=x_0$处有定义，是当$x\to x_0$时，$f(x)$有极限的(　　).

A. 必要条件 　　B. 充分条件

C. 充要条件 　　D. 无关条件

6. 以下说法正确的是(　　).

A. 无穷大量一定是无界变量 　　B. 无界大量一定是无穷大量

C. 两个无穷大量的和是无穷大量 　　D. 无穷小量的倒数是无穷大量

7. 以下说法正确的是(　　).

A. 无穷小量是很小的正数 　　B. 无限变小的变量是无穷小量

C. 无穷小量是零 　　D. 零是无穷小量

8. 设函数$f(x)=\begin{cases}\frac{\ln(1+3x)}{x}, & x>0,\\ a, & x=0,\\ 2^x+2, & x<0\end{cases}$在$x=0$处连续，则常数$a=$(　　).

A. 0 　　B. 1

C. 2 　　D. 3

9. 函数$f(x)=\begin{cases}2e^{1-x}, & x<1,\\ \frac{\ln x^2}{x-1}, & x>1\end{cases}$在$x=1$处(　　).

A. 有定义 　　B. 左极限不存在右极限存在

C. 左极限存在右极限不存在 　　D. 左、右极限都存在且相等

10. 函数$f(x)=\begin{cases}x-1, & x\leqslant 1,\\ 3-x, & x>1\end{cases}$在$x=1$处间断，该点为(　　).

A. 可去间断点 　　B. 跳跃间断点

C. 无穷间断点 　　D. 以上答案都不对

三、计算题

求下列函数的极限.

1. $\lim\limits_{n\to\infty}\left[\frac{1}{1\times 2}+\frac{1}{2\times 3}+\cdots+\frac{1}{n(n+1)}\right]$. 　　2. $\lim\limits_{n\to\infty}\sqrt{n}(\sqrt{n+1}-\sqrt{n})$.

3. $\lim\limits_{n\to\infty}\left(\frac{n+1}{4n}\times\frac{2n-1}{n}\times\frac{n-3}{n}\right)$. 　　4. $\lim\limits_{x\to 3}\frac{x^2-4x+3}{x^2-9}$.

5. $\lim\limits_{x\to 0}\dfrac{\sqrt{1+x^2}-\sqrt{1-x^2}}{x^2}$.

6. $\lim\limits_{x\to +\infty}(\sqrt{x^2+1}-x)$.

7. $\lim\limits_{x\to -3}\left(\dfrac{1}{x+3}+\dfrac{1}{x^2-9}\right)$.

8. $\lim\limits_{x\to 4}\dfrac{\sqrt{2x+1}-3}{\sqrt{x-2}-\sqrt{2}}$.

9. $\lim\limits_{x\to 0}\dfrac{x^2}{1-\sqrt{1+x^2}}$.

10. $\lim\limits_{n\to \infty}\dfrac{\sqrt[3]{n}\sin n}{n+1}$.

11. $\lim\limits_{x\to 0}\dfrac{1-\cos x}{x^2}$.

12. $\lim\limits_{x\to \infty}\dfrac{\sqrt[3]{1+2x^3}}{1+x}$.

13. $\lim\limits_{x\to \infty}\left(\dfrac{2x+3}{2x+1}\right)^{x+1}$.

14. $\lim\limits_{x\to a}\dfrac{\ln x-\ln a}{x-a}$.

15. $\lim\limits_{x\to 0}\dfrac{1-\cos 2x}{x\sin x}$.

16. $\lim\limits_{x\to 0}\dfrac{\ln(1+x^2)}{x^3+x^2}$.

17. $\lim\limits_{x\to 0}\dfrac{1-\cos x}{\cos x\cdot\sin^2 x}$.

18. $\lim\limits_{x\to 0}\left(\dfrac{2}{2-x}\right)^{\frac{2}{x}}$.

19. $\lim\limits_{x\to 0}\dfrac{e^{2x}-1}{\sin 3x}$.

20. $\lim\limits_{x\to \infty}\left(\dfrac{x-1}{x+3}\right)^{x+2}$.

21. $\lim\limits_{x\to 0}\dfrac{\ln(1+xe^x)}{\sin 3x}$.

22. $\lim\limits_{x\to 1}(1+\ln x)^{\frac{3}{\ln x}}$.

23. $\lim\limits_{x\to 0}\dfrac{\ln(1+\sin x)}{\sin 5x}$.

24. $\lim\limits_{x\to 1}\dfrac{x^2-1}{\sqrt{3-x}-\sqrt{1+x}}$.

25. $\lim\limits_{x\to 2}(2x^2-3x+4)$.

26. $\lim\limits_{x\to 4}\dfrac{x^2-6x+8}{x^2-5x+4}$.

27. $\lim\limits_{x\to 4}\dfrac{\sqrt{x}-2}{x-4}$.

28. $\lim\limits_{x\to \infty}\dfrac{3x^2+1}{2x^2+x-1}$.

29. $\lim\limits_{x\to \infty}\dfrac{(2x-3)^{20}(3x-4)^{40}}{(3x+2)^{60}}$.

四、解答题

1. 设 $f(x)=\begin{cases}x+1, & 0<x<1,\\ -x^2+4x-2, & 1\leqslant x<3,\\ 4-x, & x\geqslant 3.\end{cases}$

(1)求函数 $f(x)$ 的定义域；

(2)函数 $f(x)$ 在 $x=1$ 和 $x=3$ 点处是否连续?

(3)写出函数 $f(x)$ 的连续区间.

2. $f(x)=\begin{cases}x^2, & x<4,\\ 3x-1, & x\geqslant 4.\end{cases}$ 求 $f(x)$ 的连续区间和间断点.

3. 讨论分段函数 $f(x)=\begin{cases}x^2\sin\dfrac{1}{x}, & x\neq 0,\\ 0, & x=0\end{cases}$ 在分界点 $x=0$ 处的连续性.

4. 判断下列函数在 $x=1$ 处的连续性，若间断，说出间断点的类型.

(1) $f(x)=\dfrac{x^2-1}{x-1}$;　　(2) $f(x)=|x-1|$;

(3) $f(x)=\begin{cases}x^2, & x\leqslant 1,\\ x-1, & x>1;\end{cases}$　　(4) $f(x)=\begin{cases}x+1, & x<1,\\ 1, & x=1,\\ 3-x, & x>1.\end{cases}$

5. 设 $f(x)=\begin{cases}x^2+2x-3, & x\leqslant 1,\\ x, & 1<x<2,\\ 2x-2, & x\geqslant 2,\end{cases}$ 求 $\lim\limits_{x\to 1}f(x)$, $\lim\limits_{x\to 2}f(x)$, $\lim\limits_{x\to 3}f(x)$.

6. 设 $f(x)=\begin{cases}x\sin\dfrac{1}{x}, & -\infty<x<0,\\ \sin\dfrac{1}{x}, & 0<x<+\infty,\end{cases}$ 求 $\lim\limits_{x\to 0^-}f(x)$, $\lim\limits_{x\to 0^+}f(x)$, $\lim\limits_{x\to 0}f(x)$.

教学实验　利用 MATLAB 求极限、作图、判断函数的连续性

一、实验目的

(1)会利用 MATLAB 求函数极限.

(2)会利用 MATLAB 作函数图形.

(3)会利用 MATLAB 判断函数的连续性.

二、实验指导

(1)利用 MATLAB 求极限.

在 MATLAB 符号工具箱中求极限的指令是 limit，其调用格式如表 2-2 所示.

表 2-2　极限运算符

命令	功能
`limit(f, x, a)`	求函数 f 当 $x\to a$ 时的极限
`limit(f, a)`	求函数 f 中的自变量(系统默认的自变量为 x)趋于 a 时的极限
`limit(f)`	求函数 f 中的自变量趋于 0 时的极限
`limit(f, x, a, 'left')`	求函数 f 当 $x\to a$ 时的左极限
`limit(f, x, a, 'right')`	求函数 f 当 $x\to a$ 时的右极限

【例 2-40】 求下列函数的极限.

(1) $\lim\limits_{x\to 1}\left(\dfrac{1}{x-1}-\dfrac{2}{x^2-1}\right)$;　　(2) $\lim\limits_{x\to\infty}\left(\dfrac{2x+1}{2x-1}\right)^{x+1}$;

(3) $\lim\limits_{x\to 0^+}\dfrac{1}{x}$;　　(4) $\lim\limits_{x\to 0}\dfrac{1}{\sin x}$.

序号	MATLAB 输入命令	MATLAB 输出结果
(1)	syms x limit((1/(x-1)-2/(x^2-1)), x, 1)	ans = 1/2
(2)	syms x limit(((2 * x+1)/(2 * x-1))^(x+1), x, inf)	ans = exp(1)
(3)	syms x limit(1/x, x, 0, 'right')	ans = Inf
(4)	syms x limit(1/sin(x), x, 0)	ans = NaN

(2) 利用 MATLAB 作函数的图形和判断函数连续性.

绘图命令“fplot”专门用于绘制一元函数曲线. 格式如下:

```
fplot('fun', [a, b])
```

功能: 绘制区间$[a, b]$上函数 $y=fun$ 的图形.

【例 2-41】 绘出函数(1)$y=x+\sin x$, (2)$y=x^2e^{-x^2}$的图形, 说明其奇偶性, 并根据图形判断这些函数在$[-2, 2]$上是否连续.

解: (1) 输入:

```
>> fplot('x+sin(x)', [-5, 5])
```

按“回车”键, 出现如图 2-6 所示窗口.

(2) 输入:

```
>> fplot('x^2 * exp(-x^2)', [-6, 6])
```

按“回车”键, 出现如图 2-7 所示窗口.

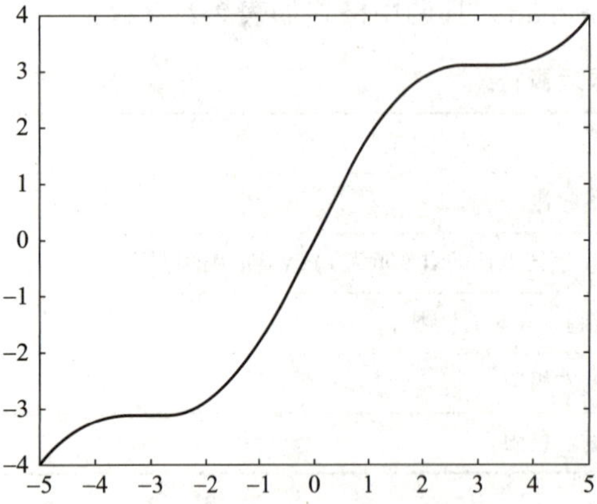

图 2-6

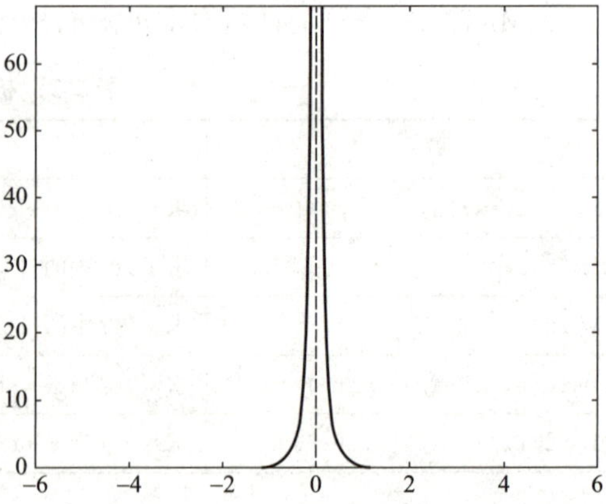

图 2-7

从以上两图形可知, $y=x+\sin x$ 是奇函数, $y=x^2e^{-x^2}$是偶函数, 且在区间$[-2, 2]$上都是连续的.

【例 2-42】 判断函数 $y=2x^2-3$ 在点 $x=1$ 处的连续性.

解: 方法一, 作图法判断. 输入:

```
>> fplot('2 * x^2 -3', [0, 23])
```

按“回车”键，出现如图 2-8 所示窗口．

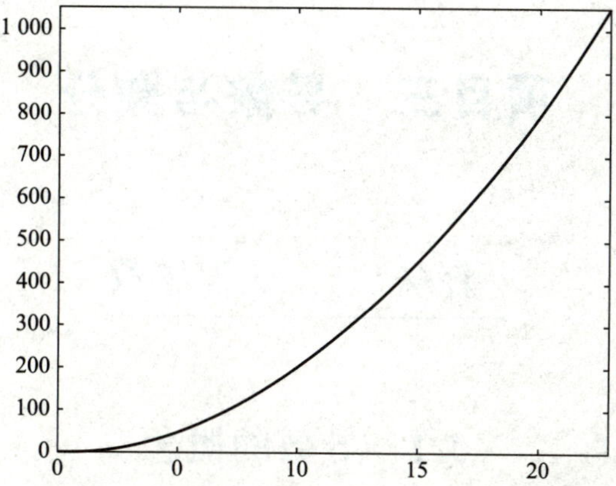

图 2-8

观察图 2-8 可知，函数在点 $x=1$ 处是连续的．

方法二，定义法．输入：

```
>>limit(2 * x^2 -3, x, 1)
ans =
  -1
>>2 *1^2 -3
```

显示结果为：

```
ans =
     -1
```

通过计算可知，$\lim\limits_{x\to1}(2x^2-3)=-1=f(1)$，所以函数在点 $x=1$ 处是连续的．

教学实验训练题

1. 利用 MATLAB 计算下列各极限．

(1) $\lim\limits_{x\to2}\dfrac{x^2-4}{\sqrt{x-1}-1}$；　　(2) $\lim\limits_{x\to0}\dfrac{x^2-4}{\ln(2+x)}$；

(3) $\lim\limits_{x\to1}\dfrac{\sin(1-x)}{1-x^2}$；　　(4) $\lim\limits_{x\to\frac{\pi}{2}}(1+\cos x)^{5\sec x}$；

(5) $\lim\limits_{x\to\infty}\left(\dfrac{x+3}{x-1}\right)^{x+2}$；　　(6) $\lim\limits_{x\to\infty}\left(\dfrac{x}{x-1}\right)^{x}$.

2. 讨论函数 $f(x)=\begin{cases}x^2-1, & 0\leqslant x\leqslant1\\ x+3, & x>1\end{cases}$，在点 $x=1$ 处的连续性，并利用 MATLAB 进行验证．

项目三　导数与微分

任务 1　认识导数

3.1　导数的概念

从本章起，我们进入微积分的主体．本章主要介绍导数与微分的概念以及相关计算．

3.1.1　实例

变速直线运动的瞬时速度——路程关于时间的变化率．

我们知道，物体运动的速度等于位移与时间的比，而非匀速直线运动中这个比值是变化的，为了了解非匀速直线运动中每一时刻的运动快慢程度，我们采用瞬时速度这一概念．

已知一质点做变速直线运动，在时间$[0,t]$内走过的路程为$s=s(t)$，求质点在t_0时刻的瞬时速度．

在时间$[0,t_0]$内质点走过的路程是$s(t_0)$，在时间$[0,t_0+\Delta t]$内质点走过的路程是$s(t_0+\Delta t)$，因此，在Δt时间内，质点走过的路程为

$$\Delta s=s(t_0+\Delta t)-s(t_0),$$

如果质点做匀速直线运动，它的速度为

$$v=\frac{\Delta s}{\Delta t},$$

如果质点做变速直线运动，那么在运动的不同时间间隔内，上述比值会不同，这种变速直线运动的质点在某一时刻t_0的瞬时速度如何求？

首先可以求质点在$[t_0,t_0+\Delta t]$这段时间内的平均速度$\bar{v}$：

$$\bar{v}=\frac{\Delta s}{\Delta t}=\frac{s(t_0+\Delta t)-s(t_0)}{\Delta t}.$$

当Δt很小时，$\bar{v}$可作为质点在t_0的瞬时速度的近似值．Δt越小，这个平均速度就越接近于t_0点的瞬时速度，令$\Delta t\to 0$，平均速度的极限就是瞬时速度$v(t_0)$：

$$v(t_0)=\lim_{\Delta t\to 0}\frac{s(t_0+\Delta t)-s(t_0)}{\Delta t}.$$

如果将上述的过程归结到求函数$y=f(x)$的瞬时变化率，过程可归纳如下：

(1)定初值．确定求哪一“时刻”的变化率，定自变量的初值x_0．

(2)算增量．给自变量以增量 Δx，算出相应的函数值增量 Δy.

(3)求比值．化简并计算$\dfrac{\Delta y}{\Delta x}$.

(4)取极限．$\lim\limits_{\Delta x\to 0}\dfrac{\Delta y}{\Delta x}$.

$\lim\limits_{\Delta x\to 0}\dfrac{\Delta y}{\Delta x}$如果存在，它就是函数 $y=f(x)$ 在点 x_0 的瞬时变化率，也叫函数 $y=f(x)$ 在点 x_0 的导数.

3.1.2　导数的定义

导数的概念

定义 3.1　对函数 $y=f(x)$，在点 x_0 的某邻域内有定义，如果极限

$$\lim_{\Delta x\to 0}\frac{f(x_0+\Delta x)-f(x_0)}{\Delta x}=\lim_{\Delta x\to 0}\frac{\Delta y}{\Delta x}$$

存在，则称函数 $y=f(x)$ 在点 x_0 处可导，否则称为不可导，极限值称为函数 $y=f(x)$ 在点 x_0 处的导数或微商．记为

$$f'(x_0)\text{或}\ y'\Big|_{x=x_0}\ \text{或}\frac{\mathrm{d}y}{\mathrm{d}x}\Big|_{x=x_0}\ \text{或}\frac{\mathrm{d}}{\mathrm{d}x}f(x)\Big|_{x=x_0}.$$

根据 $f'(x_0)$ 的定义，函数 $y=f(x)$ 在点 x_0 处可导的充分必要条件是：

$$\lim_{\Delta x\to 0^-}\frac{\Delta y}{\Delta x}\text{及}\lim_{\Delta x\to 0^+}\frac{\Delta y}{\Delta x}$$

都存在且相等．这两个极限分别称为函数 $y=f(x)$ 在点 x_0 处的左导数和右导数，记作 $f'_-(x_0)$ 及 $f'_+(x_0)$，即

$$\lim_{\Delta x\to 0}\frac{\Delta y}{\Delta x}=A\Leftrightarrow\lim_{\Delta x\to 0^-}\frac{\Delta y}{\Delta x}=A=\lim_{\Delta x\to 0^+}\frac{\Delta y}{\Delta x}.$$

如果函数 $y=f(x)$ 在某区间内的任意一点 x 均可导，则每个点 x 都有唯一确定的导数值 $f'(x)$ 与之对应，即 $f'(x)$ 与 x 对应构成新的函数，这个函数叫作函数 $y=f(x)$ 的导函数，简称导数．记作

$$f'(x)\text{或}\ y'\text{或}\frac{\mathrm{d}y}{\mathrm{d}x}\text{或}\frac{\mathrm{d}}{\mathrm{d}x}f(x),$$

即

$$f'(x)=\lim_{\Delta x\to 0}\frac{f(x+\Delta x)-f(x)}{\Delta x}.$$

显然，函数 $y=f(x)$ 在点 x_0 处的导数 $f'(x_0)$ 就是导函数 $f'(x)$ 在点 x_0 处的函数值，即

$$f'(x_0)=f'(x)\big|_{x=x_0}.$$

注意：增量 Δx 可以是正数，也可以是负数.

【例 3-1】　求 $y=x^2$ 在 $x=2$ 处的导数.

解：$\dfrac{\Delta y}{\Delta x}=\dfrac{1}{\Delta x}[(x_0+\Delta x)^2-x_0^2]=\dfrac{1}{\Delta x}[(2+\Delta x)^2-2^2]=\dfrac{1}{\Delta x}[4+4\Delta x+(\Delta x)^2-4]$

$$=\frac{1}{\Delta x}[4\Delta x+(\Delta x)^2]=4+\Delta x\to 4\quad(\Delta x\to 0),$$

即

$$(x^2)'\big|_{x=2}=4.$$

【例 3-2】 求 $y=\frac{1}{x^2}$的导数.

解：$\frac{\Delta y}{\Delta x}=\frac{1}{\Delta x}\left[\frac{1}{(x+\Delta x)^2}-\frac{1}{x^2}\right]=\frac{1}{\Delta x}\left(\frac{1}{x+\Delta x}-\frac{1}{x}\right)\left(\frac{1}{x+\Delta x}+\frac{1}{x}\right)$

$$=\frac{-2x-\Delta x}{(x+\Delta x)^2\cdot x^2}\to-\frac{2}{x^3}\qquad(\Delta x\to 0),$$

故
$$y'=\left(\frac{1}{x^2}\right)'=-\frac{2}{x^3}.$$

对于幂函数 $y=x^\alpha$，类似地可以计算当 $\alpha=2$，3，$\frac{1}{2}$，-1 时的导函数，其导数的结果表现为同一形式的导数公式：

$$(x^\alpha)'=\alpha x^{\alpha-1}.$$

【例 3-3】 求 $f(x)=c$ 的导数.

解：由于
$$\frac{\Delta y}{\Delta x}=\frac{1}{\Delta x}[f(x+\Delta x)-f(x)]=\frac{1}{\Delta x}(c-c)=0,$$

则

$$\lim_{\Delta x\to 0}\frac{\Delta y}{\Delta x}=0，所以(c)'=0.$$

【例 3-4】 求 $f(x)=\log_a x$ 的导数.

解：$\frac{\Delta y}{\Delta x}=\frac{1}{\Delta x}[f(x+\Delta x)-f(x)]=\frac{1}{\Delta x}[\log_a(x+\Delta x)-\log_a x]=\frac{1}{\Delta x}\log_a\frac{x+\Delta x}{x}$

$$=\log_a\left(1+\frac{\Delta x}{x}\right)^{\frac{1}{\Delta x}}=\frac{1}{x}\log_a\left(1+\frac{\Delta x}{x}\right)^{\frac{x}{\Delta x}},$$

故 $\lim\limits_{\Delta x\to 0}\frac{\Delta y}{\Delta x}=\lim\limits_{\Delta x\to 0}\frac{1}{x}\log_a\left(1+\frac{\Delta x}{x}\right)^{\frac{x}{\Delta x}}=\frac{1}{x}\log_a e$（换底公式）$=\frac{1}{x}\frac{\ln e}{\ln a}=\frac{1}{x\ln a}$，

即
$$(\log_a x)'=\frac{1}{x\ln a}.$$

特别地，当 $a=e$ 时，$(\ln x)'=\frac{1}{x}$.

【例 3-5】 求 $y=\begin{cases}-x, & x\leqslant 0,\\ x, & x>0\end{cases}$在 $x=0$ 处的导数.

解：由于 $y|_{x=0}=0$，$y|_{x=0+\Delta x}=\begin{cases}-\Delta x, & \Delta x\leqslant 0,\\ \Delta x, & \Delta x>0,\end{cases}$所以

$$\frac{\Delta y}{\Delta x}=\begin{cases}\frac{-\Delta x}{\Delta x}=-1, & \Delta x\leqslant 0,\\ \frac{\Delta x}{\Delta x}=1, & \Delta x>0.\end{cases}$$

左导数：$f'_-(0)=\lim\limits_{\Delta x\to 0^-}\frac{\Delta y}{\Delta x}=-1$；右导数：$f'_+(0)=\lim\limits_{\Delta x\to 0^+}\frac{\Delta y}{\Delta x}=1$.

故 $y'|_{x=0}$不存在.

函数 $y=f(x)$ 在点 x_0 处的导数的定义也可表示为

$$f'(x_0)=\lim_{x\to x_0}\frac{f(x)-f(x_0)}{x-x_0}.$$

【例 3-6】 若 $f'(x_0)>0$（或 <0），则在 x_0 的某邻域内，函数 $f(x)$ 递增（或递减）.

证明： 当 $f'(x_0)=\lim\limits_{x\to x_0}\dfrac{f(x)-f(x_0)}{x-x_0}>0$ 时，由极限的保号性可知：

在 x_0 的某邻域内有 $\dfrac{f(x)-f(x_0)}{x-x_0}>0$，即 $x-x_0$ 与 $f(x)-f(x_0)$ 同号．当 $x>x_0$ 时，$f(x)>f(x_0)$，可知函数 $f(x)$ 在此邻域内递增.

同理可证 $f'(x_0)<0$ 时的情形.

3.1.3　导数的几何意义

设曲线方程为 $y=f(x)$，如图 3-1 所示，在曲线 $y=f(x)$ 上取一定点 $M(x_0,f(x_0))$，在曲线上另取一点 $N(x_0+\Delta x,f(x_0+\Delta x))$，连接 M 和 N 得割线 MN. 当点 N 沿曲线趋近于点 M 时，割线的极限位置 MT 就叫作曲线 $y=f(x)$ 的切线．依次记割线、切线的倾斜角为 β，α，显然

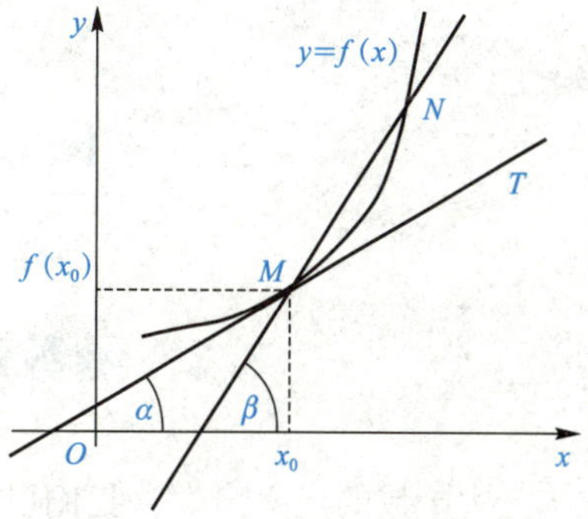

图 3-1

$$\tan\beta=\frac{\Delta y}{\Delta x}=\frac{f(x_0+\Delta x)-f(x_0)}{\Delta x},$$

因为　$\Delta x\to 0\Rightarrow N\to M\Rightarrow \beta\to\alpha$，

所以　$f'(x_0)=\lim\limits_{\Delta x\to 0}\dfrac{\Delta y}{\Delta x}=\lim\limits_{\beta\to\alpha}\tan\beta=\tan\alpha.$

即 $f'(x_0)$ 就是 $y=f(x)$ 在点 x_0 处的切线的斜率——这就是点导数的几何意义.

由直线的点斜式方程可知，曲线 $y=f(x)$ 过点 $M(x_0,f(x_0))$ 的切线方程、法线方程依次为

$$y-f(x_0)=f'(x_0)(x-x_0),$$

$$y-f(x_0)=-\frac{1}{f'(x_0)}(x-x_0).$$

导数的几何意义

【例 3-7】 求函数 $y=\cos x$ 在 $x=\dfrac{\pi}{2}$ 的切线方程.

解： 因 $y'=-\sin x$，故

$$y'\big|_{x=\frac{\pi}{2}}=-\sin x\big|_{x=\frac{\pi}{2}}=-1,$$

且当 $x=\dfrac{\pi}{2}$ 时，$y\big|_{x=\frac{\pi}{2}}=\cos x\big|_{x=\frac{\pi}{2}}=0.$

由点导数的几何意义可知，函数 $y=\cos x$ 在 $x=\dfrac{\pi}{2}$ 的切线方程为

$$y=-x+\frac{\pi}{2}.$$

3.1.4　可导与连续的关系

函数 $y=|x|$ 在点 $x=0$ 处连续，但不可导．即函数在一个点连续不一定可导．但对于函数 $y=f(x)$ 在点 x_0 处可导，即对于

$$\Delta y=f(x_0+\Delta x)-f(x_0),$$

极限 $\lim\limits_{\Delta x\to 0}\dfrac{\Delta y}{\Delta x}$ 存在，此时有

$$\Delta y=\frac{\Delta y}{\Delta x}\cdot\Delta x\to 0\ (\Delta x\to 0).$$

由此可知可导与连续的关系：可导必连续，连续不一定可导．

如果曲线的切线为 $x=c$，斜率为无穷大(不存在)，故不可导不等于没有切线．如函数 $y=\sqrt[3]{x}$ 在点 $x=0$ 处有切线，为 y 轴，但不可导．

任务 2　掌握导数的运算

3.2　函数和、差、积、商的求导法则

从导数的定义出发，我们已经讨论了几个函数的求导问题．然而多数情况下，按定义求导很烦琐，因此本节来讨论导数的运算法则．

导数的四则运算法则

定理 3.1　若 $u=u(x)$ 与 $v=v(x)$ 均在点 x 有导数且 $u'=u'(x)$，$v'=v'(x)$，则它们的和、差、积、商(除式不为零)在 x 处可导，且

(1) $(u\pm v)'=u'\pm v'$；

(2) $(uv)'=u'v+uv'$；

(3) $\left(\dfrac{u}{v}\right)'=\dfrac{u'v-uv'}{v^2}\ (v\neq 0)$.

证明由导数的定义不难得到，这里从略.

由定理易推得下列推论：

推论 1　若有限个函数 $u_1=u_1(x)$，$u_2=u_2(x)$，…，$u_m=u_m(x)$ 均在点 x 可导，则 $u_1+u_2+\cdots+u_m$ 在点 x 处可导，且

$$(u_1+u_2+\cdots+u_m)'=u_1'+u_2'+\cdots+u_m'.$$

推论 2　若有限个函数 $u_1=u_1(x)$，$u_2=u_2(x)$，…，$u_m=u_m(x)$ 均在点 x 可导，则 $u_1u_2\cdots u_m$ 在点 x 处可导，且

$$(u_1u_2\cdots u_m)'=u_1'u_2\cdots u_m+u_1u_2'\cdots u_m+\cdots+u_1u_2\cdots u_m'.$$

推论 3　若函数 $u=u(x)$ 在点 x 处可导，c 为常数，则 cu 在 x 处可导，且

$$(cu)'=cu'.$$

【例 3-8】　推导 $(\tan x)'=\dfrac{1}{\cos^2 x}=\sec^2 x$.

证明：$(\tan x)'=\left(\dfrac{\sin x}{\cos x}\right)'=\dfrac{(\sin x)'\cos x-\sin x(\cos x)'}{\cos^2 x}$

$$=\frac{\cos^2 x+\sin^2 x}{\cos^2 x}=\frac{1}{\cos^2 x}=\sec^2 x.$$

同理可得：$(\cot x)'=\dfrac{-1}{\sin^2 x}=-\csc^2 x.$

【例 3-9】 推导$(\sec x)'=\sec x\tan x.$

证明：$(\sec x)'=\left(\dfrac{1}{\cos x}\right)'=\dfrac{-(\cos x)'}{\cos^2 x}=\dfrac{\sin x}{\cos^2 x}=\sec x\tan x.$

同理可得：$(\csc x)'=-\csc x\cot x.$

【例 3-10】 已知函数$f(x)=x^3-4\csc x+\sin\dfrac{\pi}{2}$，求$f'(x)$及$f'\left(\dfrac{\pi}{2}\right)$.

解：$f'(x)=3x^2-4(\csc x)'+\left(\sin\dfrac{\pi}{2}\right)'=3x^2+4\csc x\cot x,$

故
$$f'\left(\frac{\pi}{2}\right)=(3x^2+4\csc x\cot x)\Big|_{x=\frac{\pi}{2}}=\frac{3}{4}\pi^2.$$

3.3　反函数与复合函数的求导法则

为了推导基本初等函数导数公式，我们给出函数的导数与其反函数的导数的关系.

3.3.1　反函数的求导法则

定理 3.2　若函数$x=\varphi(y)$在某区间I_y内单调、可导且$\varphi'(y)\neq 0$，那么它的反函数$y=f(x)$在对应区间I_x内也可导，且有

$$f'(x)=\frac{1}{\varphi'(y)}\quad 或\quad \frac{dy}{dx}=\frac{1}{\frac{dx}{dy}}.$$

【例 3-11】 推导$(\arcsin x)'=\dfrac{1}{\sqrt{1-x^2}}.$

证明：设$y=\arcsin x$，则$\sin y=x\left(-\dfrac{\pi}{2}<y<\dfrac{\pi}{2}\right)$，因为$\dfrac{dx}{dy}=\cos y$，所以

$$\frac{dy}{dx}=\frac{1}{\frac{dx}{dy}}=\frac{1}{\cos y}=\frac{1}{\sqrt{1-\sin^2 y}}=\frac{1}{\sqrt{1-x^2}},$$

即
$$(\arcsin x)'=\frac{1}{\sqrt{1-x^2}}.$$

同理可得

$$(\arccos x)'=-\frac{1}{\sqrt{1-x^2}};$$

$$(\arctan x)' = \frac{1}{1+x^2};$$

$$(\text{arccot}x)' = -\frac{1}{1+x^2}.$$

借助$(\log_a x)' = \dfrac{1}{x\ln a}$，可以推出：

$$(a^x)' = a^x \ln a;$$

$$(\mathrm{e}^x)' = \mathrm{e}^x.$$

3.3.2 复合函数的求导法则

定理 3.3 若函数 $u=\varphi(x)$ 在点 x 处可导，函数 $y=f(u)$ 在对应的点 u 处可导，则复合函数 $y=f[\varphi(x)]$ 在点 x 处可导，且有 $y'_x = y'_u \cdot u'_x$，即

$$\frac{\mathrm{d}y}{\mathrm{d}x} = \frac{\mathrm{d}y}{\mathrm{d}u}\cdot\frac{\mathrm{d}u}{\mathrm{d}x} \quad 或 \quad \{f[\varphi(x)]\}' = f'[\varphi(x)]\cdot\varphi'(x).$$

导数基本公式与复合函数

【例 3-12】 求 $y=\ln(-x)$ 的导数.

解： 令 $u=-x$，$y=\ln u$，则有

$$y'_u = (\ln u)' = \frac{1}{u},\quad u'_x = (-x)' = -1,$$

故
$$y'_x = y'_u \cdot u'_x = \frac{1}{u}\cdot(-1) = \frac{1}{-x}\cdot(-1) = \frac{1}{x}.$$

或依据$\{f[\varphi(x)]\}' = f'[\varphi(x)]\cdot\varphi'(x)$有

$$y'_x = \frac{1}{-x}\cdot(-x)' = \frac{1}{x}.$$

【例 3-13】 求 $y=2^{\sin\frac{1}{x}}$ 的导数.

解： 令 $y=2^u$，$u=\sin v$，$v=\dfrac{1}{x}$，有

$$y'_u = (2^u)' = 2^u\cdot\ln 2,$$

$$u'_v = (\sin v)' = \cos v,$$

$$v'_x = -\frac{1}{x^2},$$

故 $y'_x = y'_u \cdot u'_v \cdot v'_x = 2^u\cdot\ln 2\cdot\cos v\cdot\left(-\dfrac{1}{x^2}\right) = 2^{\sin\frac{1}{x}}\cdot\ln 2\cdot\cos\left(\dfrac{1}{x}\right)\cdot\left(-\dfrac{1}{x^2}\right).$

或省去中间步骤，

$$y'_x = 2^{\sin\frac{1}{x}}\cdot\ln 2\cdot\left(\sin\frac{1}{x}\right)' = 2^{\sin\frac{1}{x}}\cdot\ln 2\cdot\cos\frac{1}{x}\cdot\left(\frac{1}{x}\right)' = 2^{\sin\frac{1}{x}}\cdot\ln 2\cdot\cos\left(\frac{1}{x}\right)\cdot\left(-\frac{1}{x^2}\right).$$

【例 3-14】 求 $y=\arctan\sqrt{\cos x}$ 的导数.

解： $y'_x = \dfrac{1}{1+\cos x}\cdot(\sqrt{\cos x})' = \dfrac{1}{1+\cos x}\cdot\dfrac{1}{2\sqrt{\cos x}}\cdot(\cos x)'$

$$= \frac{1}{1+\cos x}\cdot\frac{1}{2\sqrt{\cos x}}\cdot(-\sin x) = \frac{-\sin x}{2(1+\cos x)\sqrt{\cos x}}.$$

3.3.3　求导法则与基本求导公式

至此，我们已经完成了对导数基本公式和求导法则的推导，汇总如下.

导数基本公式：

(1) $c'=0$（c 为任意常数）；

(2) $(x^{\alpha})'=\alpha x^{\alpha-1}(\alpha\neq -1)$；

(3) $(a^{x})'=a^{x}\ln a$，特别地，$(e^{x})'=e^{x}$；

(4) $(\log_{a}x)'=\dfrac{1}{x\ln a}$，特别地，$(\ln x)'=\dfrac{1}{x}$；

(5) $(\sin x)'=\cos x$；

(6) $(\cos x)'=-\sin x$；

(7) $(\tan x)'=\dfrac{1}{\cos^{2}x}=\sec^{2}x$；

(8) $(\cot x)'=\dfrac{-1}{\sin^{2}x}=-\csc^{2}x$；

(9) $(\sec x)'=\sec x\tan x$；

(10) $(\csc x)'=-\csc x\cot x$；

(11) $(\arcsin x)'=\dfrac{1}{\sqrt{1-x^{2}}}$；

(12) $(\arccos x)'=-\dfrac{1}{\sqrt{1-x^{2}}}$；

(13) $(\arctan x)'=\dfrac{1}{1+x^{2}}$；

(14) $(\text{arccot}\, x)'=-\dfrac{1}{1+x^{2}}$.

四则运算法则：若 $u=u(x)$ 与 $v=v(x)$ 均在点 x 处有导数且 $u'=u'(x)$，$v'=v'(x)$，则它们的和、差、积、商（除式不为零）在 x 处可导，且

(1) $(u\pm v)'=u'\pm v'$；

(2) $(uv)'=u'v+uv'$；

(3) $\left(\dfrac{u}{v}\right)'=\dfrac{u'v-uv'}{v^{2}}\quad(v\neq 0)$.

反函数求导法则：若函数 $x=\varphi(y)$ 在某区间 I_{y} 内单调、可导且 $\varphi'(y)\neq 0$，那么它的反函数 $y=f(x)$ 在对应区间 I_{x} 内也可导，且有

$$f'(x)=\frac{1}{\varphi'(y)}\quad 或\quad \frac{dy}{dx}=\frac{1}{\frac{dx}{dy}}.$$

复合函数求导法则：若函数 $u=\varphi(x)$ 在点 x 处可导，函数 $y=f(u)$ 在对应的点 u 处可导，则复合函数 $y=f[\varphi(x)]$ 在点 x 处可导，且有 $y'_{x}=y'_{u}\cdot u'_{x}$，即

$$\frac{dy}{dx}=\frac{dy}{du}\cdot\frac{du}{dx}\quad 或\quad \{f[\varphi(x)]\}'=f'[\varphi(x)]\cdot\varphi'(x).$$

3.4 高阶导数

我们知道，变速直线运动的速度 $v(t)$ 是路程 $s=s(t)$ 对时间 t 的导数，即

$$v=\frac{\mathrm{d}s}{\mathrm{d}t} \quad 或 \quad v=s',$$

高阶导数

而加速度又是速度 $v=v(t)$ 对时间 t 的变化率，即速度 $v(t)$ 对时间 t 的导数：

$$a=\frac{\mathrm{d}v}{\mathrm{d}t}=\frac{\mathrm{d}}{\mathrm{d}t}\left(\frac{\mathrm{d}s}{\mathrm{d}t}\right) \quad 或 \quad a=(s')'.$$

像这种导数的导数 $\frac{\mathrm{d}}{\mathrm{d}t}\left(\frac{\mathrm{d}s}{\mathrm{d}t}\right)$ 或 $(s')'$ 叫作 s 对 t 的二阶导数. 因此，直线运动的加速度就是路程函数 $s=s(t)$ 对时间 t 的二阶导数.

一般地，考虑函数 $y=f(x)$ 的导函数 $y'=f'(x)$，若它在 x 处可导，则称它的导数为函数 $y=f(x)$ 的二阶导数，记作

$$f''(x)，y''，\frac{\mathrm{d}^2y}{\mathrm{d}x^2}，\frac{\mathrm{d}^2}{\mathrm{d}x^2}f(x).$$

同样地，若 $f''(x)$ 在 x 处可导，则 $f''(x)$ 的导数就称为 $y=f(x)$ 的三阶导数，记作：

$$f'''(x)，y'''，\frac{\mathrm{d}^3y}{\mathrm{d}x^3}，\frac{\mathrm{d}^3}{\mathrm{d}x^3}f(x).$$

依此类推，可以定义函数 $y=f(x)$ 的 n 阶导数，即若 $y=f(x)$ 的 $n-1$ 阶导数可导，则 $y=f(x)$ 的 $n-1$ 阶导数的导数称为 $y=f(x)$ 的 n 阶导数，记作：

$$f^{(n)}(x)，y^{(n)}，\frac{\mathrm{d}^ny}{\mathrm{d}x^n}，\frac{\mathrm{d}^n}{\mathrm{d}x^n}f(x)\,(n\geqslant 4).$$

二阶及二阶以上的导数统称为高阶导数.

【例 3-15】 设 $y=x^n$（n 为正整数），求 $y^{(n)}$.

解： $y'=(x^n)'=nx^{n-1}$，$y''=(nx^{n-1})'=n(n-1)x^{n-2}$，$y'''=[n(n-1)x^{n-2}]'=n(n-1)(n-2)x^{n-3}$.

易知，$y^{(n)}=n!$.

【例 3-16】 设 $y^{(n-2)}=(1+x^2)\ln x$，求 $y^{(n)}$.

解： $y^{(n-1)}=[y^{(n-2)}]'=(1+x^2)'\ln x+(1+x^2)(\ln x)'=2x\cdot\ln x+(1+x^2)\cdot\frac{1}{x}$,

$$y^{(n)}=[y^{(n-1)}]'=\left[2x\cdot\ln x+(1+x^2)\cdot\frac{1}{x}\right]'=2\ln x+2+\left(-\frac{1}{x^2}\right)+1=3-\frac{1}{x^2}+2\ln x.$$

【例 3-17】 设某 2 种商品的需求量 Q_1 和 Q_2（万件）均为时间 t（年）的函数.

$$Q_1(t)=100\cdot\frac{3t}{t+1}，Q_2(t)=100\left(\frac{t^2}{t+1}+1\right).$$

问一年后，哪种商品的市场需求潜力更大?

解： $t=1$ 时，$Q_1(1)=Q_2(1)=150$，即需求相同；又

$$Q_1'(t)=300\left(\frac{t}{t+1}\right)'=\frac{300}{(t+1)^2}，Q_1'(1)=\frac{300}{4},$$

$$Q_2{}'(t)=100\left(\frac{t^2}{t+1}+1\right)'=\frac{100(t^2+2t)}{(t+1)^2},\ Q_2{}'(1)=\frac{300}{4}.$$

即 $t=1$ 时，两种商品的增长速度相同.

由于
$$Q_1{}''(t)=[Q'_1(t)]'=\frac{-600}{(t+1)^3},\ Q_1{}''(1)=\frac{-300}{4}<0,$$
$$Q_2{}''(t)=[Q_2{}'(t)]'=\frac{200}{(t+1)^3},\ Q_2{}''(1)=25>0.$$

这里 $Q_1{}''(1)<0$，说明 $Q_1(t)$ 的增长速度 $Q'_1(t)$ 当 $t=1$ 时在减慢；
$Q_2{}''(1)>0$，说明 $Q_2(t)$ 的增长速度 $Q_2{}'(t)$ 当 $t=1$ 时在加快.
可见，第二种商品一年后的需求潜力更大.

3.5　隐函数和由参数方程所确定的函数的导数

3.5.1　隐函数的导数

隐函数的导数

形如 $F(x,y)=0$ 的函数，称为隐函数．形如 $y=f(x)$ 的函数称为显函数.

例如，$x^2+y^2=r^2$ 与 $e^y+xy-e=0$ 为隐函数，$y=x^n$ 为显函数.

隐函数与显函数的主要区别是隐函数没有明确区分函数的自变量与因变量，x 与 y 均可能为自变量或因变量．若把隐函数化为显函数有时会很麻烦，甚至是困难的.

对隐函数 $F(x,y)=0$ 求导数$\frac{dy}{dx}$，应注意到其中 y 与 x 的关系式 $y=f(x)$ 是存在的，因此不必化为显函数，而对等式两边直接求关于 x 的导数即可.

【例 3-18】　求函数 $x^2+y^2=r^2$ 的导数 y'.

解：对等式两边直接求关于 x 的导数，有
$$2x+2y\cdot y'=0,$$
即
$$y'=-\frac{x}{y}.$$

注意：在求关于 x 的导数过程中，y 实际上是中间变量.

【例 3-19】　求隐函数 $e^y+xy-e=0$ 的导数 y'.

解：对等式两边直接求关于 x 的导数，有
$$e^y\cdot y'+xy'+y=0,$$
即
$$y'=-\frac{y}{x+e^y}.$$

与显函数一样，隐函数也有高阶导数.

【例 3-20】　设有隐函数 $e^y+xy-e=0$，求 $y''|_{x=0}$.

解：对隐函数方程求导、再求导，依次有
$$e^y\cdot y'+y+xy'=0,$$
即
$$y'(e^y+x)+y=0,$$
$$y''(e^y+x)+y'(e^y\cdot y'+1)+y'=0,$$

即 $$y''(e^y+x)+2y'+e^y(y')^2=0.$$

将0依次代入原方程、一阶导数和二阶导数得

$$y|_{x=0}=1,\ y'|_{x=0}=-e^{-1},\ y''|_{x=0}=e^{-2}.$$

3.5.2 取对数求导法

对于由多因式的积、商、幂运算及幂指函数构成的显函数，可先取对数，再求导，这称为对数求导法.

【例 3-21】 设 $y=\sqrt{\dfrac{(x-1)(x-2)}{(x-3)(x-4)}}$，求 y'.

解： 两边取对数，得

$$\ln y=\frac{1}{2}[\ln(x-2)+\ln(x-1)-\ln(x-3)-\ln(x-4)],$$

对上式两边同时求关于 x 的导数，有

$$\frac{y'}{y}=\frac{1}{2}\left(\frac{1}{x-1}+\frac{1}{x-2}-\frac{1}{x-3}-\frac{1}{x-4}\right),$$

于是 $$y'=\frac{1}{2}\sqrt{\frac{(x-1)(x-2)}{(x-3)(x-4)}}\left(\frac{1}{x-1}+\frac{1}{x-2}-\frac{1}{x-3}-\frac{1}{x-4}\right).$$

【例 3-22】 求函数 $y=x^{\arctan\sqrt{x}}$ 的导数.

解： 两边取对数，得

$$\ln y=\arctan\sqrt{x}\cdot\ln x,$$

故 $$\frac{y'}{y}=\frac{\ln x}{2\sqrt{x}(1+x)}+\frac{\arctan\sqrt{x}}{x},$$

$$y'=x^{\arctan\sqrt{x}}\left[\frac{\ln x}{2\sqrt{x}(1+x)}+\frac{\arctan\sqrt{x}}{x}\right].$$

一般地，若参数方程

$$\begin{cases}x=\varphi(t),\\ y=\psi(t)\end{cases}$$

确定 y 与 x 之间的函数关系 $x=x(y)$（或 $y=y(x)$），则称此函数关系所表达的函数为由参数方程所确定的函数.

现在介绍借助于参数 t 求 $\dfrac{dy}{dx}$ 的方法，称为参数求导法则．设函数 $x=\varphi(t)$，$y=\psi(t)$ 都可导，且 $\varphi'(t)\neq0$. 于是根据复合求导法则与反函数求导法则可得

$$\frac{dy}{dx}=\frac{dy}{dt}\cdot\frac{dt}{dx}=\frac{dy}{dt}\cdot\frac{1}{\frac{dx}{dt}}=\frac{\psi'(t)}{\varphi'(t)},$$

即 $$\frac{dy}{dx}=\frac{\psi'(t)}{\varphi'(t)}.$$

若 $x=\varphi(t)$，$y=\psi(t)$ 二阶可导，只要将上式再对 x 求导，注意到 $\dfrac{dy}{dx}$ 是关于 t 的函数，所以需把 t 看作中间变量，运用复合函数求导法则和反函数求导公式，得

$$\frac{d^2y}{dx^2}=\frac{d}{dt}\left(\frac{\psi'(t)}{\varphi'(t)}\right)\frac{dt}{dx}=\frac{\psi''(t)\varphi'(t)-\psi'(t)\varphi''(t)}{[\varphi'(t)]^3}.$$

【例 3-23】　求由方程$\begin{cases}x=a\cos t,\\ y=b\sin t\end{cases}(0\leqslant t\leqslant 2\pi)$所确定的函数 y 对 x 的一阶、二阶导数.

解： $\frac{dy}{dx}=\frac{\psi'(t)}{\varphi'(t)}=\frac{(b\sin t)'}{(a\cos t)'}=\frac{b\cos t}{-a\sin t}=-\frac{b}{a}\cot t,$

$\frac{d^2y}{dx^2}=\frac{d}{dt}\left(-\frac{b}{a}\cot t\right)\frac{dt}{dx}=\frac{b}{a}\csc^2 t\cdot\frac{1}{-a\sin t}=\frac{-b}{a^2\sin^3 t}.$

任务 3　认识微分

3.6　函数的微分

微分的概念

3.6.1　微分的定义

在导数的概念中，我们讨论了函数的改变量 Δy 与自变量的改变量 Δx 之比$\frac{\Delta y}{\Delta x}$当 $\Delta x\to 0$ 时的极限，而没有讨论 Δy 随 Δx 的变化情况．例如：当$|\Delta x|$很小时，怎样计算 Δy？而 Δy 的表达式往往很复杂，有没有较简单的办法解决这个问题？当我们掌握了求函数导数的各种法则之后，自然想到是否可用导数来表示函数增量？下面先看一个实例.

【例 3-24】　正方形边长原为 x，当边长改变了 Δx（这里$|\Delta x|$很小）时（如图 3-2 所示），近似计算面积的改变量 Δy.

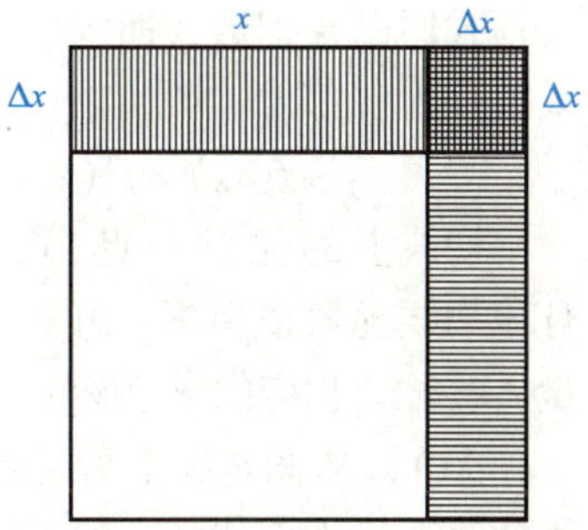

图 3-2

解： 面积改变量 $\Delta y=(x+\Delta x)^2-x^2=2x\Delta x+(\Delta x)^2$，

当 $\Delta x\to 0$ 时，$(\Delta x)^2=o(\Delta x)$，这里$|\Delta x|$很小，$(\Delta x)^2$ 更小，可以忽略不计，所以近似有

$$\Delta y\approx 2x\Delta x.$$

已知$(x^2)'=2x$，则上述的近似表达式也可以表示为

$$\Delta y\approx(x^2)'\Delta x.$$

把它推广到一般函数 $y=f(x)$，可得

(1) 可用 $f'(x)\Delta x$ 近似代替 Δy，简化计算；

(2) 用 $f'(x)\Delta x$ 代替 Δy，其误差较小，$|\Delta x|$越小，则误差更小.

据此，有如下定义：

定义 3.2　设函数 $y=f(x)$ 在点 x_0 处可导，自变量在点 x_0 处的改变量为 Δx，乘积 $f'(x_0)\Delta x$ 叫作函数 $y=f(x)$ 在点 x_0 处的微分，记作：$dy|_{x=x_0}$.

即
$$dy\big|_{x=x_0}=f'(x_0)\Delta x.$$

定义 3.3 若函数 $y=f(x)$ 在区间上的每一点处都可微，则称函数 $y=f(x)$ 在此区间上可微，记作：$dy=f'(x)\Delta x$.

因为 x 的微分 $dx=(x)'\cdot\Delta x$，即 $dx=\Delta x$，所以函数的微分常表示为
$$dy=y'dx \quad 或 \quad df(x)=f'(x)dx.$$

【例 3-25】 求函数 $y=x^2$ 在 $x=3$ 处相应于 $\Delta x=-0.01$ 的增量 Δy 和微分 dy.

解： $\Delta y=(3+\Delta x)^2-3^2=[3+(-0.01)]^2-9=-0.0601$,

$dy=(x^2)'\Delta x=2x\Delta x$,

故
$$dy\Big|_{\substack{x=3\\ \Delta x=-0.01}}=2\times3\times(-0.01)=-0.06.$$

3.6.2 函数可微的充要条件

由 $dy=y'dx$ 可得，因变量与自变量微分之间的关系为
$$y'=\frac{dy}{dx}.$$

即 $\frac{dy}{dx}$ 是函数的微分与自变量的微分之商，因而导数 $f'(x)$ 又称为微商，从而函数 $y=f(x)$ 在 x 处可微与可导等价，即
$$dy=f'(x)dx \Leftrightarrow \frac{dy}{dx}=f'(x).$$

因此，求一个函数的微分的问题便归结为求导数的问题，故将求函数的导数与微分的方法称为微分法.

3.6.3 微分的几何意义

我们已经知道，曲线 $y=f(x)$ 在点 x_0 处的切线方程为
$$y-f(x_0)=f'(x_0)(x-x_0).$$

切线上的任意一点 (x, y) 都满足该方程，且该切线随着横坐标 x 由 x_0 变到 $x_0+\Delta x$（即有增量 Δx）时，相应的纵坐标 y 的增量 $\Delta y=f'(x_0)\Delta x+o(\Delta x)$，从图 3-3 上看，当 Δx 很小时，用切线的改变量近似代替 y 的增量，有
$$y-f(x_0)\approx f'(x_0)\Delta x=dy\big|_{x=x_0}.$$

这就是微分的几何意义：函数在某一点的微分就是函数图形在该点的切线的纵坐标增量.

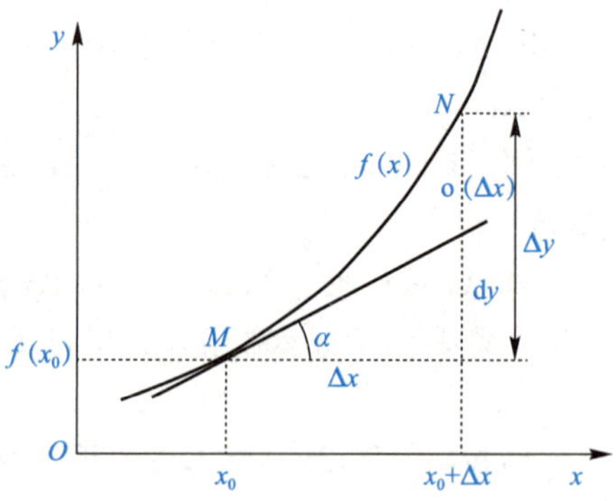

图 3-3

3.6.4 微分基本公式与运算法则

1. 微分基本公式与导数的基本公式一一对应

具体如下：

(1) $d(c)=0$;

(2) $d(x^{\alpha})=\alpha x^{\alpha-1}dx$;

(3) $d(a^{x})=a^{x}\ln a dx$，特别地，$d(e^{x})=e^{x}dx$;

(4) $d(\log_{a}x)=\frac{1}{x\ln a}dx$，特别地，$d(\ln x)=\frac{1}{x}dx$;

(5) $d(\sin x)=\cos x dx$;

(6) $d(\cos x)=-\sin x dx$;

(7) $d(\tan x)=\sec^{2}x dx$;

(8) $d(\cot x)=-\csc^{2}x dx$;

(9) $d(\sec x)=\sec x\tan x dx$;

(10) $d(\csc x)=-\csc x\cot x dx$;

(11) $d(\arcsin x)=\frac{1}{\sqrt{1-x^{2}}}dx$;

(12) $d(\arccos x)=-\frac{1}{\sqrt{1-x^{2}}}dx$;

(13) $d(\arctan x)=\frac{1}{1+x^{2}}dx$;

(14) $d(\text{arccot}x)=-\frac{1}{1+x^{2}}dx$.

2. 微分的四则运算法则

(1) $d(u\pm v)=du\pm dv$;

(2) $d(uv)=vdu+udv$，特别地，$d(cu)=cdu$;

(3) $d\left(\frac{u}{v}\right)=\frac{vdu-udv}{v^{2}}(v\neq 0)$.

3. 微分形式不变性

设函数 $y=f(x)$ 可微，

(1)若 x 是自变量，则 $dy=f'(x)dx$;

(2)若 x 是中间变量，为另一变量 t 的可微函数 $x=\varphi(t)$，则

$$dy=f'(x)\varphi'(t)dt.$$

又因 $\varphi'(t)dt=dx$，所以 $dy=f'(x)dx$.

因此可知，无论 x 是自变量还是中间变量，函数 $y=f(x)$ 的一阶微分形式总是 $dy=f'(x)dx$，故称为一阶微分形式不变性.

【例 3-26】 $y=\ln(1+e^{x^2})$，求 dy.

解：$dy=\frac{1}{1+e^{x^2}}d(1+e^{x^2})=\frac{1}{1+e^{x^2}}e^{x^2}d(x^2)=\frac{2xe^{x^2}}{1+e^{x^2}}dx$.

【例 3-27】 设 $y=\cos(x+y)$，求 dy 和 y'.

解：两边同时求微分有

$$dy=-\sin(x+y)d(x+y)=-\sin(x+y)(dx+dy),$$

故

$$[1+\sin(x+y)]dy=-\sin(x+y)dx.$$

即
$$dy=\frac{-\sin(x+y)}{1+\sin(x+y)}dx,$$
$$y'=\frac{-\sin(x+y)}{1+\sin(x+y)}.$$

【例 3-28】 在括号中填入适当的函数使等式成立.

(1) d(　　) $=x\mathrm{d}x$;　　　　(2) d(　　) $=a^x\mathrm{d}x$.

解：(1) 因为 $\quad \mathrm{d}(x^2)=2x\mathrm{d}x,\ \frac{1}{2}\mathrm{d}(x^2)=x\mathrm{d}x,$

所以 $\quad \mathrm{d}\left(\frac{x^2}{2}+c\right)=x\mathrm{d}x$（$c$ 为常数）.

(2) 因为 $\quad \mathrm{d}(a^x)=a^x\ln a\mathrm{d}x,$

所以 $\quad \mathrm{d}\left(\frac{a^x}{\ln a}+c\right)=a^x\mathrm{d}x$（$c$ 为常数）.

3.6.5 微分在近似计算中的应用

微分的应用

对于 $\Delta y=f(x+\Delta x)-f(x)$，当 $|\Delta x|$ 很小而 $f'(x)\neq 0$ 时，$\mathrm{d}y=f'(x)\mathrm{d}x$ 为 Δy 的主要部分且便于计算，因此
$$\Delta y=f(x+\Delta x)-f(x)\approx f'(x)\Delta x,$$
即
$$f(x+\Delta x)\approx f(x)+f'(x)\Delta x.$$
它可以作为 $|\Delta x|$ 很小时的近似计算公式.

特别地，当 $\Delta x=1$ 时，有 $\Delta y=f(x+1)-f(x)\approx f'(x)$，若 x 表示产量，$f(x)$ 表示总成本，则 $f'(x)$ 就是边际成本，它表示在生产 x 个产品时，最后一个即第 x 个产品所花费的成本.

【例 3-29】 近似计算 $\sin 31°$.

解：设 $f(x)=\sin x$，近似计算 $f\left(\frac{\pi}{6}+\frac{\pi}{180}\right)$.

故 $\quad f\left(\frac{\pi}{6}\right)=\sin 30°=\frac{1}{2},\ f'\left(\frac{\pi}{6}\right)=\cos 30°=\frac{\sqrt{3}}{2},\ \Delta x=\frac{\pi}{180},$
$$\sin 31°=f\left(\frac{\pi}{6}+\frac{\pi}{180}\right)\approx f\left(\frac{\pi}{6}\right)+f'\left(\frac{\pi}{6}\right)\cdot\frac{\pi}{180},$$
即
$$\sin 31°\approx\frac{1}{2}+\frac{\sqrt{3}}{2}\times\frac{\pi}{180}\approx 0.515\ 1.$$

在 $f(x+\Delta x)\approx f(x)+f'(x)\Delta x$ 中，先取 $x=0$，再令 $\Delta x=x$，便得到 $|x|$ 很小时的近似计算公式：
$$f(x)-f(0)=f'(0)x.$$
具体运用这一近似计算公式，便得

(1) $\sqrt[n]{1+x}\approx 1+\frac{1}{n}x$ （n 为正整数）;

(2) $\sin x\approx x$;　　　　(3) $e^x\approx 1+x$;

(4) $\tan x\approx x$;　　　　(5) $\ln(1+x)\approx x$.

【例 3-30】 近似计算 $\sqrt[3]{991}$.

解：$\sqrt[3]{991}=\sqrt[3]{1\ 000-9}=10\times\sqrt[3]{1+\frac{-9}{1\ 000}}\approx 10\left(1+\frac{1}{3}\times\frac{-9}{1\ 000}\right)=10(1-0.003)=9.97.$

【例 3-31】 近似计算 $\sqrt[6]{65}$.

解：$\sqrt[6]{65}=2\cdot\frac{\sqrt[6]{65}}{\sqrt[6]{64}}=2\cdot\sqrt[6]{1+\frac{1}{64}}\approx 2\left(1+\frac{1}{6}\cdot\frac{1}{64}\right)=2.005\ 2.$

有时，需要讨论高阶微分，下面介绍高阶微分的概念.

对于函数 $y=f(x)$ 的微分再微分的结果，即

$$d(dy)=d^2y \quad 或 \quad d[df(x)]=d^2f(x).$$

称为函数 $y=f(x)$ 的二阶微分.

类似地，可以定义函数的三阶微分：$d^3y=d^3f(x)$. 二阶以上的微分均称为高阶微分.

注意：自变量 x 与它的微分 dx 是相互独立的，所以求高阶微分时，dx 一律当常量，并且每次所取的 dx 都是相同的，即有

$$d^2y=d(y'dx)=y''dx,\ d^3y=y'''dx.$$

项　目　小　结

本项目知识结构思维导图：

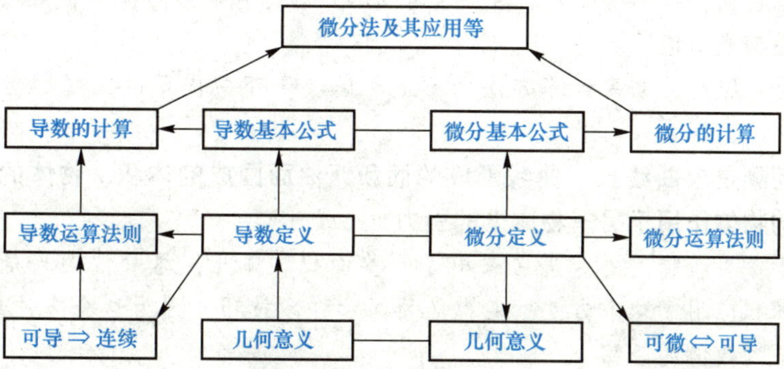

思　政　天　地

微积分为什么会产生

微积分是微分学和积分学的统称，它的萌芽、发生与发展经历了漫长的时期. 公元前三世纪，古希腊的阿基米德在研究解决抛物弓形的面积、球和球冠面积、螺线下面积和旋转双曲体的体积的问题中，就隐含着近代积分学的思想. 作为微分学基础的极限理论来说，早在古代已有比较清楚的论述. 比如我国的庄周所著的《庄子》一书的

“天下篇”中，记有“一尺之棰，日取其半，万世不竭”．三国时期的刘徽在他的割圆术中提到“割之弥细，所失弥小，割之又割，以至于不可割，则与圆周和体而无所失矣”．这些都是朴素的、很典型的极限概念．

到了十七世纪，哥伦布发现新大陆，哥白尼创立日心说，伽利略出版《力学对话》，开普勒发现行星运动规律——因航海的需要、矿山的开发、火松制造提出了一系列的力学和数学的问题，这些问题也就成了促使微积分产生的因素，微积分在这样的条件下诞生是必然的．归结起来，大约有四种主要类型的问题：

第一类问题是研究运动的时候直接出现的，也就是求即时速度的问题．

已知物体移动的距离表为时间的函数的公式，求物体在任意时刻的速度和加速度；反过来，已知物体的加速度表为时间的函数的公式，求速度和距离．

困难在于：十七世纪所涉及的速度和加速度每时每刻都在变化．例如，计算瞬时速度，就不能像计算平均速度那样，用运动的时间去除移动的距离，因为在给定的瞬刻，移动的距离和所用的时间都是0，而0/0是无意义的．但根据物理学，每个运动的物体在它运动的每一时刻必有速度，是不容怀疑的．

第二类问题是求曲线的切线的问题．

这个问题的重要性来源于好几个方面：纯几何问题、光学中研究光线通过透镜的通道问题、运动物体在它的轨迹上任意一点处的运动方向问题等．

困难在于：曲线的“切线”的定义本身就是一个没有解决的问题．

古希腊人把圆锥曲线的切线定义为“与曲线只接触于一点而且位于曲线的一边的直线”．这个定义对于十七世纪所用的较复杂的曲线已经不适应了．

第三类问题是求函数的最大值和最小值问题．

十七世纪初期，伽利略断定，在真空中以45°角发射炮弹时，射程最大．研究行星运动也涉及最大最小值问题．

困难在于：原有的初等计算方法已不适于解决研究中出现的问题．但新的方法尚无眉目．

第四类问题是求曲线长、曲线围成的面积、曲面围成的体积、物体的重心、一个体积相当大的物体作用于另一物体上的引力．

困难在于：古希腊人用穷竭法求出了一些面积和体积，尽管他们只是对于比较简单的面积和体积应用了这个方法，但也必须添加许多技巧，因为这个方法缺乏一般性，而且经常得不到数值的解答．

穷竭法先是被逐步修改，后来由微积分的创立而被根本修改了．

欧多克斯的穷竭法是一种有限且相当复杂的几何方法．它的思想虽然古老，但很重要，阿基米德用得相当熟练，我们就用他的一个例子来说明一下这种方法．

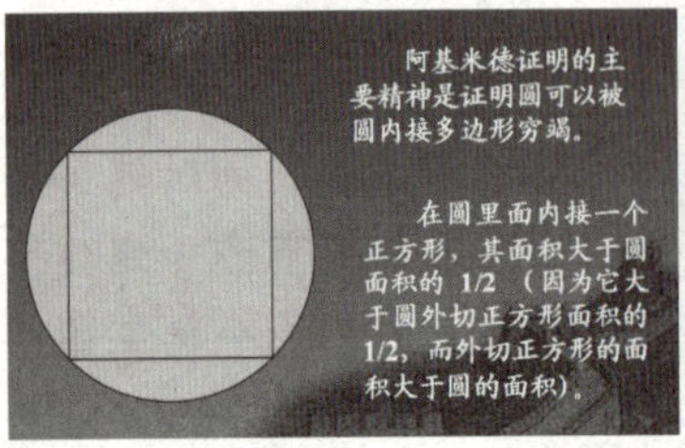

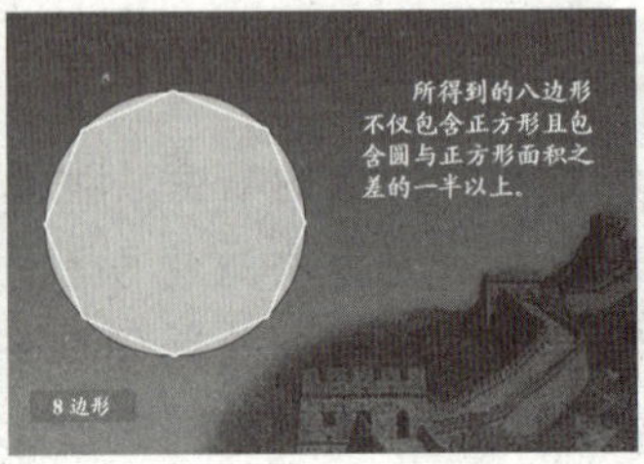

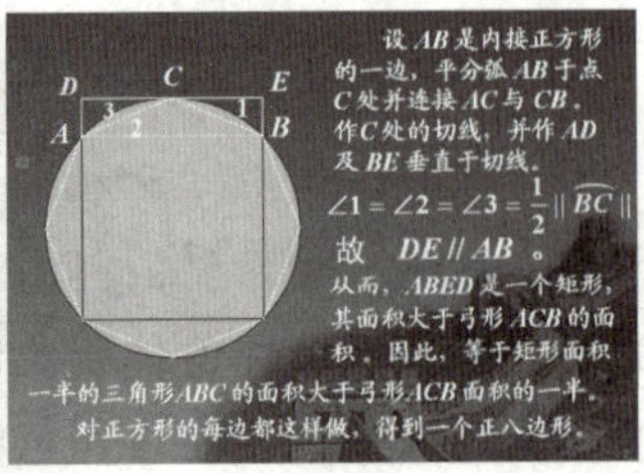

项 目 训 练

一、填空题

1. 已知$f(x)=\ln 2x$，则$[f(2)]'=$____________.

2. $\sin 30°30'\approx$____________.

3. 若$y=\arcsin\sqrt{x}$，则$dy=$____________.

4. $f(x)$在点x_0处可导是$f(x)$在点x_0处连续的____________条件.

5. 函数$y=f(x)$在点x处切线的斜率为$2x-1$，且曲线过点(0，1)，则曲线方程为____________.

二、选择题

1. 设$f(x)$在x_0处可导，则$\lim\limits_{\Delta x\to 0}\dfrac{f(x_0-\Delta x)-f(x_0)}{\Delta x}=$(　　).

A. $-f'(x_0)$　　B. $f'(-x_0)$　　C. $f'(x_0)$　　D. $2f'(x_0)$

2. 设$f(x)$和$g(x)$是可导函数，且$f'(x)=g'(x)$，以下说法错误的是(　　).

A. $f(x)$和$g(x)$的变化率相同　　B. $f(x)$不一定等于$g(x)$

C. $f(x)$和$g(x)$有同一切线　　D. $f(x)$和$g(x)$的切线是平行的

3. 若$f(x)$在x_0处可导，则$|f(x)|$在x_0处(　　).

A. 必可导　　B. 连续但不一定可导

C. 一定不可导　　D. 不连续

4. 函数$f(x)$在点x_0不可导，则$f(x)$在点x_0处(　　).

A. 无切线　　B. 切线平行于x轴

C. 切线平行于y轴　　D. 无切线或有平行于y轴的切线

5. 下列函数中，在$x=0$处可导的是(　　).

A. $y=|x|$　　B. $y=2\sqrt{x}$　　C. $y=x^3$　　D. $y=|\sin x|$

6. 若$f(x)=\begin{cases}x^2+1, 0\leq x<1,\\ 3x-1, 1\leq x,\end{cases}$则$f'(1)$为(　　).

A. 2　　B. 3　　C. 1　　D. 不存在

7. 函数$f(x)=\begin{cases}1-x, x\leq 0,\\ e^{-x}, x>0,\end{cases}$则$f(x)$在$x=0$处(　　).

A. 间断　　B. 导数不存在　　C. $f'(0)=-1$　　D. $f'(0)=1$

8. 函数$y=f(x)$可导，则$y=f\{f[f(x)]\}$的导数为(　　).

A. $f'\{[f(x)]\}$　　B. $f'\{f'[f'(x)]\}$

C. $f'\{f[f(x)]\}\cdot f'(x)$　　D. $f'\{f[f(x)]\}\cdot f'[f(x)]f'(x)$

9. 设参数方程为$\begin{cases}x=2\sin t,\\ y=\cos 2t,\end{cases}$则$\dfrac{dy}{dx}=$(　　).

A. $-\dfrac{\cos t}{\sin 2t}$　　B. $-2\sin t$　　C. $\dfrac{\cos t}{\sin 2t}$　　D. $2\sin t$

10. $\sqrt{1.004}$的近似值为(　　).

A. 1.002　　B. 1.001　　C. 1.003　　D. 1.004

三、简答题

求下列函数的导数.

1. $y=x^n\log_a x$.

2. $y=\dfrac{1-x^3}{\sqrt[3]{x}}$.

3. $y=\dfrac{x}{1-\cos x}$.

4. $y=\tan x-x\cot x$.

5. $y=e^x\arccos x$.

6. $y=(3+2x^3)\sqrt{1+4x^2}$.

7. $y=\sec^2\dfrac{x}{a}+\csc^2\dfrac{x}{a}$.

8. $y=x\sqrt{x^2+a^2}+a^2\ln(x+\sqrt{x^2+a^2})$.

9. $y=\dfrac{e^x-e^{-x}}{e^x+e^{-x}}$.

10. $y=\sqrt[3]{1+\tan 6x}$.

11. $y=\arccos x$(应用反函数求导).

12. $y=\ln(x+\sqrt{x^2+a^2})$.

13. $y=\dfrac{4}{\sqrt{-x}}+2\cdot 5^{\frac{x}{2}}\ln 7$.

14. $y=\sqrt{\sqrt{x}+\ln^2 x}$.

15. $y=\tan x\cdot\sqrt[3]{\dfrac{(x-1)(x-2)}{x-3}}$.

16. $y=\sqrt{x+\sqrt{x+\sqrt{x}}}$.

17. $y=\ln\arcsin\sqrt{x}$.

18. $y=(\sin x)^{\cos x}$.

19. $y=x^2e^{\frac{1}{x}}-\dfrac{a^x}{\sqrt{x}}$.

20. $y=\sin^2\dfrac{1}{\sqrt{x^2+1}}$.

21. $y=x\sqrt{x+\sqrt{1-x^2}}$.

22. $y=\cos\left(\arcsin\dfrac{1}{x}\right)$.

23. $y=\ln\sqrt{\dfrac{e^{2x}}{1+e^{2x}}}$.

24. $y=\dfrac{\cos 2x}{\sin x-\cos x}$.

25. $y=x^a\cdot a^x(a>0)$.

26. $y=\dfrac{x^2+1}{\sqrt{x}}$.

27. $y=\ln(\csc x-\cot x)$.

28. $y=\ln(x+\sqrt{x^2-1})+\arccos\dfrac{1}{x}$.

29. $y=[u(x)^{v(x)}]$($u(x)$, $v(x)$可导).

30. 设$f(2x+1)=e^x$,求$f(x)$和$f'(\ln x)$.

31. 已知$y=\dfrac{x}{\ln x}$,求y'及y''.

32. 设方程$xy+\sin(x+y)=1$确定y是x的函数,求y'.

33. 求函数$y=x\sqrt{\dfrac{1-x}{1+x}}$的微分.

34. 设$y=x\arcsin x+\ln\sqrt{\dfrac{2x-1}{x+1}}$,求$dy$.

35. 设$f(x)=2^x$,$g(x)=\sin x$,求$\dfrac{d}{dx}[f(g'(x))]$.

36. 设 $f(x)=x(x-1)(x-2)(x-3)\cdots(x-50)$，求 $f'(0)$.

37. $f(x)=\begin{cases} e^x, & x<0, \\ a+bx, & x\geqslant 0. \end{cases}$

(1)当 a，b 为何值时，$f(x)$ 在 $x=0$ 处连续且可导.

(2)求曲线 $y=f(x)$ 在点 $(0, 1)$ 处的切线方程.

教学实验　利用 MATLAB 求导

一、实验目的

会利用 MATLAB 求函数的导数.

二、实验指导

在 MATLAB 符号工具箱中求导数的指令是 diff，其调用格式如表 3-1.

表 3-1　导数运算符

命令	功能	备注
diff(y, 'x', n)	函数 y 关于自变量 x 的 n 阶导数	如果是对一元函数求导，x 可省略，直接用 diff(y, n)指令即可；如果是一阶导数，则 n 可以省略，直接用 diff(y, 'x')或 diff(y)即可.

【例 3-32】　求下列函数的导数.

(1)设 $y=xe^{x^2}$，求 y'；　　(2)设 $y=\dfrac{\ln x}{x^2}$，求 y''；

(3)设 $y=x^2\arctan x$，求 $y'|_{x=3}$.

序号	MATLAB 输入命令	MATLAB 输出结果
(1)	syms x y = x * exp(x^2) ; diff(y)	ans = exp(x^2) + 2 * x^2 * exp(x^2)
(2)	syms x y = ln(x)/x^2; diff(y, x, 2)	ans = -5/x^4 + 6 * ln(x)/x^4

(3)	syms x
	y = x^2* atan(x);
	dy = diff(y);
	subs(dy, x, 3)
		ans =
		8.394 3

教学实验训练题

利用 MATLAB 计算下列函数的一阶和二阶导数.

(1) $y=(x^3+1)^2$；　　(2) $y=\sin 2^x$.

项目四　微分中值定理与导数的应用

任务 1　掌握微分中值定理与洛必达法则

4.1　微分中值定理

本节利用导数的几何意义，很容易得到 3 个重要定理，即微分学中值定理，这在微积分的理论和应用中均占有重要地位.

4.1.1　罗尔定理

定理 4.1　若函数 $y=f(x)$ 满足条件：

(1) 在闭区间 $[a, b]$ 上连续；

(2) 在开区间 (a, b) 上可导；

(3) $f(a)=f(b)$.

则在区间 (a, b) 上至少存在一点 ξ，使得

$$f'(\xi)=0.$$

根据导数的几何意义，罗尔定理有着明显的几何解释：在图 4-1 中，设函数 $y=f(x)$ ($x\in[a, b]$) 的图形是曲线 $\overset{\frown}{AB}$，罗尔定理的 3 个条件分别表示，$\overset{\frown}{AB}$ 是一条连续的曲线，除端点外处处有不垂直于 x 轴的切线，且两个端点的纵坐标相等，则显然有结论：在曲线 $\overset{\frown}{AB}$ 上至少有一点 C，在该点处曲线的切线是水平的. 该定理的分析证明在其他参考书中可以找见，这里略去.

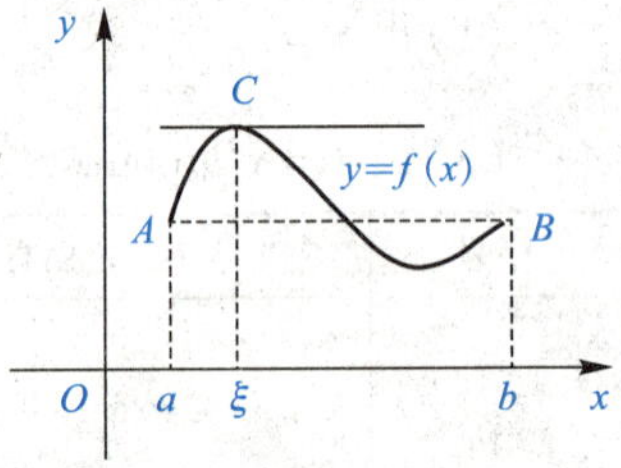

图 4-1

取消条件 $f(a)=f(b)$ 的限制，该定理可改成拉格朗日中值定理.

4.1.2　拉格朗日中值定理

定理 4.2　若函数 $y=f(x)$ 满足条件：

(1) 在闭区间 $[a, b]$ 上连续；

(2) 在开区间 (a, b) 上可导.

则在区间 (a, b) 上至少存在一点 ξ，使得

$$f'(\xi)=\frac{f(b)-f(a)}{b-a}.$$

由图 4-2 可以看出$\frac{f(b)-f(a)}{b-a}$为弦 AB 的斜率，而$f'(\xi)$为曲线在点 C 处的切线斜率，当连续曲线 $y=f(x)$ 在$\overset{\frown}{AB}$上除端点外处处具有不垂直于 x 轴的切线时，$\overset{\frown}{AB}$上确实至少有一点 C，使曲线在点 C 处的切线平行于弦 AB. 定理的分析证明从略，下面再做几点说明：

(1)拉格朗日中值定理是罗尔定理的推广；

(2)$a>b$ 时，公式仍成立；

(3)上述公式的另一种表现形式：

$f(b)-f(a)=f'[a+\theta(b-a)](b-a)$，$0<\theta<1$

或　　$\Delta y=f'(x+\theta\Delta x)\Delta x$，$0<\theta<1$.

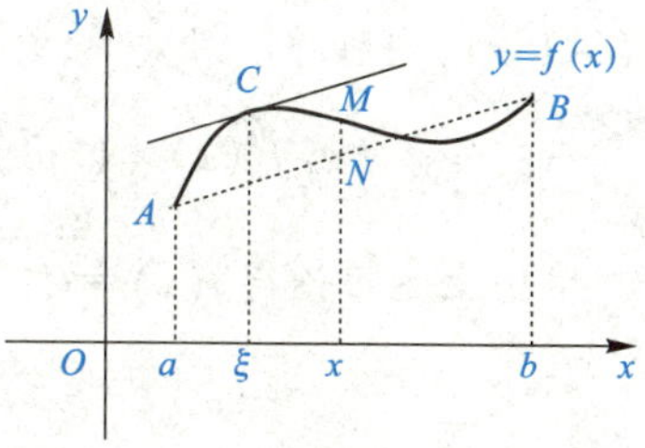

图 4-2

证明： $f(b)-f(a)=f'(\xi)(b-a)$，$\xi\in(a,\ b)$

令 $\theta=\frac{\xi-a}{b-a}\in(0,\ 1)$，这样 $\xi=a+\theta(b-a)$，

于是

$$f(b)-f(a)=f'[a+\theta(b-a)](b-a),\ 0<\theta<1.$$

上述变形公式称为有限增量公式，因此拉格朗日中值定理又称为有限增量定理或微分中值定理. 与微分近似计算公式相比，有限增量公式是精确表达式，有着更重要的理论价值.

【例 4-1】　验证函数 $f(x)=\ln x$ 在 $x\in[1,\ \mathrm{e}]$ 上满足拉格朗日中值定理.

证明： 因为函数 $f(x)=\ln x$ 为初等函数，在其定义域上都是连续的、可导的，所以，函数 $f(x)=\ln x$ 在 $x\in[1,\ \mathrm{e}]$ 上是连续的，在 $x\in(1,\ \mathrm{e})$ 上是可导的.

因为
$$f(1)=0,\ f(\mathrm{e})=1,\ f'(x)=\frac{1}{x},$$

所以
$$f'(\xi)=\frac{f(\mathrm{e})-f(1)}{\mathrm{e}-1}=\frac{1}{\xi},$$

解得
$$\xi=\mathrm{e}-1\in(1,\ \mathrm{e}).$$

【例 4-2】　证明当 $x>0$ 时，$\frac{x}{1+x}<\ln(1+x)<x$.

证明： $\forall x>0$，由于 $f(t)=\ln(1+t)\in C[0,\ x]$，$f(t)\in D(0,\ x)$，且

$$f'(t)=\frac{1}{1+t},$$

那么由拉格朗日中值定理知：$\exists\xi\in(0,\ x)$，使得

$$f(x)-f(0)=f'(\xi)(x-0)，即\ \ln(1+x)=\frac{x}{1+\xi},\ 0<\xi<x,$$

故
$$\frac{x}{1+x}<\ln(1+x)<x,\ x>0.$$

由拉格朗日中值定理可以推出以下重要推论.

推论　设 $f(x)\in C[a,\ b]$，$f(x)\in D(a,\ b)$，且 $f'(x)=0$，$x\in(a,\ b)$，则 $f(x)\equiv C$，$x\in[a,\ b]$(C 为常数).

证明： 令 $C=f(a)$，$\forall x_0\in[a,\ b]$，若 $x_0=a$，$f(x)=C$；若 $a<x_0\leqslant b$，由条件知，

$f(x)\in C[a, x_0]$，$f(x)\in D(a, x_0)$，由拉格朗日中值定理知，$\exists\xi\in(a, x_0)$，使得

$$f(x_0)-f(a)=f'(\xi)(x_0-a).$$

因 $f'(x)=0$，$x\in(a, b)$，有 $f'(\xi)=0$，故 $f(x_0)=f(a)=C$.

【例 4-3】 证明：在 $[-1, 1]$ 上，$\arcsin x+\arccos x=\dfrac{\pi}{2}$.

证明： 令 $f(x)=\arcsin x+\arccos x$，$-1\leqslant x\leqslant 1$，则 $f(x)$ 在 $[-1, 1]$ 上连续，在 $(-1, 1)$ 内可导，且

$$f'(x)=(\arcsin x)'+(\arccos x)'=\frac{1}{\sqrt{1-x^2}}-\frac{1}{\sqrt{1-x^2}}=0,$$

由上述推论得 $f(x)\equiv C$，故

$$f(x)=f(0)=\frac{\pi}{2}(-1\leqslant x\leqslant 1).$$

4.1.3 柯西中值定理

如果曲线不是由 $y=f(x)$，而是由参数方程 $\begin{cases}Y=f(x),\\X=g(x)\end{cases}$ 确定，则对应有下述的柯西中值定理：

定理 4.3 若函数 $y=f(x)$ 与 $y=g(x)$ 满足条件：在闭区间 $[a, b]$ 上连续；在开区间 (a, b) 上可导，且 $g'(x)\neq 0$，则在区间 (a, b) 上至少存在一点 ξ，使得

$$\frac{f(b)-f(a)}{g(b)-g(a)}=\frac{f'(\xi)}{g'(\xi)}.$$

注意到 $g(x)=x$ 时，就是拉格朗日中值定理的情形．该定理的几何意义是：曲线（如图 4-3 所示）$\begin{cases}Y=f(x),\\X=g(x)\end{cases}$ 两个端点构成一弦 AB，则曲线内必有一切线与此弦 AB 平行．

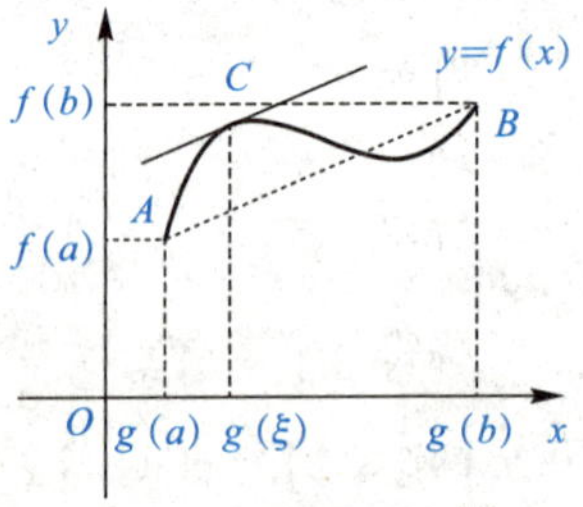

图 4-3

【例 4-4】 $f(x)=x^3$ 与 $g(x)=x^2+1$ 在 $[1, 2]$ 上是否满足柯西中值定理的所有条件？若满足，求出相应的 ξ.

解： $f(x)=x^3$ 与 $g(x)=x^2+1$ 的可导性、连续性均无问题，且在 $(1, 2)$ 上，$g'(x)=2x\neq 0$，即满足柯西中值定理的所有条件．又

$$\frac{f(2)-f(1)}{g(2)-g(1)}=\frac{8-1}{5-2}=\frac{7}{3},$$

而

$$\frac{f'(\xi)}{g'(\xi)}=\frac{3\xi^2}{2\xi},$$

因此，由柯西中值定理有 $\dfrac{3\xi^2}{2\xi}=\dfrac{7}{3}$，即有 $\xi=\dfrac{14}{9}$.

4.2　洛必达法则

若在某一变化过程中，两个函数 $y=f(x)$ 与 $y=g(x)$ 都趋于零或都趋于无穷大，那么极限 $\lim\frac{f(x)}{g(x)}$ 可能存在也可能不存在，通常称这种极限为未定式．并分别简记为“$\frac{0}{0}$”型或“$\frac{\infty}{\infty}$”型，如极限 $\lim\limits_{x\to0}\frac{\sin x}{x}=1$，$\lim\limits_{x\to0}\frac{1-\cos x}{x^2}=\frac{1}{2}$，而极限 $\lim\limits_{x\to0}\frac{\sin x}{x^2}$ 不存在.

洛必达法则

对于这类极限，即使它存在也不能用“商的极限等于极限的商”这个法则，而洛必达法则是求未定式极限的一个简便且有效的方法，它的理论基础就是柯西中值定理.

定理 4.4　设函数 $f(x)$，$g(x)$ 满足条件：

(1) 在点 x_0 的某邻域内（x_0 可除外）可导，且 $g'(x)\neq0$；

(2) $\lim\limits_{x\to x_0}f(x)=\lim\limits_{x\to x_0}g(x)=0$；

(3) $\lim\limits_{x\to x_0}\frac{f'(x)}{g'(x)}=A$（或 ∞）.

则
$$\lim_{x\to x_0}\frac{f(x)}{g(x)}=\lim_{x\to x_0}\frac{f'(x)}{g'(x)}=A\text{（或}\infty\text{）}.$$

证明略.

对于 $x\to x_0$ 时的 $\frac{\infty}{\infty}$ 型的未定式也有相应的洛必达法则，在此就不赘述了.

4.2.1　$\frac{0}{0}$ 型未定式

【例 4-5】　$\lim\limits_{x\to0}\frac{\sin ax}{\sin bx}=\lim\limits_{x\to0}\frac{(\sin ax)'}{(\sin bx)'}=\lim\limits_{x\to0}\frac{a\cos ax}{b\cos bx}=\frac{a}{b}$，$b\neq0$.

【例 4-6】　$\lim\limits_{x\to1}\frac{x^3-3x+2}{x^3-x^2-x+1}=\lim\limits_{x\to1}\frac{3x^2-3}{3x^2-2x-1}=\lim\limits_{x\to1}\frac{6x}{6x-2}=\frac{6}{4}=\frac{3}{2}$.

注意：由于 $\frac{6x}{6x-2}$ 不是 $\frac{0}{0}$ 未定式，因此下面的计算是错误的.

$$\lim_{x\to1}\frac{6x}{6x-2}=\lim_{x\to1}\frac{(6x)'}{(6x-2)'}=\lim_{x\to1}\frac{6}{6}=1.$$

【例 4-7】　$\lim\limits_{x\to0}\frac{x-\sin x}{x^3}=\lim\limits_{x\to0}\frac{1-\cos x}{3x^2}=\lim\limits_{x\to0}\frac{\sin x}{6x}=\lim\limits_{x\to0}\frac{\cos x}{6}=\frac{1}{6}$.

【例 4-8】　$\lim\limits_{x\to+\infty}\frac{\frac{\pi}{2}-\arctan x}{\frac{1}{x}}=\lim\limits_{x\to+\infty}\frac{-\frac{1}{1+x^2}}{-\frac{1}{x^2}}=\lim\limits_{x\to+\infty}\frac{x^2}{1+x^2}=\lim\limits_{x\to+\infty}\frac{2x}{2x}=1$.

4.2.2 $\frac{\infty}{\infty}$型未定式

【例 4-9】 $\lim\limits_{x\to+\infty}\frac{\ln x}{x^{\alpha}}=\lim\limits_{x\to+\infty}\frac{\frac{1}{x}}{\alpha x^{\alpha-1}}=\lim\limits_{x\to+\infty}\frac{1}{\alpha x^{\alpha}}=0(\alpha>0)$.

【例 4-10】 $\lim\limits_{x\to+\infty}\frac{x^{n}}{e^{\lambda x}}=\lim\limits_{x\to+\infty}\frac{nx^{n-1}}{\lambda e^{\lambda x}}=\lim\limits_{x\to+\infty}\frac{n(n-1)x^{n-2}}{\lambda^{2}e^{\lambda x}}=\cdots=\lim\limits_{x\to+\infty}\frac{n!}{\lambda^{n}e^{\lambda x}}=0(\lambda>0)$.

4.2.3 其他类型的未定式

其他未定式可设法转换成$\frac{0}{0}$型或$\frac{\infty}{\infty}$型未定式计算.

1. $0\cdot\infty$ 型未定式

【例 4-11】 $\lim\limits_{x\to0^{+}}x^{\alpha}\ln x=\lim\limits_{x\to0^{+}}\frac{\ln x}{\frac{1}{x^{\alpha}}}=\lim\limits_{x\to0^{+}}\frac{\frac{1}{x}}{-\alpha\frac{1}{x^{\alpha+1}}}=\lim\limits_{x\to0^{+}}\frac{x^{\alpha}}{-\alpha}=0(\alpha>0)$.

2. $\infty-\infty$ 型未定式

【例 4-12】 $\lim\limits_{x\to\frac{\pi}{2}}(\sec x-\tan x)=\lim\limits_{x\to\frac{\pi}{2}}\frac{1-\sin x}{\cos x}=\lim\limits_{x\to\frac{\pi}{2}}\frac{-\cos x}{-\sin x}=0$.

3. 0^{0} 型未定式

【例 4-13】 $\lim\limits_{x\to0^{+}}(\sin x)^{x}=\lim\limits_{x\to0^{+}}e^{x\ln\sin x}=e^{\lim\limits_{x\to0^{+}}x\ln\sin x}=e^{0}=1$.

其中 $$\lim_{x\to0^{+}}x\ln\sin x=\lim_{x\to0^{+}}\frac{\ln\sin x}{\frac{1}{x}}=\lim_{x\to0^{+}}\frac{\frac{\cos x}{\sin x}}{-\frac{1}{x^{2}}}=\lim_{x\to0^{+}}\frac{-x^{2}\cos x}{\sin x}=0.$$

4. 其他 1^{∞}，∞^{0} 型未定式

【例 4-14】 $\lim\limits_{x\to0^{+}}\left(\frac{1}{x}\right)^{\tan x}=\lim\limits_{x\to0^{+}}e^{-\tan x\ln x}=e^{-\lim\limits_{x\to0^{+}}\frac{\sin x}{x}\frac{1}{\cos x}x\ln x}=e^{0}=1$.

注意：(1)运用洛必达法则最好能与其他求极限的方法结合使用．能化简时应尽可能化简.

(2)当不满足洛必达法则使用条件时，所求极限也可能存在.

【例 4-15】 $$\lim_{x\to0}\frac{\tan x-x}{x^{2}\sin x}=\lim_{x\to0}\frac{\tan x-x}{x^{3}}\frac{x}{\sin x}=\lim_{x\to0}\frac{\tan x-x}{x^{3}}=\lim_{x\to0}\frac{\sec^{2}x-1}{3x^{2}}$$
$$=\lim_{x\to0}\frac{2\sec^{2}x\tan x}{6x}=\frac{1}{3}\lim_{x\to0}\frac{\tan x}{x}\sec^{2}x=\frac{1}{3}.$$

【例 4-16】 虽然$\lim\limits_{x\to\infty}\frac{(x+\sin x)'}{(x)'}=\lim\limits_{x\to\infty}(1+\cos x)$不存在，但
$$\lim_{x\to\infty}\frac{x+\sin x}{x}=\lim_{x\to\infty}\left(1+\frac{\sin x}{x}\right)=1.$$

任务 2　掌握极值理论和函数图象的绘制

4.3　函数的性质与图形描绘

本节将在拉格朗日中值定理的基础上，进一步利用导数研究函数.

4.3.1　函数的单调性

在实际问题中，我们经常需要研究函数的单调性．函数单调性的定义：对于某区间内的任意两点 x_1，x_2，恒有 $f(x_2)-f(x_1)$ 与 x_2-x_1 同号(异号)，则函数 $f(x)$ 在该区间内单调递增(递减)．又当 $f(x)$ 在该区间内可导时，必在 x_1，x_2 构成的区间上满足拉格朗日中值定理的条件，由此有：

函数的单调区间与极值

定理 4.5　设函数 $f(x)$ 在 $(a,\ b)$ 内可导，则：

(1) 在 $(a,\ b)$ 内 $f'(x)>0$ 时，$f(x)$ 在 $(a,\ b)$ 上递增；

(2) 在 $(a,\ b)$ 内 $f'(x)<0$ 时，$f(x)$ 在 $(a,\ b)$ 上递减.

本定理的几何意义从图 4-4、图 4-5 可看出：越往右越高(低)的光滑曲线段，其斜率必为正(负)数.

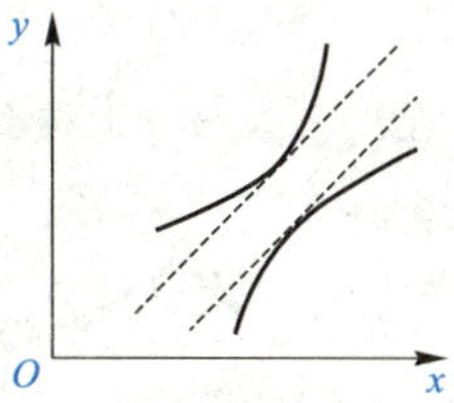

图 4-4

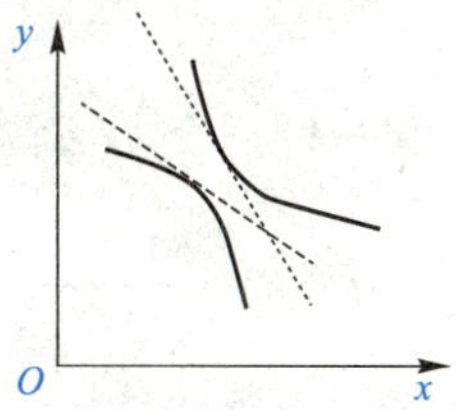

图 4-5

【例 4-17】　讨论正切函数 $y=\tan x$ 的单调性.

解：因为
$$y'=\sec^2 x>0\left(k\pi-\frac{\pi}{2}<x<k\pi+\frac{\pi}{2}\right),$$
所以 $y=\tan x$ 在区间 $\left(k\pi-\frac{\pi}{2},\ k\pi+\frac{\pi}{2}\right)$(其中 $k\in\mathbf{Z}$)上单调递增.

注意：运用定理时，一定要仔细地将条件与结论联系起来．只是看到 $(\tan x)'=\sec^2 x>0$，而忽略 $y=\tan x$ 在 $x=k\pi+\frac{\pi}{2}$ 不存在，就可能误认为 $y=\tan x$ 是单调函数.

【例 4-18】　讨论函数 $y=e^x-x-1$ 的单调性.

解：定义域为 $(-\infty,\ +\infty)$，且 $y'=e^x-1$，

在 $(-\infty,\ 0)$ 内 $y'<0$，故函数 $y=e^x-x-1$ 在此区间上单调递减；

在 $(0,\ +\infty)$ 内 $y'>0$，故函数 $y=e^x-x-1$ 在此区间上单调递增.

【例 4-19】　讨论函数 $y=\sqrt{x^2}$ 的单调性.

解：函数 $y=\sqrt{x^2}=|x|$，其定义域为 $(-\infty, +\infty)$，

在 $(-\infty, 0)$ 内 $y'=-1<0$，故函数 $y=\sqrt{x^2}$ 在该区间内单调递减；

在 $(0, +\infty)$ 内 $y'=1>0$，故函数 $y=\sqrt{x^2}$ 在该区间内单调递增.

在例 4-18 中 $y'|_{x=0}=0$，这类使得函数一阶导数为零的点称为函数的驻点．在例 4-19 中 $x=0$ 是函数 $y=\sqrt{x^2}$ 的不可导点．在这两个例题中，函数的单调性在这两类点的两侧发生改变，但对于函数 $y=x^3$，$x=0$ 也是其驻点，而函数的单调性在它的两侧并未改变．因此驻点和不可导点只是单调性发生改变的备选点.

【例 4-20】 确定函数 $f(x)=2x^3-9x^2+12x-3$ 的单调区间.

解：函数定义域为 $x\in(-\infty, +\infty)$，$f'(x)=6x^2-18x+12$，且一阶导数定义域也为全体实数，因此函数没有不可导点.

令 $f'(x)=6(x^2-3x+2)=6(x-1)(x-2)=0$，得 $x_1=1$，$x_2=2$(驻点).

它们将函数的定义域分为 3 个区间，如表 4-1：

表 4-1

x	$(-\infty, 1)$	$(1, 2)$	$(2, +\infty)$
$f'(x)$	+	−	+
$f(x)$	↗	↘	↗

【例 4-21】 证明：当 $x>1$ 时，$2\sqrt{x}>3-\dfrac{1}{x}$.

证明：令 $f(x)=2\sqrt{x}-\left(3-\dfrac{1}{x}\right)$，显然 $f(x)$ 在 $[1, +\infty)$ 内连续，

而
$$f'(x)=\frac{1}{\sqrt{x}}-\frac{1}{x^2}>0,\ x\in(1, +\infty),$$

于是 $f(x)$ 在 $[1, +\infty)$ 内单调递增，所以 $\forall x>1$，有

$$2\sqrt{x}-\left(3-\frac{1}{x}\right)=f(x)>f(1)=0,$$

故
$$2\sqrt{x}>3-\frac{1}{x}.$$

4.3.2 函数的极值

定义 4.1 设 $f(x)$ 在 x_0 的某邻域内有定义，若对该邻域内的每个 $x(x\neq x_0)$，有 $f(x)<f(x_0)$(或 $f(x)>f(x_0)$)，则称 $f(x_0)$ 为 $f(x)$ 的极大值(或极小值)，极大值和极小值统称为极值，函数 $f(x)$ 取极值的点 x_0 称为极值点.

显然，极值点在定义域的内部；极值是一个局部的概念．从整体来看，极小值可能大于极大值.

从图 4-6 可看出：若 $f(x)$ 在点 x_0 处取得极大值，则 x 从 x_0 左侧靠近 x_0 时，$f(x)$ 是递增的；而当 x 自 x_0 向右侧远离 x_0 时，$f(x)$ 是递减的．这说明极大值点是函数增减的转折点；同样，分析极小值点也有类似的结论.

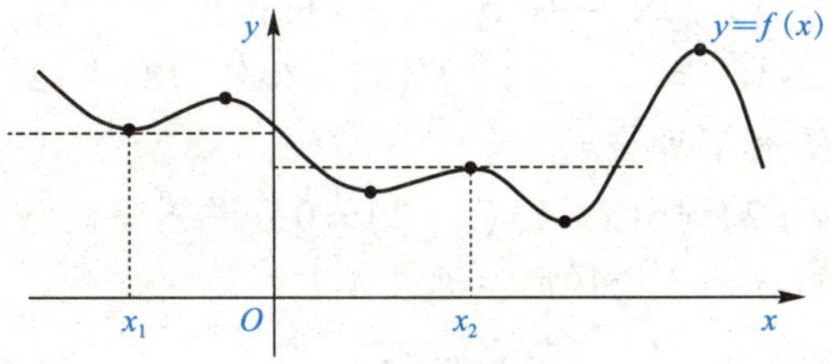

图 4-6

定理 4.6(极值存在的必要条件)　若函数 $f(x)$ 以连续点 x_0 为极值点，则 x_0 必为驻点或一阶不可导点.

由此定理可知，驻点和一阶不可导点只是极值点的"备选点". 极值点一定是驻点或不可导点；但驻点或不可导点不一定是极值点.

"备选点"当选，当且仅当它是函数增减的转折点，应用导数分析，有如下定理.

定理 4.7(极值的第一判别法)　设函数 $f(x)$ 在驻点 x_0 的邻域内可导，则 $f(x)$ 以 x_0 为极值点的充要条件是 $f'(x)$ 在点 x_0 两侧异号，且

(1) $x<x_0$ 时，$f'(x)>0$；且 $x>x_0$ 时，$f'(x)<0$，则 $f(x_0)$ 为极大值；

(2) $x<x_0$ 时，$f'(x)<0$；且 $x>x_0$ 时，$f'(x)>0$，则 $f(x_0)$ 为极小值.

通过图 4-7、图 4-8 不难理解该定理，其证明过程略.

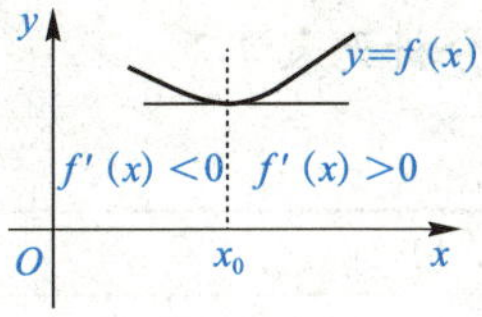

图 4-7

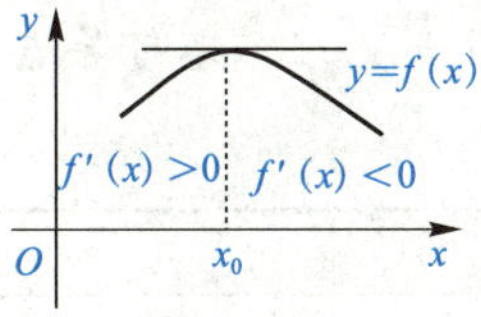

图 4-8

通常，函数 $f(x)$ 以 x_0 为不可导点，但在 x_0 处连续，则判定 x_0 是不是极值点时，仍可用此定理. 例如 $f(0)=0$ 是 $f(x)=|x|$ 的极小值，但 $x=0$ 不是驻点. 若函数 $f'(x)$ 在点 x_0 两侧同号，则 $f(x)$ 在 x_0 点处无极值(如图 4-9、图 4-10 所示).

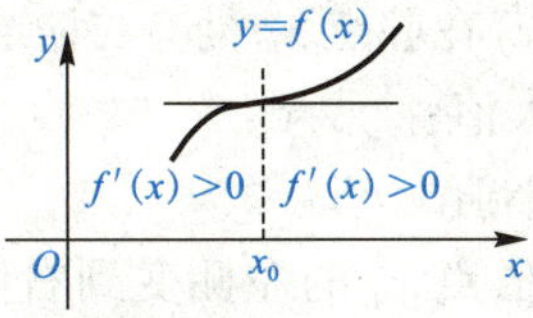

图 4-9

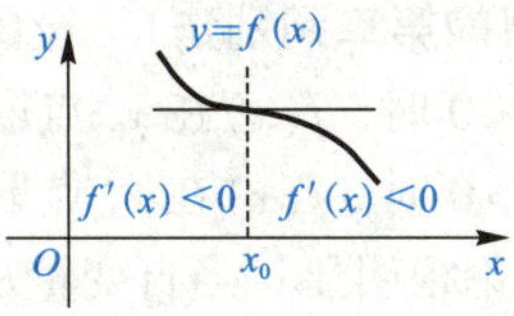

图 4-10

计算极值点和极值的步骤：

(1) 求出导数 $f'(x)$，求解其定义域，判断不可导点；

(2) 令 $f'(x)=0$，求得 $f(x)$ 的全部驻点；

(3) 考察 $f'(x)$ 的符号在每个驻点的左、右邻近的情形，以便确定该驻点是不是极值点，进一步还要确定对应的函数值是极大值还是极小值；

(4) 求出各极值点处的函数值，就得函数 $f(x)$ 的全部极值.

【例 4-22】 求函数$f(x)=2x^3-9x^2+12x-3$的极值.

解：函数定义域为$x\in(-\infty, +\infty)$，$f'(x)=6x^2-18x+12$，且一阶导数定义域也为全体实数，因此函数没有不可导点.

令$f'(x)=6(x^2-3x+2)=6(x-1)(x-2)=0$，得$x_1=1$，$x_2=2$(驻点).

它们将函数的定义域分为 3 个区间，见表 4-2.

表 4-2

x	$(-\infty, 1]$	$(1, 2)$	$[2, +\infty)$
$f'(x)$	+	-	+
$f(x)$	↗	↘	↗

从表中可看出：

(1)函数的极大值为$f(1)=2$；

(2)函数的极小值为$f(2)=1$.

【例 4-23】 求函数$f(x)=x-\frac{3}{2}x^{\frac{2}{3}}$的极值.

解：函数在定义域$x\in(-\infty, +\infty)$内连续，且

$$f'(x)=1-x^{-\frac{1}{3}}=\frac{\sqrt[3]{x}-1}{\sqrt[3]{x}},$$

令$f'(x)=0$得驻点$x=1$，不可导点$x=0$. 分析见表 4-3.

表 4-3

x	$(-\infty, 0)$	0	$(0, 1)$	1	$(1, +\infty)$
$f'(x)$	+	不存在	-	0	+
$f(x)$	↗	极大值$f(0)=0$	↘	极小值$f(1)=-\frac{1}{2}$	↗

极值的第一判别法虽不要求所考察的点可导，但要求对该点左、右近旁的导数进行考察. 这样做有时显得烦琐.

定理 4.8(极值的第二判别法) 设函数$f(x)$在驻点x_0处有二阶导数，则

(1)当$f''(x_0)<0$时，$f(x)$在x_0点取得极大值；

(2)当$f''(x_0)>0$时，$f(x)$在x_0点取得极小值.

这个定理的结论很明显，当自变量从极大值点x_0的左侧变到右侧，$f(x)$经历了由增到减的过程，$f'(x)$经历了从正到负的变化，即$f(x)$的导函数$f'(x)$是递减的，也就是说，它的导数$[f'(x)]'$应为负值. 因此当$f''(x_0)<0$时，$f(x_0)$为极大值；当$f''(x_0)>0$时的情形是类似的.

【例 4-24】 求函数$f(x)=(x^2-1)^3+1$的极值.

解：函数的定义域为全体实数，且

$$f'(x)=3(x^2-1)^2(2x)=6x(x^2-1)^2,$$

令$f'(x)=0$，得

$$x_1=-1, \quad x_2=0, \quad x_3=1.$$

$$f''(x)=6(x^2-1)^2+6x\cdot 2\cdot(x^2-1)(2x)=6(x^2-1)(5x^2-1),$$

由于 $f''(1)=f''(-1)=0$，因此无法用第二判别法判定，利用第一判别法分析，见表4-4.

表 4-4

x	$(-\infty,\ -1)$	-1	$(-1,\ 0)$	0	$(0,\ 1)$	1	$(1,\ +\infty)$
$f'(x)$	$-$	0	$-$	0	$+$	0	$+$

从上表可看出，$f(x)$ 在 $x_1=-1$ 及 $x_3=1$ 点处无极值.

因 $f''(0)=6>0$，故 $f(0)=0$ 为函数的极小值.

注意：对于一阶导数不可导点和二阶导数为零的点，第二判别法失效，仍需用第一判别法判断.

4.3.3　曲线的凹凸性与拐点

函数的凹凸性与拐点

1. 函数凹凸的定义

定义 4.2　设 $f(x)\in C(I)$，$\forall x_1,\ x_2\in I$，如果恒有：

(1) $f\left(\dfrac{x_1+x_2}{2}\right)<\dfrac{f(x_1)+f(x_2)}{2}$，称 $f(x)$ 在 I 上的图形是(向下)凹的；

(2) $f\left(\dfrac{x_1+x_2}{2}\right)>\dfrac{f(x_1)+f(x_2)}{2}$，称 $f(x)$ 在 I 上的图形是(向上)凸的.

函数凹凸的特性可由图4-11、图4-12所反映.

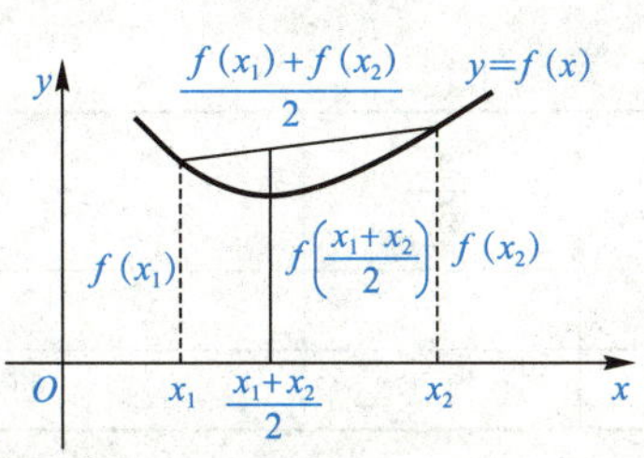

图 4-11

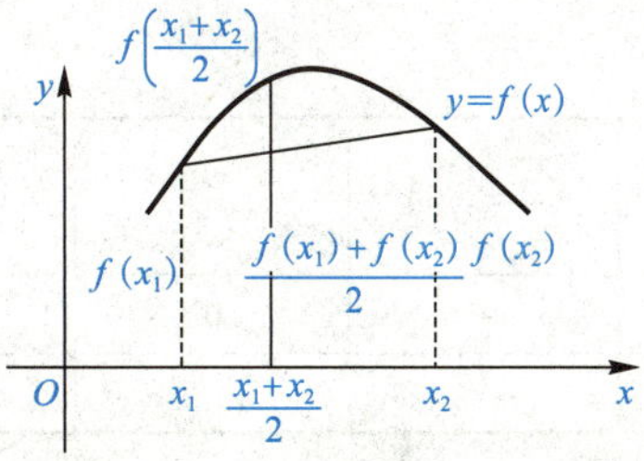

图 4-12

2. 几何意义

曲线 C 上任取两点作弦 AB，如果 C 是凹的，那么 C 上的弧 $\overset{\frown}{AB}$ 总在 AB 的下方而曲线位于切线上方；而如果 C 是凸的，那么 C 上的弧 $\overset{\frown}{AB}$ 总在 AB 的上方而曲线位于切线下方，如图4-13、图4-14所示.

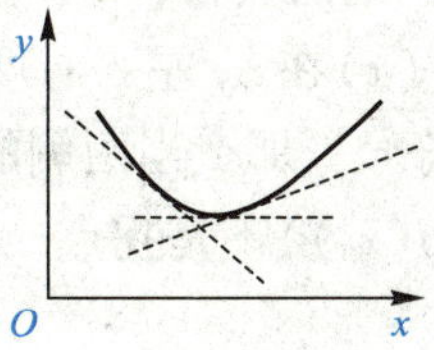

图 4-13

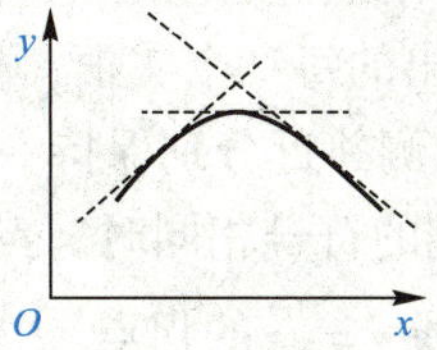

图 4-14

3. 函数凹凸性的判别法

定理 4.9 若$f(x)$在(a, b)内有二阶导数，那么当x在(a, b)内：

(1)$f''(x)>0$时，$f(x)$在(a, b)上的图形是凹的；

(2)$f''(x)<0$时，$f(x)$在(a, b)上的图形是凸的.

曲线$f(x)$凹凸的分界点，称为曲线的拐点，显然，曲线的拐点，就是曲线斜率$f'(x)$的增减转折点．与函数极值点判断类似有以下结论：

曲线$f(x)$以$(x_0, f(x_0))$为拐点$\Rightarrow f''(x_0)$不存在或$f''(x_0)=0$.

曲线$f(x)$以$(x_0, f(x_0))$为拐点$\Leftrightarrow f''(x_0)$在x_0两侧异号.

【例 4-25】 判断曲线$y=x^3$的凹凸性.

解：函数$y=x^3$的定义域为全体实数，且

$$f'(x)=3x^2,\ f''(x)=6x,$$

令$f''(x)=6x=0$，得$x=0$，

当$x\in(-\infty, 0]$时$f''(x)<0$，于是曲线在$(-\infty, 0]$为凸的；

当$x\in[0, +\infty)$时$f''(x)>0$，于是曲线在$[0, +\infty)$为凹的.

【例 4-26】 求曲线$y=3x^4-4x^3+1$的拐点及凹、凸区间.

解：函数$y=3x^4-4x^3+1$的定义域为全体实数，且

$$f'(x)=12x^3-12x^2,\ f''(x)=36x^2-24x=36x\left(x-\frac{2}{3}\right),$$

令$f''(x)=0$，得$x_1=0$，$x_2=\frac{2}{3}$.

具体分析见表 4-5.

表 4-5

x	$(-\infty, 0)$	0	$\left(0, \frac{2}{3}\right)$	$\frac{2}{3}$	$\left(\frac{2}{3}, +\infty\right)$
$f''(x)$	+	0	−	0	−
$f(x)$	凹	拐点	凸	拐点	凹

故曲线的拐点为$(0, 1)$、$\left(\frac{2}{3}, \frac{11}{27}\right)$；曲线在区间$(-\infty, 0]$和$\left[\frac{2}{3}, +\infty\right)$上是凹的；在区间$\left[0, \frac{2}{3}\right]$上是凸的.

由此归纳出计算曲线$y=f(x)$拐点的步骤：

(1)判断函数$y=f(x)$的定义域，求$f''(x)$；

(2)令$f''(x)=0$，解出这方程在区间(a, b)内的实根；

(3)对于(2)中解出的每一个实根，检查$f''(x)$在x_0左、右两侧邻近的符号，如果$f''(x)$在x_0的左、右两侧邻近分别保持一定的符号，那么当两侧的符号相反时，点$(x_0, f(x_0))$是拐点；当两侧的符号相同时，点$(x_0, f(x_0))$不是拐点.

【例 4-27】 求曲线$y=\sqrt[3]{x}$的拐点.

解：函数$y=\sqrt[3]{x}$的定义域为全体实数，且

$f'(x)=\frac{1}{3}x^{-\frac{2}{3}}$，$f''(x)=-\frac{2}{9}x^{-\frac{5}{3}}$，且 $x\neq 0$，

$f''(x)>0$，$x\in(-\infty,0)$，曲线在$(-\infty,0]$为凹的；

$f''(x)<0$，$x\in(0,+\infty)$，曲线在$[0,+\infty)$为凸的.

由于$f(0)=0$，因此$(0,0)$为曲线的拐点.

4.3.4　曲线的渐近线

定义 4.3　无限延伸的曲线，如果动点沿此曲线(分支)趋向无穷远时，该点到某直线的距离趋于零，则称该直线为曲线的渐近线.

对于曲线 $y=f(x)$，若有 $f(x)\to\infty$ ($x\to c^-$ 或 $x\to c^+$)，则直线 $x=c$ 为曲线 $y=f(x)$ 的垂直渐近线．这时，点 $x=c$ 显然是函数 $y=f(x)$ 的一个无穷间断点．例如，曲线 $y=\cot x$ 有垂直渐近线：$x=k\pi(k\in\mathbf{Z})$.

对于曲线 $y=f(x)$，若有 $f(x)\to b(x\to-\infty$ 或 $x\to+\infty)$，则直线 $y=b$ 为曲线 $y=f(x)$ 的水平渐近线．例如，直线 $y=\pm\frac{\pi}{2}$是曲线 $y=\arctan x$ 的两条水平渐近线.

对于曲线 $y=f(x)$，若有 $f(x)-(ax+b)\to 0(x\to-\infty$ 或 $x\to+\infty)$，则直线 $y=ax+b$ 为曲线 $y=f(x)$ 的斜渐近线．这里 $a\neq 0$，由

$$\lim_{x\to-\infty}[f(x)-(ax+b)]=0,\quad \lim_{x\to-\infty}\frac{f(x)-(ax+b)}{x}=0,$$

可知

$$a=\lim_{x\to-\infty}\frac{f(x)}{x},\quad b=\lim_{x\to-\infty}[f(x)-ax].$$

例如，双曲线$\frac{x^2}{a^2}-\frac{y^2}{b^2}=1$ 有斜渐近线 $y=\pm\frac{b}{a}x$.

【例 4-28】　求曲线 $y=\frac{2^x}{(x-1)(x-2)}$的水平、垂直渐近线.

解：由于 $x=1$ 与 $x=2$ 为无穷间断点，所以有垂直渐近线：$x=1$ 与 $x=2$. 又因

$$\lim_{x\to-\infty}\frac{2^x}{(x-1)(x-2)}=0 \text{ 及 } \lim_{x\to+\infty}\frac{2^x}{(x-1)(x-2)}=+\infty,$$

所以该曲线有水平渐近线：$y=0$(即 x 轴).

4.3.5　函数图形的描绘

函数作图的一般步骤：

第一步：确定函数 $y=f(x)$的定义域，判定曲线的对称性、周期性；

第二步：求出函数的$f'(x)$和$f''(x)$，求出方程$f'(x)=0$ 和$f''(x)=0$ 的全部实根和$f'(x)$、$f''(x)$不存在的点，用这些点把函数的定义域划分成若干个区间；

第三步：列表分析在这些区间内$f'(x)$和$f''(x)$的符号，并由此确定函数图形的单调性和凹凸性，极值点和拐点；

第四步：确定函数图形的水平、垂直渐近线；

第五步：求出曲线与坐标轴的交点，描出与方程$f'(x)=0$ 和$f''(x)=0$ 的根对应的曲线上的点，最后画出函数图形.

【例 4-29】 描绘函数 $y=1+\frac{36x}{(x+3)^2}$的图形.

解：函数定义域为 $x\in(-\infty,-3)\cup(-3,\infty)$，无奇偶性和周期性，函数间断点为 $x=-3$.

$f'(x)=\frac{36(3-x)}{(x+3)^3}$，$f''(x)=\frac{72(x-6)}{(x+3)^4}$.

令 $f'(x)=0$ 得 $x=3$；令 $f''(x)=0$ 得 $x=6$.

确定函数图形特性，见表 4-6.

表 4-6

x	$(-\infty,-3)$	$(-3,3)$	3	$(3,6)$	6	$(6,+\infty)$
$f'(x)$	−	+	0	−	−	−
$f''(x)$	−	−	−	−	0	+
$f(x)$	↘	↗	极大值 $f(3)=4$	↘	拐点 $f(6)=\frac{11}{3}$	↘

由于 $\lim\limits_{x\to\infty}f(x)=1$，$\lim\limits_{x\to-3}f(x)=-\infty$，因此图形有一条水平渐近线 $y=1$ 和一条垂直渐近线 $x=-3$. 当 $x=0$ 时，$f(0)=1$，即交 y 轴于点(0，1)，如图 4-15 所示.

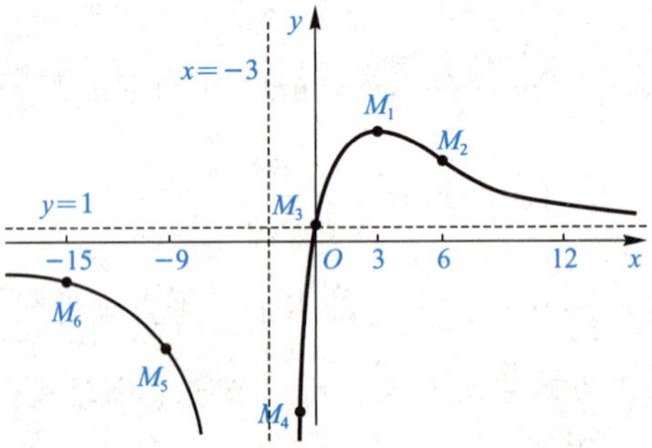

图 4-15

【例 4-30】 描绘函数 $y=\frac{1}{x}+4x^2$ 的图形.

解：函数的定义域为 $x\in(-\infty,0)\cup(0,\infty)$，无奇偶性和周期性，函数间断点为 $x=0$.

$$f'(x)=\frac{8x^3-1}{x^2},\ f''(x)=\frac{8x^3+2}{x^3}.$$

令 $f'(x)=0$ 得 $x=\frac{1}{2}$；令 $f''(x)=0$ 得 $x=-\frac{\sqrt[3]{2}}{2}$.

确定函数图形特性，见表 4-7.

表 4-7

x	$\left(-\infty, -\frac{\sqrt[3]{2}}{2}\right)$	$-\frac{\sqrt[3]{2}}{2}$	$\left(-\frac{\sqrt[3]{2}}{2}, 0\right)$	0	$\left(0, \frac{1}{2}\right)$	$\frac{1}{2}$	$\left(\frac{1}{2}, +\infty\right)$
$f'(x)$	−	−	−	∞	−	0	+
$f''(x)$	+	0	−	∞	+	+	+
$f(x)$	↘	0(拐点)	↘	间断点	↘	3 极小值	↗

因 $\lim\limits_{x\to0^-}y=-\infty$，$\lim\limits_{x\to0^+}y=+\infty$，故曲线有渐近线 $x=0$，如图 4-16 所示.

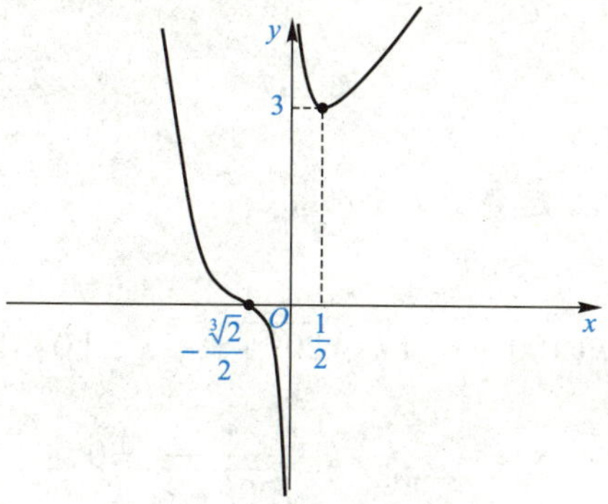

图 4-16

任务 3　求解实际问题中的最优化问题

4.4　函数最大值与最小值问题

由函数的连续性可知，函数 $y=f(x)$ 在 $[a, b]$ 上连续，则必存在最大值、最小值，且可能在 $[a, b]$ 的端点或内部取得．若 $f(x_0)$ 为最大(小)值且 $a<x_0<b$，往往 $f(x_0)$ 同时为极大(小)值．说明 $[a, b]$ 上连续的函数 $y=f(x)$，其最大(小)值一定存在且只能在端点 a，b 及极值点处产生.

函数的最值

在 $[a, b]$ 上连续的函数 $y=f(x)$ 的最大值、最小值，要在不可导点、驻点及 a，b 处的函数值做比较，最大(小)者即为最大(小)值.

【例 4-31】 求函数 $f(x)=2x^3+3x^2-12x+14$ 在 $[-3, 4]$ 上的最大值与最小值.

解:
$$f'(x)=6x^2+6x-12=6(x+2)(x-1),$$

令 $f'(x)=0$，得 $x_1=-2$，$x_2=1$.

由于
$$f(-3)=2\times(-3)^3+3\times(-3)^2-12\times(-3)+14=23,$$

$$f(-2)=2\times(-2)^3+3\times(-2)^2-12\times(-2)+14=34,$$
$$f(1)=2+3-12+14=7,$$
$$f(4)=2\times4^3+3\times4^2-12\times4+14=142.$$

比较可知，$f(4)=142$ 与 $f(1)=7$ 分别为函数 $f(x)$ 在 $[-3, 4]$ 上的最大值与最小值.

【例 4-32】 如图 4-17 所示，已知 $AB=100$ km，$AC=20$ km，公路 CD 与铁路 DB 运费比为 5∶3，为使 CDB 总运费最省，如何选择 D 点？

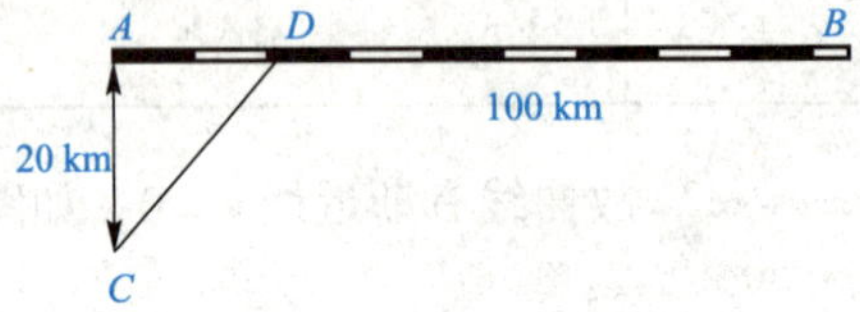

图 4-17

解： 设 $AD=x$，公路 CD 运费为 k 元/km，

那么由条件知，CDB 总运费为

$$y=\frac{3}{5}k(100-x)+k\sqrt{20^2+x^2},\ x\in[0, 100],$$

令
$$y'=-\frac{3}{5}k+k\frac{x}{\sqrt{20^2+x^2}}=0,$$

得 $x=15$.

由于
$$y(0)=\frac{300}{5}k+20k=80k,$$

$$y(15)=\frac{3}{5}\times85k+5\times5k=3\times17k+25k=76k,$$

$$y(100)=20k\sqrt{1+5^2}>20\times5k=100k.$$

可见，当 $x=15$ 时，CDB 总运费最省.

现在介绍两种特殊情况.

1. 只存在一个驻点

设 $f(x)$ 在 $[a, b]$ 上连续，在 (a, b) 上可导，如果 $f(x)$ 在 (a, b) 内只有一个驻点 x_0，当 x_0 为极大(小)值点时，$f(x_0)$ 必为 $f(x)$ 在 $[a, b]$ 上的最大(小)值，如图 4-18、图 4-19 所示.

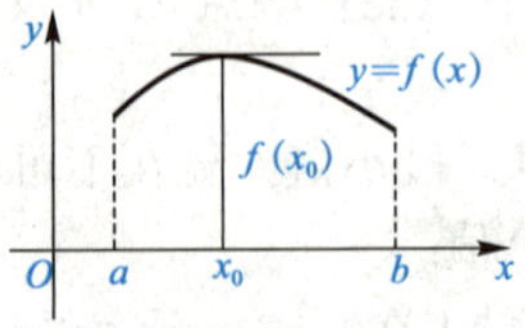

图 4-18

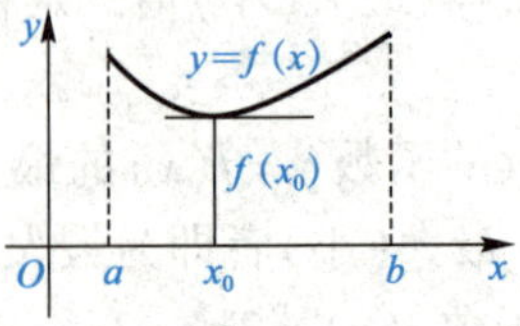

图 4-19

【例 4-33】 求 $f(x)=\sqrt[3]{(1-x)^2(2+x)}$ 在 $(-2, 1)$ 内的最大值、最小值.

解：

$$f'(x)=\frac{3(x^2-1)}{3\sqrt[3]{(1-x)^4(2+x)^2}}=\frac{-(x+1)}{\sqrt[3]{(1-x)(2+x)^2}}.$$

令 $f'(x)=0$ 得驻点 $x=-1$；不可导点为 $x=1$，$x=-2$(不在定义域内舍去)，由于 $x\in(-2,\ -1)$ 时 $f'(x)>0$；且 $x\in(-1,\ 1)$ 时，$f'(x)<0$，即 $f(-1)=\sqrt[3]{4}$ 为极大值，且是 $(-2,\ 1)$ 内的唯一极值.

故 $f(-1)=\sqrt[3]{4}$ 是函数 $f(x)$ 在 $(-2,\ 1)$ 内的最大值，函数 $f(x)$ 在 $(-2,\ 1)$ 内没有最小值.

2. 据实际问题判定

实际问题中，往往根据问题的性质就可以断定可导函数 $f(x)$ 确有最大值或最小值，而且一定在定义区间内部取得. 这时如果 $f(x)$ 在定义区间内部只有一个驻点 x_0，那么不必讨论 $f(x_0)$ 是不是极值，就可以断定 $f(x_0)$ 是最大值或最小值.

【例 4-34】 把一根直径为 d 的圆木锯成截面为矩形的梁(如图 4-20 所示). 问：矩形截面的高 h 和宽 b 应如何选择才能使梁的抗弯截面模量 $W=\frac{1}{6}bh^2$ 最大？

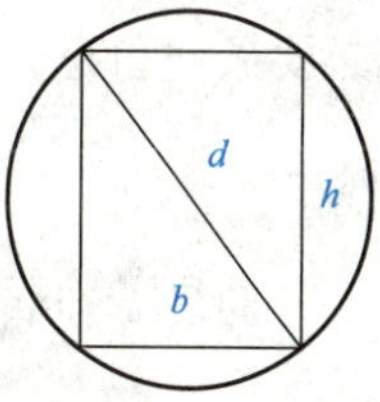

图 4-20

解： 已知 $h^2=d^2-b^2$，那么

$$W=\frac{1}{6}b(d^2-b^2)=\frac{1}{6}(bd^2-b^3),\ b\in[0,\ d],$$

令

$$W'=\frac{1}{6}(d^2-3b^2)=0,$$

得

$$b=\frac{d}{\sqrt{3}}.$$

由于最大 W 必存在且在 $(0,\ d)$ 内取得，而 $(0,\ d)$ 只有一个驻点，因此 $W\left(\frac{d}{\sqrt{3}}\right)$ 必为最大值. 此时有

$$b=\frac{d}{\sqrt{3}},\ h=\sqrt{d^2-b^2}=\sqrt{\frac{2}{3}}d.$$

4.5　导数在经济学中的应用

本节将介绍导数在经济学应用中的几个常用函数，并利用边际分析和弹性分析来讨论.

边际与弹性

4.5.1　经济活动中的常用函数

需求函数是由商品的单价 p 和需求量 Q 确定的函数.

供给函数是由商品的单价 p 和供给量 S 确定的函数.

总成本是指生产一定数量的产品所需的全部经济资源投入的价格或费用总额，包括固定成本(厂房、设备等投入)和可变成本(劳力、原料等). 设 x 为产量，C 为总成本，则 $C=C(x)$.

收入函数 $R(x)$是指生产者出售数量为 x 的某种产品所获得的总收入．显然 $R(x)=xp$.

利润函数 $L(x)$是指总收入 $R(x)$减总成本 $C(x)$所得的差，即

$$L(x)=R(x)-C(x).$$

4.5.2 函数的变化率——边际分析

在经济分析中，导数是常用工具．以产量(或销量)x 为自变量的总成本函数 $C(x)$、总收入函数 $R(x)$、总利润函数 $L(x)$，经常需要求它们的变化率，即它们的导数 $C'(x)$，$R'(x)$，$L'(x)$，依次称作边际成本、边际收入、边际利润.

利用边际函数对总函数的分析，就是边际分析.

下面来认识经济分析里常用的最大利润原则.

因总利润 $L(x)=R(x)-C(x)$，所以 $L'(x)=R'(x)-C'(x)$，根据函数极值存在的必要条件和充分条件可得最大利润条件为

$$\begin{cases}L'(x)=0(\text{必要条件}),\\ L''(x)<0(\text{充分条件}).\end{cases}$$

即最大利润原则为

$$\begin{cases}R'(x)=C'(x),\\ R''(x)<C''(x).\end{cases}$$

即边际收入等于边际成本；边际收入的变化率小于边际成本的变化率.

【例 4-35】 已知某产品的价格与销售量的关系为 $p=10-\dfrac{x}{5}$，成本函数为 $C(x)=50+2x$，求产量 x 为多少时总利润 $L(x)$最大？并验证是否符合最大利润原则.

解： 已知 $$p=10-\frac{x}{5},\ C(x)=50+2x,$$

则有 $$R(x)=xp=10x-\frac{1}{5}x^2,$$

$$L(x)=R(x)-C(x)=-\frac{1}{5}x^2+8x-50,$$

$$L'(x)=-\frac{2}{5}x+8,$$

令 $L'(x)=0$，得 $x=20$，$L''(20)<0$，所以当 $x=20$ 时，总利润 $L(x)$最大.

此时，

$R'(20)=2$，$C'(20)=2$，有 $R'(20)=C'(20)$；

$R''(20)=-\dfrac{2}{5}$，$C''(20)=0$，有 $R''(20)<C''(20)$；

故符合最大利润原则.

4.5.3 函数的相对变化率——弹性分析

弹性的概念是经济学中的另一个重要概念，用来定量地描述一个经济变量对另一个经济变量变化的反应程度，或者说，一个经济变量变动百分之一使另一个经济变量

变动百分之几，就如我们孰知“薄利多销”的道理，即降价虽然使单价绝对地减少了一些，但市场占有率可能相对地会随之增加百分之几，甚至更多.

定义 4.4　对于函数 $y=f(x)$，令 $\Delta y=f(x_0+\Delta x)-f(x_0)$，称$\frac{\Delta y}{y}\Big/\frac{\Delta x}{x}$为从 x_0 到 $x_0+\Delta x$ 两点间的弹性(平均弹性). 称$\lim\limits_{\Delta x\to 0}\left[\frac{\Delta y}{f(x_0)}\Big/\frac{\Delta x}{x_0}\right]=\frac{f'(x_0)}{f(x_0)}x_0$ 为函数在点 x_0 的弹性(点弹性).

当函数在定义区间内每一点都可导时，便得到了弹性函数 $y'\cdot\frac{x}{y}$，常记作$\frac{Ey}{Ex}$或 E. 显然，弹性函数在一点的值就是函数在该点的弹性，即

$$\left.\frac{Ey}{Ex}\right|_{x=x_0}=\frac{f'(x_0)}{f(x_0)}x_0.$$

函数在一点的弹性与弹性函数均简称为弹性.

若弹性的绝对值小于1，通常认为自变量的改变对函数相对改变量的影响较小；否则，影响较大.

【例 4-36】　设需求函数 $Q=100-2p$，讨论边际需求，求 $p=40$ 时，需求量 Q 对于单价 p 的弹性，并解释其经济意义.

解：边际需求 $Q'=-2$，表明当价格每增加一个单位时，需求将减少 2 个单位. 则有

$$\frac{EQ}{Ep}=\frac{\mathrm{d}Q}{\mathrm{d}p}\cdot\frac{p}{Q}=(-2)\cdot\frac{p}{100-2p}=\frac{p}{p-50},$$

$$\left.\frac{EQ}{Ep}\right|_{p=40}=-4.$$

即在单价 $p=40$ 水平上，单价每提高(降低)1%，将损失(增加)4%的市场份额.

需求(供给)量对单价的弹性，常简称为需求(供给)弹性. 通常，需求(供给)弹性总是负(正)的.

当两点相近时，两点间的弹性与一点的弹性近似相等.

【例 4-37】　需求弹性在 $-1.5\sim-2$ 之间的商品，降价 10% 时，确定需求的变动幅度.

解：因为　$$-1.5=\frac{\Delta Q}{Q}\Big/(-10\%)\quad 即\quad \frac{\Delta Q}{Q}=15\%,$$

$$-2=\frac{\Delta Q}{Q}\Big/(-10\%)\quad 即\quad \frac{\Delta Q}{Q}=20\%,$$

所以需求增幅为 15% ~20%.

给定需求 $Q=f(p)$，因为需求弹性 $E=\frac{f'(p)}{f(p)}\cdot p$，所以，对于相应的销售收入 $R=p\cdot f(p)$，有

$$R'=f(p)+pf'(p)=f(p)(1+E).$$

由于此式中 $f(p)>0$，$E<0$，R'是 R 随 p 的变化“速度”，所以可以借助需求弹性分析销售收入随 p 单价的变化：

(1)当 $E>-1$(此时称需求是缺乏弹性的)时，$R'>0$，此时涨价收入增加；反之减少；

(2)当 $E<-1$(此时称需求是富于弹性的)时，$R'<0$，此时涨价收入减少；反之增加；

(3)当 $E=-1$(此种情况少见)时，$R'=0$，此时小幅调价收入不变.

项 目 小 结

本项目知识结构思维导图：

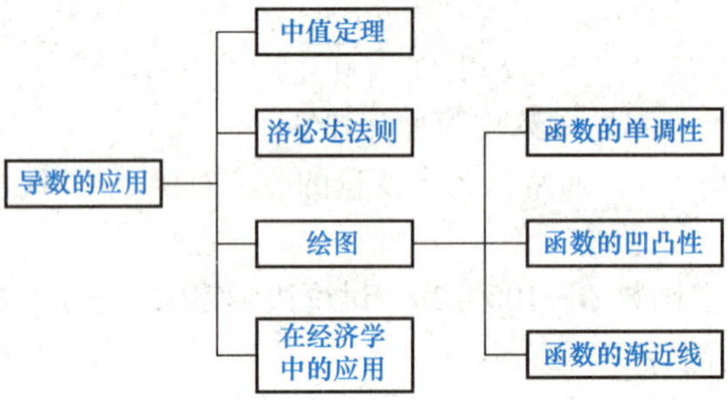

极值在经济中的应用

思 政 天 地

“分解”是一种智慧

当一个人无法将整块牛排吞下去的时候该怎么办？人们会用工具将牛排切成小块，这样便能顺利进食，问题也就解决了．许多目标虽然看起来遥不可及，但本着从零开始，点点滴滴去实现的决心，将复杂问题分解成若干个简单问题，将大大提升战胜困难的信心和效率．

所以，尝试用吃牛排的方式来对待问题，会发现解决问题容易得多．现实中的问题常常是错综复杂的，很难将问题一次性完美解决．这时，就可以尝试将一个大问题分割成不同的小问题，各个击破，这样远比毫无头绪地找一个最佳方案实际和有效．

这给我们的启示是不要畏惧难做的事情，要学会将其分解为自己能够解决的小事情，并将一件一件小事情认真完成，即难事 = 分解 + 坚持 + 认真！

为了中华民族的繁荣富强，我们要献出全部学识智慧．

项 目 训 练

一、填空题

1. 函数 $f(x)=x^4$ 在区间 $[1,2]$ 上满足拉格朗日中值定理，则 $\xi=$__________.

2. 如果函数 $f(x)$ 与 $g(x)$ 在区间 (a,b) 内的导数相等，那么 $f(x)$ 与 $g(x)$ 在区间

(a, b)内的关系为____________.

3. 函数 $y=2-(x-1)^{\frac{2}{3}}$ 的极值点为____________；$y=3-2(x+1)^{\frac{1}{3}}$ 的极值为____________.

4. 曲线 $y=\frac{1}{x-1}$的水平渐近线为____________，垂直渐近线为____________.

5. 若某种商品的总收入 R 是销售量 q 的函数，$R(q)=200q-0.05q^2$，则当 $q=100$ 时的边际收入 $R'(q)=$____________.

二、选择题

1. 设$f(x)=\arctan x^2$，则在$[-1, 1]$上满足罗尔定理结论的$\xi=$(　　).

A. -1　　B. 0　　C. 1　　D. 2

2. 下列函数中，在区间$[0, 3]$上不满足拉格朗日定理条件的是(　　).

A. $f(x)=2x^2+x+1$　　B. $f(x)=\cos(x+1)$

C. $f(x)=\frac{x^2}{1-x^2}$　　D. $f(x)=\ln(1+x)$

3. 函数 $y=x-\arctan x$ 在$(-\infty, +\infty)$内(　　).

A. 单调增加　　B. 单调减少　　C. 不单调　　D. 不连续

4. 若函数$f(x)$在(a, b)内可导，且$f'(x)>0$，则$f(x)$在(a, b)内(　　).

A. 单调减少　　B. 单调增加

C. 可能单调增加，也可能单调减少　　D. 有极值

5. 函数$f(x)=5^x$ 在区间$[-1, 1]$上的最大值是(　　).

A. $-\frac{1}{5}$　　B. 0　　C. $\frac{1}{5}$　　D. 5

6. 当 $x<x_0$ 时，$f'(x)>0$；当 $x>x_0$ 时，$f'(x)<0$，则(　　).

A. x_0 必定是$f(x)$的驻点　　B. x_0 必定是$f(x)$的极大点

C. x_0 必定是$f(x)$的极小点　　D. 不能判断 x_0 属于以上哪一种情况

7. 若 $x=-1$ 和 $x=2$ 都是函数$f(x)=(a+x)e^{\frac{b}{x}}$的极值点，则 a，b 分别为(　　).

A. $a=1$，$b=2$　　B. $a=2$，$b=1$

C. $a=2$，$b=-1$　　D. $a=-2$，$b=1$

8. 若函数 $y=2+x-x^2$ 的极大值点是 $x=\frac{1}{2}$，则函数 $\sqrt{2+x-x^2}$ 的极大值是(　　).

A. $\frac{1}{\sqrt{2}}$　　B. $\frac{81}{16}$　　C. $\frac{9}{4}$　　D. $\frac{3}{2}$

9. 设某产品的需求函数为 $Q=a-bp$，其中 p 表示商品价格，Q 为需求，a，b 为正常数，则需求量对价格的弹性$\frac{EQ}{Ep}=$(　　).

A. $-\frac{b}{a-bp}$　　B. $\frac{b}{a-bp}$　　C. $-\frac{bp}{a-bp}$　　D. $\frac{bp}{a-bp}$

10. 设某产品的需求量 Q 与价格 p 的函数关系为 $Q=3e^{-\frac{p}{2}}$，则边际收益函数

为(　　).

A. $-\frac{3}{2}e^{-\frac{p}{2}}$　　B. $3pe^{-\frac{p}{2}}$　　C. $\left(3-\frac{3}{2}p\right)e^{-\frac{p}{2}}$　　D. $(3+3p)3e^{-\frac{p}{2}}$

三、证明与计算题

1. $\lim\limits_{x\to\frac{\pi}{2}}\frac{\ln\cos\left(x-\frac{\pi}{2}\right)}{(\pi-2x)^2}$.

2. $\lim\limits_{x\to+\infty}\frac{\ln\left(1+\frac{1}{x}\right)}{\arctan x}$.

3. $\lim\limits_{x\to0}x\cot2x$.

4. $\lim\limits_{x\to1}\left(\frac{2}{x^2-1}-\frac{1}{x-1}\right)$.

5. $\lim\limits_{x\to0^+}x^{\sin x}$.

6. $\lim\limits_{x\to0^+}\left(\frac{1}{x}\right)^{\tan x}$.

7. $\lim\limits_{x\to+\infty}\left(\frac{2}{\pi}\arctan x\right)^x$.

8. $\lim\limits_{x\to0}\frac{(a+x)^x-a^x}{x^2}(a>0)$.

9. $\lim\limits_{x\to0}\left[\frac{1}{\ln(x+\sqrt{1+x^2})}-\frac{1}{\ln(1+x)}\right]$.

10. $\lim\limits_{x\to\infty}\left(\tan\frac{\pi x}{2x+1}\right)^{\frac{1}{x}}$.

11. 证明函数 $y=x-\ln(1+x^2)$ 单调增加.

12. 证明方程 $x^3+x-1=0$ 在 $(0,1)$ 内只有一个实根.

13. 证明当 $x\neq0$ 时，$e^x>x+1$.

14. 求 $y=\ln(x^2+1)$ 在 $[0,2]$ 上的最大值与最小值.

15. 求 $y=\sin x+\cos x$ 在 $\left[-\frac{\pi}{2},\frac{\pi}{2}\right]$ 上的最大值.

16. 求曲线 $y=(x-2)^{\frac{5}{3}}$ 的凹凸区间与拐点.

17. 求曲线 $y=x^4-2x^3+1$ 的凹凸区间与拐点.

四、应用题

1. 某小型机械厂，主要生产某种机器的配件，其最大生产能力为每日 100 件，假设日产量的总成本 C(元)是日产量 x(件)的函数，$C(x)=\frac{1}{4}x^2+60x+2\,050$，求日产量为 75 件时的总成本和平均单位成本；日产量由 75 件提高到 90 件时总成本的平均改变量；日产量为 75 件时的边际成本.

2. 设某糕点加工厂生产 A 类糕点的总成本函数和总收入函数分别是

$$C(x)=100+2x+0.02x^2(\text{元}),\ R(x)=7x+0.01x^2(\text{元}).$$

求边际利润函数及当日产量分别是 200 kg、250 kg、300 kg 时的边际利润，并说明其经济意义.

3. 设某日用消费品的需求量 Q(件)与单价 p(元)的函数关系为

$$Q(p)=a\left(\frac{1}{2}\right)^{\frac{p}{3}}(a\text{ 为常数}).$$

求：(1) 需求弹性 $\mu(p)$；

(2) 当单价分别是 4 元、4.35 元、5 元时的弹性系数，并说明经济意义.

4. 某商品为 2.18 元，需求量为 3 500 件，当价格提高到 2.60 元，需求量为 3 100 件，求需求对价格的弹性.

5. 根据统计数据，甲类商品的需求量为 2 660 单位，价格弹性为 -1.4. 若该商品价格计划上涨 8%（假设其他条件不变），则预计该商品的需求量可能会降低多少？

6. 生产某商品 x 个的边际成本为 5 万元/个，固定成本 $C_0=200$ 万元，得到的收益为 $R(x)=10x-0.01x^2$ 万元．问生产多少个商品时的利润最大？最大值是多少？

7. 已知某商品的需求量 Q 是价格 p 的函数，且

$$Q=75-p^2.$$

(1) 求 $p=4$ 时的边际需求和需求弹性，并说明其经济意义.

(2) 求 $p=4$ 时，若价格上涨 1%，总收益将变化百分之几？是增加还是减少？

8. 某煤炭公司每天产煤 x t 的总成本函数模型为

$$C(x)=2\ 000+450x+0.02x^2.$$

如果煤的售价为 490 元/t，求：

(1) 边际成本函数 $C'(x)$.

(2)（假设产量等于销量）利润函数 $L(x)$ 及边际利润 $L'(x)$.

(3) 产品为多少时，总利润最大?.

9. 某商品日需求 Q kg 与销售价格 p 元/kg 的函数模型为

$$Q=Q(p)=100\mathrm{e}^{-\frac{p}{5}}.$$

求在销售价格为 10 元/kg 水平上的边际需求与需求弹性值.

10. 设某商店售出 x 台录像机时的边际利润为 $L'(x)=12.5-\frac{x}{80}(x\geqslant 0)$，且已知 $L(0)=0$，试求：

(1) 售出 40 台时的总利润 L；

(2) 售出 60 台时，前 30 台的平均利润和后 30 台的平均利润（其中 $L'(x)$ 的单位为百元/台）.

11. 作出下列函数的图形.

(1) $y^2=x(x-1)^2$；

(2) $y=\ln\sin x$；

(3) $y=x+\frac{1}{x}$.

教学实验　利用 MATLAB 求函数的极值

一、实验目的

会利用 MATLAB 求函数的极值.

二、实验指导

求函数的极值可以用 fminbnd 命令求数值解，其调用格式如表 4-8：

表 4-8　fminbnd 命令

命令	功能
`[x, fv] = fminbnd(f, a, b)`	求一元函数 f 在区间 (a, b) 内的极小值，f 为字符串，输出 x 为极小值点，fv 为极小值.

【例 4-38】　求函数 $f(x)=x^2+5x$ 在 $(-3, 1)$ 内的极小值.

MATLAB 输入命令	MATLAB 输出结果
`f = 'x^2 + 5 * x';` `[x, fv] = fminbnd(f, -3, 1)`	x = -2.500 0 fv = -6.250 0

如果函数在给定的区间不存在极小值(比如单调)，fminbnd 将会返回边界(或边界附近)的最小值. 例如，将 $(-3, 1)$ 改为 $(1, 2)$，则为

MATLAB 输入命令	MATLAB 输出结果
`f = 'x^2 + 5 * x';` `[x, fv] = fminbnd(f, 1, 2)`	x = 1.000 1 fv = 6.000 5

【例 4-39】　用一块边长为 24 cm 的正方形铁皮，在其四角各截去一块面积相等的小正方形，做成无盖的铁盒. 问截去的小正方形边长为多少时，做出的铁盒容积最大?

解：设截去的小正方形的边长为 x cm，铁盒的容积为 V cm^3. 根据题意，得

$$V=x(24-2x)^2 (0<x<12).$$

于是，问题归结为：求 x 为何值时，函数 V 在区间 $(0, 12)$ 内取得最大值. 即求 $-V$ 在 $(0, 12)$ 内的最小值.

MATLAB 输入命令	MATLAB 输出结果
`f = '-x * (24 - 2 * x)^2'; fminbnd(f, 0, 12)`	ans = 4.000 0

所以，当 $x=4$ 时，函数 V 取得最大值. 即当所截去的正方形边长为 4 cm 时，铁盒的容积最大.

教学实验训练题

利用 MATLAB 计算下列函数的极值：

(1) $y=4x^3-3x^2-6x+2$，$[-1, 1]$；　　(2) $y=x-\ln(x+1)$，$[0, 1]$.

项目五　不定积分

不定积分是导函数的逆问题，即要寻求一个可导函数，使得它的导函数等于已知函数，不定积分的学习将为学习定积分打下坚实的基础.

任务1　认识不定积分

5.1　不定积分的概念与性质

5.1.1　原函数的概念

不定积分的概念

1. 原函数的定义

定义 5.1　如果在区间 I 上，可导函数 $F(x)$ 的导函数是 $f(x)$，即对任意 $x \in I$，都有

$$F'(x)=f(x) \quad 或 \quad \mathrm{d}F(x)=f(x)\mathrm{d}x.$$

则称 $F(x)$ 为 $f(x)$ 在区间 I 上的一个原函数.

例如，在区间 $(-\infty, +\infty)$ 内，因为 $(\sin x)'=\cos x$，所以 $\sin x$ 是 $\cos x$ 在 $(-\infty, +\infty)$ 内的一个原函数.

而 $\sin x+1$，$\sin x+\sqrt{2}$，$\sin x+C$（C 是任意常数）等也都是 $\cos x$ 的原函数.

那么，$f(x)$ 在什么条件下原函数存在？如果原函数存在，有多少个？它们之间是什么关系？如何求 $f(x)$ 全部的原函数？

2. 原函数存在原理

定理 5.1　如果函数 $f(x)$ 在区间 I 内连续，那么在区间 I 内它的原函数一定存在，即存在 $F(x)$，对一切 $x \in I$，均有 $F'(x)=f(x)$.

那么对于任意常数 C，由于 $(F(x)+C)'=F'(x)=f(x)$，于是，函数族 $F(x)+C$ 中的任何一个函数也一定是 $f(x)$ 在区间 I 内的原函数. 由此可知：如果 $f(x)$ 有原函数，那么原函数的个数为无限多个.

3. 函数 $f(x)$ 任意两个原函数之间的关系

定理 5.2　函数 $f(x)$ 在区间 I 上的任意两个原函数之间只相差一个常数.

证明：设 $F(x)$ 和 $G(x)$ 都是 $f(x)$ 在区间 I 上的原函数，则有

$$[F(x)-G(x)]'=F'(x)-G'(x)=f(x)-f(x)=0,$$

从而得

$$F(x)-G(x)=C（C 是任意常数）.$$

所以，$f(x)$ 的任意两个原函数仅相差一个常数.

且若 $F(x)$ 为 $f(x)$ 在区间 I 上的一个原函数，则对于任意常数 C，函数族 $F(x)+C$ 是 $f(x)$ 在区间 I 上的全体原函数.

5.1.2 不定积分的概念和性质

1. 不定积分的定义

定义 5.2 在区间 I 内，函数 $f(x)$ 的原函数全体称为 $f(x)$ 在区间 I 内的不定积分，记作

$$\int f(x)\mathrm{d}x,$$

其中，$\int$ 称为积分符号，$f(x)$ 称为被积函数，$f(x)\mathrm{d}x$ 称为被积表达式，x 称为积分变量.

如果 $F(x)$ 是 $f(x)$ 在区间 I 内的一个原函数，C 是任意常数，那么表达式 $F(x)+C$ 就是 $f(x)$ 在 I 上的不定积分，即

$$\int f(x)\mathrm{d}x = F(x)+C.$$

2. 不定积分的几何意义

(1) 函数 $f(x)$ 的一个原函数 $F(x)$ 的图形叫作函数 $f(x)$ 的一条积分曲线，方程为 $y=F(x)$.

(2) 不定积分 $\int f(x)\mathrm{d}x = F(x)+C$ 的图形叫作函数 $f(x)$ 的积分曲线族，它们的方程为 $y=F(x)+C$.

当 $C>0$ 时，图形向上移；当 $C<0$ 时，图形向下移，由 $[F(x)+C]'=f(x)$ 可知：

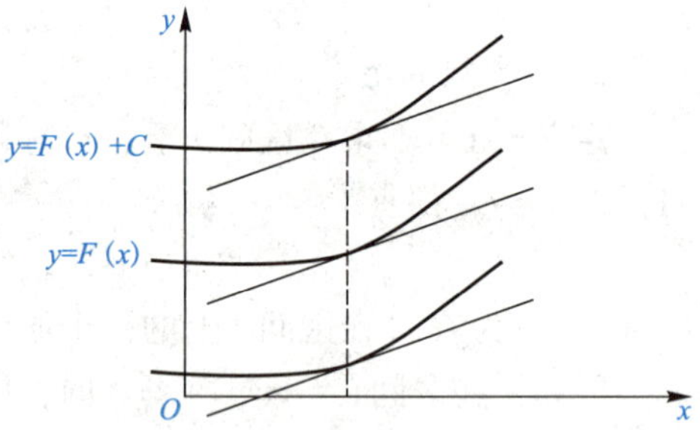

图 5-1

在积分曲线族上横坐标相同的点处作切线，这些切线彼此平行(如图 5-1 所示).

3. 不定积分的性质

由不定积分的定义，可得以下关系式：

(1) $\dfrac{\mathrm{d}}{\mathrm{d}x}\left[\int f(x)\mathrm{d}x\right]=f(x)$ 或 $\mathrm{d}\left[\int f(x)\mathrm{d}x\right]=f(x)\mathrm{d}x$；

(2) $\int F'(x)\mathrm{d}x = F(x)+C$ 或 $\int \mathrm{d}F(x)=F(x)+C$.

由此可见，微分运算(记号为 d)与不定积分运算(记号为 $\int$)是互逆的，当记号合在一起时，或者抵消，或者抵消后差一个常数.

(3) 函数代数和的不定积分等于各个函数的不定积分的代数和，即

$$\int [f(x)\pm g(x)]\mathrm{d}x = \int f(x)\mathrm{d}x \pm \int g(x)\mathrm{d}x.$$

(4) 求不定积分时，被积函数中不为零的常数因子可以提到积分号的外面来，即

$$\int k\cdot f(x)\mathrm{d}x = k\cdot \int f(x)\mathrm{d}x\ (k \text{ 为非零常数}).$$

5.1.3　基本积分表

由导数的基本公式，可得不定积分的基本公式：

(1) $\int k\mathrm{d}x = kx + C$（$k$ 是常数）；

(2) $\int x^u\mathrm{d}x = \dfrac{x^{u+1}}{u+1} + C(u \neq -1)$；

(3) $\int \dfrac{1}{x}\mathrm{d}x = \ln|x| + C$；

(4) $\int \dfrac{1}{1+x^2}\mathrm{d}x = \arctan x + C$；

(5) $\int \dfrac{1}{\sqrt{1-x^2}}\mathrm{d}x = \arcsin x + C$；

(6) $\int \cos x\mathrm{d}x = \sin x + C$；

(7) $\int \sin x\mathrm{d}x = -\cos x + C$；

(8) $\int \dfrac{1}{\cos^2 x}\mathrm{d}x = \int \sec^2 x\mathrm{d}x = \tan x + C$；

(9) $\int \dfrac{1}{\sin^2 x}\mathrm{d}x = \int \csc^2 x\mathrm{d}x = -\cot x + C$；

(10) $\int \sec x\tan x\mathrm{d}x = \sec x + C$；

(11) $\int \csc x\cot x\mathrm{d}x = -\csc x + C$；

(12) $\int \mathrm{e}^x\mathrm{d}x = \mathrm{e}^x + C$；

(13) $\int a^x\mathrm{d}x = \dfrac{a^x}{\ln a} + C(a>0，a\neq 1)$.

5.1.4　直接积分法

直接积分法

利用不定积分的性质与基本的不定积分公式，求函数的不定积分的方法称为直接积分法.

【例 5-1】 求 $\int \dfrac{\mathrm{d}x}{x^2}$.

解： $\int \dfrac{\mathrm{d}x}{x^2} = \int x^{-2}\mathrm{d}x = \dfrac{1}{(-2)+1}x^{(-2)+1} + C = -\dfrac{1}{x} + C$.

【例 5-2】 求 $\int \left(\dfrac{5}{\sqrt{1-x^2}} - \dfrac{3}{1+x^2}\right)\mathrm{d}x$.

解： $\int \left(\dfrac{5}{\sqrt{1-x^2}} - \dfrac{3}{1+x^2}\right)\mathrm{d}x = 5\arcsin x - 3\arctan x + C$.

【例 5-3】 求 $\int \csc x(\csc x - \cot x)\mathrm{d}x$.

解：$\int \csc x(\csc x-\cot x)\mathrm{d}x=\int \csc^2 x\mathrm{d}x-\int \csc x\cot x\mathrm{d}x=-\cot x+\csc x+C.$

【例 5-4】 求 $\int 2^x \cdot \mathrm{e}^x \mathrm{d}x.$

解：$\int 2^x \cdot \mathrm{e}^x \mathrm{d}x=\int (2\mathrm{e})^x \mathrm{d}x=\dfrac{(2\mathrm{e})^x}{\ln(2\mathrm{e})}+C.$

【例 5-5】 求 $\int \dfrac{1+x+x^2}{x(1+x^2)}\mathrm{d}x.$

解：
$$\begin{aligned}\int \frac{1+x+x^2}{x(1+x^2)}\mathrm{d}x &= \int\left(\frac{1}{x}+\frac{1}{1+x^2}\right)\mathrm{d}x\\ &=\int \frac{1}{x}\mathrm{d}x+\int\frac{1}{1+x^2}\mathrm{d}x=\ln|x|+\arctan x+C.\end{aligned}$$

【例 5-6】 求 $\int \dfrac{x^4}{1+x^2}\mathrm{d}x.$

解：
$$\begin{aligned}\int \frac{x^4}{1+x^2}\mathrm{d}x &= \int\frac{x^4-1+1}{1+x^2}\mathrm{d}x=\int\frac{(x^2+1)(x^2-1)+1}{1+x^2}\mathrm{d}x\\ &=\int\left(x^2-1+\frac{1}{1+x^2}\right)\mathrm{d}x=\int x^2\mathrm{d}x-\int \mathrm{d}x+\int\frac{1}{1+x^2}\mathrm{d}x\\ &=\frac{1}{3}x^3-x+\arctan x+C.\end{aligned}$$

【例 5-7】 求 $\int \dfrac{\mathrm{d}x}{\sin^2 x\cos^2 x}.$

解：
$$\begin{aligned}\int \frac{\mathrm{d}x}{\sin^2 x\cos^2 x} &= \int\frac{\sin^2 x+\cos^2 x}{\sin^2 x\cos^2 x}\mathrm{d}x\\ &=\int\csc^2 x\mathrm{d}x+\int\sec^2 x\mathrm{d}x=-\cot x+\tan x+C.\end{aligned}$$

任务 2　正确计算不定积分

5.2　换元积分法与分部积分法

直接积分法只能解决简单函数的积分问题，对于复合函数的积分问题需要新的方法，本节将介绍两种重要的积分方法，即换元积分法和分部积分法.

5.2.1　换元积分法

1. 第一换元积分法(凑微分法)

第一类换元积分法

定理 5.3 若 $\int f(u)\mathrm{d}u=F(u)+C$，又 $u=\varphi(x)$ 有连续的导数，则

$$\int f[\varphi(x)]\varphi'(x)\mathrm{d}x=F[\varphi(x)]+C.$$

证明：由假设可知 $F'(u)=f(u)$，应用复合函数求导法则，得

$$\frac{\mathrm{d}}{\mathrm{d}x}F[\varphi(x)]=F'[\varphi(x)]\varphi'(x)=f[\varphi(x)]\varphi'(x).$$

故定理成立.

2. 利用第一换元积分法求不定积分

类型一：$\int f(ax+b)\mathrm{d}x=\frac{1}{a}\int f(ax+b)\mathrm{d}(ax+b)$，即 $\mathrm{d}x=\frac{1}{a}\mathrm{d}(ax+b)$.

【例 5-8】 求下列不定积分.

(1) $\int \sin 5x\mathrm{d}x$；(2) $\int (1-2x)^7\mathrm{d}x$；(3) $\int \frac{\mathrm{d}x}{a^2+x^2}$；(4) $\int \frac{\mathrm{d}x}{\sqrt{a^2-x^2}}$.

解：(1) $\int \sin 5x\mathrm{d}x=\frac{1}{5}\int \sin 5x\mathrm{d}(5x)=-\frac{1}{5}\cos 5x+C.$

(2) $\int (1-2x)^7\mathrm{d}x=-\frac{1}{2}\int (1-2x)^7\mathrm{d}(1-2x)$

$$=-\frac{1}{2}\cdot\frac{1}{7+1}(1-2x)^{7+1}+C=-\frac{1}{16}(1-2x)^8+C.$$

(3) $\int \frac{\mathrm{d}x}{a^2+x^2}=\frac{1}{a}\int \frac{\mathrm{d}\left(\frac{x}{a}\right)}{1+\left(\frac{x}{a}\right)^2}=\frac{1}{a}\arctan\frac{x}{2}+C.$

(4) $\int \frac{\mathrm{d}x}{\sqrt{a^2-x^2}}=\int \frac{\mathrm{d}\left(\frac{x}{a}\right)}{\sqrt{1-\left(\frac{x}{a}\right)^2}}=\arcsin\left(\frac{x}{a}\right)+C(a>0).$

类型二：$\int f(x^n)x^{n-1}\mathrm{d}x=\frac{1}{n}\int f(x^n)\mathrm{d}x^n$，即 $x^{n-1}\mathrm{d}x=\frac{1}{n}\mathrm{d}x^n$.

【例 5-9】 求下列不定积分.

(1) $\int x\sqrt{1-x^2}\mathrm{d}x$；(2) $\int x^2\mathrm{e}^{-x^3}\mathrm{d}x$；(3) $\int \frac{1}{x^2}\cos\frac{1}{x}\mathrm{d}x$；(4) $\int \frac{\cos\sqrt{x}}{\sqrt{x}}\mathrm{d}x$.

解：(1) $\int x\sqrt{1-x^2}\mathrm{d}x=-\frac{1}{2}\int (1-x^2)^{\frac{1}{2}}\mathrm{d}(1-x^2)$

$$=-\frac{1}{2}\cdot\frac{1}{\frac{1}{2}+1}(1-x^2)^{\frac{1}{2}+1}+C=-\frac{1}{3}(1-x^2)^{\frac{3}{2}}+C.$$

(2) $\int x^2\mathrm{e}^{-x^3}\mathrm{d}x=-\frac{1}{3}\int \mathrm{e}^{-x^3}\mathrm{d}(-x^3)=-\frac{1}{3}\mathrm{e}^{-x^3}+C.$

(3) $\int \frac{1}{x^2}\cos\frac{1}{x}\mathrm{d}x=-\int \cos\frac{1}{x}\mathrm{d}\left(\frac{1}{x}\right)=-\sin\left(\frac{1}{x}\right)+C\left(\frac{1}{x^2}\mathrm{d}x=-\mathrm{d}\left(\frac{1}{x}\right)\right).$

(4) $\int \frac{\cos\sqrt{x}}{\sqrt{x}}\mathrm{d}x=2\int \cos\sqrt{x}\mathrm{d}\sqrt{x}=2\sin\sqrt{x}+C\left(\frac{1}{\sqrt{x}}\mathrm{d}x=2\mathrm{d}\sqrt{x}\right).$

类型三：$\frac{1}{x}\mathrm{d}x=\mathrm{d}\ln x$，$\mathrm{e}^x\mathrm{d}x=\mathrm{d}\mathrm{e}^x$，$\sin x\mathrm{d}x=-\mathrm{d}\cos x$，

$\cos x\mathrm{d}x=\mathrm{d}\sin x$，$\sec^2 x\mathrm{d}x=\mathrm{d}\tan x$，

$\sec x\tan x\mathrm{d}x=\mathrm{d}\sec x$，$\dfrac{1}{1+x^2}\mathrm{d}x=\mathrm{d}\arctan x$，$\dfrac{1}{\sqrt{1-x^2}}\mathrm{d}x=\mathrm{d}\arcsin x$，

$\dfrac{x}{\sqrt{a^2\pm x^2}}\mathrm{d}x=\pm\mathrm{d}\sqrt{a^2\pm x^2}$，…

【例 5-10】 求下列不定积分.

(1) $\int\tan x\mathrm{d}x$；　　(2) $\int\sec x\mathrm{d}x$；

(3) $\int\dfrac{1}{x\ln x}\mathrm{d}x$；　　(4) $\int\dfrac{\mathrm{e}^x}{1+\mathrm{e}^x}\mathrm{d}x$；

(5) $\int\dfrac{\mathrm{d}x}{x^2-a^2}$；　　(6) $\int\sin^2 x\mathrm{d}x$.

解：(1) $\int\tan x\mathrm{d}x=\int\dfrac{\sin x}{\cos x}\mathrm{d}x=-\int\dfrac{\mathrm{d}\cos x}{\cos x}=-\ln|\cos x|+C=\ln|\sec x|+C.$

(2) $$\int\sec x\mathrm{d}x=\int\frac{\sec x(\sec x+\tan x)}{\sec x+\tan x}\mathrm{d}x=\int\frac{\mathrm{d}(\sec x+\tan x)}{\sec x+\tan x}$$
$$=\ln|\sec x+\tan x|+C.$$

(3) $\int\dfrac{1}{x\ln x}\mathrm{d}x=\int\dfrac{\mathrm{d}\ln x}{\ln x}=\ln|\ln x|+C.$

(4) $\int\dfrac{\mathrm{e}^x}{1+\mathrm{e}^x}\mathrm{d}x=\int\dfrac{\mathrm{d}(1+\mathrm{e}^x)}{1+\mathrm{e}^x}=\ln(1+\mathrm{e}^x)+C.$

(5) $$\int\frac{1}{x^2-a^2}\mathrm{d}x=\frac{1}{2a}\int\left(\frac{1}{x-a}-\frac{1}{x+a}\right)\mathrm{d}x=\frac{1}{2a}\left(\int\frac{\mathrm{d}(x-a)}{x-a}-\int\frac{\mathrm{d}(x+a)}{x+a}\right)$$
$$=\frac{1}{2a}\ln\left|\frac{x-a}{x+a}\right|+C.$$

(6) $$\int\sin^2 x\mathrm{d}x=\int\frac{1-\cos 2x}{2}\mathrm{d}x=\frac{1}{2}x-\frac{1}{2}\cdot\frac{1}{2}\int\cos 2x\mathrm{d}(2x)$$
$$=\frac{1}{2}x-\frac{1}{4}\sin 2x+C.$$

3. 第二换元积分法

定理 5.4 设函数 $x=\varphi(t)$ 单调可微，且 $\varphi'(t)\neq 0$，又 $f[\varphi(t)]\varphi'(t)$ 有原函数 $F(t)$，则

$$\int f(x)\mathrm{d}x=\int f[\varphi(t)]\varphi'(t)\mathrm{d}t=F(t)+C=F[\varphi^{-1}(x)]+C.$$

其中，$t=\varphi^{-1}(x)$ 是 $x=\varphi(t)$ 的反函数(证明略).

第二类换元积分法

4. 利用第二换元积分法求不定积分

类型一：三角代换法.

$f(x)$ 中含有 $\begin{cases}\sqrt{a^2-x^2},\\ \sqrt{x^2+a^2},\\ \sqrt{x^2-a^2},\end{cases}$ 可考虑分别用代换 $\begin{cases}x=a\sin t,\\ x=a\tan t,\\ x=a\sec t.\end{cases}$

【例 5-11】 求 $\int\sqrt{a^2-x^2}\mathrm{d}x$（如图 5-2 所示）.

解：令 $x=a\sin t$（或 $a\cos t$），则

$$\sqrt{a^2-x^2}=a\cos t,\ \mathrm{d}x=a\cos t\mathrm{d}t,$$

从而

$$\begin{aligned}\int\sqrt{a^2-x^2}\mathrm{d}x&=\int a\cos t\cdot a\cos t\mathrm{d}t=a^2\int\frac{1+\cos 2t}{2}\mathrm{d}t\\&=\frac{a^2}{2}\left(\int\mathrm{d}t+\frac{1}{2}\int\cos 2t\mathrm{d}(2t)\right)\\&=\frac{a^2}{2}t+\frac{a^2}{4}\sin 2t+C\\&=\frac{a^2}{2}\arcsin\frac{x}{a}+\frac{a^2}{4}\cdot 2\cdot\frac{x}{a}\cdot\frac{\sqrt{a^2-x^2}}{a}+C\\&=\frac{a^2}{2}\arcsin\frac{x}{a}+\frac{1}{2}x\sqrt{a^2-x^2}+C.\end{aligned}$$

【例 5-12】 求 $\int\frac{\mathrm{d}x}{\sqrt{a^2+x^2}}$（如图 5-3 所示）.

解：令 $x=a\tan t$（或 $a\cot t$），则

$$\sqrt{a^2+x^2}=a\sec t,\ \mathrm{d}x=a\sec^2 t\mathrm{d}t,$$

从而

$$\begin{aligned}\int\frac{\mathrm{d}x}{\sqrt{a^2+x^2}}&=\int\frac{a\sec^2 t\mathrm{d}t}{a\sec t}=\int\sec t\mathrm{d}t\\&=\ln\left|\sec t+\tan t\right|+C_1\\&=\ln\left|\frac{\sqrt{x^2+a^2}}{a}+\frac{x}{a}\right|+C_1\\&=\ln\left|x+\sqrt{x^2+a^2}\right|+C.\end{aligned}$$

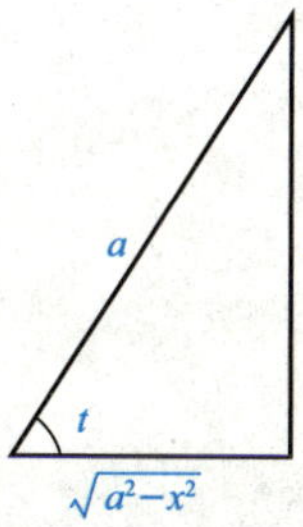

图 5-2

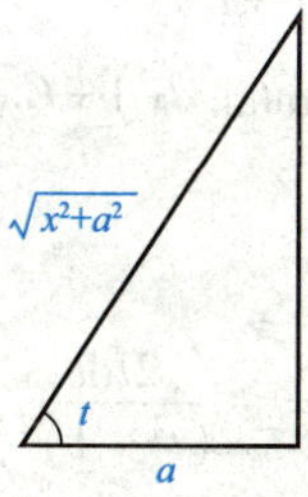

图 5-3

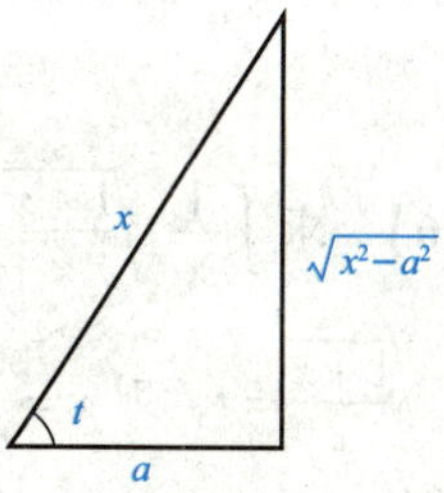

图 5-4

【例 5-13】 求 $\int\frac{\mathrm{d}x}{\sqrt{x^2-a^2}}$（如图 5-4 所示）.

解：令 $x=a\sec t$（或 $a\cot t$），则

$$\sqrt{x^2-a^2}=a\tan t,\ \mathrm{d}x=a\sec t\tan t\mathrm{d}t,$$

从而

$$\int\frac{\mathrm{d}x}{\sqrt{x^2-a^2}}=\int\frac{a\sec t\tan t\mathrm{d}t}{a\tan t}$$

$$= \int \sec t \mathrm{d}t = \ln|\sec t + \tan t| + C_1$$

$$= \ln\left|\frac{x}{a} + \frac{\sqrt{x^2 - a^2}}{a}\right| + C_1$$

$$= \ln\left|x + \sqrt{x^2 - a^2}\right| + C.$$

类型二：无理代换法.

$f(x)$中含有$\begin{cases}\sqrt[n]{ax+b}, \\ \sqrt[n_1]{x}, \ \sqrt[n_2]{x},\end{cases}$可考虑分别用代换$\begin{cases}t = \sqrt[n]{ax+b}, \\ t = \sqrt[n]{x},\end{cases}$其中 n 为 n_1 和 n_2 的最小公倍数.

【例 5-14】 求$\int \frac{\mathrm{d}x}{1 + \sqrt[3]{x+1}}$.

解： 令 $\sqrt[3]{x+1} = t$，则 $x = t^3 - 1$，$\mathrm{d}x = 3t^2\mathrm{d}t$，从而

$$\int \frac{\mathrm{d}x}{1 + \sqrt[3]{x+1}} = \int \frac{3t^2\mathrm{d}t}{1+t} = 3\int \frac{t^2 - 1 + 1}{1+t}\mathrm{d}t$$

$$= 3\int\left(t - 1 + \frac{1}{1+t}\right)\mathrm{d}t = 3\left(\frac{t^2}{2} - t + \ln|1+t|\right) + C$$

$$= \frac{3}{2}\sqrt[3]{(x+1)^2} - 3\sqrt[3]{x+1} + 3\ln\left|1 + \sqrt[3]{x+1}\right| + C.$$

【例 5-15】 求$\int \frac{\mathrm{d}x}{\sqrt{x}(1 + \sqrt[3]{x})}$.

解： 令$\sqrt[6]{x} = t$，则 $x = t^6$，$\mathrm{d}x = 6t^5\mathrm{d}t$，从而

$$\int \frac{\mathrm{d}x}{\sqrt{x}(1 + \sqrt[3]{x})} = \int \frac{6t^5\mathrm{d}t}{t^3(1+t^2)} = 6\int \frac{t^2}{1+t^2}\mathrm{d}t$$

$$= 6\int\left(1 - \frac{1}{1+t^2}\right)\mathrm{d}t = 6(t - \arctan t) + C$$

$$= 6(\sqrt[6]{x} - \arctan\sqrt[6]{x}) + C.$$

【例 5-16】 求$\int \frac{1}{x}\sqrt{\frac{1+x}{x}}\mathrm{d}x$.

解： 令$\sqrt{\frac{1+x}{x}} = t$，则 $x = \frac{1}{t^2 - 1}$，$\mathrm{d}x = -\frac{2t\mathrm{d}t}{(t^2-1)^2}$，从而

$$\int \frac{1}{x}\sqrt{\frac{1+x}{x}}\mathrm{d}x = \int (t^2 - 1)t\left(-\frac{2t\mathrm{d}t}{(t^2-1)^2}\right) = -2\int \frac{t^2}{t^2 - 1}\mathrm{d}t$$

$$= -2\int\left(1 + \frac{1}{t^2 - 1}\right)\mathrm{d}t = -2\left(t + \frac{1}{2}\ln\left|\frac{t-1}{t+1}\right|\right) + C$$

$$= -2\sqrt{\frac{1+x}{x}} - \ln\frac{\sqrt{1+x} - \sqrt{x}}{\sqrt{1+x} + \sqrt{x}} + C.$$

【例 5-17】 求$\int \frac{\mathrm{d}x}{\sqrt{1 + \mathrm{e}^x}}$.

解：令 $\sqrt{1+e^x}=t$，则 $x=\ln(t^2-1)$，$dx=\dfrac{2tdt}{t^2-1}$，从而

$$\int\frac{dx}{\sqrt{1+e^x}}=\int\frac{1}{t}\cdot\frac{2t}{t^2-1}dt=2\int\frac{dt}{t^2-1}$$

$$=2\cdot\frac{1}{2}\ln\left|\frac{t-1}{t+1}\right|+C=\ln\frac{\sqrt{1+e^x}-1}{\sqrt{1+e^x}+1}+C.$$

*类型三：倒代换法.

【例 5-18】 求 $\displaystyle\int\frac{dx}{x(x^6+4)}$.

解：令 $x=\dfrac{1}{t}$，则 $\dfrac{1}{x(x^6+4)}=\dfrac{t^7}{1+4t^6}$，$dx=-\dfrac{dt}{t^2}$，从而

$$\int\frac{dx}{x(x^6+4)}=-\int\frac{t^5dt}{1+4t^6}=-\frac{1}{24}\int\frac{d(4t^6+1)}{4t^6+1}$$

$$=-\frac{1}{24}\ln|4t^6+1|+C=\frac{1}{24}\ln\frac{x^6}{x^6+4}+C.$$

5.2.2　分部积分法

1. 分部积分公式

分部积分法

定理 5.5　设 $u=u(x)$，$v=v(x)$ 都是可导函数，则

$$\int uv'dx=uv-\int vu'dx\quad 或\quad \int udv=uv-\int vdu.$$

证明：因为 $(uv)'=u'v+v'u$，$v'u=(uv)'-u'v$，

所以
$$\int uv'dx=uv-\int vu'dx,$$

故
$$\int udv=uv-\int vdu.$$

2. 利用分部积分公式计算积分

类型一：被积函数中含有 e^x，$\sin x$，$\cos x$ 等容易放入微分中的量作为 v.

【例 5-19】 求 $\displaystyle\int x\cos xdx$.

解：$\displaystyle\int x\cos xdx=\int xd\sin x=x\sin x-\int\sin xdx=x\sin x+\cos x+C.$

【例 5-20】 求 $\displaystyle\int xe^xdx$.

解：$\displaystyle\int xe^xdx=\int x\,de^x=xe^x-\int e^xdx=xe^x-e^x+C.$

【例 5-21】 求 $\displaystyle\int x^2e^xdx$.

解：$\displaystyle\int x^2e^xdx=\int x^2\,de^x=x^2e^x-\int e^xdx^2$

$$=x^2e^x-2\int xe^xdx=x^2e^x-2xe^x+2e^x+C.$$

【例 5-22】 求 $\int \frac{x}{\cos^2 x}dx$.

解：$\int \frac{x}{\cos^2 x}dx = \int x d\tan x = x\tan x - \int \tan x dx = x\tan x - \ln|\sec x| + C$.

类型二：被积函数中含有 $\ln x$，$\arcsin x$，$\arccos x$ 等不容易放入微分中的量作为 u.

【例 5-23】 求 $\int \ln x dx$.

解：$\int \ln x dx = x\ln x - \int x d\ln x = x\ln x - \int x \cdot \frac{1}{x}dx = x\ln x - x + C$.

【例 5-24】 求 $\int \arcsin x dx$.

解：
$$\begin{aligned}\int \arcsin x dx &= x\arcsin x - \int x d\arcsin x = x\arcsin x - \int \frac{x}{\sqrt{1-x^2}}dx \\ &= x\arcsin x + \frac{1}{2}\int \frac{d(1-x^2)}{\sqrt{1-x^2}} = x\arcsin x + \sqrt{1-x^2} + C.\end{aligned}$$

【例 5-25】 求 $\int \ln(x+\sqrt{1+x^2})dx$.

解：
$$\begin{aligned}\int \ln(x+\sqrt{1+x^2})dx &= x\ln(x+\sqrt{1+x^2}) - \int x \cdot \frac{1+x/\sqrt{1+x^2}}{x+\sqrt{1+x^2}}dx \\ &= x\ln(x+\sqrt{1+x^2}) - \int \frac{x}{\sqrt{1+x^2}}dx \\ &= x\ln x(x+\sqrt{1+x^2}) - \sqrt{1+x^2} + C.\end{aligned}$$

类型三：反复利用分部积分法求解.

【例 5-26】 求 $\int e^x \sin x dx$.

解：
$$\begin{aligned}\int e^x \sin x dx &= \int \sin x\, de^x = e^x \sin x - \int e^x \cos x dx \\ &= e^x \sin x - \int \cos x\, de^x = e^x \sin x - e^x \cos x + \int e^x d\cos x \\ &= e^x(\sin x - \cos x) - \int e^x \sin x dx,\end{aligned}$$

移项，整理得 $\int e^x \sin x dx = \frac{1}{2}e^x(\sin x - \cos x) + C$.

【例 5-27】 求 $\int \sec^3 x dx$.

解：
$$\begin{aligned}\int \sec^3 x dx &= \int \sec x \cdot \sec^2 x dx = \int \sec x d\tan x \\ &= \sec x\tan x - \int \tan x d\sec x \\ &= \sec x\tan x - \int \sec x \tan^2 x dx \\ &= \sec x\tan x - \int \sec x(\sec^2 x - 1)dx\end{aligned}$$

$$= \sec x\tan x - \int \sec^3 x\mathrm{d}x + \int \sec x\mathrm{d}x$$

$$= \sec x\tan x + \ln|\sec x + \tan x| - \int \sec^3 x\mathrm{d}x,$$

整理，合并同类项得

$$\int \sec^3 x\mathrm{d}x = \frac{1}{2}(\sec x\tan x + \ln|\sec x + \tan x|) + C.$$

【拓展提高】

用多种方法求$\int \frac{x}{\sqrt{x-1}}\mathrm{d}x$.

【解析】 方法一：用凑微分法.

$$\begin{aligned}\int \frac{x}{\sqrt{x-1}}\mathrm{d}x &= \int \frac{x-1+1}{\sqrt{x-1}}\mathrm{d}x \\ &= \int \sqrt{x-1}\,\mathrm{d}x + \int \frac{1}{\sqrt{x-1}}\mathrm{d}x \\ &= \frac{2}{3}(x-1)^{\frac{3}{2}} + 2\sqrt{x-1} + C.\end{aligned}$$

方法二：用换元法.

令$t = \sqrt{x-1}$，即$x = 1 + t^2$，则$\mathrm{d}x = 2t\mathrm{d}t$，

于是

$$\begin{aligned}\int \frac{x}{\sqrt{x-1}}\mathrm{d}x &= \int \frac{1+t^2}{t}2t\mathrm{d}t \\ &= 2\int (1+t^2)\mathrm{d}t = 2t + \frac{2}{3}t^3 + C \\ &= \frac{2}{3}(x-1)^{\frac{3}{2}} + 2\sqrt{x-1} + C.\end{aligned}$$

方法三：分部积分法.

$$\begin{aligned}\int \frac{x}{\sqrt{x-1}}\mathrm{d}x &= \int x\mathrm{d}(2\sqrt{x-1}) \\ &= 2x\sqrt{x-1} - 2\int \sqrt{x-1}\,\mathrm{d}x \\ &= 2x\sqrt{x-1} - \frac{4}{3}(x-1)^{\frac{3}{2}} + C \\ &= 2(x-1)\sqrt{x-1} + 2\sqrt{x-1} - \frac{4}{3}(x-1)^{\frac{3}{2}} + C \\ &= \frac{2}{3}(x-1)^{\frac{3}{2}} + 2\sqrt{x-1} + C.\end{aligned}$$

从上面的例子可以看到，求不定积分有时可用多种积分方法，在学习中要不断积累经验，灵活选择积分方法.

项 目 小 结

本项目知识结构思维导图：

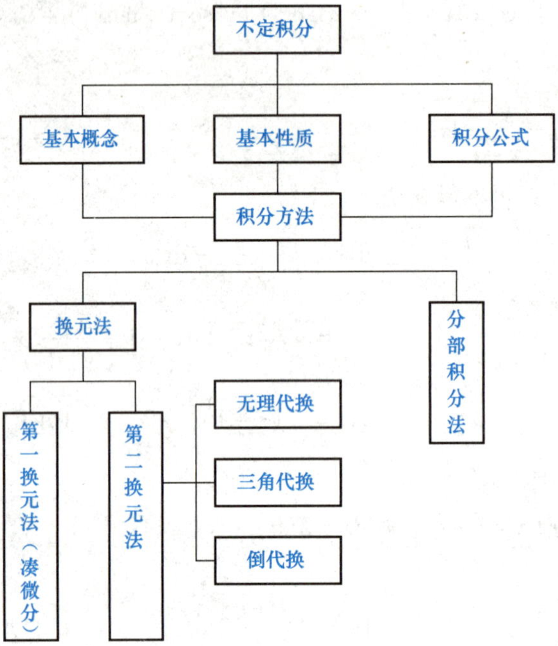

不定积分在经济中的应用举例

思 政 天 地

逆向思维

学如逆水行舟，不进则退．在生活中，关于做人的各种道理不必统统记住，等你哪天真的遇到了难题，也别着急，想想你的初心，你会正确解决的．

1820 年，丹麦哥本哈根大学物理教授奥斯特，通过多次实验证实了电流磁效应的存在．这一发现传到欧洲大陆后，吸引了许多人参与电磁学的研究．英国物理学家法拉第怀着极大的兴趣重复了奥斯特的实验．果然，只要导线通电流，导线附近的磁针立即会发生偏转，他深深地被这种奇异现象所吸引．

当时，德国古典哲学中的辩证思想已传入英国，法拉第受其影响，认为电和磁之间必然存在联系并且能相互转化，他想既然电能产生磁场，那么磁场也能产生电，为了使这种设想能够实现，他从 1821 年开始做磁产生电的实验．无数次实验都失败了．但他坚信，从反向思考问题的方法是正确的，并继续坚持这一思维方式．10 年后，法拉第设计了一种新的实验，他把一块条形磁铁插入一只缠着导线的空心圆筒里，结果导线两端连接的电流计上的指针发生了微弱的转动——电流产生了！随后，他又设计了各种各样的实验，如两个线圈相对运动时，磁作用力的变化同样也能产生电流．

法拉第10年不懈的努力并没有白费，1831年，他提出了著名的电磁感应定律，并根据这一定律发明了世界上第一台发电装置，如今，他提出的定律正深刻地改变着人们的生活．法拉第成功地发现电磁感应定律，是运用逆向思维方法的一次重大胜利．

与常规思维不同，逆向思维是从反面思考问题，是用绝大多数人没有想到的思维方式去思考问题，运用逆向思维去思考和处理问题，实际上就是“出奇制胜”．因此，逆向思维的结果常常会令人大吃一惊．逆向思维在数学中也有广泛的应用，在正向思考问题陷入瓶颈时，可以从问题的反面思考，往往会得到意想不到的效果，能够快速地打开局面，解决问题．

项　目　训　练

一、填空题

1. 若 $F(x)$ 是 $f(x)$ 的一个原函数，则 $f(x)$ 的全体原函数为____________.
2. 若 $f'(\sin x)=\cos^2 x$，则 $f(x)=$____________.
3. 若 $f(x)=\ln x$，则 $\int f'(x)\mathrm{d}x=$____________.
4. 若 $\int f(x)\mathrm{d}x=F(x)+C$，则 $\int f(3x+2)\mathrm{d}x=$____________.
5. 若 $\int f(x)\mathrm{d}x=F(x)+C$，则 $\int xf(1-x^2)\mathrm{d}x=$____________.

二、选择题

1. 连续函数 $f(x)$ 的(　　)原函数叫作 $f(x)$ 的不定积分.

A. 任意一个　　B. 全体

C. 某一个　　D. 唯一的一个

2. 下列等式成立的是(　　).

A. $\mathrm{d}\int f(x)\mathrm{d}x=f(x)$　　B. $\int f'(x)\mathrm{d}x=f(x)+C$

C. $\int \mathrm{d}f(x)=f(x)\mathrm{d}x$　　D. $\int f'(x)\mathrm{d}x=f(x)$

3. 若 $F'(x)=G'(x)$，则下列等式必成立的是(　　).

A. $F(x)=G(x)$　　B. $F(x)=G(x)+C$

C. $\left(\int F(x)\mathrm{d}x\right)'=\left(\int G(x)\mathrm{d}x\right)'$　　D. $\int \mathrm{d}F(x)=\int \mathrm{d}G(x)$

4. 若 $F'(x)=f(x)$，则下列等式必成立的是(　　).

A. $\int F'(x)\mathrm{d}x=f(x)+C$　　B. $\int f(x)\mathrm{d}x=F(x)+C$

C. $\int F(x)\mathrm{d}x=f(x)+C$　　D. $\int f'(x)\mathrm{d}x=F(x)+C$

5. 若 $\int f(x)\mathrm{d}x=\sin\frac{x}{2}+C$，则 $f(x)=$(　　).

A. $\cos\frac{x}{2}$　　B. $-\cos\frac{x}{2}$

C. $\frac{1}{2}\cos\frac{x}{2}$　　D. $-2\cos\frac{x}{2}$

6. 若$f'(x)$连续，则下列等式正确的是(　　).

A. $\int \mathrm{d}f(x)=f(x)$　　B. $\int f'(x)\mathrm{d}x=f(x)$

C. $\left[\int f(x)\mathrm{d}x\right]'=f(x)$　　D. $\mathrm{d}\int f(x)\mathrm{d}x=f(x)$

7. 下列函数的原函数为$\ln 2x+C$(C为任意常数)的是(　　).

A. $\frac{1}{x}$　　B. $\frac{2}{x}$

C. $\frac{1}{2^x}$　　D. $\frac{1}{x^2}$

8. $\int xf''(x)\mathrm{d}x=$(　　).

A. $xf'(x)-f'(x)+C$　　B. $xf'(x)-f(x)+C$

C. $xf'(x)+f(x)+C$　　D. $xf'(x)+f'(x)+C$

9. 若$\int f(x)\mathrm{d}x=F(x)+C$，则$\int f(ax+b)\mathrm{d}x=$(　　).

A. $F(ax+b)+C$　　B. $\frac{1}{a}F(ax+b)+C$

C. $\frac{1}{a}F(ax+b)$　　D. $F\left(x+\frac{b}{a}\right)+C$

10. 设$f'(\mathrm{e}^x)=1+x$，则$f(x)=$(　　).

A. $1+\ln x+C$　　B. $x\ln x+C$

C. $x+\frac{x^2}{2}+C$　　D. $x\ln x-x+C$

三、计算题

1. 求下列积分.

(1) $\int \frac{1}{x^2}\mathrm{d}x$;　　(2) $\int x\sqrt{x}\mathrm{d}x$;

(3) $\int \frac{1}{x^2\sqrt{x}}\mathrm{d}x$;　　(4) $\int (x^2-3x+2)\mathrm{d}x$;

(5) $\int \frac{3x^4+3x^2+1}{x^2+1}\mathrm{d}x$;　　(6) $\int 3^x\mathrm{e}^x\mathrm{d}x$;

(7) $\int \frac{2\cdot 3^x+5\cdot 2^x}{3^x}\mathrm{d}x$;　　(8) $\int \sec x(\sec x-\tan x)\mathrm{d}x$;

(9) $\int \cos^2\frac{x}{2}\mathrm{d}x$;　　(10) $\int \frac{1}{1+\cos 2x}\mathrm{d}x$;

(11) $\int \frac{\cos 2x}{\cos^2 x\sin^2 x}\mathrm{d}x$;　　(12) $\int \frac{\cos 2x}{\cos x-\sin x}\mathrm{d}x$.

2. 利用第一换元积分法求下列不定积分.

(1) $\int e^{5x}dx$;　　(2) $\int (3-2x)^5 dx$;

(3) $\int \frac{1}{2-4x}dx$;　　(4) $\int \tan^{10}x \cdot \sec^2 x dx$;

(5) $\int \frac{1}{\sin x\cos x}dx$;　　(6) $\int x \cdot e^{-x^2}dx$;

(7) $\int x \cdot \cos(x^2)dx$;　　(8) $\int \frac{3x^3}{1-x^4}dx$;

(9) $\int \frac{1-x}{\sqrt{9-4x^2}}dx$;　　(10) $\int \frac{1}{(x+1)(x-2)}dx$;

(11) $\int \cos^3 x dx$;　　(12) $\int \frac{\arctan\sqrt{x}}{\sqrt{x}(1+x)}dx$;

(13) $\int \frac{10^{2\arccos x}}{\sqrt{1-x^2}}dx$;　　(14) $\int \frac{1}{(\arcsin x)^2\sqrt{1-x^2}}dx$.

3. 利用第二换元积分法求下列不定积分.

(1) $\int \frac{x^2}{\sqrt{a^2-x^2}}dx$;　　(2) $\int \frac{1}{x\sqrt{x^2-1}}dx$;

(3) $\int \frac{1}{\sqrt{x^2+1}}dx$;　　(4) $\int \frac{1}{1+\sqrt{2x}}dx$;

(5) $\int \frac{1}{1+\sqrt{1-x^2}}dx$;　　(6) $\int \frac{1}{x+\sqrt{1-x^2}}dx$.

4. 利用分部积分法求下列不定积分.

(1) $\int x\sin x dx$;　　(2) $\int \ln x dx$;

(3) $\int \arcsin x dx$;　　(4) $\int x \cdot e^{-x}dx$;

(5) $\int x^2 \cdot \ln x dx$;　　(6) $\int e^{-x} \cdot \cos x dx$;

(7) $\int x^2 \cdot \cos x dx$;　　(8) $\int \frac{\ln^3 x}{x^2}dx$.

教学实验　利用 MATLAB 求不定积分

一、实验目的

会利用 MATLAB 求函数的不定积分.

二、实验指导

积分运算

MATLAB 符号工具箱中求积函数 int，可求函数的不定积分与定积分，其调用格式如表 5-1：

表 5-1　积分运算符

命令	功能
int(f)	求表达式 f 关于 x(或最接近 x 的字母)的不定积分
int(f, t)	求表达式 f 关于 t 的不定积分

【例 5-28】

(1) $\int e^x \sin^2 x dx$;　　(2) $\int (\sqrt{t}+t)\ln t dt$.

序号	MATLAB 输入命令	MATLAB 输出结果
(1)	syms x int(exp(x) * (sin(x))^2)	ans = 1/5 * (sin(x) -2 * cos(x)) * exp(x) * sin(x) + 2/5 * exp(x)
(2)	syms x int((t^0.5 + t) * ln(t), t)	ans = 1/2 * t^2 * ln(t) - 1/4 * t - 2 + 2/3 * t^(3/2) * ln(t) - 4/9 * t^(3/2)

教学实验训练题

利用 MATLAB 计算下列函数的不定积分.

(1) $\int x(x^2-1)^5 dx$;　　(2) $\int e^{\sin x}\cos x dx$;

(3) $\int x^2 e^x dx$;　　(4) $\int \arctan x dx$.

项目六　定积分及其应用

本章要讨论积分学中的另一个基本问题——定积分问题．我们首先从实际问题出发引入定积分的定义，然后讨论它的性质与计算方法，最后讨论定积分的应用．

任务 1　认识定积分

6.1　定积分的概念与性质

定积分的概念

6.1.1　定积分的概念

1. 引例

求曲线 $y=f(x)$ ($f(x)\geqslant 0$) 以及 3 条直线 $x=a$，$x=b$，x 轴围成的曲边梯形的面积 A（如图 6-1 所示）．

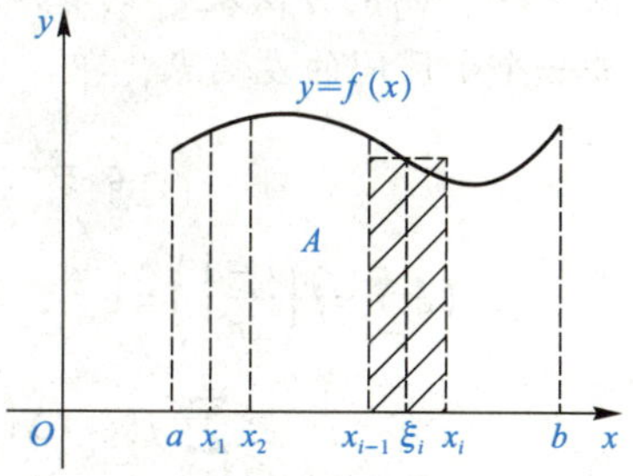

图 6-1

(1) 分割．在 $[a, b]$ 中任意插入若干分点 $a=x_0<x_1<\cdots<x_{n-1}<x_n=b$，把 $[a, b]$ 分成 n 个小区间 $[x_0, x_1]$，$[x_1, x_2]$，…，$[x_{n-1}, x_n]$，区间长度记为 $\Delta x_1=x_1-x_0$，$\Delta x_2=x_2-x_1$，…，$\Delta x_n=x_n-x_{n-1}$．

(2) 近似代替．在每个小区间 $[x_{i-1}, x_i]$ ($i=1, 2, \cdots, n$) 上任取一点 ξ_i ($x_{i-1}\leqslant\xi_i\leqslant x_i$)，则小曲边梯形面积 $\Delta A_i\approx f(\xi_i)\Delta x_i$．

(3) 求和．曲边梯形面积 $A=\sum\limits_{i=1}^{n}\Delta A_i\approx\sum\limits_{i=1}^{n}f(\xi_i)\Delta x_i$．

(4) 取极限．记 $\lambda=\max\{\Delta x_1, \Delta x_2, \cdots, \Delta x_n\}$，即小区间长度的最大值，则曲边梯形的面积为 $A=\lim\limits_{\lambda\to 0}\sum\limits_{i=1}^{n}f(\xi_i)\Delta x_i$．

2. 定积分定义

对于一般的函数 $f(x)$ 在区间 $[a, b]$ 上的上述和式的极限称为定积分．

定义 6.1　设函数 $f(x)$ 在区间 $[a, b]$ 上有定义且有界，在 $[a, b]$ 上任意插入 $n-1$ 个分点 $a=x_0<x_1<\cdots<x_{n-1}<x_n=b$，将 $[a, b]$ 分成 n 个小区间 $[x_{i-1}, x_i]$ ($i=1, 2, \cdots, n$)，记 $\Delta x_i=x_i-x_{i-1}$ ($i=1, 2, \cdots, n$) 为第 i 个小区间的长度．在每一个小区间上任意取一点 $\xi_i\in[x_{i-1}, x_i]$，作和式 $\sum\limits_{i=1}^{n}f(\xi_i)\Delta x_i$，记 $\lambda=\max(\Delta x_1, \Delta x_2, \cdots, \Delta x_n)$，如果不论对区间 $[a, b]$ 怎样分法，也不论在小区间 $[x_{i-1}, x_i]$ 上点 ξ_i 怎样取法，若极限

$\lim\limits_{\lambda \to 0} \sum\limits_{i=1}^{n} f(\xi_i)\Delta x_i$ 存在，则称此极限值为函数 $f(x)$ 在区间 $[a, b]$ 上的定积分，记作 $\int_a^b f(x)\mathrm{d}x$，即

$$\int_a^b f(x)\mathrm{d}x = \lim_{\lambda \to 0} \sum_{i=1}^{n} f(\xi_i)\Delta x_i.$$

其中 x 称为积分变量，$f(x)$ 称为被积函数，$f(x)\mathrm{d}x$ 称为被积表达式，$[a, b]$ 称为积分区间，a 称为积分下限，b 称为积分上限，$\int$ 称为积分符号，$\sum\limits_{i=1}^{n} f(\xi_i)\Delta x_i$ 称为 $f(x)$ 在 $[a, b]$ 上的积分和.

如果 $f(x)$ 在 $[a, b]$ 上的定积分存在，我们就说 $f(x)$ 在 $[a, b]$ 上可积.

3. 函数 $f(x)$ 在 $[a, b]$ 上可积的条件

下面不加证明地给出函数可积的条件.

定理 6.1 设 $f(x)$ 在区间 $[a, b]$ 上连续，则 $f(x)$ 在 $[a, b]$ 上可积.

定理 6.2 设 $f(x)$ 在区间 $[a, b]$ 上有界，且只有有限个间断点，则 $f(x)$ 在 $[a, b]$ 上可积.

***【例 6-1】** 利用定义计算定积分 $\int_0^1 \mathrm{e}^x \mathrm{d}x$.

解： 因为 $f(x) = \mathrm{e}^x$ 在 $[0, 1]$ 上连续，所以 $f(x)$ 在 $[0, 1]$ 上可积. 因而定积分值与区间 $[0, 1]$ 的分法及 ξ_i 的取法无关. 为了计算其值，将区间 $[0, 1]$ n 等分，且取 ξ_i 为每一个小区间的左端点，即

$$\xi_i = \frac{i-1}{n} (i = 1, 2, \cdots, n), \Delta x_i = \frac{1}{n},$$

而 $f(\xi_i) = f\left(\frac{i-1}{n}\right) = \mathrm{e}^{\frac{i-1}{n}}$，则

$$\begin{aligned}\sum_{i=1}^{n} f(\xi_i)\Delta x_i &= \mathrm{e}^0 \frac{1}{n} + \mathrm{e}^{\frac{1}{n}} \frac{1}{n} + \mathrm{e}^{\frac{2}{n}} \frac{1}{n} + \cdots + \mathrm{e}^{\frac{n-1}{n}} \frac{1}{n} \\ &= \frac{1}{n}(\mathrm{e}^0 + \mathrm{e}^{\frac{1}{n}} + \mathrm{e}^{\frac{2}{n}} + \cdots + \mathrm{e}^{\frac{n-1}{n}}) \\ &= \frac{1}{n} \cdot \frac{1 - (\mathrm{e}^{\frac{1}{n}})^n}{1 - \mathrm{e}^{\frac{1}{n}}} = (\mathrm{e} - 1) \cdot \frac{\frac{1}{n}}{\mathrm{e}^{\frac{1}{n}} - 1}\end{aligned}$$

注意，此时 $\lambda = \frac{1}{n}$，当 $\lambda \to 0$ 时，$n \to \infty$，于是有

$$\begin{aligned}\int_0^1 \mathrm{e}^x \mathrm{d}x &= \lim_{\lambda \to 0} \sum_{i=1}^{n} f(\xi_i)\Delta x_i \\ &= \lim_{n \to \infty} (\mathrm{e} - 1) \frac{\frac{1}{n}}{\mathrm{e}^{\frac{1}{n}} - 1} = \mathrm{e} - 1.\end{aligned}$$

4. 定积分的几何意义

(1) $f(x) \geqslant 0$，如图 6-2 所示，$\int_a^b f(x)\mathrm{d}x = A_{曲边梯形}$；

(2)$f(x)\leqslant 0$，如图 6-3 所示，$\int_a^b f(x)\mathrm{d}x = -A_{曲边梯形}$；

(3)一般的$f(x)$，如图 6-4 所示，$\int_a^b f(x)\mathrm{d}x = A_1 - A_2 + A_3$.

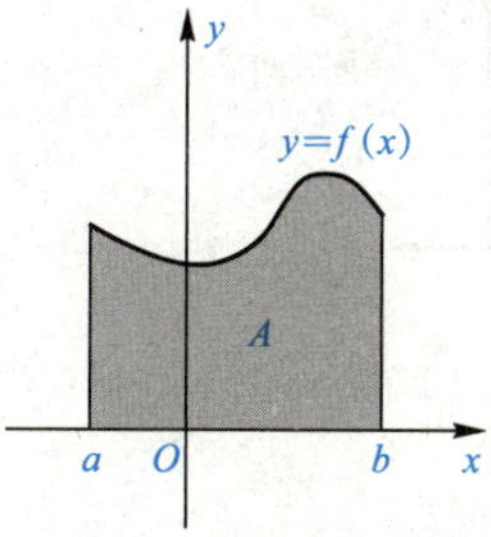

图 6-2

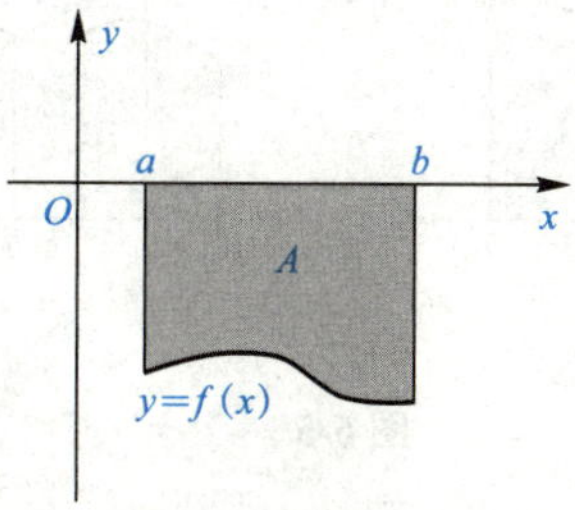

图 6-3

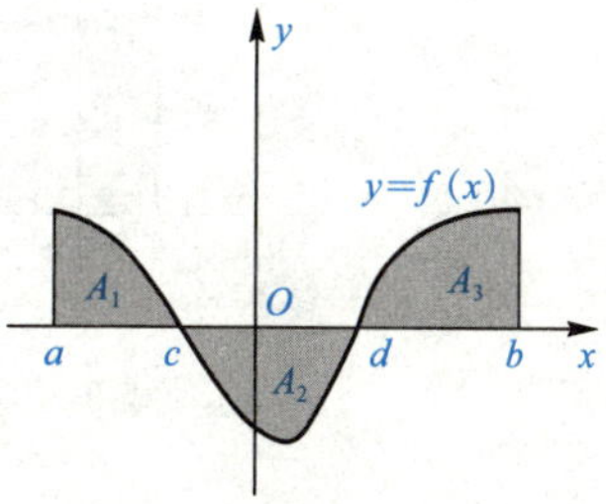

图 6-4

6.1.2　定积分的性质

1. 关于定积分几点说明

由定积分的定义可知，定积分仅与被积函数$f(x)$及积分区间$[a, b]$有关，而与积分变量无关，即

$$\int_a^b f(x)\mathrm{d}x = \int_a^b f(u)\mathrm{d}u = \cdots = \int_a^b f(t)\mathrm{d}t.$$

定积分的几何意义与性质

为计算和应用方便，作以下规定：

(1) $\int_a^a f(x)\mathrm{d}x = 0$；

(2) $\int_b^a f(x)\mathrm{d}x = -\int_a^b f(x)\mathrm{d}x$.

下面讨论定积分性质，其中积分上下限的大小均不加以限制，并假定各性质中所列出的定积分都是存在的.

2. 定积分的性质

(1) $\int_a^b [f(x) \pm g(x)]\mathrm{d}x = \int_a^b f(x)\mathrm{d}x \pm \int_a^b g(x)\mathrm{d}x$.

(2) $\int_a^b kf(x)\mathrm{d}x = k\int_a^b f(x)\mathrm{d}x$($k$是常数).

(3)定积分对积分区间的可加性：$\int_a^b f(x)\mathrm{d}x = \int_a^c f(x)\mathrm{d}x + \int_c^b f(x)\mathrm{d}x$（$a$，$b$，$c$位置不限）.

证明：当$a<c<b$时，由图 6-5(a)可知，性质(3)成立；

当$a<b<c$时，即c点在$[a, b]$外，由图 6-5(b)可知，

$$\int_a^c f(x)\mathrm{d}x = \int_a^b f(x)\mathrm{d}x + \int_b^c f(x)\mathrm{d}x,$$

故
$$\int_a^b f(x)\mathrm{d}x = \int_a^c f(x)\mathrm{d}x - \int_b^c f(x)\mathrm{d}x = \int_a^c f(x)\mathrm{d}x + \int_c^b f(x)\mathrm{d}x.$$

显然，性质(3)也成立.

总之，不论点 c 在区间 $[a,\ b]$ 内还是 $[a,\ b]$ 外，只要上述两个积分存在，那么性质(3)总是正确的.

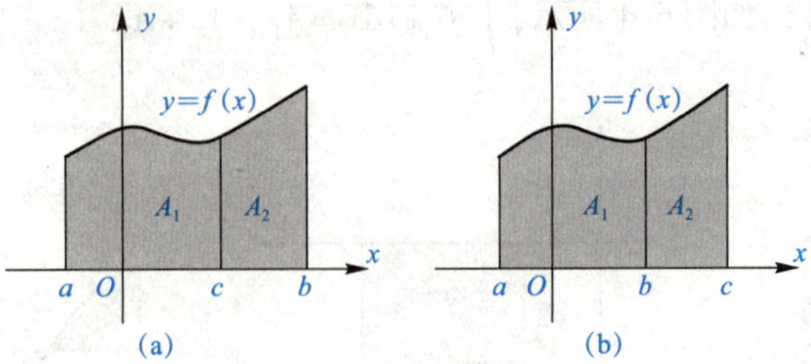

图 6-5

(4) $\int_a^b \mathrm{d}x = b - a$.

证明： $\int_a^b \mathrm{d}x = \lim\limits_{\lambda\to 0}\sum\limits_{i=1}^{n} f(\xi_i)\Delta x_i \xlongequal{f(x)=1} \lim\limits_{\lambda\to 0}\sum\limits_{i=1}^{n}\Delta x_i = b - a$.

(5)若 $f(x)\geqslant 0$，$x\in[a,\ b]$，则 $\int_a^b f(x)\mathrm{d}x \geqslant 0$.

推论 1 若 $f(x)\geqslant g(x)$，$x\in[a,\ b]$，则 $\int_a^b f(x)\mathrm{d}x \geqslant \int_a^b g(x)\mathrm{d}x$.

推论 2 $\int_a^b |f(x)|\mathrm{d}x \geqslant \left|\int_a^b f(x)\mathrm{d}x\right|(a<b)$.

(6)设 M，m 为 $f(x)$ 在 $[a,\ b]$ 上的最大值与最小值，则 $m(b-a)\leqslant \int_a^b f(x)\mathrm{d}x \leqslant M(b-a)$.

证明： 由图 6-6 可知，曲边梯形 $abBA$ 的面积大于矩形 $abEF$ 的面积，小于矩形 $abDC$ 的面积，即

$$m(b-a) < \int_a^b f(x)\mathrm{d}x < M(b-a).$$

当 $f(x)$ 恒为一常数时，因为 $M=m=f(x)$，所以上述性质中的等式成立.

(7)（积分中值定理）若 $f(x)$ 在 $[a,\ b]$ 上连续，则至少存在一点 $\xi\in[a,\ b]$，使得

$$\int_a^b f(x)\mathrm{d}x = f(\xi)(b-a).$$

证明： 由(6)知，$m\leqslant \frac{1}{b-a}\int_a^b f(x)\mathrm{d}x \leqslant M$，依介值定理，必在图 6-7 有 $\xi\in[a,\ b]$，使得

$$\frac{1}{b-a}\int_a^b f(x)\mathrm{d}x = f(\xi)，\text{即} \int_a^b f(x)\mathrm{d}x = f(\xi)(b-a).$$

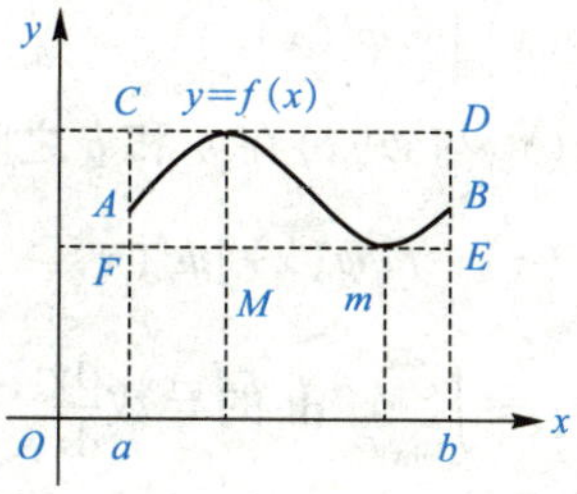

图 6-6

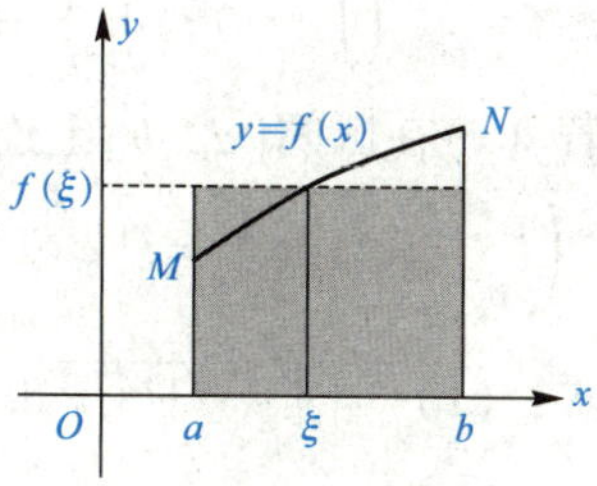

图 6-7

6.2　微积分基本公式

∗6.2.1　变上限积分及其导数

定义 6.2　设$f(x)$在区间$[a,\ b]$上连续，x为$[a,\ b]$上的任意一点，则称$\int_a^x f(t)\mathrm{d}t$ $(x\in[a,\ b])$为变上限积分，显然此积分是积分上限x的函数，记为$\varphi(x)$，即$\varphi(x)=\int_a^x f(t)\mathrm{d}t$，$x\in[a,\ b]$.

定理 6.3　若$f(x)$在区间$[a,\ b]$上连续，则积分上限函数$\varphi(x)=\int_a^x f(t)\mathrm{d}t$可导，且$\varphi'(x)=\left(\int_a^x f(t)\mathrm{d}t\right)'=f(x)\ (a\leqslant x\leqslant b)$，即$\varphi(x)$为$f(x)$的一个原函数.

证明：$\Delta\varphi(x)=\varphi(x+\Delta x)-\varphi(x)=\int_a^{x+\Delta x}f(t)\mathrm{d}t-\int_a^x f(t)\mathrm{d}t$

$$=\int_x^{x+\Delta x}f(t)\mathrm{d}t=f(\xi)\Delta x.$$

ξ在x与$x+\Delta x$之间．由$f(x)$在区间$[a,\ b]$上连续，有

$$\lim_{\Delta x\to 0}\frac{\Delta\varphi(x)}{\Delta x}=\lim_{\Delta x\to 0}f(\xi)=\lim_{\xi\to x}f(\xi)=f(x)，即\ \varphi'(x)=f(x).$$

推论 1　若$f(x)$在区间$[a,\ b]$上连续，对于任意$x\in[a,\ b]$，则$\left(\int_x^b f(t)\mathrm{d}t\right)'=-f(x)$.

推论 2　若$f(x)$在区间$[a,\ b]$上连续，$\varphi(x)$在a和b之间且可导，则

$$\left(\int_a^{\varphi(x)}f(t)\mathrm{d}t\right)'=f[\varphi(x)]\cdot\varphi'(x).$$

证明：由$\int_a^{\varphi(x)}f(t)\mathrm{d}t=\varphi[\varphi(x)]$，故

$$\left(\int_a^{\varphi(x)}f(t)\mathrm{d}t\right)'=\frac{\mathrm{d}}{\mathrm{d}x}(\varphi[\varphi(x)])=\varphi'[\varphi(x)]\cdot\varphi'(x)=f[\varphi(x)]\cdot\varphi'(x).$$

推论 3　若$f(x)$在区间$[a,\ b]$上连续，$\varphi(x)$在a和b之间且可导，则

$$\left(\int_{\varphi(x)}^{b} f(t)\mathrm{d}t\right)' = -f[\varphi(x)]\cdot\varphi'(x).$$

定理 6.4 若 $f(x)$ 在区间 $[a, b]$ 上连续，$\varphi(x)$ 与 $\psi(x)$ 在 a 和 b 之间且可导，则

$$\left(\int_{\psi(x)}^{\varphi(x)} f(t)\mathrm{d}t\right)' = f[\varphi(x)]\cdot\varphi'(x) - f[\psi(x)]\psi'(x).$$

【例 6-2】 求：(1) $y=\int_1^{x^3}\sqrt[3]{1+t^2}\,\mathrm{d}t$；(2) $y=\int_{\sin x}^{\cos x}\mathrm{e}^{t^2}\mathrm{d}t$ 的导数 $\frac{\mathrm{d}y}{\mathrm{d}x}$.

解：(1) $\frac{\mathrm{d}y}{\mathrm{d}x}=\sqrt[3]{1+x^6}\cdot 3x^2$；

(2) $\frac{\mathrm{d}y}{\mathrm{d}x}=\mathrm{e}^{\cos^2 x}\cdot(-\sin x)-\mathrm{e}^{\sin^2 x}\cdot\cos x$.

【例 6-3】 求由 $\int_0^y \mathrm{e}^{-t^2}\mathrm{d}t+\int_{x^2}^0 \sin t\mathrm{d}t=0$ 确定的隐函数的导数 $\frac{\mathrm{d}y}{\mathrm{d}x}$.

解：$\mathrm{e}^{-y^2}\cdot y'+(-\sin x^2\cdot 2x)=0$，故 $y'=2x\sin x^2\cdot\mathrm{e}^{y^2}$.

【例 6-4】 求下列极限.

(1) $\lim\limits_{x\to 0}\frac{\int_{\cos x}^{1}\mathrm{e}^{-t}\mathrm{d}t}{x^2}$；　　(2) $\lim\limits_{x\to a}\frac{x}{x-a}\int_x^a f(t)\mathrm{d}t$ ($f(x)$ 在 a 连续).

解：(1) 原式 $=\lim\limits_{x\to 0}\frac{(-\mathrm{e}^{-\cos x})(-\sin x)}{2x}=\frac{1}{2\mathrm{e}}$；

(2) 原式 $=\lim\limits_{x\to a}\frac{\int_x^a f(t)\mathrm{d}t+x(-f(x))}{1}=-af(a)$.

6.2.2 牛顿 – 莱布尼茨公式

牛顿-莱布尼茨公式

定理 6.5 设 $f(x)$ 在区间 $[a, b]$ 上连续，$F(x)$ 为 $f(x)$ 在 $[a, b]$ 上的一个原函数，则 $\int_a^b f(x)\mathrm{d}x=F(b)-F(a)$，记为 $F(x)\big|_a^b$.

证明：因 $F(x)$ 为 $f(x)$ 的原函数，由定理 6.3 知，$\int_a^x f(t)\mathrm{d}t$ 也为 $f(x)$ 的一个原函数，故

$$F(x)-\int_a^x f(t)\mathrm{d}t=C,$$

令 $x=a$，得 $C=F(a)$，有

$$\int_a^x f(t)\mathrm{d}t=F(x)-F(a),$$

再令 $x=b$，即有

$$\int_a^b f(x)\mathrm{d}x=F(b)-F(a).$$

注意：此定理中函数 $F(x)$ 必须是 $f(x)$ 在该积分区间 $[a, b]$ 上的原函数，且被积函数 $f(x)$ 在积分区间上必须满足可积条件，否则，不能利用此公式．例如在区间 $[-1, 1]$ 上，由于被积函数 $f(x)=\frac{1}{x}$ 在点 $x=0$ 处的某邻域内无界，因而函数 $f(x)=\frac{1}{x}$ 在

$[-1, 1]$上不可积，也就不能利用牛顿-莱布尼茨公式计算$\int_{-1}^{1}\frac{1}{x}dx$.

【例 6-5】 求下列定积分.

(1) $\int_{1}^{2}\frac{e^{\frac{1}{x}}}{x^2}dx$;

(2) $\int_{0}^{2}f(x)dx$，其中$f(x)=\begin{cases}x+1, & x\leqslant 1,\\ \frac{1}{2}x^2, & x>1;\end{cases}$

(3) $\int_{0}^{2}\max\{x, x^3\}dx$;

(4) $\int_{0}^{2\pi}|\sin x|dx$.

解：(1) 原式 $=-\int_{1}^{2}e^{\frac{1}{x}}d\left(\frac{1}{x}\right)=-e^{\frac{1}{x}}\Big|_{1}^{2}=e-e^{\frac{1}{2}}$;

(2) 原式 $=\int_{0}^{1}f(x)dx+\int_{1}^{2}f(x)dx=\int_{0}^{1}(x+1)dx+\int_{1}^{2}\frac{1}{2}x^2dx$

$$=\frac{1}{2}(x+1)^2\Big|_{0}^{1}+\frac{1}{6}x^3\Big|_{1}^{2}=\frac{8}{3};$$

(3) 原式 $=\int_{0}^{1}xdx+\int_{1}^{2}x^3dx=\frac{1}{2}x^2\Big|_{0}^{1}+\frac{1}{4}x^4\Big|_{1}^{2}=\frac{17}{4}$;

(4) 原式 $=\int_{0}^{\pi}\sin xdx+\int_{\pi}^{2\pi}(-\sin x)dx=-\cos x\Big|_{0}^{\pi}+\cos x\Big|_{\pi}^{2\pi}=2+2=4$.

任务 2　正确计算定积分

6.3　定积分的换元积分法与分部积分法

6.3.1　定积分的换元积分法

定理 6.6　设$f(x)$在区间$[a, b]$上连续，$x=\varphi(t)$满足：

(1) $\varphi(\alpha)=a$，$\varphi(\beta)=b$，且当$\alpha\leqslant t\leqslant\beta$时，$a\leqslant\varphi(t)\leqslant b$;

(2) $\varphi(t)$在$[\alpha, \beta]$上导数连续，则

$$\int_{a}^{b}f(x)dx=\int_{\alpha}^{\beta}f[\varphi(t)]\varphi'(t)dt.$$

定积分的换元积分法和分部积分法

证明：设$F(x)$为$f(x)$在$[a, b]$上的一个原函数，则

$$\int_{a}^{b}f(x)dx=F(b)-F(a),$$

又$(F[\varphi(t)])'=F'[\varphi(t)]\varphi'(t)=f[\varphi(t)]\varphi'(t)$，即$F[\varphi(t)]$为$f[\varphi(t)]\varphi'(t)$的原函数，有

$$\int_{\alpha}^{\beta} f[\varphi(t)]\varphi'(t)\,\mathrm{d}t = F[\varphi(t)]\big|_{\alpha}^{\beta} = F[\varphi(\beta)] - F[\varphi(\alpha)] = F(b) - F(a),$$

故
$$\int_{a}^{b} f(x)\,\mathrm{d}x = \int_{\alpha}^{\beta} f[\varphi(t)]\varphi'(t)\,\mathrm{d}t.$$

注意： 换元必换积分限.

【例 6-6】 计算 $\int_{0}^{a} \sqrt{a^2 - x^2}\,\mathrm{d}x$.

解： 令 $x = a\sin t$，则 $\sqrt{a^2 - x^2} = a\cos t$，$\mathrm{d}x = a\cos t\,\mathrm{d}t$，$x = 0$，$t = 0$；$x = a$，$t = \frac{\pi}{2}$.

$$\text{原式} = \int_{0}^{\frac{\pi}{2}} a\cos t \cdot a\cos t\,\mathrm{d}t = a^2 \int_{0}^{\frac{\pi}{2}} \frac{1 + \cos 2t}{2}\,\mathrm{d}t = \frac{a^2}{2}\left(t + \frac{1}{2}\sin 2t\right)\Bigg|_{0}^{\frac{\pi}{2}} = \frac{\pi}{4}a^2.$$

【例 6-7】 计算 $\int_{1}^{4} \frac{1}{1 + \sqrt{x}}\,\mathrm{d}x$.

解： 令 $\sqrt{x} = t$，则 $x = t^2$，$\mathrm{d}x = 2t\,\mathrm{d}t$，$x = 1$，$t = 1$；$x = 4$，$t = 2$.

$$\text{原式} = \int_{1}^{2} \frac{2t\,\mathrm{d}t}{1 + t} = 2\int_{1}^{2} \left(1 - \frac{1}{1 + t}\right)\mathrm{d}t = 2(t - \ln|1 + t|)\big|_{1}^{2} = 2\left(1 - \ln\frac{3}{2}\right).$$

【例 6-8】 计算 $\int_{0}^{\pi} \sqrt{\sin^3 x - \sin^5 x}\,\mathrm{d}x$.

解：
$$\text{原式} = \int_{0}^{\pi} \sqrt{\sin^3 x \cos^2 x}\,\mathrm{d}x = \int_{0}^{\pi} \left|\sin^{\frac{3}{2}} x \cdot \cos x\right|\mathrm{d}x$$
$$= \int_{0}^{\frac{\pi}{2}} \sin^{\frac{3}{2}} x\,\mathrm{d}\sin x - \int_{\frac{\pi}{2}}^{\pi} x\sin^{\frac{3}{2}}\,\mathrm{d}\sin x$$
$$= \frac{2}{5}\sin^{\frac{5}{2}} x\Bigg|_{0}^{\frac{\pi}{2}} - \frac{2}{5}\sin^{\frac{5}{2}} x\Bigg|_{\frac{\pi}{2}}^{\pi} = \frac{4}{5}.$$

【例 6-9】 设 $f(x) = \begin{cases} xe^{-x^2}, & x \geqslant 0, \\ \dfrac{1}{1 + \cos x}, & -1 < x < 0, \end{cases}$ 求 $\int_{1}^{4} f(x - 2)\,\mathrm{d}x$.

解： 令 $t = x - 2$，$x = 1$，$t = -1$；$x = 4$，$t = 2$，则
$$\int_{1}^{4} f(x - 2)\,\mathrm{d}x = \int_{-1}^{2} f(t)\,\mathrm{d}t = \int_{-1}^{0} f(t)\,\mathrm{d}t + \int_{0}^{2} f(t)\,\mathrm{d}t$$
$$= \int_{-1}^{0} \frac{1}{1 + \cos t}\,\mathrm{d}t + \int_{0}^{2} te^{-t^2}\,\mathrm{d}t$$
$$= \int_{-1}^{0} \frac{1}{2\cos^2\frac{t}{2}}\,\mathrm{d}t - \frac{1}{2}\int_{0}^{2} e^{-t^2}\,\mathrm{d}(-t^2)$$
$$= \tan\frac{t}{2}\Bigg|_{-1}^{0} - \frac{1}{2}e^{-t^2}\Bigg|_{0}^{2} = \tan\frac{1}{2} - \frac{1}{2}e^{-4} + \frac{1}{2}.$$

【例 6-10】 设 $f(x)$ 在 $[a, b]$ 上连续，求证：

(1) 若 $f(x)$ 为偶函数，则 $\int_{-a}^{a} f(x)\,\mathrm{d}x = 2\int_{0}^{a} f(x)\,\mathrm{d}x$；

(2) 若 $f(x)$ 为奇函数，则 $\int_{-a}^{a} f(x)\,\mathrm{d}x = 0$.

证明：$\int_{-a}^{a} f(x)\mathrm{d}x = \int_{-a}^{0} f(x)\mathrm{d}x + \int_{0}^{a} f(x)\mathrm{d}x$

对 $\int_{-a}^{0} f(x)\mathrm{d}x$，令 $x=-t$，则

$$\int_{-a}^{0} f(x)\mathrm{d}x = \int_{a}^{0} f(-t)\mathrm{d}(-t) = \int_{0}^{a} f(-t)\mathrm{d}t = \int_{0}^{a} f(-x)\mathrm{d}x$$

得
$$\int_{-a}^{a} f(x)\mathrm{d}x = \int_{0}^{a} [f(x)+f(-x)]\mathrm{d}x,$$

(1)若 $f(x)$ 为偶函数，则 $f(-x)=f(x)$，故 $\int_{-a}^{a} f(x)\mathrm{d}x = 2\int_{0}^{a} f(x)\mathrm{d}x$.

(2)若 $f(x)$ 为奇函数，则 $f(-x)=-f(x)$，故 $\int_{-a}^{a} f(x)\mathrm{d}x = 0$.

6.3.2　定积分的分部积分法

定理 6.7　设 $u(x)$，$v(x)$ 在 $[a,\ b]$ 上具有一阶连续导数，则可得定积分的分部积分公式为：

$$\int_{a}^{b} uv'\mathrm{d}x = (uv)\big|_{a}^{b} - \int_{a}^{b} vu'\mathrm{d}x,$$

或
$$\int_{a}^{b} u\mathrm{d}v = (uv)\big|_{a}^{b} - \int_{a}^{b} v\mathrm{d}u.$$

证明：由
$$\mathrm{d}[u(x)v(x)] = u(x)\mathrm{d}v(x) + v(x)\mathrm{d}u(x),$$

两边积分，得

$$[u(x)v(x)]\big|_{a}^{b} = \int_{a}^{b} u(x)\mathrm{d}v(x) + \int_{a}^{b} v(x)\mathrm{d}u(x),$$

整理得
$$\int_{a}^{b} u(x)\mathrm{d}v(x) = [u(x)v(x)]\big|_{a}^{b} - \int_{a}^{b} v(x)\mathrm{d}u(x).$$

【例 6-11】　计算 $\int_{1}^{\mathrm{e}} x\ln x\mathrm{d}x$.

解：原式 $=\dfrac{1}{2}\int_{1}^{\mathrm{e}} \ln x\mathrm{d}x^2 = \dfrac{1}{2}x^2\ln x\big|_{1}^{\mathrm{e}} - \dfrac{1}{2}\int_{1}^{\mathrm{e}} x^2\cdot\dfrac{1}{x}\mathrm{d}x$

$=\dfrac{\mathrm{e}^2}{2} - \dfrac{x^2}{4}\big|_{1}^{\mathrm{e}} = \dfrac{\mathrm{e}^2+1}{4}$.

【例 6-12】　计算 $\int_{0}^{1} x\arctan x\mathrm{d}x$.

解：原式 $=\dfrac{1}{2}\int_{0}^{1} \arctan x\mathrm{d}x^2 = \dfrac{1}{2}x^2\arctan x\big|_{0}^{1} - \dfrac{1}{2}\int_{0}^{1} x^2\cdot\dfrac{1}{1+x^2}\mathrm{d}x$

$=\dfrac{\pi}{8} - \dfrac{1}{2}(x-\arctan x)\big|_{0}^{1} = \dfrac{\pi-2}{4}$.

【例 6-13】　计算 $\int_{0}^{1} \mathrm{e}^{\sqrt{x}}\mathrm{d}x$.

解：令 $\sqrt{x}=t$，即 $x=t^2$，$x=0$，$t=0$；$x=1$，$t=1$，则

原式 $=\int_{0}^{1} \mathrm{e}^t 2t\mathrm{d}t = 2\int_{0}^{1} t\,\mathrm{d}\mathrm{e}^t = 2\left(t\mathrm{e}^t\Big|_{0}^{1} - \int_{0}^{1}\mathrm{e}^t\mathrm{d}t\right) = 2\mathrm{e} - 2\mathrm{e}^t\big|_{0}^{1} = 2.$

6.4 广义积分

6.4.1 无穷限广义积分

定义 6.3 设函数$f(x)$在区间$[a, +\infty)$上连续，任取$b>a$，如果极限$\lim\limits_{b\to+\infty}\int_a^b f(x)\mathrm{d}x$存在，则称此极限值为函数$f(x)$在无穷区间$[a, +\infty)$上的广义积分，并记作$\int_a^{+\infty} f(x)\mathrm{d}x$，亦即

$$\int_a^{+\infty} f(x)\mathrm{d}x = \lim_{b\to+\infty}\int_a^b f(x)\mathrm{d}x.$$

此时，也称广义积分$\int_a^{+\infty} f(x)\mathrm{d}x$收敛，如果上述极限不存在，则称广义积分$\int_a^{+\infty} f(x)\mathrm{d}x$发散.

类似，可以定义

$$\int_{-\infty}^b f(x)\mathrm{d}x = \lim_{a\to-\infty}\int_a^b f(x)\mathrm{d}x,$$

$$\begin{aligned}\int_{-\infty}^{+\infty} f(x)\mathrm{d}x &= \int_{-\infty}^0 f(x)\mathrm{d}x + \int_0^{+\infty} f(x)\mathrm{d}x \\ &= \lim_{a\to-\infty}\int_a^0 f(x)\mathrm{d}x + \lim_{b\to+\infty}\int_0^b f(x)\mathrm{d}x.\end{aligned}$$

若上述极限都存在，则称这些广义积分收敛，否则称其发散.

若$F(x)$是$f(x)$的一个原函数，且积分$\int_{-\infty}^{+\infty} f(x)\mathrm{d}x$收敛，则可记$\int_{-\infty}^{+\infty} f(x)\mathrm{d}x = F(x)\Big|_{-\infty}^{+\infty}$，即$\lim\limits_{x\to\pm\infty}F(x)=F(\pm\infty)$.

【例 6-14】 计算$\int_{-\infty}^{+\infty}\frac{\mathrm{d}x}{1+x^2}$.

解：$\int_{-\infty}^{+\infty}\frac{\mathrm{d}x}{1+x^2} = \arctan x\Big|_{-\infty}^{+\infty} = \frac{\pi}{2}-\left(-\frac{\pi}{2}\right)=\pi$.

【例 6-15】 计算$\int_1^{+\infty}\frac{\mathrm{d}x}{x^p}$.

解：当$p=1$时，$\int_1^{+\infty}\frac{\mathrm{d}x}{x^p} = \int_1^{+\infty}\frac{\mathrm{d}x}{x} = \ln|x|\Big|_1^{+\infty} = +\infty$；

当$p\neq1$时，$\int_1^{+\infty}\frac{\mathrm{d}x}{x^p} = \frac{1}{1-p}x^{1-p}\Big|_1^{+\infty} = \begin{cases}+\infty, & p<1,\\ \frac{1}{p-1}, & p>1.\end{cases}$

故当$p\leqslant1$时，积分发散；当$p>1$时，积分收敛于$\frac{1}{p-1}$.

6.4.2 无界函数的广义积分

定义 6.4 设函数$f(x)$在区间$(a, b]$上连续，且$\lim\limits_{x\to a^+}f(x)=\infty$，取$\varepsilon>0$，如果极

限 $\lim\limits_{\varepsilon\to 0^+}\int_{a+\varepsilon}^{b} f(x)\,\mathrm{d}x$ 存在，则称此极限值为函数 $f(x)$ 在区间 $(a,\ b]$ 上的广义积分，记作 $\int_a^b f(x)\,\mathrm{d}x$，亦即

$$\int_a^b f(x)\,\mathrm{d}x = \lim_{\varepsilon\to 0^+}\int_{a+\varepsilon}^{b} f(x)\,\mathrm{d}x.$$

此时，也称广义积分 $\int_a^b f(x)\,\mathrm{d}x$ 收敛；如果上述极限不存在，则称广义积分 $\int_a^b f(x)\,\mathrm{d}x$ 发散，点 a 称为瑕点.

类似地，有：

设函数 $f(x)$ 在区间 $[a,\ b)$ 上连续，且 $\lim\limits_{x\to b^-} f(x)=\infty$，取 $\varepsilon>0$，函数 $f(x)$ 在区间 $[a,\ b)$ 上的广义积分，记作

$$\int_a^b f(x)\,\mathrm{d}x = \lim_{\varepsilon\to 0^+}\int_{a}^{b-\varepsilon} f(x)\,\mathrm{d}x.$$

类似地，又有：

设函数 $f(x)$ 在 $[a,\ b]$ 上除 $c(a<c<b)$ 外均连续，且 $\lim\limits_{x\to c} f(x)=\infty$，则定义广义积分

$$\begin{aligned}\int_a^b f(x)\,\mathrm{d}x &= \int_a^c f(x)\,\mathrm{d}x + \int_c^b f(x)\,\mathrm{d}x \\ &= \lim_{\varepsilon\to 0^+}\int_{a}^{c-\varepsilon} f(x)\,\mathrm{d}x + \lim_{\varepsilon\to 0^+}\int_{c+\varepsilon}^{b} f(x)\,\mathrm{d}x.\end{aligned}$$

如果两个广义积分均收敛，则广义积分 $\int_a^b f(x)\,\mathrm{d}x$ 收敛，否则 $\int_a^b f(x)\,\mathrm{d}x$ 发散．点 c 称为瑕点.

【例 6-16】 计算 $\int_0^a \frac{\mathrm{d}x}{\sqrt{a^2-x^2}}(a>0)$.

解：$\int_0^a \frac{\mathrm{d}x}{\sqrt{a^2-x^2}} = \lim\limits_{\varepsilon\to 0^+}\arcsin\frac{x}{a}\Big|_0^{a-\varepsilon} = \frac{\pi}{2}$.

【例 6-17】 计算 $\int_0^1 \frac{1}{x^p}\mathrm{d}x \quad (p>0)$.

解：当 $p=1$ 时，有 $\int_0^1 \frac{\mathrm{d}x}{x^p} = \lim\limits_{\varepsilon\to 0}\int_\varepsilon^1 \frac{1}{x}\mathrm{d}x = \lim\limits_{\varepsilon\to 0}\ln x\,\big|_0^1 = \lim\limits_{\varepsilon\to 0}(0-\ln\varepsilon)=+\infty$；

$p\neq 1$ 时，有 $\int_0^1 \frac{1}{x^p}\mathrm{d}x = \lim\limits_{\varepsilon\to 0}\int_\varepsilon^1 \frac{1}{x^p}\mathrm{d}x = \lim\limits_{\varepsilon\to 0} = \frac{1}{1-p}x^{1-p}\,\big|_\varepsilon^1 = \begin{cases} +\infty, & p>1 \\ \frac{1}{1-p}, & p<1 \end{cases}$；

故当 $p\leqslant 1$ 时，积分 $\int_0^1 \frac{1}{x^p}\mathrm{d}x$. 收敛于 $\frac{1}{1-p}$；$p\geqslant 1$ 时，积分 $\int_0^1 \frac{1}{x^p}\mathrm{d}x$ 发散.

任务 3 解决积分应用问题

6.5 定积分的元素法与应用

6.5.1 回顾求曲边梯形面积的基本思想

设 $f(x)$ 在区间 $[a, b]$ 上连续，且 $f(x) \geqslant 0$，求由曲线 $y=f(x)$ 及 $x=a$，$x=b$ 和 x 轴所围成的曲边梯形的面积 A.

(1)化整为零．用任意一组分点 $a=x_0<x_1<\cdots<x_{i-1}<x_i<\cdots<x_n=b$ 将区间 $[a, b]$ 分成 n 个小区间 $[x_{i-1}, x_i]$，其长度为

$$\Delta x_i = x_i - x_{i-1} (i=1, 2, \cdots, n),$$

并记

$$\lambda = \max\{\Delta x_1, \Delta x_2, \cdots, \Delta x_n\},$$

相应地，曲边梯形被划分成 n 个小曲边梯形，第 i 个小曲边梯形的面积记为 ΔA_i $(i=1, 2, \cdots, n)$.

于是

$$A = \sum_{i=1}^{n} \Delta A_i.$$

(2)近似代替．以矩形面积代替相应曲边梯形面积，有

$$\Delta A_i \approx f(\xi_i)\Delta x_i, \quad \forall \xi_i \in [x_{i-1}, x_i] \quad (i=1, 2, \cdots, n).$$

(3)积零为整．求和：

$$A \approx \sum_{i=1}^{n} f(\xi_i)\Delta x_i.$$

(4)取极限．使近似值向精确值转化，有

$$A = \lim_{\lambda \to 0}\sum_{i=1}^{n} f(\xi_i)\Delta x_i = \int_a^b f(x)\,\mathrm{d}x.$$

上述做法蕴含如下两个实质性的问题：

(1)若将 $[a, b]$ 分成部分区间 $[x_{i-1}, x_i]$ $(i=1, 2, \cdots, n)$，则 A 相应地分成部分量 $\Delta A_i (i=1, 2, \cdots, n)$，而

$$A = \sum_{i=1}^{n} \Delta A_i,$$

这表明：所求量 A 对于区间 $[a, b]$ 具有可加性.

(2)用 $f(\xi_i)\Delta x_i$ 近似代替 ΔA_i，误差是 Δx_i 的高阶无穷小．只有这样，和式 $\sum\limits_{i=1}^{n} f(\xi_i)\Delta x_i$ 的极限才是精确值 A. 故确定 $\Delta A_i \approx f(\xi_i)\Delta x_i$ $(\Delta A_i - f(\xi_i)\Delta x_i = o(\Delta x_i))$ 是关键.

上述做法可进一步简化为：

略去下标 i，用 ΔA 表示任一区间 $[x, x+\mathrm{d}x]$ 上曲边梯形的面积，这样，$A = \sum \Delta A$，ΔA 的近似值可取作 $\Delta A \approx f(x)\mathrm{d}x$，称 $f(x)\mathrm{d}x$ 为面积元素，记作 $\mathrm{d}A = f(x)\mathrm{d}x$，于

是 $A \approx \sum f(x)\mathrm{d}x = \sum \mathrm{d}A$.

$$A = \lim \sum f(x)\mathrm{d}x = \int_a^b f(x)\mathrm{d}x.$$

通过对求曲边梯形面积问题的回顾、分析、提炼，我们可以给出用定积分计算某个量的条件与步骤.

6.5.2　定积分的元素法

1. 需满足的条件

能用定积分计算的量 U，应满足下列 3 个条件：

(1) U 与变量 x 的变化区间 $[a, b]$ 有关.

(2) U 对于区间 $[a, b]$ 具有可加性.

(3) U 部分量 ΔU_i 可近似地表示成 $f(\xi_i) \cdot \Delta x_i$.

2. 计算 U 的定积分表达式的步骤

(1) 根据问题，选取一个变量 x 为积分变量，并确定它的变化区间 $[a, b]$.

(2) 设想将区间 $[a, b]$ 分成若干小区间，取其中的任一小区间 $[x, x+\mathrm{d}x]$，求出它所对应的部分量 ΔU 的近似值：

$$\Delta U \approx f(x)\mathrm{d}x \quad (f(x)\text{为}[a, b]\text{上一连续函数}),$$

则称 $f(x)\mathrm{d}x$ 为量 U 的元素，且记作 $\mathrm{d}U = f(x)\mathrm{d}x$.

(3) 以 U 的元素 $\mathrm{d}U$ 作被积表达式，以 $[a, b]$ 为积分区间，得

$$U = \lim \sum f(x)\mathrm{d}x = \int_a^b f(x)\mathrm{d}x.$$

这个方法叫作元素法，其实质是找出 U 的元素 $\mathrm{d}U$ 的微分表达式：

$$\mathrm{d}U = f(x)\mathrm{d}x \quad (a \leqslant x \leqslant b),$$

因此，也称此法为微元法.

6.5.3　定积分的几何应用

1. 平面图形的面积

定积分的几何应用

求由两条曲线 $y=f(x)$，$y=g(x)$ $(f(x) \geqslant g(x))$，两条直线 $x=a$，$x=b$ 所围图形的面积 A，如图 6-8 所示 .

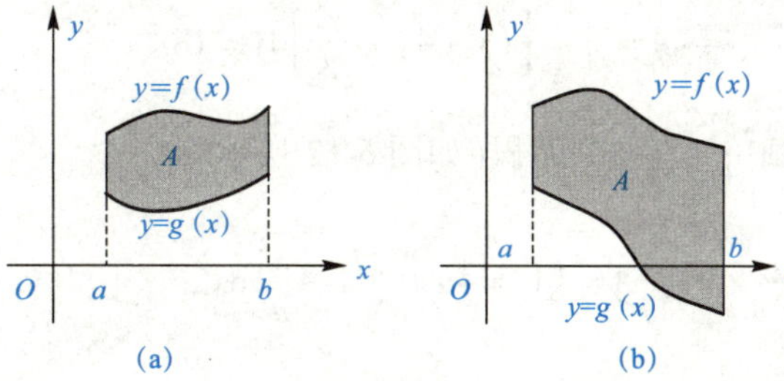

图 6-8

由 $y=f(x)$，$y=g(x)$ 在 $[x, x+\mathrm{d}x]$ 上，所围面积为

$$\Delta A \approx [f(x)-g(x)]\mathrm{d}x=\mathrm{d}A,$$

$$A=\int_a^b \mathrm{d}A=\int_a^b [f(x)-g(x)]\mathrm{d}x=\int_a^b (\text{上}-\text{下})\mathrm{d}x.$$

对于图 6-8 中的两种情况均有上式成立.

特别地，当 $g(x)=0$，$A=\int_a^b f(x)\mathrm{d}x$.

同样求由两条曲线 $x=\varphi(y)$，$x=\psi(y)$（$\varphi(y)\geqslant\psi(y)$），两条直线 $y=c$，$y=d$($c\leqslant d$)所围图形的面积 A，如图 6-9 所示，有

$$A=\int_c^d \mathrm{d}A=\int_c^d [\varphi(y)-\psi(y)]\mathrm{d}y=\int_c^d (\text{右}-\text{左})\mathrm{d}y.$$

【例 6-18】 求由抛物线 $y=2-x^2$，$y=x^2$ 所围图形(如图 6-10 所示)的面积.

解：由 $\begin{cases} y=2-x^2, \\ y=x^2 \end{cases}$ 得交点$(-1,1)$，$(1,1)$，故

$$A=\int_a^b [f(x)-g(x)]\mathrm{d}x=\int_{-1}^1 [(2-x^2)-x^2]\mathrm{d}x$$
$$=2\int_0^1 (2-2x^2)\mathrm{d}x=2\left(2x-\frac{2}{3}x^3\right)\Big|_0^1=\frac{8}{3}.$$

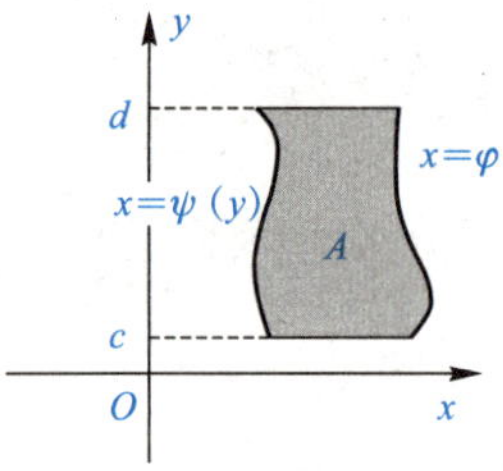

图 6-9

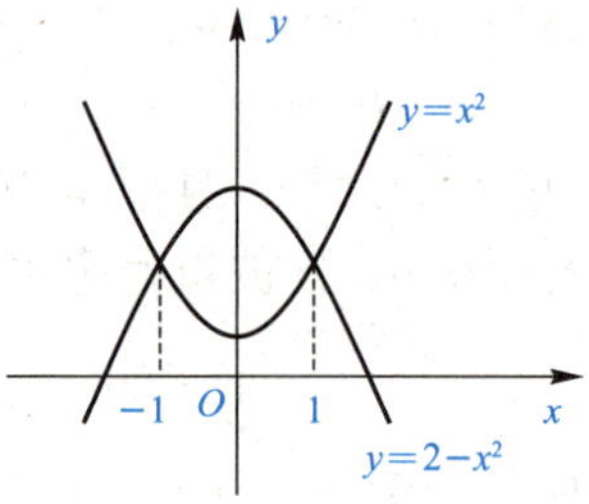

图 6-10

【例 6-19】 求由抛物线 $y^2=2x$、直线 $y=x-4$ 所围图形(如图 6-11 所示)的面积.

解：由 $\begin{cases} y^2=2x, \\ y=x-4 \end{cases}$ 得交点$(2,-2)$，$(8,4)$，故

$$A=\int_0^2 [\sqrt{2x}-(-\sqrt{2x})]\mathrm{d}x+\int_2^8 [\sqrt{2x}-(x-4)]\mathrm{d}x=18.$$

或取 y 作积分变量有

$$A=\int_{-2}^4 \left[(y+4)-\frac{y^2}{2}\right]\mathrm{d}y=18.$$

【例 6-20】 求椭圆$\frac{x^2}{a^2}+\frac{y^2}{b^2}=1$ 面积(如图 6-12 所示).

解：
$$A=4A_1=4b\int_0^a \sqrt{1-\frac{x^2}{a^2}}\mathrm{d}x,$$

设 $x=a\sin t$，有

$$A=4ab\int_0^{\frac{\pi}{2}} \cos^2 t\mathrm{d}t=4ab\int_0^{\frac{\pi}{2}} \frac{1+\cos 2t}{2}\mathrm{d}t=\pi ab.$$

或将椭圆方程写成参数方程

$$\begin{cases} x = a\cos t, \\ y = b\sin t. \end{cases}$$

$$A = 4\int_0^a y\mathrm{d}x = 4\int_{\frac{\pi}{2}}^0 b\sin t\mathrm{d}(a\cos t) = 4ab\int_0^{\frac{\pi}{2}} \sin^2 t\mathrm{d}t = \pi ab.$$

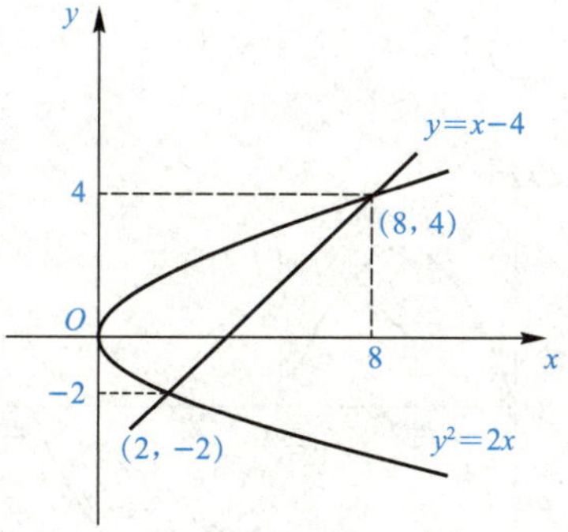

图 6-11

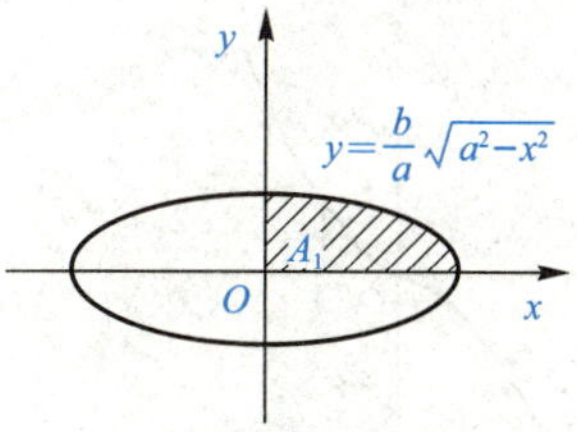

图 6-12

2. 体积

求由曲线 $y = f(x)$，直线 $x = a$，$x = b$ 及 x 轴所围的曲边梯形绕 x 轴旋转一周而成的旋转体的体积.

如图 6-13 所示，将与小区间 $[x, x + \mathrm{d}x]$ 对应的小旋转体近似看成圆柱体，则

$$\Delta V \approx \pi f^2(x)\mathrm{d}x = \mathrm{d}V.$$

故旋转体体积 $V = \pi\int_a^b f^2(x)\mathrm{d}x$.

同理，由 $x = \varphi(y)$，$y = c$，$y = d$ 及 y 轴所围的曲边梯形绕 y 轴旋转一周而成的旋转体(如图 6-14 所示)的体积 $V = \pi\int_c^d \varphi^2(y)\mathrm{d}y$.

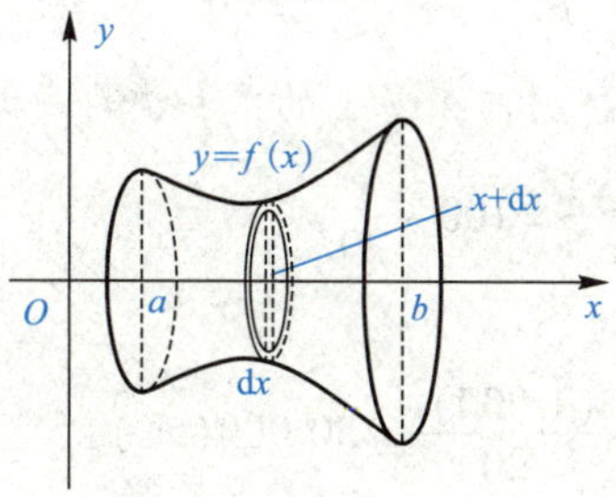

图 6-13

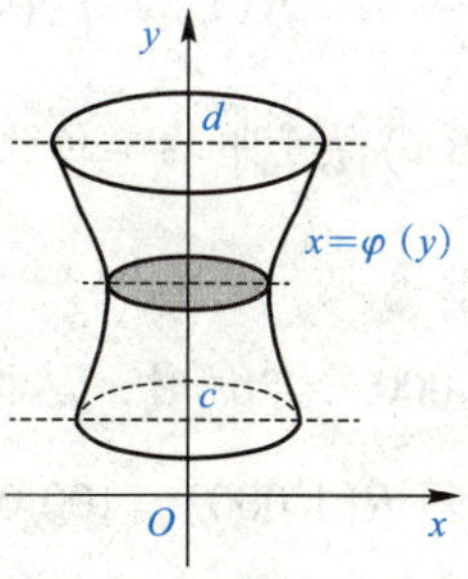

图 6-14

【例 6-21】 求 $y = x^3$，$x = 1$ 及 x 轴所围图形分别绕 x，y 轴旋转一周而成的旋转体(如图 6-15 所示)的体积.

解：

$$V_x = \pi\int_0^1 y^2\mathrm{d}x = \pi\int_0^1 x^6\mathrm{d}x = \frac{\pi}{7}.$$

$$V_y = \pi \times 1^2 \times 1 - \pi\int_0^1 x^2\mathrm{d}y = \pi - \pi\int_0^1 y^{\frac{2}{3}}\mathrm{d}y = \pi - \frac{3}{5}\pi = \frac{2}{5}\pi.$$

【例 6-22】 求 $y=\sin x$ 和它在 $x=\frac{\pi}{2}$ 处的切线及 $x=\pi$ 所围图形绕 x 轴旋转而成的旋转体(如图 6-16 所示)的体积.

解: $V=\pi\times1^2\times\frac{\pi}{2}-\pi\int_{\frac{\pi}{2}}^{\pi}\sin^2x\mathrm{d}x$

$$=\frac{\pi^2}{2}-\pi\int_{\frac{\pi}{2}}^{\pi}\frac{1-\cos2x}{2}\mathrm{d}x=\frac{\pi^2}{2}-\frac{\pi^2}{4}=\frac{\pi^2}{4}.$$

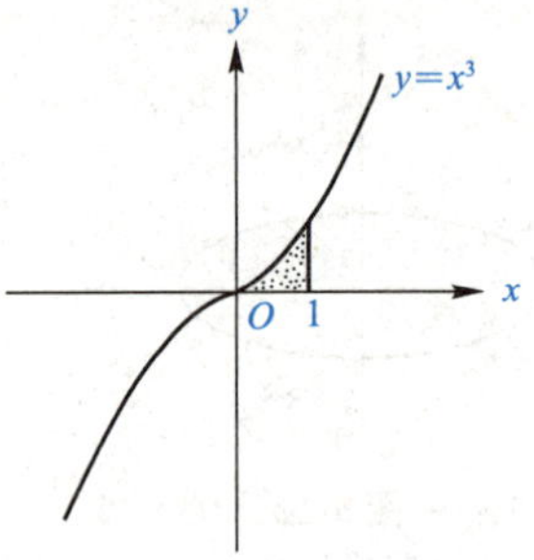

图 6-15

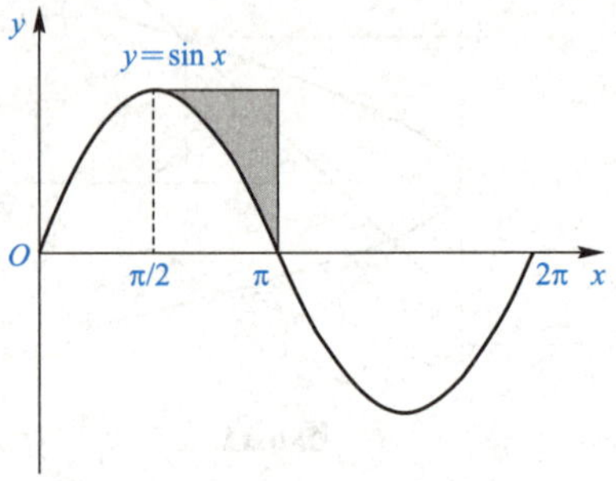

图 6-16

6.5.4 定积分在经济中的应用

1. 由边际函数求原函数

定积分在经济中的应用

【例 6-23】 已知生产某产品 x 单位时的总收入变化率，即边际收入是 $r(x)=\left(100-\frac{x}{10}\right)$(元/单位). 生产 1 000 个这种产品的总收入及生产 x 单位时的平均收入各是多少?

解: 因为总收入是其边际收入的原函数，所以生产 x 单位时的总收入为

$$R(x)=\int_0^x\left(100-\frac{t}{10}\right)\mathrm{d}t=100x-\frac{x^2}{20},$$

由于总收入 $R(x)$ 等于平均单位收入 $\overline{R}(x)$ 与产量 x 的乘积，即平均收入为

$$\overline{R}(x)=\frac{R(x)}{x}=100-\frac{x}{20},$$

所以当生产 1 000 个单位时，总收入为

$$R(1\ 000)=100\ 000-\frac{(1\ 000)^2}{20}=50\ 000(\text{元}),$$

而平均单位收入为 $\overline{R}(1\ 000)=\frac{50\ 000}{1\ 000}=50(\text{元}).$

【例 6-24】 已知某石油公司的边际收入(以每年亿元为单位)为 $R'(t)=9-t^{\frac{1}{3}}$(时间 t 以年为单位)，而相应的边际成本为 $C'(t)=1+3t^{\frac{1}{3}}$，试判定该石油公司应持续开发多少年，并问在停止开发时，该公司获得总利润是多少?

解: 当 $C'(t)=R'(t)$ 时，t 为最佳终止时间，即

$$9-t^{\frac{1}{3}}=1+3t^{\frac{1}{3}},$$

得 $8=4t^{\frac{1}{3}}$，求得 $t^*=8$ 年.

在 $t^*=8$ 年时，边际收入和边际成本均为每年 7 亿元，而利润

$$L(t^*)=\int_0^8[R'(t)-C'(t)]\mathrm{d}t=\int_0^8[9-t^{\frac{1}{3}}-1-3t^{\frac{1}{3}}]\mathrm{d}t=16(\text{亿元}).$$

解题过程中略去了 $t=0$ 时成本函数中的固定成本，在最后分析问题时，总利润应减去固定成本数.

2. 资本现值和投资问题

如果现有 a 元货币，若按年利率 r 作连续复利计算，则 t 年后的价值为 $a\mathrm{e}^{rt}$元，反之，若 t 年后有货币 a 元，则按照连续复利计算现在应有 $a\mathrm{e}^{-rt}$元，这称为资本现值.

设在时间区间 $[0,\ T]$ 内 t 时刻的单位时间收入为 $f(t)$，称此为收入率，若按年利率 r 的连续复利计算，则在时间区间 $[t,\ t+\Delta t]$ 的收入现值为 $f(t)\mathrm{e}^{-rt}\mathrm{d}t$，按定积分的微元法思路，则在 $[0,\ T]$ 内得到的总收入现值为

$$y=\int_0^T f(t)\mathrm{e}^{-rt}\mathrm{d}t.$$

若收入率 $f(t)=a$（a 为常数），称此为均匀收入率. 如果年利率也是常数，则总收入的现值为

$$y=\int_0^T a\mathrm{e}^{-rt}\mathrm{d}t=a\left.\frac{-\mathrm{e}^{-rt}}{r}\right|_0^T=\frac{a}{r}(1-\mathrm{e}^{-rT}).$$

【例 6-25】 现在对某企业给予一笔投资 A，经核算，该企业在 T 年中可以按每年 a 元的均匀收入率获得收入，若年利率为 r，试求：

(1) 该投资的纯收入贴现值（或称为投资的价值）；

(2) 收回该笔投资的时间是多少？

解：(1) 因为年收入率为 a，年利率为 r，故投资后 T 年中获总收入的现值为

$$y=\int_0^T a\mathrm{e}^{-rt}\mathrm{d}t=a\left.\frac{-\mathrm{e}^{-rt}}{r}\right|_0^T=\frac{a}{r}(1-\mathrm{e}^{-rT}),$$

从而投资所获得的纯收入的贴现值为

$$R=y-A=\frac{a}{r}(1-\mathrm{e}^{-rT})-A;$$

(2) 收回投资，即总收入的现值等于投资，故有

$$\frac{a}{r}(1-\mathrm{e}^{-rT})=A,$$

于是，$T=\dfrac{1}{r}\ln\dfrac{a}{a-Ar}$，即收回投资的时间为 $T=\dfrac{1}{r}\ln\dfrac{a}{a-Ar}$.

如对某企业投资 800 万元，年利率为 5%，设在 20 年中的均匀收入率为 $a=200$ 万元/年，则有总收入的值为

$$y=\frac{200}{0.05}(1-\mathrm{e}^{-0.05\times 20})=4\,000(1-\mathrm{e}^{-1})\approx 2\,528.4(\text{元}),$$

从而投资所得的纯收入为

$$R=y-A=2\,528.4-800=1\,728.2(\text{元}),$$

投资收回期为 $\quad T=\dfrac{1}{0.05}\ln\dfrac{200}{200-800\times 0.05}\approx 4.46(\text{年}).$

【例 6-26】 有一个大型投资项目，投资成本为 $A=10\ 000$ 万元，投资年利率为 5%，每年的均匀收入为 $a=2\ 000$ 万元，求该投资为无限期时的纯收入的贴现值.

解：$y=\int_0^{+\infty} a\mathrm{e}^{-rt}\mathrm{d}t=\int_0^{+\infty} 2\ 000\mathrm{e}^{-0.05t}\mathrm{d}t$

$$=\lim_{b\to+\infty}\int_0^b 2\ 000\mathrm{e}^{-0.05t}\mathrm{d}t=\lim_{b\to+\infty}\frac{2\ 000}{0.05}(1-\mathrm{e}^{-0.05b})=40\ 000(\text{万元}).$$

从而投资为无限期时的纯收入的贴现值为 4 亿元.

项 目 小 结

本项目知识结构思维导图：

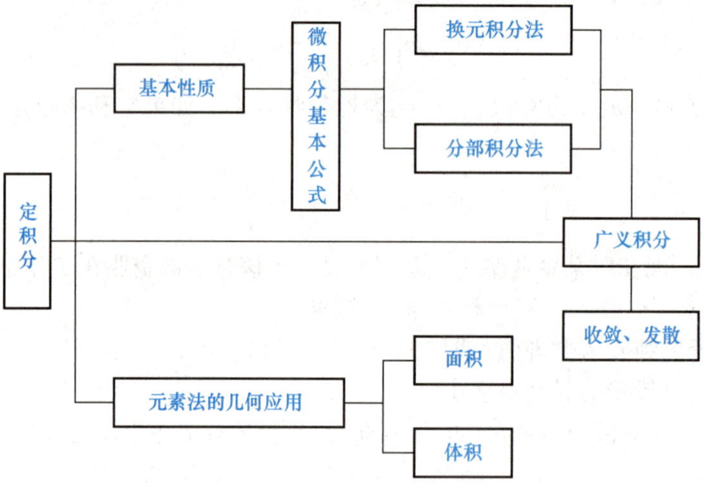

思 政 天 地

牛顿与莱布尼茨

在 17 世纪下半期，英国科学家牛顿和德国数学家莱布尼茨在前人工作的基础上，分别独自研究和创立了微积分．他们的最大功绩是把两个貌似毫不相关的问题联系在一起，一个是切线问题(微分学的中心问题)，另一个是求积问题(积分学的中心问题)．牛顿是从物理学观点来研究数学的，他创立的微积分学原理与他的力学研究是分不开的．他发现了力学三大定律和万有引力定律，并于 1687 年出版了《自然哲学的数学原理》，从力学基础的定义和公理(运动定律)出发，将整个力学建立在严谨的数学演绎基础之上．就数学本身而言，《自然哲学的数学原理》不仅深入地运用了牛顿本人创造的分析工具，而且也是牛顿分析学说的首次正式公布．他超越前人的功绩在于将前人创立的特殊技巧统一为一般的算法，特别是确立了微分与积分这两类运算的互逆关系(微积分基本定理)．而莱布尼茨是从几何学的角度来考虑微积分的，特别是和巴罗的微分三角形有密切关系，1684 年，他在《学艺》杂志上发表了他的第一篇微分学文章《一种求极大极小值和切线的新方法》. 他在文章中谈到量的微分概念，提出量的和、差、积、商、根、幂的公式以及微分方法在求切线、求极值等几何问题上的应用. 莱布尼茨后来又发表了一些文章，提出了指数、对数的微分公式和微分进一步的应用，他试图找到普遍的方法来解决数学分析中的问题，就这样，在17世纪70年代中期，莱布尼茨通过研究几何问题，建立了与流数法实质一样的微积分算法，他所引进的微符号"d"和"$\int$"比牛顿用的符号更灵活，更能反映微积分的本质，因而这些符号从古沿用至今. 他俩的工作有很大的不同，主要区别是：牛顿把 和 的无穷小增量作为求导数的手段，当增量越来越小的时候，导数实际上就是增量的比的极限；而莱布尼茨却直接用 和 的无穷小增量(就是微分)求出它们之间的关系，这个差别反映了牛顿的物理学方向和莱布尼茨的几何学方向的不同思维方式，在物理学方面，需要关注速度、加速度等问题，而几何学却着眼于面积、体积的计算，牛顿用级数表示函数，而莱布尼茨用有限的形式来实现. 他们的工作方式也不同，牛顿是富有经验的、具体的和谨慎的，而莱布尼是富于想象的、热衷于推广的和大胆的. 他们对符号的关心度也有差别，牛顿认为用什么符号无关紧要，而莱布尼茨却花费很多时间来选择富有提示性的符号.

到19世纪，经过法国数学家柯西、德国数学家维尔斯特拉斯等人的进一步严格化处理，极限理论成为微积分的坚实基础，微积分因此得到进一步发展. 微积分是真正的变量数学，其应用非常广泛，在不同学科中都有极为重要的应用. 微积分堪称人类智慧最伟大的成就之一.

项　目　训　练

一、填空题

1. $\dfrac{d}{dx}\int_a^b f(x)\,dx=$__________.

2. $\int_a^b f(x)\,dx=$__________$\int_b^a f(x)\,dx$.

3. 已知 $\int_a^b f(x)\,dx=8$，$\int_a^c f(x)\,dx=-2$，则 $\int_c^b f(x)\,dx=$__________.

4. 比较定积分值的大小：

(1) $\int_0^1 x^2dx$__________$\int_0^1 xdx$；　　(2) $\int_1^2 x^2dx$__________$\int_1^2 xdx$；

(3) $\left|\int_b^a f(x)\,dx\right|$__________$\int_b^a |f(x)|\,dx\,(a>b)$.

5. 正弦曲线 $y=\sin x$ 在 $(0,\pi)$ 上与 x 轴围成的面积 $S=$__________.

二、选择题

1. $\int_0^\pi |\cos x|\,dx=$(　　).

A. 1　　B. 0　　C. 2　　D. 4

2. 设 $f(x)=\begin{cases}x^2, & x>0,\\ x, & x\leqslant 0,\end{cases}$ 则 $\int_{-1}^1 f(x)\,dx=$(　　).

A. $2\int_{-1}^{0} x\mathrm{d}x$　　B. $\int_{-1}^{0} x^2\mathrm{d}x$

C. $\int_{0}^{1} x\mathrm{d}x + \int_{-1}^{0} x^2\mathrm{d}x$　　D. $\int_{0}^{1} x^2\mathrm{d}x + \int_{-1}^{0} x\mathrm{d}x$

3. 如果函数$f(x)$在$[-1, 1]$上连续，且平均值为2，则$\int_{1}^{-1} f(x)\mathrm{d}x =$(　　).

A. -1　　B. 1　　C. -4　　D. 4

4. 根据定积分的几何意义，下列各项中正确的是(　　).

A. $\int_{-\frac{\pi}{2}}^{0} \cos x\mathrm{d}x < \int_{0}^{\frac{\pi}{2}} \cos x\mathrm{d}x$　　B. $\int_{-\frac{\pi}{2}}^{\frac{\pi}{2}} \cos x\mathrm{d}x = \int_{\frac{\pi}{2}}^{\frac{3\pi}{2}} \cos x\mathrm{d}x$

C. $\int_{0}^{\pi} \sin x\mathrm{d}x = 0$　　D. $\int_{0}^{2\pi} \sin x\mathrm{d}x = 0$

5. 设曲线$y=f(x)$在$[a, b]$上连续，则由曲线$y=f(x)$，直线$x=a$，$x=b$及x轴围成的图形的面积$A=$(　　).

A. $\int_{a}^{b} f(x)\mathrm{d}x$　　B. $-\int_{a}^{b} f(x)\mathrm{d}x$

C. $\int_{a}^{b} |f(x)|\mathrm{d}x$　　D. $\left|\int_{a}^{b} f(x)\mathrm{d}x\right|$

6. 函数$f(x)$在闭区间$[a, b]$上连续是定积分$\int_{b}^{a} f(x)\mathrm{d}x$存在的(　　)条件.

A. 必要　　B. 充分　　C. 充要　　D. 无关

7. 若函数$f(x)$在$[a, b]$上连续，且$F(x) = \int_{a}^{x} f(t)\mathrm{d}t$，$x\in[a, b]$，则函数$F(x)$是函数$f(x)$在$[a, b]$上的(　　).

A. 不定积分　　B. 唯一的原函数　　C. 一个原函数　　D. 定积分

8. 下列积分不是广义积分的是(　　).

A. $\int_{0}^{1} \ln x\mathrm{d}x$　　B. $\int_{-1}^{1} \frac{1}{x^2-1}\mathrm{d}x$

C. $\int_{0}^{1} \frac{1}{x-2}\mathrm{d}x$　　D. $\int_{-2}^{1} \frac{1}{x^2-3}\mathrm{d}x$

9. 下列广义积分收敛的是(　　).

A. $\int_{1}^{+\infty} \ln x\mathrm{d}x$　　B. $\int_{1}^{+\infty} \frac{1}{\sqrt{x}}\mathrm{d}x$

C. $\int_{1}^{+\infty} \frac{1}{x^2}\mathrm{d}x$　　D. $\int_{1}^{+\infty} \mathrm{e}^x\mathrm{d}x$

10. $\lim\limits_{x\to+\infty} \dfrac{\int_{0}^{x} \frac{t}{1+t}\mathrm{d}t}{x} =$(　　).

A. $\frac{1}{2}$　　B. $-\frac{1}{2}$

C. $\frac{1}{4}$　　D. $-\frac{1}{4}$

三、计算题

1. 计算下列定积分．

(1) $\int_0^a (3x^2 - 2x + 1)\mathrm{d}x$ ；　(2) $\int_1^2 \left(x^2 - \frac{1}{x^4}\right)\mathrm{d}x$ ；

(3) $\int_4^9 \sqrt{x}(\sqrt{x} + 1)\mathrm{d}x$ ；　(4) $\int_0^1 \frac{1}{\sqrt{4 - x^2}}\mathrm{d}x$；

(5) $\int_0^{2\pi} |\sin x|\mathrm{d}x$；　(6) $\int_0^{\sqrt{3}a} \frac{1}{a^2 + x^2}\mathrm{d}x$.

2. 求下列极限．

(1) $\lim\limits_{x\to0}\frac{\int_0^x \cos t^2\mathrm{d}t}{x}$ ；　(2) $\lim\limits_{x\to0}\frac{\int_0^{x^2} t\mathrm{d}t}{\int_0^x t\sin t^2\mathrm{d}t}$.

3. 利用定积分换元法计算下列定积分．

(1) $\int_{\frac{\pi}{3}}^{\pi} \sin\left(x + \frac{\pi}{3}\right)\mathrm{d}x$；　(2) $\int_{-2}^1 \frac{1}{(11 + 5x)^3}\mathrm{d}x$ ；

(3) $\int_0^{\pi} (1 - \sin^3 x)\mathrm{d}x$；　(4) $\int_{-\sqrt{2}}^{\sqrt{2}} \sqrt{8 - 2y^2}\mathrm{d}y$ ；

(5) $\int_0^a x^2\sqrt{a^2 - x^2}\mathrm{d}x$ ；　(6) $\int_1^4 \frac{1}{1 + \sqrt{x}}\mathrm{d}x$ ；

(7) $\int_0^1 t\mathrm{e}^{-\frac{t^2}{2}}\mathrm{d}t$；　(8) $\int_{-2}^0 \frac{1}{x^2 + 2x + 2}\mathrm{d}x$ ；

(9) $\int_1^{\mathrm{e}^2} \frac{1}{x\sqrt{1 + \ln x}}\mathrm{d}x$ ；　(10) $\int_0^{\pi} \sqrt{1 + \cos 2x}\mathrm{d}x$.

4. 利用分部积分法计算下列定积分．

(1) $\int_0^1 x\mathrm{e}^{2x}\mathrm{d}x$；　(2) $\int_0^{\frac{\pi^2}{16}} \cos\sqrt{x}\mathrm{d}x$ ；

(3) $\int_1^3 \ln x\mathrm{d}x$ ；　(4) $\int_0^{\frac{\pi}{2}} \mathrm{e}^x\cos x\mathrm{d}x$.

5. 判断下列广义积分的敛散性，如果收敛，计算出它的值．

(1) $\int_1^{+\infty} \frac{1}{x^4}\mathrm{d}x$；　(2) $\int_0^{+\infty} \mathrm{e}^{-kx}\mathrm{d}x$；

(3) $\int_{\frac{2}{\pi}}^{+\infty} \frac{1}{x^2}\sin\frac{1}{x}\mathrm{d}x$ ；　(4) $\int_{-\infty}^0 x\mathrm{e}^{-x^2}\mathrm{d}x$ ；

(5) $\int_1^{+\infty} \frac{1}{\sqrt{x}}\mathrm{d}x$；　(6) $\int_{-\infty}^{+\infty} \frac{1}{x^2 + 2x + 2}\mathrm{d}x$.

6. 计算由下列各曲线所围成的图形的面积．

(1) $y = \frac{1}{2}x^2$ 与 $x^2 + y^2 = 8$(两部分都要计算)；

(2) $y = \frac{1}{x}$ 与直线 $y = x$，$x = 2$；

(3) $y=e^{x}$，$y=e^{-x}$与直线 $x=1$.

7. 求下列曲线所围成的图形的面积，并计算按指定轴旋转所产生的旋转体的体积.

(1) $y=x^2$，$x=y^2$，绕 y 轴；

(2) $y=x$，$x=1$，$y=0$，绕 x 轴.

8. 设生产某产品的边际成本 $MC=4+\frac{Q}{4}$(万元/百台)，边际收益 $MR=8-Q$(万元/百台). 固定成本 $C_0=1$ 万元. 求：

(1) 总收益函数、总成本函数和总利润函数.

(2) 产量为多少时，总利润最大？最大利润是多少？

(3) 产量由 100 台增加到 500 台时，总成本和总收益的增量.

教学实验　利用 MATLAB 求定积分

一、实验目的

会利用 MATLAB 求函数的定积分.

二、实验指导

积分运算

MATLAB 符号工具箱中求积函数 int，可求函数的定积分，其调用格式如表 6-1：

表 6-1　积分运算符

命令	功能
int(f, a, b)	求表达式 f 关于变量 z(或最接近 x 的字母)在区间[a, b]上的定积分
int(f, t, a, b)	求表达式 f 关于变量 t 在区间[a, b]上的定积分
int(f , a, inf)	求表达式 f 关于变量 z(或最接近 x 的字母)在区间[a, +∞)上的无穷积分
int(f, t, a, inf)	求表达式 f 关于变量 t 在区间[a, +∞)上的无穷积分

【例 6-27】

(1) $\int_0^{\frac{\pi}{2}}\sqrt{1-\sin 2x}\,dx$；　　(2) $\frac{1}{\sqrt{2\pi}}\int_{-\infty}^{+\infty}e^{\frac{-x^2}{2}}dx$.

序号	MATLAB 输入命令	MATLAB 输出结果
(1)	int('sqrt(1 - sin(2 * x))', 'x', '0', '(pi/2)')	ans = -2 +2 * 2^(1/2)
	Eavl(ans)	ans = 0.828 4
(2)	int('exp((-x^2)/2)/sqrt(2 * pi)', 'x', '-inf', 'inf')	ans = 1

教学实验训练题

利用 MATLAB 计算下列函数的定积分 .

(1) $\int_0^1 \frac{2x}{2+x^2}\mathrm{d}x$;

(2) $\int_0^1 x\sqrt{1+2x^2}\,\mathrm{d}x$;

(3) $\int_0^1 x\cos x\mathrm{d}x$;

(4) $\int_1^e x\ln x\mathrm{d}x$.

项目七　多元函数微积分学

上述讨论了一元函数的极限、连续、微积分及其应用，刻画的只是两个变量之间的变化关系．但在实际中，我们还经常会遇到涉及多个变量决定一个变量的问题，从函数的角度，这便属于多元函数的范畴．本章将先给出多元函数的概念，然后在一元函数微积分学的基础上讨论多元函数微积分及其应用．在多元函数的讨论中，我们主要讨论二元函数.

任务1　认识多元函数微分、了解其应用

7.1　多元函数微分及其应用

7.1.1　多元函数的基本概念

一元函数的讨论都是基于实数集 $\mathbf{R}$ 上的点集、区间和邻域等最基本的概念基础上的．为把一元函数概念推广到多元函数，我们先将这些基本概念加以推广．为此，我们引入平面点集等概念.

1. 平面点集

由平面解析几何知道，相对平面上的一个直角坐标系，平面上的点 M 与有序二元实数组 (x, y) 之间有着一一对应关系．我们把这种建立了坐标系的平面称为坐标平面．坐标平面上具有某种性质 P 的点的集合 E 称为平面点集，记作 $E=\{(x, y)\mid(x, y)$ 具有性质 $P\}$.

例如：平面上以原点为中心，r 为半径的圆内所有的点所组成的点集可表示为

$$E=\{(x, y)\mid x^2+y^2<r^2\},$$

而二元有序实数组 (x, y) 的全体，记作 $\mathbf{R}^2=\mathbf{R}\times\mathbf{R}=\{(x, y)\mid x\in\mathbf{R}, y\in\mathbf{R}\}$ 表示整个坐标平面.

特殊地，设 $P_0(x_0, y_0)$ 是 xOy 平面上的一个点，δ 是某一正数，我们把与点 $P_0(x_0, y_0)$ 距离小于 δ 的点 $P(x, y)$ 的全体称为点 P_0 的 δ 邻域，记作 $U(P_0, \delta)$，即

$$U(P_0, \delta)=\{P\mid |PP_0|<\delta\},$$

或

$$U(P_0, \delta)=\{(x, y)\mid \sqrt{(x-x_0)^2+(y-y_0)^2}<\delta\}.$$

而点 P_0 的去心 δ 邻域，记作 $\mathring{U}(P_0, \delta)$，即

$$\mathring{U}(P_0, \delta)=\{(x, y)\mid 0<\sqrt{(x-x_0)^2+(y-y_0)^2}<\delta\}.$$

如果不需要强调邻域的半径 δ，则用 $U(P_0)$ 表示 P_0 的某个邻域，点 P_0 的去心邻域

记作 $\mathring{U}(P_0)$.

(1)下面利用邻域来描述点与点集之间的关系.

任意一点 $P\in\mathbf{R}^2$ 与任意一个点集 $E\subset\mathbf{R}^2$ 之间必有以下 3 种关系中的一种：

1)内点．如果存在点 P 的某个邻域 $U(P)$，使得 $U(P)\subset E$，则称点 P 为 E 的内点.

2)外点．如果存在点 P 的某个邻域 $U(P)$，使得 $U(P)\cap E=\varnothing$，则称点 P 为 E 的外点.

3)边界点．如果点 P 的任一邻域内既有属于 E 的点，又含有不属于 E 的点，则称点 P 为 E 的边界点，E 的边界点的全体，称为 E 的边界，记作 ∂E.

E 的内点必属于 E；E 的外点必定不属于 E；而 E 的边界点可能属于 E，也可能不属于 E.

4)聚点：如果对于任意给定的 $\delta>0$，点 P 的去心邻域 $\mathring{U}(P,\ \delta)$ 内总有 E 的点，则称 P 是 E 的聚点．E 的聚点 P 可以属于 E，也可以不属于 E.

(2)依据以上点与点集的关系，根据点集所含点的特征，下面介绍一些重要的平面点集.

1)开集．如果点集 E 的点都是 E 的内点，则称 E 为开集.

2)闭集．如果点集 E 的余集 E^c 为开集，则称 E 为闭集.

例如，集合 $\{(x,\ y)\mid 1<x^2+y^2<2\}$ 是开集；集合 $\{(x,\ y)\mid 1\leqslant x^2+y^2\leqslant 2\}$ 是闭集；而集合 $\{(x,\ y)\mid 1\leqslant x^2+y^2<2\}$ 既非开集，也非闭集.

3)连通集．如果点集 E 内任何两点都可用折线连接起来，且该折线上的点都属于 E，则称 E 为连通集.

4)区域(或开区域)．连通的开集称为区域或开区域.

5)闭区域．开区域连同它的边界一起所构成的点集称为闭区域.

例如，集合 $\{(x,\ y)\mid 1<x^2+y^2<2\}$ 是开区域，而集合 $\{(x,\ y)\mid 1\leqslant x^2+y^2\leqslant 2\}$ 是闭区域.

6)有界集．对于平面点集 E，如果存在某一正数 r，使得 $E\subset U(O,\ r)$，其中 O 是坐标原点，则称 E 为有界集.

7)无界集．一个集合如果不是有界集，就称这集合为无界集.

例如：集合 $\{(x,\ y)\mid 1\leqslant x^2+y^2\leqslant 2\}$ 是有界闭区域，集合 $\{(x,\ y)\mid x+y>1\}$ 是无界开区域.

2. 多元函数概念

在很多自然现象以及实际问题中，经常遇到多个变量之间的依赖关系.

【例 7-1】 圆柱体的体积 V 和它的底半径 r、高 h 之间具体关系为

$$V=\pi r^2h.$$

这里，当 r，h 在集合内取定一对值 $(r,\ h)$ 时，V 的对应值就随之确定.

【例 7-2】 一定量的理想气体的压强 p，体积 V 和绝对温度 T 之间有关系：

$$p=\frac{RT}{V},$$

其中，R 为常数，当 V，T 在集合 $\{(V,\ T)\mid V>0,\ T>T_0\}$ 内取定一对值 $(V,\ T)$ 时，p

的对应值就随之确定.

以上两个例子的实际意义虽然不同，但它们都有共同之处，我们抽取它们的共性，就可得出二元函数的定义.

设 x，y，z 是 3 个变量，D 是平面上的一个非空点集，如果当变量 x，y 在 D 内任意取定一对数值时，变量 z 依照一定的法则 f，总有唯一确定的数值与之对应，则称 z 为变量 x，y 的二元函数，记作 $z=f(x, y)$，其中 x，y 称为自变量，z 称为因变量，D 称为函数的定义域，数集 $\{z \mid z=f(x, y), (x, y)\in D\}$ 称为该函数的值域.

类似地，可以定义三元函数 $u=f(x, y, z)$ 以及三元以上的函数.

二元及二元以上的函数统称为多元函数.

二元函数定义域在几何上一般是平面区域，与一元函数类似，我们作如下约定：在一般情况下讨论用解析式表达的二元函数 $z=f(x, y)$ 时，其定义域就是这个解析式有意义的变元 x，y 的取值范围.

例如，函数 $z=\ln(x+y)$ 的定义域为 $\{(x, y) \mid x+y>0\}$（如图 7-1 所示），这是一个无界开区域.

又如，函数 $z=\arcsin(x^2+y^2)$ 的定义域为 $\{(x, y) \mid x^2+y^2\leqslant 1\}$（如图 7-2 所示），这是一个有界闭区域.

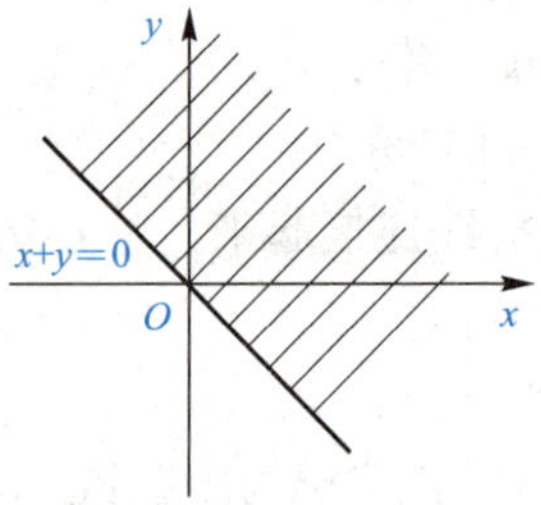

图 7-1

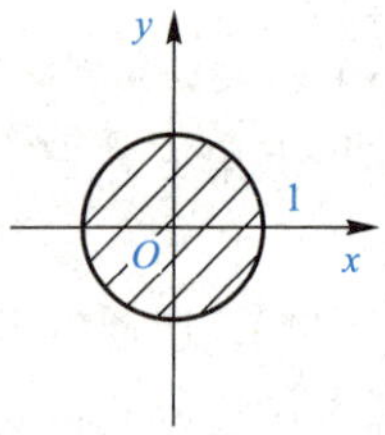

图 7-2

设函数 $z=f(x, y)$ 的定义域为 D，对于任意取定的点 $P(x, y)\in D$，对应的函数值为 $z=f(x, y)$. 这样，以 x 为横坐标，y 为纵坐标，$z=f(x, y)$ 为竖坐标在空间就确定一点 $M(x, y, z)$. 当遍取 D 上的一切点时，得到一个空间点集：

$$\{(x, y, z) \mid z=f(x, y)(x, y\in D)\}.$$

这个点集称为二元函数 $z=f(x, y)$ 的图形，通常也说二元函数的图形是一张曲面.

7.1.2 二元函数的极限与连续

在一元函数中，讨论了当自变量趋向于有限值时函数的极限. 对于二元函数 $z=f(x, y)$，同样可以讨论当自变量 x 和 y 趋向于有限值 x_0 和 y_0 时，函数 z 的变化趋势，也就是研究当 (x, y) 趋向于 (x_0, y_0) 时，函数 $z=f(x, y)$ 的变化趋势.

1. 二元函数的极限

定义 7.1 设二元函数 $f(x, y)$ 在点 $P_0(x_0, y_0)$ 的某邻域内有定义（P_0 可除外），如果存在常数 A，使得当点 $P(x, y)$ 以任意路径无限趋近于 $P_0(x_0, y_0)$ 时，函数 $f(x, y)$ 总是无限趋近于 A，则称常数 A 为函数 $f(x, y)$ 当 $(x, y)\to(x_0, y_0)$ 时的极限，记作

$$\lim_{(x,y)\to(x_0,y_0)} f(x,\ y)=A,$$

或
$$f(x,\ y)\to A\quad ((x,\ y)\to(x_0,\ y_0)).$$

为了区别于一元函数的极限，我们把二元函数的极限叫作二重极限.

注意：所谓二重极限存在，是指 $P(x,\ y)$ 以任何方式趋于 $P_0(x_0,\ y_0)$ 时，函数都无限接近于 A. 因此，如果 $P(x,\ y)$ 以某一种特殊方式，例如沿着一条直线或给定曲线趋于 $P_0(x_0,\ y_0)$ 时，即使函数无限接近于某一确定值，我们还不能由此断定函数的极限存在. 但是反过来，如果当 $P(x,\ y)$ 以不同方式趋于 $P_0(x_0,\ y_0)$ 时，函数趋于不同的值，那么就可以断定这函数的极限不存在.

【例 7-3】 考察函数 $f(x,\ y)=\begin{cases}\dfrac{xy}{x^2+y^2},\ x^2+y^2\neq 0,\\ 0,\ x^2+y^2=0,\end{cases}$ 当 $P(x,\ y)\to P_0(0,\ 0)$ 时的极限.

解：显然，当点 $P(x,\ y)$ 沿 x 轴趋于点 $(0,\ 0)$ 时，

$$\lim_{\substack{(x,y)\to(0,0)\\ y=0}} f(x,\ y)=\lim_{x\to 0} f(x,\ 0)=0;$$

又当点 $P(x,\ y)$ 沿 y 轴趋于点 $(0,\ 0)$ 时，

$$\lim_{\substack{(x,y)\to(0,0)\\ x=0}} f(x,\ y)=\lim_{y\to 0} f(0,\ y)=0.$$

虽然点 $P(x,\ y)$ 以上述两种特殊方式（沿 x 轴或沿 y 轴）趋于原点时函数的极限存在并且相等，但是 $\lim\limits_{(x,y)\to(0,0)} f(x,\ y)$ 并不存在. 这是因为当点 $P(x,\ y)$ 沿着直线 $y=kx$ 趋于点 $(0,\ 0)$ 时，有

$$\lim_{\substack{(x,y)\to(0,0)\\ y=kx}} \frac{xy}{x^2+y^2}=\frac{kx^2}{x^2+k^2x^2}=\frac{k}{1+k^2},$$

显然它是随着 k 的值的不同而改变的，因此该函数的极限不存在.

【例 7-4】 求 $\lim\limits_{(x,y)\to(0,2)} \dfrac{\sin(xy)}{x}$.

解：这里 $f(x,\ y)=\dfrac{\sin(xy)}{x}$ 的定义域为 $D=\{(x,\ y)\mid x\neq 0,\ y\in\mathbf{R}\}$，$P_0(0,\ 2)\notin D$.

由极限运算法则得

$$\lim_{(x,y)\to(0,2)} \frac{\sin(xy)}{x}=\lim_{xy\to 0}\frac{\sin(xy)}{xy}\lim_{y\to 2} y=1\times 2=2.$$

注意：证明极限不存在的方法：

(1) 令 $P(x,\ y)$ 沿着直线 $y=kx+b$ 趋向于 $P_0(x_0,\ y_0)$，如果极限与 k 有关，则极限不存在；

(2) 找两条不同路径趋于 $P_0(x_0,\ y_0)$，使 $\lim\limits_{(x,y)\to(x_0,y_0)} f(x,\ y)$ 存在但不相等，则极限不存在.

2. 多元函数的连续性

定义 7.2 设函数 $f(x,\ y)$ 在点 $P_0(x_0,\ y_0)$ 的某邻域内有定义，如果

$$\lim_{(x,y)\to(x_0,y_0)} f(x, y)=f(x_0, y_0),$$

则称函数 $f(x, y)$ 在点 $P_0(x_0, y_0)$ 处连续.

如果函数 $f(x, y)$ 在开区域(或闭区域) D 内的每一点连续，那么就称函数 $f(x, y)$ 在 D 内连续，或者称 $f(x, y)$ 是 D 内的连续函数.

若函数 $f(x, y)$ 在点 $P_0(x_0, y_0)$ 处不连续，则称 P_0 为函数 $f(x, y)$ 的间断点.

注意：(1) 如果在开区域(或闭区域) D 内某些孤立点处，或者沿 D 内某些曲线，函数 $f(x, y)$ 没有定义，但在 D 内其余部分都有定义，那么这些孤立点或这些曲线上的点，都是函数 $f(x, y)$ 的不连续点，即间断点；

(2) 二元连续函数的和、差、积、商(分母不等于零)及复合函数仍是连续函数；

(3) 多元初等函数在其定义域内连续.

例如，前面已经讨论过的函数

$$f(x, y)=\begin{cases}\dfrac{xy}{x^2+y^2}, & x^2+y^2\neq 0,\\ 0, & x^2+y^2=0,\end{cases}$$

当 $(x, y)\to(0, 0)$ 时的极限不存在，因此点 $(0, 0)$ 是该函数的一个间断点.

二元函数的间断点可以形成一条曲线，例如函数

$$z=\sin\frac{1}{x^2+y^2-1}$$

在圆周 $x^2+y^2=1$ 上没有定义，因此该圆周上各点都是间断点.

7.1.3 偏导数及全微分

1. 偏导数

在一元函数中，我们从研究函数的变化率出发引入了导数的概念．对于多元函数同样需要讨论它的变化率．首先考虑多元函数关于其中一个自变量的变化率．以二元函数 $z=f(x, y)$ 为例，如果只有自变量 x 变化，而自变量 y 固定(即看作常量)，这时它就是 x 的一元函数，这个函数对 x 的导数，就称为二元函数 z 对于 x 的偏导数，即有如下定义：

定义 7.3 设函数 $z=f(x, y)$ 在点 (x_0, y_0) 的某一邻域内有定义，当 y 固定在 y_0 而 x 在 x_0 处有增量 Δx 时，相应地函数有增量

$$f(x_0+\Delta x, y_0)-f(x_0, y_0),$$

如果

$$\lim_{\Delta x\to 0}\frac{f(x_0+\Delta x, y_0)-f(x_0, y_0)}{\Delta x}$$

存在，则称此极限为函数 $z=f(x, y)$ 在点 (x_0, y_0) 处对 x 的偏导数，记作

$$\left.\frac{\partial z}{\partial x}\right|_{\substack{x=x_0\\y=y_0}},\ \left.\frac{\partial f}{\partial x}\right|_{\substack{x=x_0\\y=y_0}},\ \left.z_x\right|_{\substack{x=x_0\\y=y_0}}\text{或} f_x(x_0, y_0),$$

即

$$f_x(x_0, y_0)=\lim_{\Delta x\to 0}\frac{f(x_0+\Delta x, y_0)-f(x_0, y_0)}{\Delta x}.$$

类似地，函数 $z=f(x, y)$ 在点 (x_0, y_0) 处对 y 的偏导数定义为

$$\lim_{\Delta y\to 0}\frac{f(x_0, y_0+\Delta y)-f(x_0, y_0)}{\Delta y},$$

记作

$$\left.\frac{\partial z}{\partial y}\right|_{\substack{x=x_0\\y=y_0}}, \left.\frac{\partial f}{\partial y}\right|_{\substack{x=x_0\\y=y_0}}, \left.z_y\right|_{\substack{x=x_0\\y=y_0}}\text{或}f_y(x_0, y_0).$$

如果函数 $z=f(x, y)$ 在区域 D 内每一点处对 x 的偏导数都存在，那么这个偏导数就是 x，y 的函数，它就称为函数 $z=f(x, y)$ 对自变量 x 的偏导函数，记作

$$\frac{\partial z}{\partial x}, \frac{\partial f}{\partial x}, z_x\text{或}f_x(x, y).$$

类似地，可以定义函数 $z=f(x, y)$ 对自变量 y 的偏导函数，记作

$$\frac{\partial z}{\partial y}, \frac{\partial f}{\partial y}, z_y\text{或}f_y(x, y).$$

由偏导函数的概念，在点 (x_0, y_0) 处对 x 的偏导数 $f_x(x_0, y_0)$ 就是偏导函数 $f_x(x, y)$ 在 (x_0, y_0) 处的函数值，以后在不致混淆的情况下，我们把偏导函数简称为偏导数.

【例 7-5】　求 $z=x^2+3xy+y^2$ 在点 $(1, 0)$ 处的偏导数.

解：把 y 看作常量，得

$$\frac{\partial z}{\partial x}=2x+3y,$$

把 x 看作常量，得

$$\frac{\partial z}{\partial y}=3x+2y,$$

将 $(1, 0)$ 代入上式，得

$$\left.\frac{\partial z}{\partial x}\right|_{\substack{x=1\\y=0}}=2\times 1+3\times 0=2,$$

$$\left.\frac{\partial z}{\partial y}\right|_{\substack{x=1\\y=0}}=3\times 1+2\times 0=3.$$

【例 7-6】　求 $z=x^2\cos(xy)+x^y$ 的偏导数.

解：$\frac{\partial z}{\partial x}=2x\cos(xy)-x^2y\sin(xy)+yx^{y-1}$，$\frac{\partial z}{\partial y}=-x^3\sin(xy)+x^y\ln x$.

注意：偏导数的几何意义：对二元函数 $z=f(x, y)$，如果将 y 固定在 y_0，那么平面 $y=y_0$ 截此曲面得一曲线 $C(x)$，方程为

$$\begin{cases}z=f(x, y),\\ y=y_0.\end{cases}$$

函数 $z=f(x, y)$ 在点 (x_0, y_0) 处的偏导数 $f_x(x_0, y_0)$ 就是一元函数 $z=f(x, y_0)$ 在 x_0 处的导数，因此由一元函数导数的几何意义可知，函数 $z=f(x, y)$ 在点 (x_0, y_0) 处的偏导数 $f_x(x_0, y_0)$ 就表示曲线 $C(x)$ 在点 $M_0(x_0, y_0, f(x_0, y_0))$ 处的切线 M_0T_x 对 x 轴的斜率．同样，偏导数 $f_y(x_0, y_0)$ 的几何意义是，曲面被平面 $x=x_0$ 所截得的曲线在点 M_0 处的切线 M_0T_y 对 y 轴的斜率．

2. 高阶偏导数

定义 7.4　设函数 $z=f(x, y)$ 在区域 D 内具有偏导数：

$$\frac{\partial z}{\partial x}=f_x(x, y), \frac{\partial z}{\partial y}=f_y(x, y),$$

那么在 D 内 $f_x(x, y)$，$f_y(x, y)$ 都是 x，y 的函数．如果这两个函数的偏导数也存在，则称它们是函数 $z=f(x, y)$ 的二阶偏导数．按照对自变量求导次序的不同，有下列4个二阶偏导数：

$$\frac{\partial}{\partial x}\left(\frac{\partial z}{\partial x}\right)=\frac{\partial^2 z}{\partial x^2}=f_{xx}(x, y), \quad \frac{\partial}{\partial y}\left(\frac{\partial z}{\partial x}\right)=\frac{\partial^2 z}{\partial x\partial y}=f_{xy}(x, y),$$

$$\frac{\partial}{\partial x}\left(\frac{\partial z}{\partial y}\right)=\frac{\partial^2 z}{\partial y\partial x}=f_{yx}(x, y), \quad \frac{\partial}{\partial y}\left(\frac{\partial z}{\partial y}\right)=\frac{\partial^2 z}{\partial y^2}=f_{yy}(x, y).$$

其中第二个、第三个偏导数称为混合偏导数．同样可得三阶，四阶以及 n 阶偏导数．二阶及二阶以上的偏导数统称为高阶偏导数．

【例 7-7】 求函数 $z=x^3y^2-3xy^3+xy-8$ 的二阶偏导数.

解：

$$\frac{\partial z}{\partial x}=3x^2y^2-3y^3+y, \quad \frac{\partial z}{\partial y}=2x^3y-9xy^2+x,$$

$$\frac{\partial^2 z}{\partial x^2}=6xy^2, \quad \frac{\partial^2 z}{\partial y\partial x}=6x^2y-9y^2+1,$$

$$\frac{\partial^2 z}{\partial x\partial y}=6x^2y-9y^2+1, \quad \frac{\partial^2 z}{\partial y^2}=2x^3-18xy.$$

二阶混合偏导数 $\frac{\partial^2 z}{\partial y\partial x}$，$\frac{\partial^2 z}{\partial x\partial y}$ 有时与求导顺序有关.

事实上，如果函数 $z=f(x, y)$ 的两个二阶混合偏导数 $\frac{\partial^2 z}{\partial y\partial x}$ 及 $\frac{\partial^2 z}{\partial x\partial y}$ 在区域 D 内连续，那么在该区域内这两个二阶混合偏导数必相等.

3. 全微分

仿照一元函数的微分，我们讨论二元函数的微分.

设函数 $z=f(x, y)$ 在点 $P(x, y)$ 的某一邻域内有定义，并设 $(x+\Delta x, y+\Delta y)$ 为这邻域内的任意一点，则称这两点的函数值之差 $f(x+\Delta x, y+\Delta y)-f(x, y)$ 为函数在点 $P(x, y)$ 对应于自变量增量 Δx，Δy 的全增量，记作 Δz，即

$$\Delta z=f(x+\Delta x, y+\Delta y)-f(x, y).$$

一般说来，计算全增量 Δz 比较复杂．与一元函数的情形一样，我们希望用自变量的增量 Δx，Δy 的线性函数来近似地代替函数的全增量 Δz，从而引入如下定义：

定义 7.5 如果函数 z 在点 $P(x, y)$ 的全增量

$$\Delta z=f(x+\Delta x, y+\Delta y)-f(x, y)$$

可表示为

$$\Delta z=A\Delta x+B\Delta y+o(\rho).$$

其中 A，B 不依赖于 Δx，Δy，而仅与 x，y 有关，$\rho=\sqrt{(\Delta x)^2+(\Delta y)^2}$，则称函数 z 在点 $P(x, y)$ 可微，而 $A\Delta x+B\Delta y$ 称为函数 z 在点 $P(x, y)$ 的全微分，记作 $\mathrm{d}z$，即

$$\mathrm{d}z=A\Delta x+B\Delta y.$$

注意：如果函数 z 在点 $P(x, y)$ 可微，那么函数在该点必定连续.

下面讨论函数 z 在点 $P(x, y)$ 可微的条件.

定理 7.1（必要条件） 如果函数 u 在点 $P(x, y)$ 可微，则该函数在点 $P(x, y)$ 的偏

导数$\frac{\partial z}{\partial x}$，$\frac{\partial z}{\partial y}$必定存在，且函数 z 在点 $P(x, y)$ 的全微分为

$$dz=\frac{\partial z}{\partial x}\Delta x+\frac{\partial z}{\partial y}\Delta y.$$

我们知道，一元函数在某点的导数存在是微分存在的充分必要条件，但对于多元函数来说，情形就不同了．当函数的各偏导数都存在时，虽然能形式地写出$\frac{\partial z}{\partial x}\Delta x+\frac{\partial z}{\partial y}\Delta y$，但它与 Δz 之差并不一定是较高阶的无穷小，因此它不一定是函数的全微分．换句话说，各偏导数的存在只是全微分存在的必要条件而不是充分条件．但是，如果再假定函数的各个偏导数连续，则可以证明函数是可微分的，即有下面定理．

定理 7.2（充分条件）　如果函数 z 的偏导数$\frac{\partial z}{\partial x}$，$\frac{\partial z}{\partial y}$在点 $P(x, y)$ 处连续，则函数在该点可微分．

以上关于二元函数全微分的定义及微分的必要条件和充分条件，可以完全类似地推广到三元和三元以上的多元函数．

习惯上，我们将自变量的增量 Δx，Δy 分别记作 dx，dy，并分别称为自变量 x，y 的微分．这样，函数 $z=f(x, y)$ 的全微分就可以写为

$$dz=\frac{\partial z}{\partial x}dx+\frac{\partial z}{\partial y}dy.$$

如果三元函数 $u=\varphi(x, y, z)$ 可以微分，那么它的全微分就等于它的三个偏微分之和，即

$$du=\frac{\partial u}{\partial x}dx+\frac{\partial u}{\partial y}dy+\frac{\partial u}{\partial z}dz.$$

【例 7-8】　计算函数 $z=e^{xy}$ 在点(2，1)处的全微分．

解：因为

$$\frac{\partial z}{\partial x}=ye^{xy},\ \frac{\partial z}{\partial y}=xe^{xy},$$

$$\frac{\partial z}{\partial x}=ye^{xy}\big|_{(2,1)}=e^2,\ \frac{\partial z}{\partial y}=xe^{xy}\big|_{(2,1)}=2e^2,$$

所以

$$dz=e^2dx+2e^2dy.$$

【例 7-9】　计算函数 $u=x+\sin\frac{y}{2}+e^{yz}$ 的全微分．

解：因为

$$\frac{\partial u}{\partial x}=1,\ \frac{\partial u}{\partial y}=\frac{1}{2}\cos\frac{y}{2}+ze^{yz},\ \frac{\partial u}{\partial z}=ye^{yz},$$

所以

$$du=dx+\left(\frac{1}{2}\cos\frac{y}{2}+ze^{yz}\right)dy+ye^{yz}dz.$$

4. 多元复合函数的求导公式

(1)多元复合函数的求导法则．现将一元微分学中复合函数的求导法则推广到多元复合函数情形．下面先从一种特殊情况开始讨论．

1)复合函数的中间变量均为一元函数的情形．设函数 $z=f(u, v)$ 是自变量 u，v 的二元函数，而 $u=\varphi(x)$ 与 $v=\psi(x)$ 是自变量 x 的函数，则 z 是 x 的一元函数，应如何

求$\dfrac{dz}{dx}$?

定理 7.3 二元函数 $z=f(u, v)$ 在点 (u, v) 处有一阶连续偏导数 $\dfrac{\partial z}{\partial u}$，$\dfrac{\partial z}{\partial v}$，一元函数 $u=\varphi(x)$ 与 $v=\psi(x)$ 在 x 处均可导，则复合函数 $z=f[\varphi(x), \psi(x)]$（是 x 的一元函数）对 x 的导数存在，且为

$$\frac{dz}{dx}=\frac{\partial z}{\partial u}\frac{du}{dx}+\frac{\partial z}{\partial v}\frac{dv}{dx}. \tag{7-1}$$

现在通过实例来说明这类复合函数的求导方法.

【例 7-10】 设 $z=u^v$，$u=\sin x$，$v=\cos x$，求$\dfrac{dz}{dx}$.

解： $\dfrac{\partial z}{\partial u}=vu^{v-1}$，$\dfrac{du}{dx}=\cos x$，$\dfrac{\partial z}{\partial v}=u^v\ln u$，$\dfrac{dv}{dx}=-\sin x$，

将其代入公式(7-1)得

$$\begin{aligned}\frac{dz}{dx}&=vu^{v-1}\cos x+u^v\ln u\cdot(-\sin x)\\&=\cos x(\sin x)^{\cos x-1}-(\sin x)^{\cos x}\sin x\ln\sin x.\end{aligned}$$

这个结果与将 $u=\sin x$，$v=\cos x$ 代入 $z=u^v$ 后，再利用一元函数的对数求导法所求的结果是一致的，读者可以自己试一下．由以上定理得到下面的推论.

推论 设 $z=f(u, v, w)$，$u=\varphi(t)$，$v=\psi(t)$，$w=w(t)$，则 $z=f[\varphi(t), \psi(t), w(t)]$ 对 t 的导数为

$$\frac{dz}{dt}=\frac{\partial z}{\partial u}\frac{du}{dt}+\frac{\partial z}{\partial v}\frac{dv}{dt}+\frac{\partial z}{\partial w}\frac{dw}{dt}.$$

上述$\dfrac{dz}{dt}$称为全导数.

2）复合函数的中间变量是多元函数的情形．设函数 $z=f(u, v)$ 是自变量 u，v 的二元函数，而 $u=\varphi(x, y)$ 与 $v=\psi(x, y)$ 是自变量 x，y 的二元函数，则 z 是 x，y 的二元函数，应如何求$\dfrac{\partial z}{\partial x}$，$\dfrac{\partial z}{\partial y}$?

定理 7.4 设 $u=\varphi(x, y)$ 和 $v=\psi(x, y)$ 在点 (x, y) 存在偏导数，$z=f(u, v)$ 在对应点 (u, v) 处有连续偏导数，则复合函数 $z=f[\varphi(x, y), \psi(x, y)]$ 在点 (x, y) 的偏导数存在，且有求导公式：

$$\frac{\partial z}{\partial x}=\frac{\partial z}{\partial u}\frac{\partial u}{\partial x}+\frac{\partial z}{\partial v}\frac{\partial v}{\partial x}, \tag{7-2}$$

$$\frac{\partial z}{\partial y}=\frac{\partial z}{\partial u}\frac{\partial u}{\partial y}+\frac{\partial z}{\partial v}\frac{\partial v}{\partial y}. \tag{7-3}$$

事实上，当求 z 对 x 的偏导数时，只需把 y 看成常数，此时的 u 和 v 也只当作是 x 的函数，所以运用公式(7-1)，并把相应的导数记号写成偏导数记号，于是便得到上面的式(7-2)，同理得到式(7-3)．这就是二元复合函数求偏导数的法则.

【例 7-11】 设 $z=e^u\cos v$，$u=x-2y$，$v=xy$，求$\dfrac{\partial z}{\partial x}$，$\dfrac{\partial z}{\partial y}$.

解：因为
$$\frac{\partial z}{\partial u}=\mathrm{e}^u\cos v,\ \frac{\partial z}{\partial v}=-\mathrm{e}^u\sin v,$$
$$\frac{\partial u}{\partial x}=1,\ \frac{\partial u}{\partial y}=-2,\ \frac{\partial v}{\partial x}=y,\ \frac{\partial v}{\partial y}=x,$$
所以
$$\frac{\partial z}{\partial x}=\frac{\partial z}{\partial u}\frac{\partial u}{\partial x}+\frac{\partial z}{\partial v}\frac{\partial v}{\partial x}=\mathrm{e}^u\cos v\cdot 1-\mathrm{e}^u\sin v\cdot y$$
$$=\mathrm{e}^u(\cos v-y\sin v)=\mathrm{e}^{x-2y}(\cos xy-y\sin xy);$$
$$\frac{\partial z}{\partial y}=\frac{\partial z}{\partial u}\frac{\partial u}{\partial y}+\frac{\partial z}{\partial v}\frac{\partial v}{\partial y}=\mathrm{e}^u\cos v\cdot(-2)-\mathrm{e}^u\sin v\cdot x$$
$$=\mathrm{e}^u(-2\cos v-x\sin v)=-\mathrm{e}^{x-2y}(2\cos xy+x\sin xy).$$

从定理看出，多元复合函数求偏导数的关键是弄清中间变量、自变量以及它们之间的关系．为了形象地表达它们之间的关系，可以画出如图 7-3 所示的变量关系图．

由变量关系图可以写出求导公式，在求 z 对 x 的偏导数时，只要从 z 开始，按图 7-3 中的路线找出到达 x 的所有路径，每一条路径即为公式的一项，项与项相加，而每一项就是一条路径中各复合步骤所得导数的连乘积，这就是二元复合函数的链式求导法则．

【例 7-12】　求 $z=(x+2y)^{x+2y}$ 的偏导数．

解：令 $u=x+2y$，$v=x+2y$，则 $z=u^v$，z 是 x，y 的复合函数，且变量之间的关系如图 7-3 所示，而
$$\frac{\partial z}{\partial u}=vu^{v-1},\ \frac{\partial z}{\partial v}=u^v\ln u;\ \frac{\partial u}{\partial x}=1,\ \frac{\partial u}{\partial y}=2,\ \frac{\partial v}{\partial x}=1,\ \frac{\partial v}{\partial y}=2,$$
所以
$$\frac{\partial z}{\partial x}=\frac{\partial z}{\partial u}\frac{\partial u}{\partial x}+\frac{\partial z}{\partial v}\frac{\partial v}{\partial x}=vu^{v-1}\cdot 1+u^v\ln u\cdot 1=(x+2y)^{x+2y}[1+\ln(x+2y)],$$
$$\frac{\partial z}{\partial y}=\frac{\partial z}{\partial u}\frac{\partial u}{\partial y}+\frac{\partial z}{\partial v}\frac{\partial v}{\partial y}=vu^{v-1}\cdot 2+u^v\ln u\cdot 2=2(x+2y)^{x+2y}[1+\ln(x+2y)].$$

3）复合函数的中间变量既有一元函数，又有多元函数的情形．

如果函数 $z=f(u,v)$ 的偏导数 $\frac{\partial z}{\partial u}$，$\frac{\partial z}{\partial v}$ 连续，而 $u=\varphi(x)$，$v=\psi(x,y)$ 存在偏导数，则复合函数 $z=f[\varphi(x),\psi(x,y)]$ 的偏导数为
$$\frac{\partial z}{\partial x}=\frac{\partial z}{\partial u}\frac{\mathrm{d}u}{\mathrm{d}x}+\frac{\partial z}{\partial v}\frac{\partial v}{\partial x},\ \frac{\partial z}{\partial y}=\frac{\partial z}{\partial v}\frac{\partial v}{\partial y}.$$

这时，z，u，v，x，y 之间的关系可由图 7-4 表达．

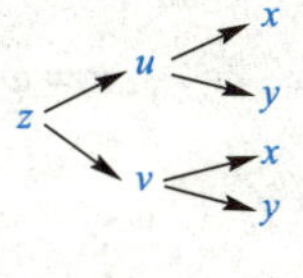

图 7-3

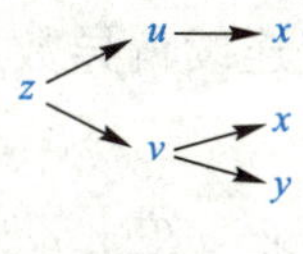

图 7-4

【例 7-13】　设 $z=(x+2y)^x$，求 $\frac{\partial z}{\partial x}$，$\frac{\partial z}{\partial y}$．

解：引入中间变量 $u=x+2y$，$v=x$，则 $z=u^v$，由复合函数链式求导法则（如图 7-4

所示）有

$$\frac{\partial z}{\partial x}=\frac{\partial z}{\partial u}\frac{\partial u}{\partial x}+\frac{\partial z}{\partial v}\frac{\mathrm{d}v}{\mathrm{d}x},\ \frac{\partial z}{\partial y}=\frac{\partial z}{\partial u}\frac{\partial u}{\partial y},$$

此时
$$\frac{\partial z}{\partial u}=vu^{v-1},\ \frac{\partial z}{\partial v}=u^{v}\ln u,\ \frac{\partial u}{\partial x}=1,\ \frac{\partial u}{\partial y}=2,\ \frac{\mathrm{d}v}{\mathrm{d}x}=1,$$

因此
$$\frac{\partial z}{\partial x}=vu^{v-1}+u^{v}\ln u=x(x+2y)^{x-1}+(x+2y)^{x}\ln(x+2y),$$

$$\frac{\partial z}{\partial y}=2vu^{v-1}=2x(x+2y)^{x-1}.$$

以上结论可以推广到中间变量和自变量不是两个的情形，利用复合关系图也可以类似地写出求导公式．例如：

设 $z=f(u,v,w)$，$u=\varphi(x,y)$，$v=\psi(x,y)$，$w=w(x,y)$，则复合函数 $z=f[\varphi(x,y),\psi(x,y),w(x,y)]$ 的复合关系图如图 7-5 所示．

由图可以写出公式：

$$\frac{\partial z}{\partial x}=\frac{\partial z}{\partial u}\frac{\partial u}{\partial x}+\frac{\partial z}{\partial v}\frac{\partial v}{\partial x}+\frac{\partial z}{\partial w}\frac{\partial w}{\partial x},$$

$$\frac{\partial z}{\partial y}=\frac{\partial z}{\partial u}\frac{\partial u}{\partial y}+\frac{\partial z}{\partial v}\frac{\partial v}{\partial y}+\frac{\partial z}{\partial w}\frac{\partial w}{\partial y}.$$

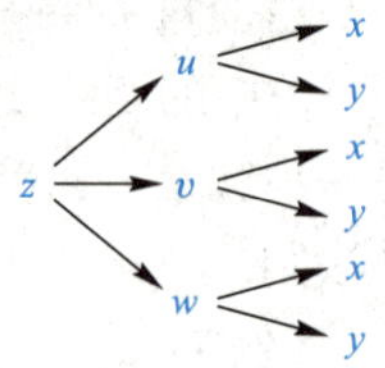

图 7-5

【例 7-14】 设 $F=f(x,xy,xyz)$，计算 $\frac{\partial F}{\partial x}$，$\frac{\partial F}{\partial y}$，$\frac{\partial F}{\partial z}$.

解： 令 $u=x$，$v=xy$，$\omega=xyz$，于是 $F=f(u,v,w)$，并用 f_1'，f_2'，f_3' 分别代替 $\frac{\partial f}{\partial u}$，$\frac{\partial f}{\partial v}$，$\frac{\partial f}{\partial \omega}$，有（如图 7-5 所示）：

$$\frac{\partial F}{\partial x}=\frac{\partial f}{\partial u}\frac{\mathrm{d}u}{\mathrm{d}x}+\frac{\partial f}{\partial v}\frac{\partial v}{\partial x}+\frac{\partial f}{\partial w}\frac{\partial w}{\partial x}=f_1'+f_2'\cdot y+f_3'\cdot yz,$$

$$\frac{\partial F}{\partial y}=\frac{\partial f}{\partial u}\frac{\partial u}{\partial y}+\frac{\partial f}{\partial v}\frac{\partial v}{\partial y}+\frac{\partial f}{\partial w}\frac{\partial w}{\partial y}=f_2'\cdot x+f_3'\cdot xz,$$

$$\frac{\partial F}{\partial z}=\frac{\partial f}{\partial u}\frac{\partial u}{\partial z}+\frac{\partial f}{\partial v}\frac{\partial v}{\partial z}+\frac{\partial f}{\partial w}\frac{\partial w}{\partial z}=f_3'\cdot xy.$$

(2)全微分形式的不变性.

设 $z=f(u,v)$ 具有连续偏导数，则有全微分

$$\mathrm{d}z=\frac{\partial z}{\partial u}\mathrm{d}u+\frac{\partial z}{\partial v}\mathrm{d}v.$$

如果 $z=f(u,v)$ 具有连续偏导数，而 $u=\varphi(x,y)$，$v=\varphi(x,y)$ 也具有连续偏导数，则

$$\begin{aligned}\mathrm{d}z&=\frac{\partial z}{\partial x}\mathrm{d}x+\frac{\partial z}{\partial y}\mathrm{d}y\\&=\left(\frac{\partial z}{\partial u}\frac{\partial u}{\partial x}+\frac{\partial z}{\partial v}\frac{\partial v}{\partial x}\right)\mathrm{d}x+\left(\frac{\partial z}{\partial u}\frac{\partial u}{\partial y}+\frac{\partial z}{\partial v}\frac{\partial v}{\partial y}\right)\mathrm{d}y\\&=\frac{\partial z}{\partial u}\left(\frac{\partial u}{\partial x}\mathrm{d}x+\frac{\partial u}{\partial y}\mathrm{d}y\right)+\frac{\partial z}{\partial v}\left(\frac{\partial v}{\partial x}\mathrm{d}x+\frac{\partial v}{\partial y}\mathrm{d}y\right)\end{aligned}$$

$$=\frac{\partial z}{\partial u}\mathrm{d}u+\frac{\partial z}{\partial v}\mathrm{d}v.$$

由此可见，无论 z 是自变量 u，v 的函数或中间变量 u，v 的函数，它的全微分形式是一样的．这个性质叫作全微分形式不变性.

【例 7-15】 设 $z=\mathrm{e}^u\sin v$，$u=xy$，$v=x+y$，利用全微分形式不变性求全微分.

解：
$$\begin{aligned}\mathrm{d}z&=\frac{\partial z}{\partial u}\mathrm{d}u+\frac{\partial z}{\partial v}\mathrm{d}v=\mathrm{e}^u\sin v\mathrm{d}u+\mathrm{e}^u\cos v\mathrm{d}v\\&=\mathrm{e}^u\sin v(y\mathrm{d}x+x\mathrm{d}y)+\mathrm{e}^u\cos v(\mathrm{d}x+\mathrm{d}y)\\&=(y\mathrm{e}^u\sin v+\mathrm{e}^u\cos v)\mathrm{d}x+(x\mathrm{e}^u\sin v+\mathrm{e}^u\cos v)\mathrm{d}y\\&=\mathrm{e}^{xy}[y\sin(x+y)+\cos(x+y)]\mathrm{d}x+\mathrm{e}^{xy}[x\sin(x+y)+\cos(x+y)]\mathrm{d}y.\end{aligned}$$

5. 隐函数的求导公式

在一元函数微分学中，我们已学过一元隐函数求导法，但没有给出一般的求导公式．现根据复合函数的求导法，就可以推导出一元隐函数的求导公式.

设方程 $F(x,y)=0$ 确定了函数 $y=f(x)$，将它代入方程，则变成了恒等式：

$$F[x,f(x)]\equiv 0,$$

上式左端看作是 x 的一个复合函数，两端对 x 求导得

$$\frac{\mathrm{d}F}{\mathrm{d}x}=F_x'+F_y'\cdot\frac{\mathrm{d}y}{\mathrm{d}x}=0,$$

若 $F_y'\neq 0$，则得一元隐函数的求导公式：

$$\frac{\mathrm{d}y}{\mathrm{d}x}=-\frac{F_x'}{F_y'}.$$

【例 7-16】 设 $x^2y^2-x^4-y^4=16$，求$\frac{\mathrm{d}y}{\mathrm{d}x}$.

解： 令 $F(x,y)=x^2y^2-x^4-y^4-16$，则

$$F_x'=2xy^2-4x^3,\ F_y'=2x^2y-4y^3,$$

$$\frac{\mathrm{d}y}{\mathrm{d}x}=-\frac{F_x'}{F_y'}=-\frac{2xy^2-4x^3}{2x^2y-4y^3}=\frac{2x^3-xy^2}{x^2y-2y^3}.$$

读者可以用一元函数的方法求出同样的结果．用同样的方法我们可以得到二元隐函数的求偏导数的公式.

设方程 $F(x,y,z)=0$ 确定了隐函数 $z=f(x,y)$，且 F_x'，F_y'，F_z'连续，$F_z'\neq 0$，将 $z=f(x,y)$代入方程 $F(x,y,z)=0$ 得恒等式：

$$F[x,y,f(x,y)]\equiv 0,$$

对上式两端分别关于 x，y 求偏导，得

$$\frac{\partial F}{\partial x}=F_x'+F_z'\frac{\partial z}{\partial x}=0,\ \frac{\partial F}{\partial y}=F_y'+F_z'\frac{\partial z}{\partial y}=0.$$

因为 $F_z'\neq 0$，所以有二元隐函数的求导公式：

$$\frac{\partial z}{\partial x}=-\frac{F_x'}{F_z'},\ \frac{\partial z}{\partial y}=-\frac{F_y'}{F_z'}.$$

【例 7-17】 设 $z^x=y^z$，求$\frac{\partial z}{\partial x}$，$\frac{\partial z}{\partial y}$.

解：令 $F(x, y, z)=z^x-y^z$，则

$$F'_x=z^x\ln z,\ F'_y=-zy^{z-1},\ F'_z=xz^{x-1}-y^z\ln y,$$

由二元隐函数求导公式，有

$$\frac{\partial z}{\partial x}=-\frac{F'_x}{F'_z}=-\frac{z^x\ln z}{xz^{x-1}-y^z\ln y},\ \frac{\partial z}{\partial y}=-\frac{F'_y}{F'_z}=\frac{zy^{z-1}}{xz^{x-1}-y^z\ln y}.$$

【例 7-18】 设 $x^2+y^2+z^2=2x$，求$\frac{\partial^2 z}{\partial x^2}$.

解：令 $F(x, y, z)=x^2+y^2+z^2-2x$，则

$$F'_x=2x-2=2(x-1),\ F'_z=2z,$$

$$\frac{\partial z}{\partial x}=-\frac{F'_x}{F'_z}=-\frac{x-1}{z}=\frac{1-x}{z},$$

$$\frac{\partial^2 z}{\partial x^2}=\left(\frac{1-x}{z}\right)'_x=\frac{(-1)\cdot z-(1-x)\cdot\frac{\partial z}{\partial x}}{z^2}=\frac{-z-(1-x)\cdot\frac{1-x}{z}}{z^2}=-\frac{z^2+(1-x)^2}{z^3}.$$

计算隐函数的偏导数不必套用公式，在做题熟练后，可直接按照复合函数的导数公式计算，只是需要将 z 看作中间变量即可.

【例 7-19】 计算由方程 $xy+\sin z+y=2z$ 确定的隐函数的偏导数.

解：在方程中将 z 看作是 x，y 的二元函数，在方程两端对 x，y 分别求偏导，得

$$y+\cos z\frac{\partial z}{\partial x}=2\frac{\partial z}{\partial x},\ x+\cos z\frac{\partial z}{\partial y}+1=2\frac{\partial z}{\partial y},$$

于是，有

$$\frac{\partial z}{\partial x}=\frac{y}{2-\cos z},\ \frac{\partial z}{\partial y}=\frac{1+x}{2-\cos z}.$$

7.1.4 多元函数的极值

在生产实践和经济问题上，我们经常遇到多元函数的最大(小)值问题．类似于一元函数，多元函数的最值与多元函数的极值有密切联系．本节讨论二元函数的极值，仿此可推广到二元以上的函数.

1. 多元函数的极值

定义 7.6 设函数 $z=f(x, y)$在点(x_0, y_0)的某个邻域内有定义，对于该邻域内异于(x_0, y_0)的点，如果都满足不等式$f(x, y)<f(x_0, y_0)$，则称函数$f(x, y)$在点(x_0, y_0)有极大值$f(x_0, y_0)$. 如果都满足不等式$f(x, y)>f(x_0, y_0)$，则称函数$f(x, y)$在点(x_0, y_0)有极小值$f(x_0, y_0)$.

极大值、极小值统称为极值．使函数取得极值的点称为极值点.

例如，函数 $z=x^2+y^2$ 在点(0, 0)处有极小值．因为对于点(0, 0)的任一邻域内异于(0, 0)的点，函数值都为正，而在点(0, 0)处的函数值为零.

定理 7.5(极值存在的必要条件) 设函数 $z=f(x, y)$在点(x_0, y_0)处具有偏导数，且在点(x_0, y_0)处有极值，则它在该点的偏导数必然为零，即

$$f_x(x_0, y_0)=0,\ f_y(x_0, y_0)=0.$$

使$f_x(x, y)=0$，$f_y(x, y)=0$同时成立的点(x_0, y_0)称为函数$z=f(x, y)$的驻点.

从定理7.5可知，具有偏导数的函数的极值点必定是驻点．但是函数的驻点不一定是极值点，例如，点(0，0)是函数$z=xy$的驻点，但是函数在该点并无极值．

怎样判定一个驻点是不是极值点呢?

定理7.6(极值存在的充分条件)　设函数$z=f(x,y)$在点(x_0,y_0)的某邻域内连续且有一阶及二阶连续偏导数，又$f_x(x_0,y_0)=0$，$f_y(x_0,y_0)=0$，令

$$f_{xx}(x_0,y_0)=A,\ f_{xy}(x_0,y_0)=B,\ f_{yy}(x_0,y_0)=C.$$

则$f(x,y)$在(x_0,y_0)处是否取得极值的条件如下：

(1)当$AC-B^2>0$时具有极值，且当$A<0$时有极大值，当$A>0$时有极小值．

(2)当$AC-B^2<0$时没有极值．

(3)当$AC-B^2=0$时可能有极值，也可能没有极值，还需另作讨论．

利用定理7.5和定理7.6，如果函数$z=f(x,y)$具有二阶连续偏导数，则求$z=f(x,y)$的极值的步骤如下：

(1)解方程组$f_x(x,y)=0$，$f_y(x,y)=0$，求得$z=f(x,y)$的所有驻点．

(2)对于每一个驻点(x_0,y_0)，求出二阶偏导数的值A，B和C．

(3)定出$AC-B^2$的符号，按定理7.6的结论判定$f(x_0,y_0)$是不是极值，是极大值还是极小值．

【例7-20】　求函数$f(x,y)=y^3-x^2+6x-12y+5$的极值．

解：先解方程组

$$\begin{cases}f_x(x,y)=-2x+6=0,\\ f_y(x,y)=3y^2-12=0,\end{cases}$$

求得驻点为(3，2)，(3，-2)．又因为在点(3，2)处，$AC-B^2=-24<0$，所以函数在(3，2)处没有极值；在点(3，-2)处，$AC-B^2=24>0$，而$A<0$，所以函数在(3，-2)处取极大值．

值得一提的是，如果函数在所讨论的区域内个别点处的偏导数不存在，这些点当然不是驻点，但也可能是极值点．如函数$z=-\sqrt{x^2+y^2}$在点(0，0)处的偏导数不存在，但函数在点(0，0)处却具有极大值，因此，在考虑函数的极值问题时，除了考虑函数的驻点外，还应考虑偏导数不存在的点．

2. 二元函数的最值

与闭区间上一元连续函数的性质相类似，若函数$z=f(x,y)$在有界闭区域D上连续，则$f(x,y)$在D上必有最大值、最小值．求函数$z=f(x,y)$的最大值和最小值的一般步骤：

(1)求函数$z=f(x,y)$在D内所有可能的极值(驻点、偏导数不存在的点的函数值)．

(2)求函数$z=f(x,y)$在D的边界上的最大值和最小值．

(3)将得到的所有函数值进行比较，其中最大者即为最大值，最小者为最小值．

但在实际问题中，如果根据问题的性质可以判断出函数$z=f(x,y)$的最大值(最小值)一定在D的内部取得，而函数$f(x,y)$在D内只有一个驻点，那么该驻点处的函数值就是函数$f(x,y)$在D上的最大值(最小值)．

【例 7-21】 某厂要用铁板做成一个体积为 2 m^3 的有盖长方体水箱．问当长、宽、高各取怎样的尺寸时，才能使用料最省．

解：设水箱的长为 x m，宽为 y m，则其高应为$\frac{2}{xy}$ m，此水箱所用材料的面积为

$$A=2\left(xy+y\cdot\frac{2}{xy}+x\cdot\frac{2}{xy}\right),$$

即

$$A=2\left(xy+\frac{2}{x}+\frac{2}{y}\right)(x>0,\ y>0),$$

可见，材料面积 A 是 x 和 y 的二元函数，这就是目标函数．现在求使这函数取得最小值的点 $(x,\ y)$．

令

$$A_x=2\left(y-\frac{2}{x^2}\right)=0,$$

$$A_y=2\left(x-\frac{2}{y^2}\right)=0,$$

解这方程组，得

$$x=\sqrt[3]{2},\ y=\sqrt[3]{2}.$$

由题意可知，最小值一定存在，且在开区域 $D=\{(x,\ y)\mid x>0,\ y>0\}$ 内取得．又函数在 D 内只有唯一的驻点 $(\sqrt[3]{2},\ \sqrt[3]{2})$，因此当水箱的长为 $\sqrt[3]{2}$ m，宽为 $\sqrt[3]{2}$ m 时，水箱用料最省．

从这个例子还可以看出，在体积一定的长方体中，以立方体的表面积为最小．

3. 条件极值

前面讨论的极值问题，自变量在定义域范围内可以任意取值，未受任何条件的约束，此时的极值称为无条件极值．但在实际问题中，函数的自变量还要受到其他附加条件的限制，这种有附加条件的极值问题，称为条件极值．下面介绍条件极值的拉格朗日乘数法．

拉格朗日乘数法 设函数 $z=f(x,\ y)$ 和 $g=\varphi(x,\ y)$ 在区域 D 内有一阶连续偏导数，要求函数 $z=f(x,\ y)$ 在附加条件 $\varphi(x,\ y)=0$ 下的可能极值点，可以先构造辅助函数：

$$L(x,\ y,\ \lambda)=f(x,\ y)+\lambda\varphi(x,\ y),$$

其中，λ 为某一常数，求其对 x 与 y 的一阶偏导数，并使之为零，然后与方程 $\varphi(x,\ y)=0$ 联立：

$$\begin{cases}f_x(x,\ y)+\lambda\varphi_x(x,\ y)=0,\\ f_y(x,\ y)+\lambda\varphi_y(x,\ y)=0,\\ \varphi(x,\ y)=0.\end{cases}$$

由这方程组解出 x，y 及 λ，则其中 x，y 就是函数 $f(x,\ y)$ 在附加条件 $\varphi(x,\ y)=0$ 下的可能极值点的坐标．

$L(x,\ y,\ \lambda)$ 称为拉格朗日函数，参数 λ 称为拉格朗日乘子．

按照这种方法求出来的点是否为极值点，还需要加以讨论，但在实际问题中往往可根据问题本身的性质来判定．

【例 7-22】 求表面积为 a^2 而体积为最大的长方体的体积．

解：设长方体的三棱长为 x，y，z，则问题就是在条件

$$\varphi(x,\ y,\ z)=2xy+2yz+2xz-a^2=0$$

下，求函数 $V=xyz(x>0,\ y>0,\ z>0)$ 的最大值．构造拉格朗日函数：

$$L(x,\ y,\ z,\ \lambda)=xyz+\lambda(2xy+2yz+2xz-a^2),$$

求其对 x，y，z 的偏导数，并使之为零，得到

$$\begin{cases}yz+2\lambda(y+z)=0,\\xz+2\lambda(x+z)=0,\\xy+2\lambda(y+x)=0,\end{cases}$$

再与 $\varphi(x,\ y,\ z)=2xy+2yz+2xz-a^2=0$ 联立求解．

因 x，y，z 都不等于零，所以有

$$\frac{x}{y}=\frac{x+z}{y+z},\ \frac{y}{z}=\frac{x+y}{x+z},$$

由以上两式解得

$$x=y=z,$$

将此代入上式，便得

$$x=y=z=\frac{\sqrt{6}}{6}a.$$

这是唯一可能的极值点．因为由问题本身可知最大值一定存在，所以最大值就在这个可能的极值点处取得．也就是说，表面积为 a^2 的长方体中，以棱长为 $\frac{\sqrt{6}}{6}a$ 的正方体的体积为最大，最大体积 $V=\frac{\sqrt{6}}{36}a^3$.

任务 2　认识多元函数积分、了解其应用

7.2　多元函数积分及其应用

在一元函数积分学中，定积分是一元函数定义在区间上某种确定形式和的极限，这种和式的极限概念推广到定义在区域、曲线、曲面上多元函数的情形，便得到重积分、曲线积分和曲面积分等概念．本节主要介绍二重积分的概念、性质、计算方法及应用.

7.2.1　二重积分的概念与性质

1. 二重积分的概念

(1)引例.

1)曲顶柱体的体积．设有一立体，它的底是 xOy 面上的闭区域 D，侧面是通过区

域 D 的边界点与 z 轴平行的柱面，顶面是曲面 $z=f(x, y)((x, y)\in D)$，这里 $f(x, y)\geqslant 0$ 且在区域 D 上连续，如图 7-6 所示这种立体称为曲顶柱体，现在，我们来讨论如何计算它的体积 V.

如果柱体的顶面平行于 xOy 面，则柱体体积等于底面面积与高的乘积. 关于曲顶柱体，当点 (x, y) 在区域 D 上变动时，高度 $f(x, y)$ 是变量，因此它的体积不能按此法计算. 具体做法如下：

第一步，划分. 把区域 D 任意分成 n 个小闭区域 $\Delta\sigma_1$，$\Delta\sigma_2$，$\Delta\sigma_3$，…，$\Delta\sigma_n$，分别以这些小闭区域为底，以过小闭区域的边界线且平行于 z 轴的柱面为侧面作小曲顶柱体，这些柱面把原来的曲顶柱体分为 n 个小曲顶柱体（如图 7-6 所示），显然所求体积就是这 n 个小曲顶柱体体积的和.

第二步，近似. 用 $\Delta\sigma_i$ 表示第 i 个小区域，同时也表示第 i 个小区域的面积，当这些小闭区域的直径（闭区域的直径是指闭区域上任意两点间距离的最大者）很小时，由于 $f(x, y)$ 连续，对同一个小闭区域来说，$f(x, y)$ 变化很小，这时小曲顶柱体的体积可近似看作小平顶柱体的体积，在每个小区域 $\Delta\sigma_i$ 的内部或边界上任取一点 (ξ_i, η_i)，以 $f(\xi_i, \eta_i)$ 为高，以 $\Delta\sigma_i$ 为底的小平顶柱体的体积为 $f(\xi_i, \eta_i)\Delta\sigma_i$，于是

$$\Delta V_i\approx f(\xi_i, \eta_i)\Delta\sigma_i(i=1, 2, 3, \cdots, n).$$

第三步，求和. 将这 n 个小平顶柱体的体积相加，即得曲顶柱体体积的近似值为

$$V\approx\sum_{i=1}^{n}f(\xi_i, \eta_i)\Delta\sigma_i.$$

第四步，取极限. 令 n 个小闭区域的直径中的最大值（记作 λ）趋于零，当 $n\to+\infty$，且 $\lambda\to 0$ 时，如果式子 $\sum\limits_{i=1}^{n}f(\xi_i, \eta_i)\Delta\sigma_i$ 存在极限，则称这个极限值就是曲顶柱体的体积，即

$$V=\lim_{\substack{n\to\infty\\ \lambda\to 0}}\sum_{i=1}^{n}f(\xi_i, \eta_i)\Delta\sigma_i.$$

2）平面薄片的质量. 设有一平面薄片占有 xOy 平面上的区域 D（如图 7-7 所示），面密度为 D 上的连续函数 $\mu(x, y)$，求该平面薄片的质量.

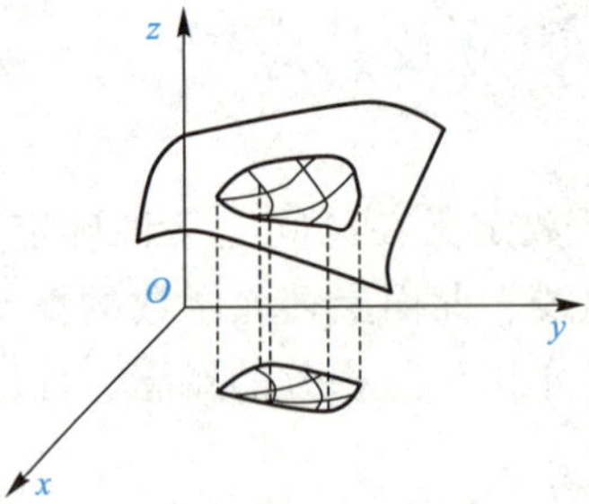

图 7-6

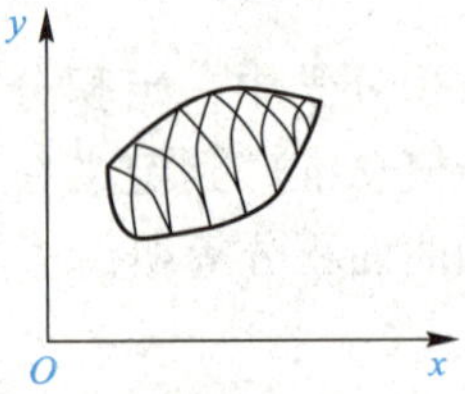

图 7-7

我们知道，对于质量均匀的薄片，该薄片的质量 $m=$ 面密度 × 薄片面积. 现在，由于薄片的面密度 $\mu(x, y)$ 是 D 上的变量，因而不能用上述公式，于是可仿照求曲顶柱体的思想方法求得，具体做法如下：

第一步，划分．把薄片(即区域 D)任意分成 n 个小闭区域 $\Delta\sigma_1$，$\Delta\sigma_2$，$\Delta\sigma_3$，…，$\Delta\sigma_n$，用 $\Delta\sigma_i$ 表示第 i 个小区域的面积．

第二步，近似．在每个小区域 $\Delta\sigma_i$ 的内部或边界上任取一点(ξ_i, η_i)，以 $\mu(\xi_i, \eta_i)\Delta\sigma_i$ 近似代替第 i 个小区域的薄片的质量．

第三步，求和．将 n 个小区域的薄片的近似质量相加，即得薄片质量的近似值为

$$m \approx \sum_{i=1}^{n} \mu(\xi_i, \eta_i)\Delta\sigma_i.$$

第四步，取极限．当 $n\to\infty$，$\lambda\to 0$ 时，若 $\sum\limits_{i=1}^{n} \mu(\xi_i, \eta_i)\Delta\sigma_i$ 存在极限，则称此极限值就是薄片的质量，即

$$m = \lim_{\substack{n\to\infty \\ \lambda\to 0}} \sum_{i=1}^{n} f(\xi_i, \eta_i)\Delta\sigma_i.$$

上述两例，虽然实际意义不同，但它们却具有相同的数学结构，归结为分割、近似、求和、取极限．于是抽象出二重积分的定义．

(2)二重积分的定义．

定义 7.7　设 $z=f(x, y)$在有界闭区域 D 上连续，将区域 D 任意分成 n 个小闭区域 $\Delta\sigma_1$，$\Delta\sigma_2$，$\Delta\sigma_3$，…，$\Delta\sigma_n$，并以 $\Delta\sigma_i$ 表示第 i 个小闭区域的面积，在 $\Delta\sigma_i$ 的内部或边界上任取一点(ξ_i, η_i)，作和 $\sum\limits_{i=1}^{n} f(\xi_i, \eta_i)\Delta\sigma_i$．令 λ 是小区域 $\Delta\sigma_i$ 中直径的最大值，如果当 $n\to\infty$，$\lambda\to 0$ 时，和式 $\sum\limits_{i=1}^{n} f(\xi_i, \eta_i)\Delta\sigma_i$ 存在极限，则称此极限为函数 $z=f(x, y)$在区域 D 上的二重积分，记为 $\iint\limits_D f(x, y)\mathrm{d}\sigma$，即

$$\iint\limits_D f(x, y)\mathrm{d}\sigma = \lim_{\substack{n\to\infty \\ \lambda\to 0}} \sum_{i=1}^{n} f(\xi_i, \eta_i)\Delta\sigma_i.$$

其中，$f(x, y)$称为被积函数，$f(x, y)\mathrm{d}\sigma$ 称为被积表达式，$\mathrm{d}\sigma$ 称为面积微元，D 称为积分区域，x 与 y 称为积分变量，$\sum\limits_{i=1}^{n} f(\xi_i, \eta_i)\Delta\sigma_i$ 称为积分和．

注意：(1) 当 $f(x, y)\equiv 1$ 时，$\iint\limits_D f(x, y)\mathrm{d}\sigma$ 表示积分区域 D 的面积．

(2)当 $f(x, y)$在有界闭区域 D 上连续时，它的二重积分一定存在(或说 $f(x, y)$在有界闭区域 D 上可积)．

2. 二重积分的性质

二重积分具有与定积分类似的性质．其证明方法也是类似的．

性质 1　若函数 $f(x, y)$在区域 D 上可积，则函数 $kf(x, y)$(k 为常数)在区域 D 上也可积，且有

$$\iint\limits_D kf(x, y)\mathrm{d}\sigma = k\iint\limits_D f(x, y)\mathrm{d}\sigma.$$

性质 2　两个可积的被积函数在区域 D 上的代数和的积分等于它们在区域 D 上的积分的代数和，即

$$\iint_D [f(x, y) \pm g(x, y)]\mathrm{d}\sigma = \iint_D f(x, y)\mathrm{d}\sigma \pm \iint_D g(x, y)\mathrm{d}\sigma.$$

性质 3 如果区域 D 被分成两个闭区域 D_1 与 D_2，函数 $f(x, y)$ 在区域 D 上也可积，则有

$$\iint_D f(x,y)\mathrm{d}\sigma = \iint_{D_1} f(x,y)\mathrm{d}\sigma + \iint_{D_2} f(x,y)\mathrm{d}\sigma.$$

这个性质称为积分的区域可加性.

性质 4 如果在区域 D 上，可积函数 $f(x, y) \leqslant g(x, y)$，则

$$\iint_D f(x, y)\mathrm{d}\sigma \leqslant \iint_D g(x, y)\mathrm{d}\sigma.$$

性质 5 设 M，m 是 $f(x, y)$ 在有界闭区域 D 上的最大值和最小值，σ 为区域 D 的面积，则

$$m\sigma \leqslant \iint_D f(x, y)\mathrm{d}\sigma \leqslant M\sigma.$$

此不等式称为二重积分的估值不等式.

性质 6(二重积分的中值定理) 设函数 $f(x, y)$ 在有界闭区域 D 上连续，σ 是区域 D 的面积，则在 D 上至少存在一点 (ξ, η) 使下式成立：

$$\iint_D f(x, y)\mathrm{d}\sigma = f(\xi, \eta)\sigma.$$

中值定理的几何意义是：以区域 D 为底，以 $z = f(x, y) \geqslant 0$ 为曲顶的曲顶柱体的体积等于同底的、高为 $f(\xi, \eta)$ 的平顶柱体的体积.

【例 7-23】 试估计二重积分值 $\iint_D (x+y+1)\mathrm{d}\sigma$，其中 D 是矩形区域：$0 \leqslant x \leqslant 1$，$0 \leqslant y \leqslant 2$.

解：$f(x, y) = x + y + 1$，则当 $(x, y) \in D$ 时，$m = 0 + 0 + 1 = 1$，$M = 2 + 1 + 1 = 4$，故 $1 \leqslant f(x, y) \leqslant 4$ 且 $\sigma = 2 \times 1 = 2$，则

$$2 = m\sigma \leqslant \iint_D (x+y+1)\mathrm{d}\sigma \leqslant M\sigma = 8.$$

7.2.2 二重积分的计算

二重积分的定义本身也给出了二重积分的计算方法，由于计算“和数”很复杂，按照定义计算二重积分有很大的局限性，这一节将根据“元素分析法”来给出二重积分的计算方法——化二重积分为二次积分，即通过连续计算两次定积分来求得二重积分的值.

利用直角坐标系计算二重积分

设积分区域 D 是由两条直线 $x = a$，$x = b$ 及两条曲线 $y = \varphi_1(x)$，$y = \varphi_2(x)$ 围成的(如图 7-8 所示)，即区域 D 满足不等式：

$$\varphi_1(x) \leqslant y \leqslant \varphi_2(x),\ a \leqslant x \leqslant b.$$

其中 $\varphi_1(x)$，$\varphi_2(x)$ 在 $[a, b]$ 上连续，如图 7-8 所示，我们称这样的区域为 X－型

区域．它的特点是垂直于 x 轴的任意直线 $x=x_0(a<x_0<b)$ 至多与区域 D 的边界有两个交点．

首先，在区域 D 内任取一点$(x,\ y)$，将 x 看作常数$(a\leqslant x\leqslant b)$，这时函数 $z=f(x,\ y)$是 y 的一元函数，根据“元素法”，将 $f(x,\ y)$在 x 处沿着平行 y 轴方向从 $\varphi_1(x)$到 $\varphi_2(x)$ 进行“累加”即得积分

$$\int_{\varphi_1(x)}^{\varphi_2(x)} f(x,y)\,\mathrm{d}y,$$

此积分是曲面 $z=f(x,\ y)$与过 x 且垂直于 x 轴的平面的交线 $z=f(x,\ y)$（x 暂且是常数）在区间$[\varphi_1(x),\ \varphi_2(x)]$上的曲边梯形的面积，如图 7-9 所示，对于任意 $x\in[a,\ b]$都有唯一一个曲边梯形的面积

$$S(x)=\int_{\varphi_1(x)}^{\varphi_2(x)} f(x,y)\,\mathrm{d}y,$$

它是 x 的函数.

其次，根据“元素法”将这些曲边梯形的面积 $S(x)$沿着 x 轴方向从 a 到 b“累加”即得积分：

$$\int_a^b S(x)\,\mathrm{d}x=\int_a^b\left[\int_{\varphi_1(x)}^{\varphi_2(x)} f(x,y)\,\mathrm{d}y\right]\mathrm{d}x$$

就是曲顶柱体的体积，即

$$\iint_D f(x,y)\,\mathrm{d}x\mathrm{d}y=\int_a^b\left[\int_{\varphi_1(x)}^{\varphi_2(x)} f(x,y)\,\mathrm{d}y\right]\mathrm{d}x,$$

简记为

$$\iint_D f(x,y)\,\mathrm{d}x\mathrm{d}y=\int_a^b \mathrm{d}x\int_{\varphi_1(x)}^{\varphi_2(x)} f(x,y)\,\mathrm{d}y,$$

这就是二重积分在直角坐标系下的计算公式，上式右端称为二次(或累次)积分．

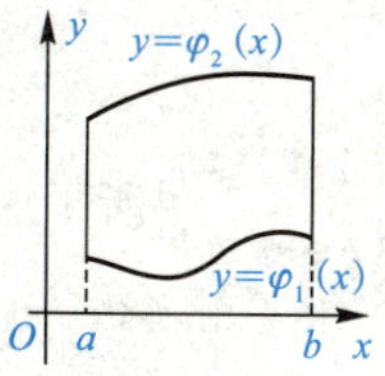

图 7-8

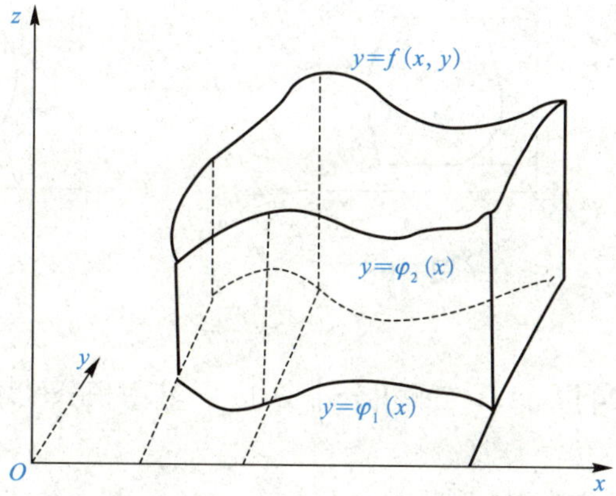

图 7-9

类似地，如果区域 D 是由直线 $y=c$，$y=d$，曲线 $x=\varphi_1(y)$，$x=\varphi_2(y)$围成的，即区域 D 满足不等式：

$$\varphi_1(y)\leqslant x\leqslant\varphi_2(y),\ c\leqslant y\leqslant d,$$

其中，$\varphi_1(y)$，$\varphi_2(y)$在$[c,\ d]$上连续(如图 7-10)，则称为 Y－型区域．它的特点

是垂直于 y 轴的直线 $y=y_0(c\leqslant y_0\leqslant d)$ 与区域 D 的边界至多有两个交点，这时，函数 $z=f(x,y)$ 在区域 D 上的二重积分为

$$\iint_D f(x,y)\,\mathrm{d}x\mathrm{d}y=\int_c^d\left[\int_{\varphi_1(y)}^{\varphi_2(y)}f(x,y)\,\mathrm{d}x\right]\mathrm{d}y,$$

或简记为

$$\iint_D f(x,y)\,\mathrm{d}x\mathrm{d}y=\int_c^d\mathrm{d}y\int_{\varphi_1(y)}^{\varphi_2(y)}f(x,y)\,\mathrm{d}x.$$

特别地，区域 D 由直线 $x=a$，$x=b$，$y=c$，$y=d$ 围成，即 D 是一个满足不等式 $(a\leqslant x\leqslant b,\ c\leqslant y\leqslant d)$ 的矩形，则函数 $z=f(x,y)$ 在区域 D 上的二重积分为

$$\iint_D f(x,y)\,\mathrm{d}x\mathrm{d}y=\int_a^b\mathrm{d}x\int_c^d f(x,y)\,\mathrm{d}y=\int_c^d\mathrm{d}y\int_a^b f(x,y)\,\mathrm{d}x.$$

注意：(1) 在上面的讨论中，我们都是在 $f(x,y)\geqslant 0$ 的情形下进行的．但在实际中，计算公式并不受限制，只要 $f(x,y)$ 在区域 D 上连续，则计算公式恒成立.

(2) 如果所给出的区域不是 X－型区域或 Y－型区域，我们可以利用平行于坐标轴的直线将其分割成有限个 X－型区域或 Y－型区域(如图 7-11 所示)，然后，利用二重积分的性质 3(区域可加性)将二重积分化为几个区域上二重积分的代数和即可.

(3) 以上例题表明，在直角坐标系下计算二重积分时，应注意积分顺序的选择，二重积分的计算的关键是转化为二次积分.

(4) 二重积分化为二次积分的关键是确定两个定积分上、下限，积分限的确定是根据积分区域 D 来进行的，因此画出积分区域图就显得非常重要.

(5) 确定积分限的原则：单积分的下限一定小于上限，外层积分一定是常数，里层积分一般是外层积分变量的函数．

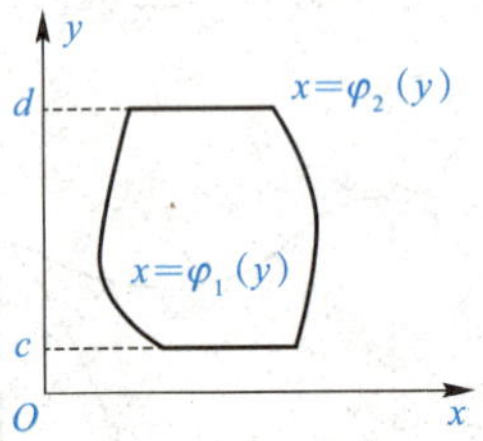

图 7-10

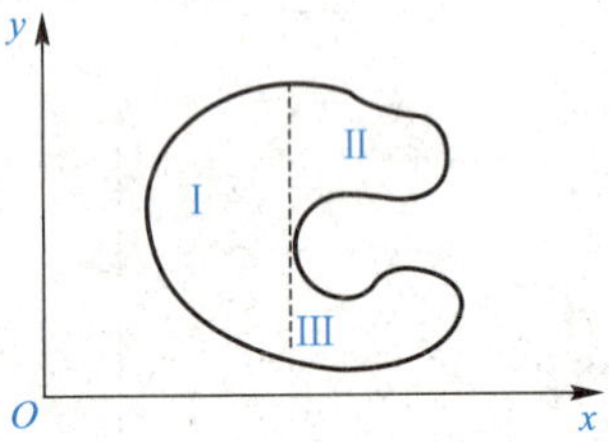

图 7-11

【例 7-24】 计算二重积分 $\iint\limits_D xy\,\mathrm{d}\sigma$，其中积分区域 D 为 $\begin{cases}a\leqslant x\leqslant b,\\ c\leqslant x\leqslant d\end{cases}$ 所围成的矩形.

解：视 D 为 X－型区域，D：$\begin{cases}a\leqslant x\leqslant b,\\ c\leqslant x\leqslant d,\end{cases}$ 则

$$\iint_D xy\,\mathrm{d}\sigma=\int_a^b\mathrm{d}x\int_c^d xy\,\mathrm{d}y=\int_a^b x\,\mathrm{d}x\cdot\int_c^d y\,\mathrm{d}y=\frac{1}{2}(d^2-c^2)\int_a^b x\,\mathrm{d}x=\frac{1}{4}(b^2-a^2)(d^2-c^2).$$

【例 7-25】 计算 $I=\iint\limits_D xy\,\mathrm{d}x\mathrm{d}y$，其中 D 是由曲线 $x=y^2$ 及 $x^2=6-5y$ 所围成的.

解：画出积分区域 D 的图形，如图 7-12 所示.

从 D 的形状看，选取先对 x 积分，再对 y 积分.

将 D 向 y 轴投影，得 $-2\leqslant y\leqslant 1$. 任取 $y\in(-2,1)$，过 y 作平行于 x 轴的直线自左而右穿过 D，穿入点及穿出点的横坐标构成区间 $y^2\leqslant x\leqslant\sqrt{6-5y}$，于是积分区域 D 的不等式组表示为

$$D:\ y^2\leqslant x\leqslant\sqrt{6-5y},\quad -2\leqslant y\leqslant 1.$$

故

$$\begin{aligned}I&=\int_{-2}^{1}\mathrm{d}y\int_{y^2}^{\sqrt{6-5y}}xy\mathrm{d}x=\frac{1}{2}\int_{-2}^{1}y(6-5y-y^4)\mathrm{d}y\\&=\frac{1}{2}\left(3y^2-\frac{5}{3}y^3-\frac{1}{6}y^6\right)\Big|_{-2}^{1}\\&=-\frac{27}{4}.\end{aligned}$$

本例若选择先对 y 积分需将 D 分成 D_1+D_2.

其中

$$D_1:\ -\sqrt{x}\leqslant y\leqslant\sqrt{x},\ 0\leqslant x\leqslant 1;$$

$$D_2:\ -\sqrt{x}\leqslant y\leqslant\frac{1}{5}(6-x^2),\ 1\leqslant x\leqslant 4;$$

$$I=\int_0^1\mathrm{d}x\int_{-\sqrt{x}}^{\sqrt{x}}xy\mathrm{d}y+\int_1^4\mathrm{d}x\int_{-\sqrt{x}}^{\frac{1}{5}(6-x^2)}xy\mathrm{d}y.$$

显然比先对 x 积分麻烦.

【例 7-26】 计算积分 $\iint\limits_D \mathrm{e}^{x^2}\mathrm{d}\sigma$，$D$ 由 $x=2$，$y=x$ 及 x 轴围成，如图 7-13 所示.

解：若视 D 为 X－型区域，D：$\begin{cases}0\leqslant x\leqslant 2,\\0\leqslant y\leqslant x,\end{cases}$ 则

$$\begin{aligned}\iint\limits_D \mathrm{e}^{x^2}\mathrm{d}\sigma&=\int_0^2\mathrm{d}x\int_0^x\mathrm{e}^{x^2}\mathrm{d}y=\int_0^2\mathrm{e}^{x^2}\mathrm{d}x\int_0^x\mathrm{d}y=\int_0^2 x\mathrm{e}^{x^2}\mathrm{d}x\\&=\frac{1}{2}\int_0^2\mathrm{e}^{x^2}\mathrm{d}x^2=\frac{1}{2}\mathrm{e}^{x^2}\Big|_0^2\\&=\frac{\mathrm{e}^4-1}{2}.\end{aligned}$$

若视 D 为 Y－型区域，D：$\begin{cases}0\leqslant y\leqslant 2,\\y\leqslant x\leqslant 2,\end{cases}$ 则

$$\iint\limits_D \mathrm{e}^{x^2}\mathrm{d}\sigma=\int_0^2\mathrm{d}y\int_y^2\mathrm{e}^{x^2}\mathrm{d}x.$$

此积分无法用牛顿－莱布尼茨公式计算.

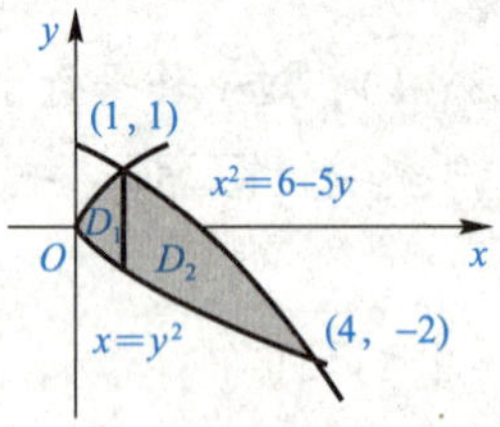

图 7-12

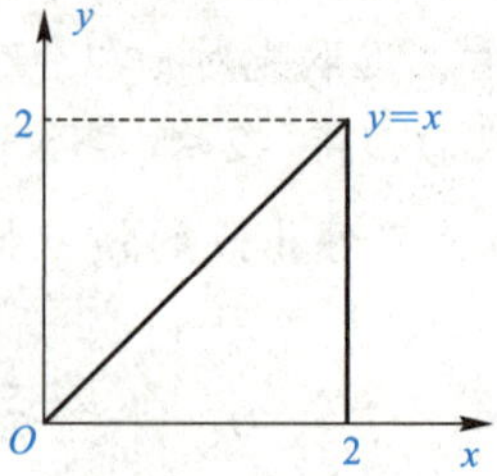

图 7-13

【例 7-27】 已知 $I=\int_0^1 \mathrm{d}y\int_0^y f(x,y)\,\mathrm{d}x+\int_1^2 \mathrm{d}y\int_0^{\sqrt{2-y}} f(x,y)\,\mathrm{d}x$，改变积分顺序.

解：积分区域 $D=D_1+D_2$，其中

$$D_1:\begin{cases}0\leqslant y\leqslant 1,\\0\leqslant x\leqslant y,\end{cases}D_2:\begin{cases}1\leqslant y\leqslant 2,\\0\leqslant x\leqslant \sqrt{2-y}.\end{cases}$$

画出积分区域的图形，如图 7-14 所示.

将积分改变为先对 y 积分后对 x 积分：

此时

$$D:\begin{cases}0\leqslant x\leqslant 1,\\x\leqslant y\leqslant 2-x^2.\end{cases}$$

因此

$$I=\int_0^1 \mathrm{d}y\int_0^y f(x,y)\,\mathrm{d}x+\int_1^2 \mathrm{d}y\int_0^{\sqrt{2-y}} f(x,y)\,\mathrm{d}x=\int_0^1 \mathrm{d}x\int_x^{2-x^2} f(x,y)\,\mathrm{d}y.$$

注意：当给定的积分顺序不能积分或计算复杂时，需要交换积分顺序.

【例 7-28】 计算由平面 $x=0$，$y=0$，$x+y=1$ 所围成的柱体被平面 $z=0$ 以及抛物面 $x^2+y^2=6-z$ 截得的立体的体积(如图 7-15 所示).

解：此立体为以 D(由 $x=0$，$y=0$，$x+y=1$ 围成)为底，以曲面 $z=6-x^2-y^2$ 为顶的曲顶柱体，则

$$\begin{aligned}V&=\iint_D(6-x^2-y^2)\,\mathrm{d}\sigma=6\iint_D \mathrm{d}\sigma-\int_0^1 \mathrm{d}x\int_0^{1-x}(x^2+y^2)\,\mathrm{d}y\\&=6\times\frac{1}{2}-\int_0^1\left[x^2(1-x)+\frac{1}{3}(1-x)^3\right]\mathrm{d}x\\&=3-\left(\frac{1}{3}-\frac{1}{4}+\frac{1}{12}\right)=\frac{17}{6}.\end{aligned}$$

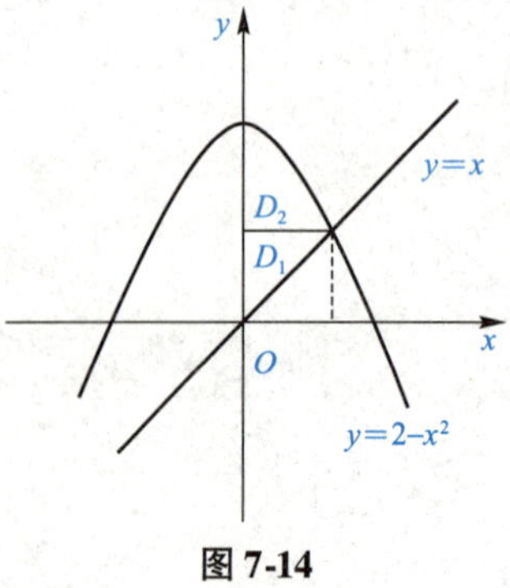

图 7-14

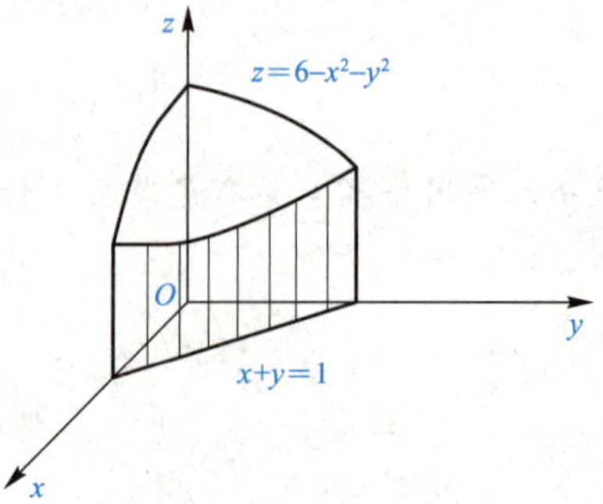

图 7-15

项　目　小　结

本项目知识结构思维导图：

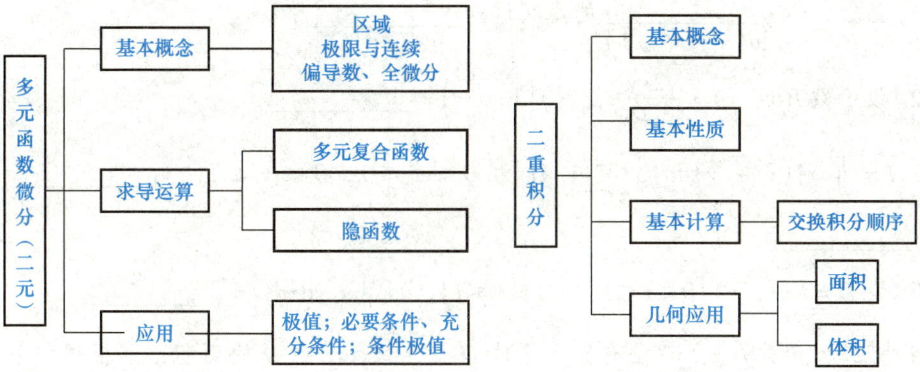

思　政　天　地

学习态度

学习最重要的是端正学习态度，正如荀子所云："锲而舍之，朽木不折；锲而不舍，金石可镂."端正学习态度需要坚持不懈的精神，东晋医药学家葛洪说过："不饱食以终日，不弃功于寸阴."持之以恒、锲而不舍，最终必然出类拔萃、与众不同."蚓无爪牙之利，筋骨之强，上食埃土，下饮黄泉，用心一也."学习也是一个连续过程，知识的积累就像连续一样，是需要时间和付出持久不懈的努力的，任何寻求捷径的想法都是不科学的．凡事都要循序渐进，遵循客观规律，欲速则不达．但并不是所有学子都能意识到这一点，即使心知肚明，也未必能落到实处，有的人浅尝辄止，还未领略到真谛，就半途而废，岂不惜哉！也有的人虎头蛇尾，过分沉湎于"良好的开端是成功的一半"，而忽视了另一半——坚持，到头来种的是西瓜，得到的是芝麻，岂不惜哉！"骐骥一跃，不能十步，驽马十驾，功在不舍."要想到达胜利的彼岸，重在持之以恒.

对待学习，一知半解就自以为是，稍遇挫折就颓唐不振，持有这种态度的人是很难成大器的．德国化学家李比希研究海藻时未能钻研到底，结果与新元素失之交臂．年过半百的谈迁在费了27年的心血一夜之间化为乌有后，并没有一蹶不振，反而以超人的毅力重整旗鼓，历尽艰苦11载，完成了巨著《国榷》．粗实的铁棒能被磨成绣花针，凭的是一股坚忍不拔的气概；涓涓细流能穿透刚硬的石块，凭的是一种不折不挠的精神．倘若有了坚持不懈的毅力，再加上用心专一的态度，就会如鱼得水．

人的一生是在不断学习和积累中度过的，同样是忙碌的一世，有的人竹篮打水一场空，一事无成；而有的人却硕果累累，成为有口皆碑的人物，这些都和学习态度密不可分．希望我们时刻能够端正自己的学习态度，为国家的繁荣昌盛而努力！

项目训练

一、填空题

1. 函数 $z=\dfrac{1}{\sqrt{\ln(x^2+y^2-1)}}$ 的定义域是____________.

2. 设函数 $f(x,\ y)=\dfrac{2xy}{x^2+y^2}$，则 $f\left(1,\ \dfrac{y}{x}\right)=$____________.

3. $I=\iint\limits_D xy(x+y)\mathrm{d}\sigma$，其中 D 为 $0\leqslant x\leqslant 1$，$0\leqslant y\leqslant 2$，则____________ $\leqslant I\leqslant$____________.

4. 设 $D=\{(x,\ y)\mid 0\leqslant x\leqslant 1,\ -1\leqslant y\leqslant 1\}$，则 $\iint\limits_D x^2y\mathrm{d}x\mathrm{d}y=$____________.

5. 若二元函数 $f(x,\ y)$ 在有界闭区域 D 上连续，σ 为 D 的面积，则根据积分中值定理，在闭区域 D 上至少存在一点 $(\varepsilon,\ \eta)$ 使 $\iint\limits_D f(x,y)\mathrm{d}x\mathrm{d}y=$____________.

二、选择题

1. 函数 $z=\ln(x^2+y^2-2)+\sqrt{4-x^2-y^2}$ 的定义域是(　　).

A. $x^2+y^2\neq 0$　　B. $x^2+y^2\neq 4$

C. $x^2+y^2>2$　　D. $2<x^2+y^2\leqslant 4$

2. 设 $u(x,\ y)=\arctan\dfrac{y}{x}$，$v(x,\ y)=\ln\sqrt{x^2+y^2}$，则下列等式成立的是(　　).

A. $\dfrac{\partial u}{\partial x}=\dfrac{\partial v}{\partial x}$　　B. $\dfrac{\partial u}{\partial x}=\dfrac{\partial v}{\partial y}$

C. $\dfrac{\partial u}{\partial y}=\dfrac{\partial v}{\partial x}$　　D. $\dfrac{\partial u}{\partial y}=\dfrac{\partial v}{\partial y}$

3. 函数 $z=f(x,\ y)$ 在点 $(x_0,\ y_0)$ 处的两个偏导数 $\dfrac{\partial z}{\partial x}$ 和 $\dfrac{\partial z}{\partial y}$ 存在是它在该点处可微的(　　).

A. 充分条件　　B. 必要条件　　C. 充要条件　　D. 无关条件

4. 若 $f_x(x_0,\ y_0)$ 与 $f_y(x_0,\ y_0)$ 都存在，则 $f(x,\ y)$ 在点 $(x_0,\ y_0)$ 处(　　).

A. 有极限　　B. 连续　　C. 可微　　D. 有定义

5. 若 $f(x,\ y)$ 在点 $(x_0,\ y_0)$ 处取最大值，且两个偏导数 $f_x(x_0,\ y_0)$ 与 $f_y(x_0,\ y_0)$ 都存在，则必有(　　).

A. $f_x(x_0,\ y_0)>0$，$f_y(x_0,\ y_0)>0$　　B. $f_x(x_0,\ y_0)=0$，$f_y(x_0,\ y_0)=0$

C. $f_x(x_0,\ y_0)=0$，$f_y(x_0,\ y_0)>0$　　D. $f_x(x_0,\ y_0)>0$，$f_y(x_0,\ y_0)=0$

6. 二次积分 $\int_0^1\mathrm{d}x\int_0^{1-x}f(x,\ y)\mathrm{d}y=$(　　).

A. $\int_0^1\mathrm{d}y\int_0^{1-y}f(x,\ y)\mathrm{d}x$　　B. $\int_0^1\mathrm{d}y\int_0^{1-x}f(x,\ y)\mathrm{d}x$

C. $\int_0^{1-x} dy \int_0^1 f(x, y) dx$　　　　D. $\int_0^1 dy \int_0^1 f(x, y) dx$

7. D 为(　　)时，$\iint\limits_D dxdy = 2$.

A. $|x| \leqslant 1, |y| \leqslant 1$　　　　B. $|x| + |y| \leqslant 1$

C. $0 \leqslant x \leqslant 1, 0 \leqslant y \leqslant 2$　　　　D. $0 \geqslant x^2 + y^2 \leqslant 2$

8. 设 $D = \{(x, y) | x^2 + y^2 \leqslant 4, y \geqslant 0\}$，则 $\iint\limits_D dxdy = ($　　$)$.

A. 16π　　B. 8π　　C. 4π　　D. 2π

9. 设 $D = \{(x, y) | 0 \leqslant x \leqslant 1, 0 \leqslant y \leqslant 1\}$，则 $\iint\limits_D xydxdy = ($　　$)$.

A. 1　　B. $\frac{1}{2}$　　C. $\frac{1}{4}$　　D. $\frac{1}{8}$

10. 设区域 D 由 y 轴及直线 $y = x$，$y = 1$ 所围成，则 $\iint\limits_D dxdy = ($　　$)$.

A. 1　　B. $\frac{1}{2}$　　C. $\frac{1}{3}$　　D. $\frac{1}{6}$

三、简答题

1. 求下列多元函数的偏导数.

(1) $z = x^y + y^x$；　　(2) $z = y^{2x}$；

(3) $z = xy + x^3$；　　(4) $z = \tan xy^2$；

(5) $z = x^{xy}$；　　(6) $z = e^{xy}\sin(x + y)$.

2. 求函数 $z = x^4y^2 + x^2y^3$ 的全部二阶偏导数.

3. 某工厂生产两种产品甲和乙，出售价格分别为10元和9元. 生产甲产品 x 件与生产乙产品 y 件的总费用是 $400 + 2x + 3y + 0.01(3x^2 + xy + 3y^2)$ 元. 问两种产品的产量各多少件时，能够取得最大利润？

4. 利用二重积分的性质比较积分值的大小.

(1) 设 $I_1 = \iint\limits_D \frac{x+y}{4} dxdy$，$I_2 = \iint\limits_D \sqrt{\frac{x+y}{4}} dxdy$，$I_3 = \iint\limits_D \sqrt[3]{\frac{x+y}{4}} dxdy$，其中：

$$D = \{(x, y) | (x-1)^2 + (y-1)^2 \leqslant 2\}.$$

(2) 设 $I_1 = \iint\limits_D \cos\sqrt{x^2 + y^2} d\sigma$，$I_2 = \iint\limits_D \cos(x^2 + y^2) d\sigma$，$I_3 = \iint\limits_D \cos(x^2 + y^2)^2 d\sigma$，其中：

$$D = \{(x, y) | x^2 + y^2 \leqslant 1\}.$$

5. 利用二重积分的性质估计下列积分的大小.

(1) $\iint\limits_D (x + y + 1) d\sigma$，其中 D 是矩形闭区域 $0 \leqslant x \leqslant 1$，$0 \leqslant y \leqslant 2$.

(2) $\iint\limits_D (x^2 + 4y^2 + 9) d\sigma$，其中 D 是圆形闭区域 $x^2 + y^2 \leqslant 4$.

6. 计算下列二重积分.

(1) $\iint\limits_D x^2y\mathrm{d}x\mathrm{d}y$，其中 D 为矩形区域 $-1\leqslant x\leqslant 1$，$0\leqslant y\leqslant 1$.

(2) $\iint\limits_D \cos y^2\mathrm{d}x\mathrm{d}y$，其中 D 是由直线 $x=1$，$y=2$，$y=x-1$ 所围成的区域.

(3) $\iint\limits_D \frac{\cos y}{y}\mathrm{d}x\mathrm{d}y$，其中 D 是由 $y=x$ 和 $y^2=x$ 所围成的区域.

(4) $\iint\limits_D \frac{x^2}{y^2}\mathrm{d}x\mathrm{d}y$，其中 D 是由 $xy=1$，$y=x$ 及 $x=2$ 所围成的闭区域.

(5) $\iint\limits_D \mathrm{e}^{-y^2}\mathrm{d}x\mathrm{d}y$，其中 D 是由直线 $x=0$，$y=1$ 及 $y=x$ 所围成的区域.

教学实验　利用 MATLAB 求多元函数的偏导数与微分

一、实验目的

(1)会利用 MATLAB 求多元函数极限和偏导数.

(2)会利用 MATLAB 求二元函数的极值.

二、实验指导

多元函数的极限要比一元函数的极限复杂，MATLAB 没有提供专门的命令函数来计算多元函数的极限，这一功能是由命令函数 limit( )来完成的. 求偏导数函数使用命令函数 diff( )来完成.

求多元函数的极值可以用 fminsearch 命令求数值解，其调用格式如表 7-1.

表 7-1　fminsearch 命令

命令	功能
[x, fv] = fminsearch(f, x0)	求多元函数 f 在初值 x0 附近的极小值，f 为字符串，输出 x 为极小值点，fv 为极小值.

【例 7-29】 已知 $f(x,y)=\dfrac{x^2+y^2}{\sin(x^2+y^2)}(x^2+y^2\neq 0)$，计算 $\lim\limits_{\substack{x\to 0\\ y\to 0}} f(x,y)$.

MATLAB 输入命令	MATLAB 输出结果

syms x y
f = (x^2+y^2)/sin(x^2+y^2);
fx = limit(f, x, 0);
fxy = limit(fx, y, 0)
	fxy =
	　1

【例 7-30】 已知函数 $F(x,y)=\arctan\dfrac{y}{x}-\ln\sqrt{x^2+y^2}$，求 $\dfrac{\partial F}{\partial x}$、$\dfrac{\partial F}{\partial y}$.

MATLAB 输入命令	MATLAB 输出结果

`syms x y`
`F=atan(y/x) - ln(sqrt(x^2+y^2)); pretty`
`(diff(F, x))`
	$-\dfrac{y}{x^2\left(1+\dfrac{y^2}{x^2}\right)}-\dfrac{x}{x^2+y^2}$

`pretty(diff(F, y))`	$\dfrac{1}{x\left(1+\dfrac{y^2}{x^2}\right)}-\dfrac{y}{x^2+y^2}$

【例 7-31】 设 $z=\mathrm{e}^{1+x\ln y}$，求$\dfrac{\partial z}{\partial x}$、$\dfrac{\partial z}{\partial y}$.

MATLAB 输入命令	MATLAB 输出结果

`syms x y`
`z=exp(1+x*ln(y));`
`dzdx=diff(z, 'x')`
	`dzdx=`
	`    ln(y)*exp(1+x*ln(y))`

`dzdy=diff(z, 'y')`	`dzdy=` `    x/y*exp(1+x*ln(y))`

【例 7-32】 求函数 $z=\ln(x+y)+\arctan xy$ 的二阶偏导数$\dfrac{\partial^2 z}{\partial x\partial y}$，$\dfrac{\partial^2 z}{\partial x^2}$，$\dfrac{\partial^2 z}{\partial y^2}$.

MATLAB 输入命令	MATLAB 输出结果

`syms x y z`
`z=ln(x+y)+atan(x*y);`
`dzdx=diff(z, 'x')`
	`dzdx=`
	`    1/(x+y)+y/(1+x^2*y^2)`

`dzdxdy=diff(dzdx, 'y')`	`dzdxdy=`
	`    -1/(x+y)-2+1/(1+x-2*y^2)-2*y^2/(1+x^2*y^2)-`
	`2*x^2`

`dzdx2=diff(z, 'x', 2)`	`dzdx2=` `    -1/(x+y)^2-2*y^3/(1+x^2*y^2)^2*x`
`dzdy2=diff(z, 'y', 2)`	`dzdy2=` `    -1/(x+y)^2-2*x^3/(1+x^2*y^2)^2*y`

【例 7-33】 某工厂生产甲、乙两种材料，若甲、乙两种材料的日产量分别为x(kg)和 y(kg)，则利润满足关系式

$$f(x,\ y)=(130-2x-0.3y-50\mathrm{e}^{-0.025x})x+(310-0.5x-3y-110\mathrm{e}^{-0.035y})y\ (\text{元}).$$

已知生产甲、乙两种材料的最大日产量分别为 30 kg 和 90 kg，问如何计划生产才能使利润最大?

本题可以先绘制函数$f(x,\ y)$的图象，再求极值.

MATLAB 输入命令	MATLAB 输出结果
[x, y] =meshgrid(0: 2: 30, 0: 2: 90); z = (130 -2 * x -0.3 * y -50 * exp (-0.025 * x)) * x + (310 -0.5 * x -3 * y -110 * exp (-0.035 * y)) * y; mesh(x, y, z, 'EdgeColor', 'k')	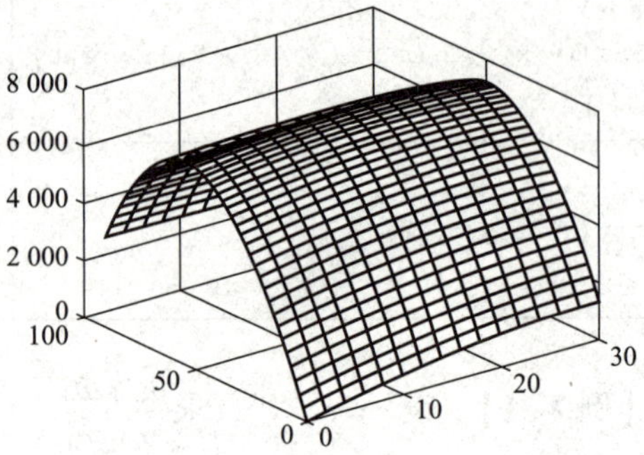

曲面的最高点大概在点(20，50)附近，因此可以把 $x=20$，$y=50$ 作为初值．将问题转化为求

$$\min[-f(x,\ y)],$$
$$0<x\leqslant 30,\ 0<y\leqslant 90.$$

MATLAB 输入命令	MATLAB 输出结果
nf =' - (130 -2 * x(1) -0.3 * x(2) -50 * exp (-0.025 * x(1))) * x(1) - (310 -0.5 * x(1) -3 * x(2) -110 * exp (-0.035 * x(2))) * x(2)'; x0 =[20, 50]; [x, fv] =fminsearch(nf, x0); x, fv = -fv	x = 17.663 0　　51.742 4 fv = 7.451 0 e +003

即甲的产量为 17.663 0 kg，乙的产量为 51.742 4 kg，最大利润为 7 451.0 元.

数学实验训练题

1. 利用 MATLAB 计算下列各极限.

(1) $\lim\limits_{\substack{x\to 0\\ y\to 1}}\arcsin\sqrt{x^2+y^2}$；　　(2) $\lim\limits_{\substack{x\to 0\\ y\to 0}}\dfrac{\sin(xy)}{x}$.

2. 利用 MATLAB 计算下列函数的偏导数.

(1) $z=\dfrac{\cos x^2}{y}$；　　(2) $z=(1+xy)^2$.

3. 利用 MATLAB 求二元函数 $z=\sin(x^2+y^2)-5$ 的极小值.

项目八　微分方程

我们知道利用函数关系可以对客观事物的规律性进行研究，但在许多问题中，往往不能直接找出所需要的函数关系，但是根据问题所提供的条件，有时可以列出含有要找的函数及其导数的关系式．这样的关系式就是微分方程．建立微分方程以后，对它进行研究，找出未知函数来，这就是解微分方程．本章主要介绍微分方程的一些基本概念和几种常用的微分方程的解法．

任务 1　认识微分方程

8.1　微分方程的基本概念

引例：一曲线通过点(1，2)，且在该曲线上任一点 $M(x, y)$ 处的切线的斜率为 $2x$，求该曲线的方程．

解：设所求曲线的方程为 $y=y(x)$，根据导数的几何意义，可知未知函数 $y=y(x)$ 应满足关系式

$$\frac{\mathrm{d}y}{\mathrm{d}x}=2x. \tag{8-1}$$

这是一个含有未知函数 y 的导数的方程，要求函数 $y(x)$，只需对上式两端积分，得

$$y=\int 2x\mathrm{d}x,$$

即

$$y=x^2+C. \tag{8-2}$$

其中，C 是任意常数．

根据题意，所求曲线通过点(1，2)，因此，未知函数 $y=y(x)$ 还应满足下列条件：

$$x=1 \text{ 时}，y=2，\text{简记为 } y\big|_{x=1}=2. \tag{8-3}$$

把条件式(8-3) 带入式(8-2)，得 $C=1$，则所求曲线方程为

$$y=x^2+1. \tag{8-4}$$

一般地，凡表示未知函数、未知函数的导数或微分与自变量之间的关系的方程，叫作微分方程．未知函数是一元函数的，叫作常微分方程；未知函数是多元函数的，叫作偏微分方程．微分方程有时也简称方程．本章只讨论常微分方程．

微分方程中所出现的未知函数的最高阶导数的阶数，叫作微分方程的阶．

例如，方程 $x^3y''' + x^2y'' - 4xy' = 3x^2$ 是三阶微分方程.

方程 $y^{(4)} - 4y''' + 10y'' - 12y' + 5y = \sin 2x$ 是四阶微分方程.

由前面的例子我们看到，在研究某些实际问题时，首先要建立微分方程，然后找出满足微分方程的函数(解微分方程)，就是说，找出这样的函数，把这函数代入微分方程能使该方程成为恒等式，这个函数就叫作该微分方程的解.

如果微分方程的解中含有相互独立的任意常数，且任意常数的个数与微分方程的阶数相同，这样的解叫作微分方程的通解.

设微分方程中的未知函数为 $y = y(x)$，如果微分方程是一阶的，通常用来确定任意常数的条件是：$x = x_0$ 时，$y = y_0$，或写成$y\big|_{x=x_0} = y_0$，其中 x_0，y_0 都是给定的值. 这种条件叫作初始条件.

【例 8-1】 验证函数 $y = (c_1 + c_2x)e^{2x}$(c_1，c_2 是常数)是微分方程

$$y'' - 4y' + 4y = 0$$

的通解.

解： 所给函数的一阶、二阶导数分别为

$$y' = [2c_1 + c_2(1 + 2x)]e^{2x},$$

$$y'' = 4[c_1 + c_2(1 + x)]e^{2x},$$

将 y''、y'及 y 的表达式代入所给方程，得

$$\begin{aligned} 左边 &= y'' - 4y' + 4y \\ &= 4[c_1 + c_2(1 + x)]e^{2x} - 4[2c_1 + c_2(1 + 2x)]e^{2x} + 4(c_1 + c_2x)e^{2x} \\ &= 0. \end{aligned}$$

所以 $y = (c_1 + c_2x)e^{2x}$是方程的通解.

任务 2　求解微分方程

8.2　一阶微分方程

8.2.1　可分离变量的微分方程

本节讨论一阶微分方程：

$$y' = f(x, y) \tag{8-5}$$

的一些解法

一阶微分方程有时也写成如下的对称形式：

$$P(x, y)dx + Q(x, y)dy = 0. \tag{8-6}$$

在式(8-6)中，变量 x 与 y 对称，它既可看作是以 x 为自变量、y 为未知函数的方程

$$\frac{dy}{dx} = -\frac{P(x, y)}{Q(x, y)}(这时\ Q(x, y) \neq 0),$$

也可看作是以 y 为自变量、x 为未知函数的方程

$$\frac{dx}{dy}=-\frac{Q(x,y)}{P(x,y)}\text{（这时 }P(x,y)\neq 0\text{）}.$$

那么，什么是可分离变量的微分方程呢，我们先看一个实例及求解方法.

例如，对于一阶微分方程：

$$\frac{dy}{dx}=2xy^2,$$

显然，$y=0$ 是方程的解，当 $y\neq 0$ 时，方程可整理为

$$\frac{dy}{y^2}=2x\,dx,$$

这样，可将变量 x 与 y 分离在等式的两端，称为分离变量，然后两端积分得

$$-\frac{1}{y}=x^2+C,$$

或

$$y=-\frac{1}{x^2+C}.$$

其中，C 是任意常数，从而得方程的通解.

一般地，如果一个一阶微分方程能写成

$$g(y)\,dy=f(x)\,dx \tag{8-7}$$

的形式，那么该方程就称为可分离变量的微分方程.

假定式(8-7)中的函数 $g(y)$ 和 $f(x)$ 是连续的，设 $y=\varphi(x)$ 是式(8-7)的解，将它代入式(8-7)中得到恒等式

$$g[\varphi(x)]\varphi'(x)\,dx=f(x)\,dx,$$

将上式两端积分，并由 $y=\varphi(x)$ 引进变量 y，得

$$\int g(y)\,dy=\int f(x)\,dx,$$

设 $G(y)$ 及 $F(x)$ 依次为 $g(y)$ 及 $f(x)$ 的原函数，于是有

$$G(y)=F(x)+C. \tag{8-8}$$

因此，式(8-7)的解满足式(8-8). 反之，如果 $y=\varphi(x)$ 是由式(8-8)所确定的隐函数，那么在 $g(y)\neq 0$ 的条件下，$y=\varphi(x)$ 也是方程式(8-7)的解.

【例 8-2】 求微分方程$\frac{dy}{dx}=2xy$ 的通解.

解：方程是可分离变量的，分离变量后得

$$\frac{dy}{y}=2x\,dx,$$

两端积分

$$\int\frac{dy}{y}=\int 2x\,dx,$$

得

$$\ln|y|=x^2+C_1,$$

从而有

$$y=\pm e^{x^2+C_1}=\pm e^{C_1}e^{x^2},$$

因 $\pm e^{C_1}$ 仍是任意常数，把它记作 C，便得方程的通解为

$$y=Ce^{x^2}.$$

注意：以上求解过程是在假定 $y\neq 0$ 的条件下进行的，显然 $y=0$ 是原方程的解，在

通解中取 $C=0$ 即可，以后不再说明.

【例 8-3】 求 $y'+P(x)y=0$ 的通解，并求当 $x=x_0$ 时 $y=y_0$ 的特解(其中 $P(x)$ 为已知连续函数).

解：分离变量得

$$\frac{\mathrm{d}y}{y}=-P(x)\,\mathrm{d}x,$$

两端积分
$$\ln|y|=-\int P(x)\,\mathrm{d}x+C_1,$$

即
$$y=\pm \mathrm{e}^{C_1}\cdot \mathrm{e}^{-\int P(x)\mathrm{d}x},$$

令
$$\pm \mathrm{e}^{C_1}=C,$$

则得到 $y=C\mathrm{e}^{-\int P(x)\mathrm{d}x}$ 为原方程的通解.

显然，$x=x_0$ 时 $y=y_0$ 的通解可表示为

$$y=y_0\mathrm{e}^{-\int_{x_0}^{x}P(x)\mathrm{d}x}. \tag{8-9}$$

有时候，方程不能直接分离变量，可通过变量代换化为可分离变量的微分方程.

【例 8-4】 求解微分方程 $y'=(x+y)^2$.

解：令 $x+y=u$，$u'=y'+1$，得

$$u'-1=u^2,$$

原方程化成可分离变量方程为

$$\frac{\mathrm{d}u}{u^2+1}=\mathrm{d}x,$$

两边积分有

$$\arctan u=x+C,$$

$$x+y=\tan(x+C),$$

所求方程通解为
$$y=\tan(x+C)-x.$$

8.2.2 齐次方程

如果一阶微分方程

$$\frac{\mathrm{d}y}{\mathrm{d}x}=f(x,\ y)$$

中的函数 $f(x,\ y)$ 可写成 $\frac{y}{x}$ 的函数，即 $f(x,\ y)=\varphi\left(\frac{y}{x}\right)$，则称这个方程为齐次方程.

例如，

$$(xy-y^2)\,\mathrm{d}x-(x^2-2xy)\,\mathrm{d}y=0$$

是齐次方程，因为

$$f(x,\ y)=\frac{xy-y^2}{x^2-2xy}=\frac{\frac{y}{x}-\left(\frac{y}{x}\right)^2}{1-2\left(\frac{y}{x}\right)}.$$

在齐次方程

$$\frac{\mathrm{d}y}{\mathrm{d}x}=\varphi\left(\frac{y}{x}\right) \tag{8-10}$$

中，引进新的未知函数

$$u=\frac{y}{x} \tag{8-11}$$

就可化为可分离变量的方程．由

$$y=ux,\ \frac{\mathrm{d}y}{\mathrm{d}x}=u+x\frac{\mathrm{d}u}{\mathrm{d}x},$$

代入式(8-10)，便得方程

$$u+x\frac{\mathrm{d}u}{\mathrm{d}x}=\varphi(u),$$

即

$$x\frac{\mathrm{d}u}{\mathrm{d}x}=\varphi(u)-u,$$

分离变量，得

$$\frac{\mathrm{d}u}{\varphi(u)-u}=\frac{\mathrm{d}x}{x},$$

两端积分，得

$$\int\frac{\mathrm{d}u}{\varphi(u)-u}=\int\frac{\mathrm{d}x}{x},$$

求出积分后，再以$\frac{y}{x}$代替u，便得所给齐次方程的通解．

【例 8-5】　解方程 $y^2+x^2\frac{\mathrm{d}y}{\mathrm{d}x}=xy\frac{\mathrm{d}y}{\mathrm{d}x}$.

解：原方程可写成

$$\frac{\mathrm{d}y}{\mathrm{d}x}=\frac{y^2}{xy-x^2}=\frac{\left(\frac{y}{x}\right)^2}{\frac{y}{x}-1},$$

因此方程是齐次方程．令$\frac{y}{x}=u$，则

$$y=ux,\ \frac{\mathrm{d}y}{\mathrm{d}x}=u+x\frac{\mathrm{d}u}{\mathrm{d}x},$$

于是原方程变为

$$u+x\frac{\mathrm{d}u}{\mathrm{d}x}=\frac{u^2}{u-1},$$

即

$$x\frac{\mathrm{d}u}{\mathrm{d}x}=\frac{u}{u-1},$$

分离变量，进而解得

$$u-\ln|u|+C=\ln|x|,$$

或写为

$$\ln|xu|=u+C,$$

以$\frac{y}{x}$代替上式中的u，便得所给方程的通解为

$$\ln|y| = \frac{y}{x} + C.$$

8.2.3 一阶线性微分方程

方程

$$\frac{dy}{dx} + P(x)y = Q(x) \tag{8-12}$$

叫作一阶线性微分方程，因为它对于未知函数 y 及其导数是一次方程．设 $Q(x)$ 不恒等于 0，则方程(8-12) 称为非齐次线性方程.

方程

$$\frac{dy}{dx} + P(x)y = 0 \tag{8-13}$$

称为对应于非齐次线性方程(8-12) 的齐次线性方程.

由例 8-3 知，式(8-13) 通解为

$$y = Ce^{-\int P(x)dx}.$$

现在我们使用所谓常数变易法来求非齐次线性方程式(8-12) 的通解．这方法是把式(8-13)的通解中的 C 换成 x 的未知函数 $u(x)$，即作变换

$$y = ue^{-\int P(x)dx},$$

于是
$$\frac{dy}{dx} = u'e^{-\int P(x)dx} - uP(x)e^{-\int P(x)dx},$$

代入式(8-12) 得

$$u'e^{-\int P(x)dx} - uP(x)e^{-\int P(x)dx} + P(x)ue^{-\int P(x)dx} = Q(x),$$

即
$$u'e^{-\int P(x)dx} = Q(x),$$

$$u' = Q(x)e^{\int P(x)dx},$$

两端积分，得

$$u = \int Q(x)e^{\int P(x)dx}dx + C,$$

从而得非齐次线性方程式(8-12) 的通解为

$$y = e^{-\int P(x)dx}\left(\int Q(x)e^{\int P(x)dx}dx + C\right) \tag{8-14}$$

式(8-14) 改写成两项之和

$$y = Ce^{-\int P(x)dx} + e^{-\int P(x)dx}\int Q(x)e^{\int P(x)dx}dx.$$

上式右端第一项是对应齐次线性方程(式 8-13)的通解，第二项是非齐次线性方程式(8-12) 的一个特解，由此可知，一阶非齐次线性方程的通解等于对应的齐次方程的通解与非齐次方程的一个特解之和.

【例 8-6】 求方程

$$\frac{dy}{dx} - \frac{2y}{x+1} = (x+1)^{\frac{5}{2}}$$

的通解.

解：这是一个一阶非齐次线性微分方程.

解法一：应用常数变易法，先求对应的齐次方程的通解.

$$\frac{\mathrm{d}y}{\mathrm{d}x}-\frac{2y}{x+1}=0,$$

分离变量得
$$\frac{\mathrm{d}y}{y}=\frac{2\mathrm{d}x}{x+1},$$

两边同时积分得
$$\ln y=2\ln(x+1)+\ln C$$

故
$$y=C(x+1)^2,$$

用常数变易法，把 C 换成 u，即令

$$y=u(x+1)^2,$$

那么
$$\frac{\mathrm{d}y}{\mathrm{d}x}=u'(x+1)^2+2u(x+1),$$

代入所给非齐次方程，得

$$u'=(x+1)^{\frac{1}{2}},$$

两端积分，得

$$u=\frac{2}{3}(x+1)^{\frac{3}{2}}+C,$$

再把上式代入 $y=u(x+1)^2$，即得所求方程的通解为

$$y=(x+1)^2\left[\frac{2}{3}(x+1)^{\frac{3}{2}}+C\right].$$

解法二：直接应用公式求解.

因为 $P(x)=-\dfrac{2}{x+1}$，$Q(x)=(x+1)^{\frac{5}{2}}$，由通解公式，得所求通解为

$$\begin{aligned}
y&=\mathrm{e}^{-\int P(x)\mathrm{d}x}\left(\int Q(x)\mathrm{e}^{\int P(x)\mathrm{d}x}\mathrm{d}x+C\right)\\
&=\mathrm{e}^{\int\frac{2}{x+1}\mathrm{d}x}\left(\int(x+1)^{\frac{5}{2}}\mathrm{e}^{-\int\frac{2}{x+1}\mathrm{d}x}\mathrm{d}x+C\right)\\
&=(x+1)^2\left(\int(x+1)^{\frac{1}{2}}\mathrm{d}x+C\right)\\
&=(x+1)^2\left(\frac{2}{3}(x+1)^{\frac{3}{2}}+C\right).
\end{aligned}$$

8.3 可降阶的高阶微分方程

本节将讨论二阶及二阶以上的微分方程，即所谓高阶微分方程．对于这些高阶微分方程，我们可以通过代换将它化成较低阶的方程来求解．以二阶微分方程：

$$y''=f(x,y,y') \tag{8-15}$$

为例，如果能设法作代换把它从二阶降至一阶，那么就有可能应用前面几节中所讲的方法来求出它的解了.

现在介绍 3 种容易降阶的高阶微分方程的求解方法.

8.3.1 $y^{(n)}=f(x)$ 型微分方程

微分方程

$$y^{(n)}=f(x) \tag{8-16}$$

的右端仅含有自变量 x，容易看出，只要把 $y^{(n-1)}$ 作为新的未知函数，那么式(8-16) 就是新未知函数的一阶微分方程. 两边积分，就得到一个 $n-1$ 阶的微分方程：

$$y^{(n-1)}=\int f(x)\mathrm{d}x+C_1,$$

同理可得
$$y^{(n-2)}=\int\left(\int f(x)\mathrm{d}x+C_1\right)\mathrm{d}x+C_2,$$

依次继续进行，接连积分 n 次，便得到式(8-16) 的含有 n 个任意常数的通解.

【例 8-7】 求微分方程 $y'''=\mathrm{e}^{2x}-\cos x$ 的通解.

解： 对所给方程接连积分三次，得

$$y''=\frac{1}{2}\mathrm{e}^{2x}-\sin x+C,$$

$$y'=\frac{1}{4}\mathrm{e}^{2x}+\cos x+Cx+C_2,$$

$$y=\frac{1}{8}\mathrm{e}^{2x}+\sin x+C_1x^2+C_2x+C_3\left(C_1=\frac{C}{2}\right),$$

从而得到所求的通解.

8.3.2 $y''=f(x, y')$ 型微分方程

方程

$$y''=f(x, y') \tag{8-17}$$

的右端不显含未知函数 y. 如果设 $y'=p$，那么

$$y''=\frac{\mathrm{d}p}{\mathrm{d}x}=p',$$

而式(8-17) 就成为

$$p'=f(x, p).$$

这是一个关于变数 x，p 的一阶微分方程. 设其通解为

$$p=\varphi(x, C_1),$$

而 $p=\frac{\mathrm{d}y}{\mathrm{d}x}$，因此又得到一个一阶微分方程：

$$\frac{\mathrm{d}y}{\mathrm{d}x}=\varphi(x, C_1),$$

对它进行积分，便得式(8-17) 的通解为

$$y=\int\varphi(x, C_1)\mathrm{d}x+C_2.$$

【例 8-8】 求微分方程 $(1+x^2)y''=2xy'$ 满足初始条件 $y|_{x=0}=1$，$y'|_{x=0}=3$ 的特解.

解： 所给方程是 $y''=f(x, y')$ 型的，设 $y'=p$，代入方程并分离变量后，有

$$\frac{dp}{p}=\frac{2x}{1+x^2}dx,$$

两端积分，得

$$\ln|p|=\ln(1+x^2)+C,$$

即　$$p=y'=C_1(1+x^2)(C_1=\pm e^C),$$

由条件 $y'|_{x=0}=3$，得 $C_1=3$，所以

$$y'=3(1+x^2),$$

两端再积分，得　$$y=x^3+3x+C_2,$$

又由条件 $y|_{x=0}=1$，得　$$C_2=1,$$

于是所求的特解为　$$y=x^3+3x+1.$$

8.3.3　$y''=f(y, y')$ 型微分方程

方程

$$y''=f(y, y') \tag{8-18}$$

中不显含自变量 x，为了求出它的解，令 $y'=p$，并利用复合函数的求导法则把 y'' 化为 p 对 y 的导数，即

$$y''=\frac{dp}{dx}=\frac{dp}{dy}\cdot\frac{dy}{dx}=p\frac{dp}{dy},$$

这样，式(8-18) 就成为

$$p\frac{dp}{dy}=f(y, p),$$

这是一个关于变量 y，p 的一阶微分方程，设它的通解为

$$y'=p=\varphi(y, C_1),$$

分离变量并积分，便得式(8-18) 的通解为

$$\int\frac{dy}{\varphi(y, C_1)}=x+C_2.$$

【例 8-9】　求微分方程

$$yy''-y'^2=0$$

的通解.

解：方程不显含自变量 x，设

$$y'=p, \ y''=p\frac{dp}{dy},$$

代入方程，得

$$yp\frac{dp}{dy}-p^2=0,$$

在 $y\neq0$，$p\neq0$ 时，约去 p 并分离变量，得

$$\frac{dp}{p}=\frac{dy}{y},$$

两端积分，得

$$\ln|p|=\ln|y|+C,$$

即 $$p = C_1 y \text{ 或 } y' = C_1 y\ (C_1 = \pm e^C),$$

再分离变量并两端积分，便得方程的通解为

$$\ln|y| = C_1 x + C_2',$$

或 $$y = C_2 e^{C_1 x}\ (C_2 = \pm e^{C_2'}).$$

8.4 二阶线性微分方程解的结构

本节将开始讨论在实际问题中应用较多的高阶线性微分方程.

二阶线性微分方程的一般形式是

$$y'' + P(x)y' + Q(x)y = f(x), \tag{8-19}$$

其对应的二阶线性齐次微分方程为

$$y'' + P(x)y' + Q(x)y = 0. \tag{8-20}$$

现在来讨论式(8-19)、式(8-20) 解的一些性质，这些性质可推广到 n 阶线性微分方程：

$$y^{(n)} + P_1(x)y^{(n-1)} + P_2(x)y^{(n-2)} + \cdots + P_n(x)y = f(x). \tag{8-21}$$

定理 8.1 如果函数 $y_1(x)$，$y_2(x)$是式(8-20) 的两个解，那么

$$y = C_1 y_1(x) + C_2 y_2(x) \tag{8-22}$$

也是方程式(8-20) 的解，其中，C_1，C_2 是任意常数.

齐次线性方程解的这个性质表明它的解符合叠加原理.

叠加起来的解从形式上来看含有 C_1 与 C_2 两个任意常数，但它不一定是式(8-20) 的通解．那么在什么情况下式(8-22) 才是式(8-20) 的通解呢？要解决这个问题，我们还得引入一个新的概念，即函数的线性相关与线性无关性.

设 $y_1(x)$，$y_2(x)$，…，$y_n(x)$为定义在区间 I 上的 n 个函数，如果存在 n 个不全为零的常数 k_1，k_2，…，k_n，使得当 $x \in I$ 时有恒等式

$$k_1 y_1 + k_2 y_2 + \cdots + k_n y_n \equiv 0$$

成立，那么称这 n 个函数在区间 I 上线性相关，否则称线性无关.

例如，函数 1，$\cos^2 x$，$\sin^2 x$ 在整个数轴上是线性相关的，因为取 $k_1 = 1$，$k_2 = k_3 = -1$，就有恒等式

$$1 - \cos^2 x - \sin^2 x \equiv 0.$$

又如，函数 1，x，x^2 在任何区间(a, b)内是线性无关的．因为如果 k_1，k_2，k_3 不全为零，那么在该区间内至多只有两个 x 值能使二次三项式

$$k_1 + k_2 x + k_3 x^2$$

为零；要使它恒等于零，必须 k_1，k_2，k_3 全为零.

应用上述概念可知，对于两个函数的情形，它们线性相关与否，只要看它们的比是否为常数：如果比为常数，那么它们就线性相关，否则就线性无关.

有了线性无关的概念后，就有如下关于二阶齐次线性方程(8-20) 的通解结构的定理.

定理 8.2 如果 $y_1(x)$，$y_2(x)$是式(8-20) 的两个线性无关的特解，那么

$$y=C_1y_1(x)+C_2y_2(x)\quad (C_1,\ C_2 \text{ 是任意常数})$$

就是式(8-20)的通解.

例如，方程 $y''+y=0$ 是二阶齐次方程(这里 $P(x)\equiv 0$，$Q(x)\equiv 1$). 容易验证，$y_1=\cos x$ 与 $y_2=\sin x$ 是所给方程的两个解，且 $\frac{y_2}{y_1}=\frac{\sin x}{\cos x}=\tan x$ 不恒为常数，即它们是线性无关的. 因此方程 $y''+y=0$ 的通解为

$$y=C_1\cos x+C_2\sin x.$$

又如，方程 $(x-1)y''-xy'+y=0$ 也是二阶齐次线性方程 $\left(\text{这里 } P(x)=-\frac{x}{x-1},\ Q(x)=\frac{1}{x-1}\right)$，容易验证 $y_1=x$，$y_2=e^x$ 是所给方程的两个解，且 $\frac{y_2}{y_1}=\frac{e^x}{x}$ 不恒为常数，即它们是线性无关的. 因此方程的通解为

$$y=C_1x+C_2e^x.$$

由定理 8.2 不难推广到 n 阶齐次线性方程.

推论　如果 $y_1(x)$，$y_2(x)$，…，$y_n(x)$ 是 n 阶齐次线性方程

$$y^{(n)}+a_1(x)y^{(n-1)}+\cdots+a_{n-1}(x)y'+a_n(x)y=0$$

的 n 个线性无关的解，那么，此方程的通解为

$$y=C_1y_1(x)+C_2y_2(x)+\cdots+C_ny_n(x).$$

其中，C_1，C_2，…，C_n 是任意常数.

下面讨论二阶非齐次线性方程 $y''+P(x)y'+Q(x)y=f(x)$ 的通解.

定理 8.3　设 $y^*(x)$ 是二阶非齐次线性方程

$$y''+P(x)y'+Q(x)y=f(x)$$

的一个特解. $Y(x)$ 是对应的齐次方程 $y''+P(x)y'+Q(x)y=0$ 的通解，那么

$$y=Y(x)+y^*(x) \tag{8-23}$$

是二阶非齐次线性微分方程式(8-19)的通解.

证明：由已知，把式(8-23)代入方程 $y''+P(x)y'+Q(x)y=f(x)$ 的左端，得

$$\begin{aligned}&(Y''+y^{*\prime\prime})+P(x)(Y'+y^{*\prime})+Q(x)(Y+y^*)\\ &=[Y''+P(x)Y'+Q(x)Y]+[y^{*\prime\prime}+P(x)y^{*\prime}+Q(x)y^*]\\ &=f(x),\end{aligned}$$

由于对应的齐次方程 $y''+P(x)y'+Q(x)y=0$ 的通解 $Y=C_1y_1+C_2y_2$ 中含有两个独立的任意常数，所以 $y=Y+y^*$ 中也含有两个独立的任意常数，从而它就是二阶非齐次线性方程 $y''+P(x)y'+Q(x)y=f(x)$ 的通解.

例如，方程 $y''+y=x^2$ 是二阶非齐次线性微分方程. 已知 $Y=C_1\cos x+C_2\sin x$ 是对应的齐次方程 $y''+y=0$ 的通解，又容易验证 $y^*=x^2-2$ 是所给方程的一个特解. 因此

$$y=C_1\cos x+C_2\sin x+x^2-2$$

是所给方程的通解.

非齐次线性微分方程式(8-19)的特解有时可用下述定理求出.

定理 8.4　设非齐次线性方程(8-19)的右端 $f(x)$ 是几个函数之和，如

$$y''+P(x)y'+Q(x)y=f_1(x)+f_2(x), \tag{8-24}$$

而 $y_1^*(x)$ 与 $y_2^*(x)$ 分别是方程

$$y''+P(x)y'+Q(x)y=f_1(x) \quad 与 \quad y''+P(x)y'+Q(x)y=f_2(x)$$

的特解，那么 $y_1^*(x)+y_2^*(x)$ 就是原方程的特解.

证明：将 $y=y_1^*+y_2^*$ 代入方程(8-24)的左端，得

$$\begin{aligned}&(y_1^*+y_2^*)''+P(x)(y_1^*+y_2^*)'+Q(x)(y_1^*+y_2^*)\\&=[y_1^{*}{}''+P(x)y_1^{*}{}'+Q(x)y_1^*]+[y_2^{*}{}''+P(x)y_2^{*}{}'+Q(x)y_2^*]\\&=f_1(x)+f_2(x).\end{aligned}$$

因此 $y_1^*(x)+y_2^*(x)$ 是方程式(8-24)的特解.

这一定理通常称为非齐次线性方程的解的叠加原理.

定理 8.3 和定理 8.4 也可推广到 n 阶非齐次线性方程，这里不再赘述.

8.5 二阶常系数微分方程

8.5.1 二阶常系数齐次线性微分方程

在二阶齐次线性微分方程

$$y''+P(x)y'+Q(x)y=0 \tag{8-25}$$

中，如果 y'，y 的系数 $P(x)$，$Q(x)$ 均为常数，即式(8-25)成为

$$y''+py'+qy=0, \tag{8-26}$$

其中，p，q 是常数，则称式(8-26)为二阶常系数齐次线性方程.

由上节讨论可知，要找微分方程式(8-26)的通解，可以先求出它的两个解 y_1，y_2，如果 $\frac{y_2}{y_1}$ 不恒为常数，即 y_1 与 y_2 线性无关，那么 $y=C_1y_1+C_2y_2$ 就是方程式(8-26)的通解.

当 r 为常数时，指数函数 $y=e^{rx}$ 和它的各阶导数都只相差一个常数因子. 由于指数函数有这个特点，因此我们用 $y=e^{rx}$ 来尝试，看能否选取适当的常数 r，使 $y=e^{rx}$ 满足方程(8-26).

将 $y=e^{rx}$ 求导，得到

$$y'=re^{rx},\ y''=r^2e^{rx},$$

把 y，y'，y'' 代入方程(8-26)，得

$$(r^2+pr+q)e^{rx}=0,$$

由于 $e^{rx}\neq0$，故

$$r^2+pr+q=0. \tag{8-27}$$

由此可见，只要 r 满足代数方程(8-27)，函数 $y=e^{rx}$ 就是微分方程(8-26)的解，我们把代数方程(8-27)叫作微分方程(8-26)的特征方程.

特征方程(8-27)的两个根 r_1，r_2 可以用公式

$$r_{1,2}=\frac{-p\pm\sqrt{p^2-4q}}{2}$$

求出，它们有下列三种不同的情形：

(1) 当 $p^2-4q>0$ 时，r_1，r_2 是两个不相等的实根.

$$r_1=\frac{-p+\sqrt{p^2-4q}}{2},\ r_2=\frac{-p-\sqrt{p^2-4q}}{2};$$

(2) 当 $p^2-4q=0$ 时，r_1，r_2 是两个相等的实根.

$$r_1=r_2=-\frac{p}{2};$$

(3) 当 $p^2-4q<0$ 时，r_1，r_2 是一对共轭复根.

$$r_1=\alpha+\mathrm{i}\beta,\ r_2=\alpha-\mathrm{i}\beta,$$

其中

$$\alpha=-\frac{p}{2},\ \beta=\frac{\sqrt{4q-p^2}}{2}.$$

相应地，微分方程(8-26) 的通解也有三种不同的情形.

(1) 特征方程有两个不相等的实根：$r_1\neq r_2$.

由上面的讨论知道，$y_1=\mathrm{e}^{r_1x}$，$y_2=\mathrm{e}^{r_2x}$是微分方程(8-26) 的两个解，并且$\frac{y_2}{y_1}=\frac{\mathrm{e}^{r_2x}}{\mathrm{e}^{r_1x}}=\mathrm{e}^{(r_2-r_1)x}$不是常数，因此微分方程(8-26)的通解为

$$y=C_1\mathrm{e}^{r_1x}+C_2\mathrm{e}^{r_2x}.$$

(2) 特征方程有两个相等的实根：$r_1=r_2$.

这时只得到方程(8-26) 的一个解

$$y_1=\mathrm{e}^{r_1x},$$

为了求出微分方程(8-26) 的通解，还需要求出另一个解 y_2，并要求$\frac{y_2}{y_1}$不是常数.

设$\frac{y_2}{y_1}=u(x)$，即 $y_2=\mathrm{e}^{r_1x}u(x)$. 下面来求 $u(x)$.

将 y_2 求导，得

$$y_2'=\mathrm{e}^{r_1x}(u'+r_1u),$$

$$y''_2=\mathrm{e}^{r_1x}(u''+2r_1u'+r_1^2u),$$

把 y_2，y_2'，y_2''代入方程(8-26)，得

$$\mathrm{e}^{r_1x}[(u''+2r_1u'+r_1^2u)+p(u'+r_1u)+qu]=0,$$

约去 e^{r_1x}，并以 u''，u'，u 为准，合并同类项，得

$$u''+(2r_1+p)u'+(r_1^2+pr_1+q)u=0,$$

由于 r_1 是特征方程(8-27) 的二重根，因此 $r_1^2+pr_1+q=0$，且 $2r_1+p=0$，于是得 $u''=0$.

因为这里只要得到一个不为常数的解，所以不妨选取 $u=x$，由此得到微分方程(8-26) 的另一个解：

$$y_2=x\mathrm{e}^{r_1x},$$

从而微分方程(8-26) 的通解为

$$y=C_1\mathrm{e}^{r_1x}+C_2x\mathrm{e}^{r_1x},$$

即 $$y=(C_1+C_2x)e^{r_1x}.$$

(3)特征方程有一对共轭复根：$r_1=\alpha+i\beta$，$r_2=\alpha-i\beta(\beta\neq0)$.

这时，微分方程(8-26) 的通解为

$$y=e^{\alpha x}(C_1\cos\beta x+C_2\sin\beta x).$$

综上所述，求二阶常系数齐次线性微分方程

$$y''+py'+qy=0$$

的通解的步骤如下：

第一步：写出微分方程的特征方程

$$r^2+pr+q=0.$$

第二步：求出特征方程的两个根 r_1，r_2.

第三步：根据特征方程的两个根的不同情形，按照表 8-1 写出微分方程的通解.

表 8-1

特征方程 $r^2+pr+q=0$ 的两个根 r_1，r_2	微分方程 $y''+py'+qy=0$ 的通解
两个不相等的实根 r_1，r_2	$y=C_1e^{r_1x}+C_2e^{r_2x}$
两个相等的实根 $r_1=r_2$	$y=(C_1+C_2x)e^{r_1x}$
一对共轭复根 $r_{1,2}=\alpha\pm i\beta(\beta\neq0)$	$y=e^{\alpha x}(C_1\cos\beta x+C_2\sin\beta x)$

【例 8-10】 求微分方程 $y''-2y'-3y=0$ 的通解.

解：所给微分方程的特征方程为

$$r^2-2r-3=0,$$

其根 $r_1=-1$，$r_2=3$ 是两个不相等的实根，因此所求通解为

$$y=C_1e^{-x}+C_2e^{3x}.$$

【例 8-11】 求方程$\frac{d^2s}{dt^2}+2\frac{ds}{dt}+s=0$ 满足初始条件 $s|_{t=0}=4$，$s'|_{t=0}=-2$的特解.

解：所给方程的特征方程为

$$r^2+2r+1=0,$$

其根 $r_1=r_2=-1$ 是两个相等的实根，因此所求通解为

$$s=(C_1+C_2t)e^{-t},$$

将条件 $s|_{t=0}=4$代入通解，得 $C_1=4$ 从而

$$s=(4+C_2t)e^{-t},$$

将上式对 t 求导，得

$$s'=(C_2-4-C_2t)e^{-t},$$

再把条件 $s'|_{t=0}=-2$代入上式，得 $C_2=2$. 于是所求特解为

$$s=(4+2t)e^{-t}.$$

【例 8-12】 求微分方程 $y''-2y'+5y=0$ 的通解.

解：所给方程的特征方程为

$$r^2-2r+5=0,$$

其根 $r_{1,2}=1\pm2i$ 为一对共轭复根，因此所求通解为

$$y=e^x(C_1\cos2x+C_2\sin2x).$$

8.5.2　二阶常系数非齐次线性微分方程

二阶常系数非齐次线性微分方程的一般形式是

$$y''+py'+qy=f(x), \tag{8-28}$$

其中，p，q 是常数.

由第8.4节定理8.3可知，求二阶常系数非齐次线性微分方程的通解，归结为求对应的齐次方程

$$y''+py'+qy=0 \tag{8-29}$$

的通解和非齐次方程(8-28)本身的一个特解．由于二阶常系数齐次线性微分方程的通解的求法已在前面讲过，所以这里只需要讨论求二阶常系数非齐次线性微分方程的特解 y^* 的方法.

这里只介绍当方程中的 $f(x)$ 取两种常见形式时求 y^* 的方法.

1. $f(x)=e^{\lambda x}P_m(x)$ 型

设

$$f(x)=P_m(x)e^{\lambda x}, \tag{8-30}$$

其中 λ 是常数，$P_m(x)$ 是 x 的一个 m 次多项式：

$$P_m(x)=a_0x^m+a_1x^{m-1}+\cdots+a_{m-1}x+a_m.$$

因为式(8-30)右端是多项式 $P_m(x)$ 与指数函数 $e^{\lambda x}$ 的乘积，而多项式与指数函数的乘积的导数仍然是多项式与指数函数的乘积，因此，我们推测 $y^*=Q(x)e^{\lambda x}$（其中 $Q(x)$ 是某个多项式）可能是方程(8-28)的特解，把 y^*，$y^{*\prime}$ 及 $y^{*\prime\prime}$ 代入方程(8-28)，然后考虑能否选取适当的多项式 $Q(x)$，使 $y^*=Q(x)e^{\lambda x}$ 满足方程(8-28)，为此，将

$$y^*=Q(x)e^{\lambda x},$$

$$y^{*\prime}=e^{\lambda x}[\lambda Q(x)+Q'(x)],$$

$$y^{*\prime\prime}=e^{\lambda x}[\lambda^2Q(x)+2\lambda Q'(x)+Q''(x)]$$

代入方程(8-28)并消去 $e^{\lambda x}$，得

$$Q''(x)+(2\lambda+p)Q'(x)+(\lambda^2+p\lambda+q)Q(x)=P_m(x). \tag{8-31}$$

(1)如果 λ 不是式(8-31)的特征方程 $r^2+pr+q=0$ 的根，即 $\lambda^2+p\lambda+q\neq0$，由于 $P_m(x)$ 是一个 m 次多项式，所以 $Q(x)$ 是 m 次多项式 $Q_m(x)$：

$$Q_m(x)=b_0x^m+b_1x^{m-1}+\cdots+b_{m-1}x+b_m,$$

代入式(8-31)，比较等式两端 x 同次幂的系数（此法称为待定系数法），就得到以 b_0，b_1，…，b_m 作为未知数的 $m+1$ 个方程的联立方程组，从而可以定出这些 $b_i(i=0,1,\cdots,m)$，并得到所求的特解 $y^*=Q_m(x)e^{\lambda x}$.

(2)如果 λ 是特征方程 $r^2+pr+q=0$ 的单根，即 $\lambda^2+p\lambda+q=0$，但 $2\lambda+p\neq0$，要使式(8-31)的两端恒等，那么 $Q'(x)$ 必须是 m 次多项式，此时可令

$$Q(x)=xQ_m(x),$$

并且可用同样的方法来确定 $Q_m(x)$ 的系数 $b_i(i=0,1,2,\cdots,m)$.

(3)如果 λ 是特征方程 $r^2+pr+q=0$ 的重根，即 $\lambda^2+p\lambda+q=0$，但 $2\lambda+p=0$，要使式(8-31)的两端恒等，那么 $Q''(x)$ 必须是 m 次多项式，此时可令

$$Q(x)=x^2Q_m(x),$$

并且可用同样的方法来确定 $Q_m(x)$ 的系数.

综上所述，我们有如下结论：

如果 $f(x)=P_m(x)e^{\lambda x}$，则二阶常系数非齐次线性微分方程(8-30)有形如

$$y^*=x^kQ_m(x)e^{\lambda x} \tag{8-32}$$

的特解，其中 $Q_m(x)$ 是与 $P_m(x)$ 同次(m 次)的多项式，而 k 按 λ 不是特征方程的根、是特征方程的单根或是特征方程的重根依次取为0，1或2.

上述结论可推广到 n 阶常系数非齐次线性微分方程，但是注意式(8-32) 中 k 是特征方程含根 λ 的重复次数(即若 λ 不是特征方程的根，k 取为0；若 λ 是特征方程的 s 重根，k 取为 s).

【例 8-13】 求微分方程 $y''-2y'-3y=3x+1$ 的一个特解.

解： 这是二阶常系数非齐次线性微分方程，且函数 $f(x)$ 是 $e^{\lambda x}P_m(x)$ 型(其中 $P_m(x)=3x+1$，$\lambda=0$).

与所给方程对应的齐次方程为

$$y''-2y'-3y=0,$$

它的特征方程为

$$r^2-2r-3=0,$$

由于这里 $\lambda=0$ 不是特征方程的根，所以可设一特解为

$$y^*=b_0x+b_1,$$

把它代入所给方程，得

$$-3b_0x-2b_0-3b_1=3x+1,$$

比较两端 x 同次幂的系数，得

$$\begin{cases}-3b_0=3,\\ -2b_0-3b_1=1,\end{cases}$$

由此求得 $b_0=-1$，$b_1=\frac{1}{3}$. 于是求得一个特解为

$$y^*=-x+\frac{1}{3}.$$

【例 8-14】 求微分方程 $y''-5y'+6y=xe^{2x}$ 的通解.

解： 所给方程也是二阶常系数非齐次线性微分方程，且 $f(x)$ 是 $e^{\lambda x}P_m(x)$ 型(其中 $P_m(x)=x$，$\lambda=2$).

与所给方程对应的齐次方程为

$$y''-5y'+6y=0,$$

它的特征方程为

$$r^2-5r+6=0,$$

有两个实根 $r_1=2$，$r_2=3$. 于是与所给方程对应的齐次方程的通解为

$$Y=C_1e^{2x}+C_2e^{3x},$$

由于 $\lambda=2$ 是特征方程的单根，所以可设一特解 y^* 为

$$y^*=x(b_0x+b_1)e^{2x},$$

把它带入所给方程，得

$$-2b_0x+2b_0-b_1=x,$$

比较两端同次幂的系数，得

$$\begin{cases}-2b_0=1,\\2b_0-b_1=0,\end{cases}$$

由此求得 $b_0=-\dfrac{1}{2}$，$b_1=-1$，于是求得一个特解为

$$y^*=x\left(-\frac{1}{2}x-1\right)e^{2x},$$

从而所求的通解为

$$y=C_1e^{2x}+C_2e^{3x}-\frac{1}{2}(x^2+2x)e^{2x}.$$

2. $f(x)=e^{\lambda x}[P_l(x)\cos\omega x+P_n(x)\sin\omega x]$型

设
$$f(x)=e^{\lambda x}[P_l(x)\cos\omega x+P_n(x)\sin\omega x],\tag{8-33}$$
其中 λ，ω 是常数，$P_l(x)$，$P_n(x)$分别是 x 的 l 次、n 次多项式，其中一个可为零，则二阶常系数非齐次线性微分方程(8-28) 的特解可设为
$$y^*=x^ke^{\lambda x}[R_m^{(1)}(x)\cos\omega x+R_m^{(2)}(x)\sin\omega x],\tag{8-34}$$
其中，$R_m^{(1)}(x)$，$R_m^{(2)}(x)$是 m 次多项式，而 $m=\max\{l, n\}$，而 k 按 $\lambda+i\omega$(或 $\lambda-i\omega$)不是特征方程的根或是特征方程的单根依次取 0 或 1.

上述结论可推广到 n 阶常系数非齐次线性微分方程，但要注意式(8-34) 中的 k 是特征方程含根 $\lambda+i\omega$(或 $\lambda-i\omega$)的重复次数.

【例 8-15】 求微分方程 $y''+y=x\cos2x$ 的一个特解.

解：所给方程是二阶常系数非齐次线性微分方程，且 $f(x)$ 属于 $e^{\lambda x}[P_l(x)\cos\omega x+P_n(x)\sin\omega x]$型(其中 $\lambda=0$，$\omega=2$，$P_l(x)=x$，$P_n(x)=0$).

与所给条件对应的齐次方程为

$$y''+y=0,$$

它的特征方程为

$$r^2+1=0,$$

由于这里 $\lambda+i\omega=2i$ 不是特征方程的根，故设特解为

$$y^*=(ax+b)\cos2x+(cx+d)\sin2x,$$

把它代入所给方程，得

$$(-3ax-3b+4c)\cos2x-(3cx+3d+4a)\sin2x=x\cos2x,$$

比较两端同类项的系数，得

$$\begin{cases}-3a=1,\\-3b+4c=0,\\-3c=0,\\-3d-4a=0,\end{cases}$$

由此解得
$$a=-\frac{1}{3},\ b=0,\ c=0,\ d=\frac{4}{9},$$

于是求得一个特解为

$$y^* = -\frac{1}{3}x\cos 2x + \frac{4}{9}\sin 2x.$$

任务 3　解决微分方程应用举例

8.6　微分方程的应用举例

本节将举例说明如何通过建立微分方程解决一些实际问题.

【例 8-16】　设曲线 L 过(1, 1)且其上任意点 P 的切线在 y 轴上的截距是纵坐标的3倍，求此曲线方程.

解： 设所求曲线方程为 $y=y(x)$，$P(x, y)$为曲线上任意一点，则过点 P 的切线方程为

$$Y-y=y'(X-x),$$

其中，(X, Y)是切线上的动点，(x, y)是曲线任意固定的点.

令 $X=0$，得 $Y=y-xy'$ 为切线在 y 轴上的截距，由所给条件得微分方程：

$$y-xy'=3y,$$

这是一阶线性齐次方程，易得其通解为 $y=\frac{C}{x^2}$，因曲线过点(1, 1)，代入上式得，$C=1$.

所求曲线方程为

$$y=\frac{1}{x^2}.$$

【例 8-17】　某湖泊的水量为 V，每年排入湖泊内的含污染物 A 的污水量为$\frac{V}{6}$，流出湖泊的水量为$\frac{V}{3}$，已知 1999 年年底湖中 A 的含量为 $5m_0$，超过了国家规定指标，为了治理污染，从 2000 年年初起，限定排入湖中含 A 的污水浓度不超过$\frac{m_0}{V}$，问至多需经过多少年，湖泊中污染物 A 的含量降至 m_0 以内（注：设湖水中 A 的浓度是均匀的）？

解题思路：根据污染物 A 的排入量和排出量确定湖泊中污染物 A 的含量降低的速度，用 $m=m(t)$表示第 t 年湖中污染物 A 的总量，$P(t)$，$Q(t)$分别表示第 t 年污染物 A 的排入速度和排出速度，则

$$\frac{\mathrm{d}m}{\mathrm{d}t}=\frac{P(t)-Q(t)}{V},$$

根据题目条件可以确定 $P(t)$，$Q(t)$.

解： 设从 2000 年年初(令此时 $t=0$)开始，第 t 年湖中污染物 A 的总量为 m，浓度为$\frac{m}{V}$，则在时间间隔$[t, t+\mathrm{d}t]$内，排入湖泊中 A 的量为

$$\frac{m_0}{V}\cdot\frac{V}{6}\mathrm{d}t=\frac{m_0}{6}\mathrm{d}t,$$

流出湖泊的水中A的量为

$$\frac{m}{V}\cdot\frac{V}{3}\mathrm{d}t=\frac{m}{3}\mathrm{d}t,$$

因此在时间间隔$[t,\ t+\mathrm{d}t]$内湖泊中污染物A的改变量为

$$\mathrm{d}m=\left(\frac{m_0}{6}-\frac{m}{3}\right)\mathrm{d}t,$$

用分离变量法解此方程得到

$$m=\frac{m_0}{2}-C\mathrm{e}^{-\frac{t}{3}},$$

代入初值条件$m\big|_{t=0}=5m_0$，得到$C=-\frac{9}{2}m_0$，于是

$$m=\frac{m_0}{2}(1+9\mathrm{e}^{-\frac{t}{3}}).$$

令$m=m_0$，得到$t=6\ln3$，即至多经过$6\ln3$年，湖泊中污染物A的含量降至m_0以内.

项 目 小 结

本项目知识结构思维导图：

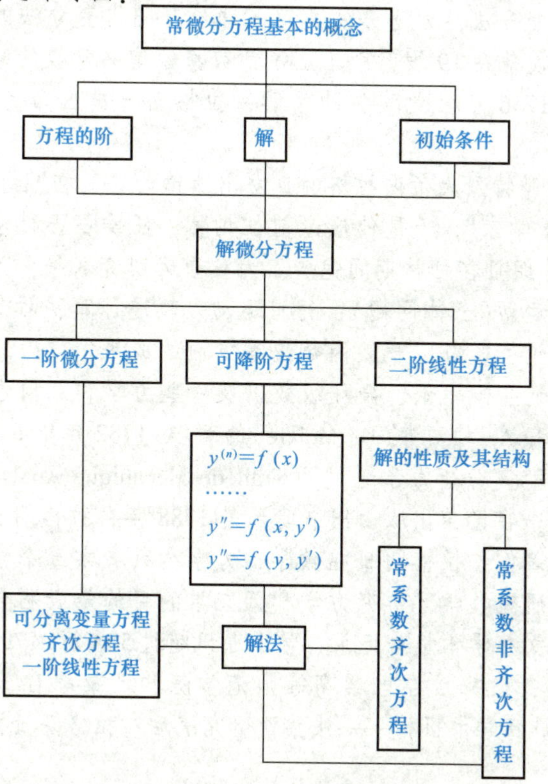

思 政 天 地

拉格朗日

约瑟夫·拉格朗日是法国数学家、物理学家.1736年1月25日生于意大利都灵,1813年4月11日卒于巴黎.他在数学、力学和天文学三个学科领域中都有历史性的贡献,其中以数学方面的成就最为突出.

拉格朗日的父亲是法国陆军骑兵里的一名军官,后由于经商破产,家道中落.据拉格朗日本人回忆,如果幼年时家境富裕,他也就不会做数学研究了,因为父亲一心想把他培养成为一名律师.拉格朗日个人却对法律毫无兴趣.

青年时代,在数学家雷维里的教导下,拉格朗日喜爱上了几何学.17岁时,他读了英国天文学家哈雷的介绍牛顿微积分成就的短文《论分析方法的优点》后,感觉到"分析才是自己最热爱的学科",从此他迷上了数学分析,开始专攻当时迅速发展的数学分析.

18岁时,拉格朗日用意大利语写了第一篇论文,是用牛顿二项式定理处理两函数乘积的高阶微商,他又将论文用拉丁语写出寄给了当时在柏林科学院任职的数学家欧拉.不久后,他获知这一成果早在半个世纪前就被莱布尼茨取得了.这个并不幸运的开端并未使拉格朗日灰心,相反,更坚定了他投身数学分析领域的信心.

1755年,拉格朗日19岁时,在探讨数学难题"等周问题"的过程中,他以欧拉的思路和结果为依据,用纯分析的方法求变分极值.第一篇论文《极大和极小的方法研究》,发展了欧拉所开创的变分法,为变分法奠定了理论基础.变分法的创立,使拉格朗日在都灵声名大震,并使他在19岁时就当上了都灵皇家炮兵学校的教授,成为当时欧洲公认的一流数学家.1756年,受欧拉的举荐,拉格朗日被任命为普鲁士科学院通讯院士.

1766年,德国的腓特烈大帝向拉格朗日发出邀请时说,在"欧洲最大的王"的宫廷中应有"欧洲最大的数学家".于是他应邀前往柏林,任普鲁士科学院数学部主任,居住达20年之久.拉格朗日在柏林期间完成了大量重大研究成果,为一生研究中的鼎盛时期.其中有关月球运动(三体问题)、行星运动、轨道计算、两个不动中心问题、流体力学、数论、方程论、微分方程、函数论等方面的成果,成为这些领域的开创性或奠基性研究.此外,还在概率论、循环级数以及一些力学和几何学课题方面有重要贡献.他还翻译了欧拉和A. 棣莫弗(De Moivre)的著作.1782年给P. 拉普拉斯(Laplace)的信中说:"我几乎写完《分析力学论述》(Traitéde Mécanique Analytique),但无法出版."拉普拉斯安排这本书在巴黎出版,出书时已是1788年,拉格朗日已到巴黎了.此书成为分析力学的奠基著作.拉格朗日在数学、力学和天文学三个学科中都有重大历史性贡献,但他主要是研究数学,研究力学和天文学的目的是表明数学分析的威力.他撰写的全部著作、论文、学术报告记录、学术通讯超过500篇.1791年,拉格朗日被选为英国皇家学会会员,又先后在巴黎高等师范学院和巴黎综合工科学校任数学教授.1795年建立了法国最高学术机构——法兰西研究院后,拉格朗日被选为科学院数理委员会主席．此后，他才重新进行研究工作，编写了一批重要著作：《论任意阶数值方程的解法》《解析函数论》和《函数计算讲义》，总结了那一时期的特别是他自己的一系列研究工作．

1813 年 4 月 3 日，拿破仑授予他帝国大十字勋章，但此时的拉格朗日已卧床不起，4 月 11 日早晨，拉格朗日逝世．

拉格朗日的学术生涯主要在 18 世纪后半期．当时数学、物理学和天文学是自然科学主体．数学的主流是由微积分发展起来的数学分析，以欧洲大陆为中心；物理学的主流是力学；天文学的主流是天体力学．数学分析的发展使力学和天体力学深化，而力学和天体力学的课题又成为数学分析发展的动力．当时的自然科学代表人物都在此三个学科做出了历史性重大贡献．

数学分析的开拓者牛顿和莱布尼茨以后的欧洲数学分裂为两派．英国仍坚持牛顿在《自然哲学中的数学原理》中的几何方法，进展缓慢；欧洲大陆则按莱布尼茨创立的分析方法(当时包括代数方法)，进展很快，当时叫分析学(analysis)．拉格朗日是仅次于欧拉的最大开拓者，在 18 世纪创立的主要分支中都有开拓性贡献．拉格朗日是一阶偏微分方程理论的建立者，他在 1772 年完成的“关于一阶偏微分方程的积分”和 1785 年完成的“一阶线性偏微分方程的一般积分方法”中，系统地完成了一阶偏微分方程的理论和解法．

他首先提出了一阶非线性偏微分方程的解分类为完全解、奇解、通积分等，并给出了它们之间的关系．拉格朗日是 18 世纪的伟大科学家，他最突出的贡献是在把数学分析的基础脱离几何与力学方面起了决定性的作用．使数学的独立性更为清楚，而不仅是其他学科的工具，同时在使天文学力学化、力学分析化上也起了历史性作用，促进了力学和天文学(天体力学)更深入的发展．

拉格朗日的著作非常多，未能全部收集．他去世后，法兰西研究院集中了他留在学院内的全部著作，编辑出版了十四卷《拉格朗日文集》，由于历史的局限，严密性不够妨碍着他取得更多的成果，但总的来看，拉格朗日在天体力学的五个奠基者中，所做的历史性贡献仅次于拉普拉斯．他创立的“分析力学”对以后天体力学的发展有深远的影响．

项 目 训 练

一、填空题

1. 函数 $y=3\sin x-4\cos x$ __________（填“是”或“否”）为微分方程 $y''+y=0$ 的解.

2. 微分方程 $y'+2y=0$ 的通解为__________.

3. 已知曲线过点（1，2）且其上任一点处的切线斜率为 x^2，则曲线的方程为__________.

4. 以 $y_1=\sin 2x$，$y_2=\cos 2x$ 为特解的二阶常系数齐次线性微分方程为__________.

5. 以 $y=C_1e^x+C_2xe^x$ 为通解的微分方程是__________.

二、选择题

1. 已知函数 $y=\frac{1}{6}x^3-\frac{1}{2}x^2+x+C$ 是微分方程 $y''=x-1$ 的解，那么下面正确的是(　　).

A. y 是微分方程的通解　　B. y 是微分方程满足条件 $y|_{x=0}=1$ 的特解

C. y 是微分方程的特解　　D. 以上都不是

2. 微分方程 $(y')^2+(y'')^3y+xy^4=0$ 的阶数是(　　).

A. 5　　B. 4

C. 3　　D. 2

3. 下列微分方程是一阶线性微分方程的是(　　).

A. $xy'+y^2=x$　　B. $y'+xy=\sin x$

C. $yy'=x$　　D. $y'^2+xy=1$

4. 下列函数是微分方程 $y'+xy=0$ 的通解的是(　　).

A. $y=Ce^{\frac{1}{2}x^2}$　　B. $y=Ce^{-\frac{1}{2}x^2}$

C. $y=Cxe^{-\frac{1}{2}x^2}$　　D. $y=Ce^{x^2}$

5. 微分方程 $y''=e^{-x}$ 的通解是(　　).

A. $y=Ce^{-x}$　　B. $y=Ce^{x}$

C. $y=e^{-x}+C_1x+C_2$　　D. $y=-e^{-x}+C_1x+C_2$

6. 某二阶常微分方程的下列解中为通解的是(　　).

A. $y=C\sin x$　　B. $y=C_1\sin x+C_2\cos x$

C. $y=\sin x+\cos x$　　D. $y=(C_1+C_2)\cos x$

7. 下列微分方程中是一阶齐次线性方程的是(　　).

A. $xy'=y(\ln y-\ln x)$　　B. $(y-x)dx+(y^2+x)dy=0$

C. $xy'=y(e^y-e^x)$　　D. $(y-x)dx+(y^2+x^2)dy=0$

8. 下列方程是可降阶方程的是(　　).

A. $y''+xy=1$　　B. $xy''+(y')^2=5$

C. $y''=xe^x+y$　　D. $(1-x^2)y''=(1+x)y$

9. 设 y_1，y_2 是微分方程 $y''+p(x)y'+q(x)y=0$ 的两个解，则 $y=C_1y_1+C_2y_2$(C_1，C_2 为任意常数)(　　).

A. 是该方程的通解　　B. 是该方程的解

C. 是该方程的特解　　D. 不一定是方程的解

10. 函数 $y=f(x)$ 的图形上点(0，-2)处切线为 $2x-3y=6$，则此函数可能为(　　).

A. $y=x^2-2$　　B. $y=3x^2+2$

C. $3y-3x^2-2x+6=0$　　D. $y=3x^3+\frac{2}{3}x$

三、计算题

1. 求解下列可分离变量的微分方程.

(1) 求方程 $y'=(\sin x-\cos x)\sqrt{1-y^2}$ 满足初始条件 $y|_{x=\frac{\pi}{2}}=1$ 的特解；

(2) 求微分方程 $y' = -\frac{y}{x}$ 的通解；

(3) 求微分方程 $x + \frac{dy}{dx} = 1 + y^2 - xy^2$ 的通解.

2. 求解下列齐次微分方程.

(1) 求微分方程 $(x-2y)y' = 2x - y$ 的通解；

(2) 求微分方程 $x\frac{dy}{dx} = y + \sqrt{x^2 - y^2}$ 的通解；

(3) 求微分方程 $(x^2 + y^2)dx - xydy = 0$ 的通解；

(4) 求微分方程 $xy' - x\sin\frac{y}{x} - y = 0$ 的通解；

(5) 求微分方程 $x(\ln x - \ln y)dy - ydx = 0$ 的通解；

(6) 求微分方程 $\frac{dy}{dx} = \frac{y}{x} - \frac{1}{2}\left(\frac{y}{x}\right)^3$ 满足条件 $y|_{x=1} = 1$ 的特解.

3. 求解下列一阶线性微分方程.

(1) 求微分方程 $(x^2+1)y' + 2xy - \cos x = 0$ 的通解；

(2) 求微分方程 $y' + \sin x \cdot y = 0$ 的通解；

(3) 求微分方程 $y' - \frac{2}{x+1}y = (x+1)^3$ 的通解；

(4) 求微分方程 $x^2dy + (y - 2xy - x^2)dx = 0$ 的通解；

(5) 求微分方程 $y' + y\cos x = e^{-\sin x}$ 满足初始条件 $y(0) = -1$ 的特解；

(6) 求微分方程 $y' - 2xy = xe^{-x^2}$ 的通解.

4. 求解下列可降阶的高阶微分方程.

(1) 求微分方程 $y''' = x$ 的通解；

(2) 求微分方程 $y''' = 24x$ 的通解；

(3) 求微分方程 $y''' = e^{ax}$ 的特解，其中 $y|_{x=1} = y'|_{x=1} = y''|_{x=1} = 0$；

(4) 求微分方程 $y'' = \frac{1}{2y'}$ 的通解；

(5) 求微分方程 $y'' + \sqrt{1-(y')^2} = 0$ 的通解；

(6) 求微分方程 $\frac{d^5y}{dx^5} - \frac{1}{x}\frac{d^4y}{dx^4} = 0$ 的通解；

(7) 求微分方程 $y''(1+e^x) + y' = 0$ 的通解；

(8) 求微分方程 $yy'' - (y')^2 = 0$ 的通解；

(9) 求微分方程 $yy'' + (y')^2 = y'$ 的通解；

(10) 求微分方程 $2y'y'' - (y'')^2 = 1$ 的通解.

5. 求解下列二阶常系数线性微分方程.

(1) 求微分方程 $y'' - 4y = 0$ 的通解；

(2) 求微分方程 $y'' + 2y' + y = 0$ 的通解；

(3) 求微分方程 $\frac{d^2x}{dt^2} + \beta^2 x = 0$ 的通解；

(4) 求微分方程 $y''+2y'+y=0$ 满足初始条件 $y(0)=4$ 和 $y'(0)=-2$ 的特解；

(5) 求微分方程 $y''-6y'+13y=0$ 的通解；

(6) 求微分方程 $y''+y=0$ 的通解；

(7) 求微分方程 $y^{(4)}+8y'=0$ 的通解；

(8) 求微分方程 $y^{(4)}-2(y')^2+y=0$ 的通解；

(9) 求微分方程 $y''-2y'-3y=3x+1$ 的通解；

(10) 求微分方程 $y''-2y'-3y=e^{-x}$ 的通解.

数学实验　利用 MATLAB 求解一阶微分方程

一、实验目的

会利用 MATLAB 求解一阶微分方程.

二、实验指导

MATLAB 求解一阶微分方程的调用格式见表 8-2.

表 8-2

命令	功能
dsolve('Dy=f(x, y)', 'x')	求解 y'=f(x, y)的通解
dsolve('Dy=f(x, y)', 'y(a)=b', 'x')	求解 y'=f(x, y), y(a)=b 的特解

【例 8-18】 求下列微分方程的通解.

(1) $y'=(\sin x-\cos x)\sqrt{1-y^2}$；　(2) $y'-2y=e^{-x}$；

(3) $y'+y\cos x=e^{-\sin x}$；　(4) $(1+x^2)y''=2xy'$，$y|_{x=0}=1$，$y'|_{x=0}=3$.

序号	MATLAB 输入命令	MATLAB 输出结果
(1)	y=dsolve('Dy=(sin(x)-cos(x))*sqrt(1-y^2)', 'x')	y= sin(-cos(x)-sin(x)+C1)
(2)	y=dsolve('Dy-2*y=exp(-x)', 'x')	y= (-1/3*exp(-3*x)+C1)*exp(2*x)
(3)	dsolve('Dy+y*cos(x)=exp(-sin(x))', 'x')	ans= exp(-sin(x))*x+exp(-sin(x))*C1
(4)	dsolve('(1+x^2)*D2y=2*x*Dy', 'y(0)=1, Dy(0)=3', 'x')	ans= 1+x^3+3*x

【例 8-19】 求下列微分方程的特解.

(1) $y'=\dfrac{2xy}{x^2+1}$ 满足初始条件 $y|_{x=0}=1$；(2) $xy'+y=\cos x$ 满足初始条件 $y|_{x=\pi}=1$.

序号	MATLAB 输入命令	MATLAB 输出结果
(1)	`y=dsolve('Dy=2*x*y/(x^2+1)', 'y(0)=1', 'x')`	`y=` `x^2+1`
(2)	`y=dsolve('x*Dy+y=cos(x)', 'y(pi)=1', 'x')`	`y=` `(sin(x)+pi)/x`

教学实验训练题

1. 利用 MATLAB 求一阶微分方程 $y'+y+xy^2=0$ 的通解.
2. 利用 MATLAB 求微分方程 $y'=e^{x-y}$满足初始条件 $y|_{x=0}=0$ 的特解.

项目九　线性代数初步

任务1　认识行列式

9.1　n 阶行列式与克莱姆法则

行列式的理论是在研究线性方程组的问题中产生的，它是线性代数的一个重要工具. 本节从二阶、三阶行列式出发，引出 n 阶行列式的概念及利用其解 n 元线性方程组的克莱姆法则.

9.1.1　n 阶行列式

二阶、三阶行列式是在研究二元、三元线性方程组的解时引出的一种数学符号.

对于二元线性方程组

$$\begin{cases} a_{11}x_1 + a_{12}x_2 = b_1, \\ a_{21}x_1 + a_{22}x_2 = b_2, \end{cases} \tag{9-1}$$

采用加减消元法消去 x_2，得

$$(a_{11}a_{22} - a_{12}a_{21})x_1 = b_1a_{22} - a_{12}b_2,$$

类似地消去 x_1，得

$$(a_{11}a_{22} - a_{12}a_{21})x_2 = a_{11}b_2 - b_1a_{21},$$

当 $a_{11}a_{22} - a_{12}a_{21} \neq 0$ 时，方程组有唯一解：

$$x_1 = \frac{b_1a_{22} - a_{12}b_2}{a_{11}a_{22} - a_{12}a_{21}},\ x_2 = \frac{a_{11}b_2 - b_1a_{21}}{a_{11}a_{22} - a_{12}a_{21}}. \tag{9-2}$$

方程组的解由 4 个系数确定，为了便于记忆，引进下面的记号.

定义 9.1　由 2^2 个数排成两行两列，在两边各加一条竖线括住，所得的数学符号

$$\begin{vmatrix} a_{11} & a_{12} \\ a_{21} & a_{22} \end{vmatrix}$$

称为一个二阶行列式，它表示数：

$$a_{11}a_{22} - a_{12}a_{21},$$

即

$$\begin{vmatrix} a_{11} & a_{12} \\ a_{21} & a_{22} \end{vmatrix} = a_{11}a_{22} - a_{12}a_{21},$$

其中，$a_{ij}(i,\ j=1,\ 2)$ 称为二阶行列式的元素，横排为行，竖排为列.

例如：$D=\begin{vmatrix}3 & -2\\2 & 1\end{vmatrix}=3\times1-2\times(-2)=7.$

根据定义，式(9-2) 中两个分子可以表示为

$$D_1=\begin{vmatrix}b_1 & a_{12}\\b_2 & a_{22}\end{vmatrix}=b_1a_{22}-a_{12}b_2,$$

$$D_2=\begin{vmatrix}a_{11} & b_1\\a_{21} & b_2\end{vmatrix}=a_{11}b_2-b_1a_{21},$$

分母记为

$$D=\begin{vmatrix}a_{11} & a_{12}\\a_{21} & a_{22}\end{vmatrix}=a_{11}a_{22}-a_{12}a_{21},$$

它称为方程组(9-1) 的系数行列式.

于是，当 $D\neq0$ 时，方程组的唯一解可以表示为

$$x_1=\frac{D_1}{D},\ x_2=\frac{D_2}{D}.$$

类似地，为了讨论三元线性方程组

$$\begin{cases}a_{11}x_1+a_{12}x_2+a_{13}x_3=b_1,\\a_{21}x_1+a_{22}x_2+a_{23}x_3=b_2,\\a_{31}x_1+a_{32}x_2+a_{33}x_3=b_3\end{cases}\tag{9-3}$$

的解，也可以由相应的三阶行列式简化表示.

定义 9.2　由 3^2 个数排成 3 行 3 列，在两边各加一条竖线括住，所得的数学符号

$$\begin{vmatrix}a_{11} & a_{12} & a_{13}\\a_{21} & a_{22} & a_{23}\\a_{31} & a_{32} & a_{33}\end{vmatrix}$$

称为一个三阶行列式，它表示数：

$$a_{11}a_{22}a_{33}+a_{12}a_{23}a_{31}+a_{13}a_{21}a_{32}-a_{13}a_{22}a_{31}-a_{12}a_{21}a_{33}-a_{11}a_{23}a_{32},$$

即

$$\begin{vmatrix}a_{11} & a_{12} & a_{13}\\a_{21} & a_{22} & a_{23}\\a_{31} & a_{32} & a_{33}\end{vmatrix}=a_{11}a_{22}a_{33}+a_{12}a_{23}a_{31}+a_{13}a_{21}a_{32}-a_{13}a_{22}a_{31}-a_{12}a_{21}a_{33}-a_{11}a_{23}a_{32}.$$

例如：$\begin{vmatrix}1 & -2 & 0\\3 & 1 & -1\\0 & 2 & 1\end{vmatrix}=1+0+0-0-(-6)-(-2)=9.$

对于三元线性方程组(9-3)，令

$$D=\begin{vmatrix}a_{11} & a_{12} & a_{13}\\a_{21} & a_{22} & a_{23}\\a_{31} & a_{32} & a_{33}\end{vmatrix},$$

它称为方程组(9-3) 的系数行列式，令

$$D_1=\begin{vmatrix} b_1 & a_{12} & a_{13} \\ b_2 & a_{22} & a_{23} \\ b_3 & a_{32} & a_{33} \end{vmatrix},\quad D_2=\begin{vmatrix} a_{11} & b_1 & a_{13} \\ a_{21} & b_2 & a_{23} \\ a_{31} & b_3 & a_{33} \end{vmatrix},\quad D_3=\begin{vmatrix} a_{11} & a_{12} & b_1 \\ a_{21} & a_{22} & b_2 \\ a_{31} & a_{32} & b_3 \end{vmatrix},$$

其中，D_1，D_2，D_3 是把 D 中第 1，2，3 列分别换成常数项 b_1，b_2，b_3 得到的行列式.

则三元线性方程组的解为

$$x_1=\frac{D_1}{D},\quad x_2=\frac{D_2}{D},\quad x_3=\frac{D_3}{D}.$$

为了把二阶、三阶行列式的概念推广到 n 阶行列式，需先介绍下面的预备知识.

定义 9.3 由自然数 1，2，3，…，n 组成的一个有序数组，称为一个 n 级排列.

例如，1234 和 2134 都是 4 级排列；25413 和 23415 都是 5 级排列.

由 1，2，3，…，n 组成的 n 级排列的总数为 $n!$. 所有这些排列中，只有一个排列 $123\cdots n$ 是按自然顺序排列的，称之为自然序排列.

定义 9.4 在一个排列中，如果某两个数的排列次序与自然排列不同，则称这两个数构成一个逆序. 一个排列 $i_1i_2\cdots i_n$ 的所有逆序的总数称为这个排列的逆序数，记作：$t(i_1i_2\cdots i_n)$.

逆序数是奇数的排列称为奇排列，逆序数是偶数的排列称为偶排列，自然序排列规定为偶排列.

例如，在排列 25413 中，2 后面有 1 个数字比 2 小，5 后面有 3 个数字比 5 小，4 后面有 2 个数字比 4 小，故 $t(25413)=1+3+2=6$；同法可求得 $t(23415)=3$. 故排列 25413 是偶排列，排列 23415 是奇排列.

观察二阶、三阶行列式的展开式，从中可发现：

(1)项数. 二阶行列式含 2 项，三阶行列式含 6 项，分别是 2! 和 3! 项.

(2)每项构成. 二阶和三阶行列式的每项分别是位于不同行不同列的 2 个和 3 个元素的乘积.

(3)各项符号. 二阶行列式含 2 项，其中 1 正 1 负，三阶行列式含 6 项，3 正 3 负. 并且当某一项中元素的行标按自然序排列时，如果对应的列标构成的排列为偶排列时冠以“+”号，为奇排列时冠以“−”号.

根据二阶、三阶行列式的内在规律，我们给出 n 阶行列式的定义.

定义 9.5 由 n^2 个元素排成 n 行 n 列（a_{ij}位于第 i 行第 j 列），在两边各加一条竖线括住，所得的数学符号

$$D=\begin{vmatrix} a_{11} & a_{12} & \cdots & a_{1n} \\ a_{21} & a_{22} & \cdots & a_{2n} \\ \vdots & \vdots & & \vdots \\ a_{n1} & a_{n2} & \cdots & a_{nn} \end{vmatrix}$$

称为一个 n 阶行列式.

它表示一个数值，是取自所有不同行、不同列的 n 个元素乘积的代数和. 各项的符号是：当某一项中元素的行标按自然序排列时，如果对应的列标构成的排列为偶排列时冠以正号，为奇排列时冠以负号. n 阶行列式可简记为 $D=|a_{ij}|$，其一般项为

$$(-1)^{t(j_1j_2\cdots j_n)}a_{1j_1}a_{2j_2}\cdots a_{nj_n},$$

特别规定：一阶行列式 $|a|=a$.

现在介绍几种特殊的行列式.

(1)转置行列式．将行列式 D 的行与列互换，得到的行列式称为 D 的转置行列式，记为 D^{T}. 即

若 $D=\begin{vmatrix} a_{11} & a_{12} & \cdots & a_{1n} \\ a_{21} & a_{22} & \cdots & a_{2n} \\ \vdots & \vdots & & \vdots \\ a_{n1} & a_{n2} & \cdots & a_{nn} \end{vmatrix}$，则 $D^{\mathrm{T}}=\begin{vmatrix} a_{11} & a_{21} & \cdots & a_{n1} \\ a_{12} & a_{22} & \cdots & a_{n2} \\ \vdots & \vdots & & \vdots \\ a_{1n} & a_{2n} & \cdots & a_{nn} \end{vmatrix}$.

(2)三角形行列式．主对角线(从左上角到右下角的对角线)以上或以下的元素全部为零的行列式叫作三角形行列式.

$$D=\begin{vmatrix} a_{11} & a_{12} & \cdots & a_{1n} \\ 0 & a_{22} & \cdots & a_{2n} \\ \vdots & \vdots & & \vdots \\ 0 & 0 & \cdots & a_{nn} \end{vmatrix},\qquad \text{上三角形行列式}$$

$$D=\begin{vmatrix} a_{11} & 0 & \cdots & 0 \\ a_{21} & a_{22} & \cdots & 0 \\ \vdots & \vdots & & \vdots \\ a_{n1} & a_{n2} & \cdots & a_{nn} \end{vmatrix}.\qquad \text{下三角形行列式}$$

三角形行列式的值等于主对角线上各元素之积.

(3) 对角形行列式．主对角线以外的元素全部为零的行列式叫作对角形行列式．即

$$D=\begin{vmatrix} a_{11} & 0 & \cdots & 0 \\ 0 & a_{22} & \cdots & 0 \\ \vdots & \vdots & & \vdots \\ 0 & 0 & \cdots & a_{nn} \end{vmatrix}.$$

9.1.2　克莱姆法则

与二元、三元线性方程组的结论类似，对于含有 n 个未知数的 n 个方程的线性方程组也可用行列式表示其解的法则.

定理 9.1　克莱姆(Cramer)法则：如果线性方程组

$$\begin{cases} a_{11}x_1+a_{12}x_2+\cdots+a_{1n}x_n=b_1, \\ a_{21}x_1+a_{22}x_2+\cdots+a_{2n}x_n=b_2, \\ \cdots\cdots \\ a_{n1}x_1+a_{n2}x_2+\cdots+a_{nn}x_n=b_n \end{cases} \tag{9-4}$$

的系数行列式不等于零，即

$$D=\begin{vmatrix} a_{11} & a_{12} & \cdots & a_{1n} \\ a_{21} & a_{22} & \cdots & a_{2n} \\ \vdots & \vdots & & \vdots \\ a_{n1} & a_{n2} & \cdots & a_{nn} \end{vmatrix} \neq 0,$$

则线性方程组(9-4)有唯一解：

$$x_1=\frac{D_1}{D},\ x_2=\frac{D_2}{D},\ x_3=\frac{D_2}{D},\ \cdots,\ x_n=\frac{D_n}{D},$$

其中，D_j 是把系数行列式 D 中第 j 列的元素用方程组右端的常数项代替后所得到的 n 阶行列式，即

$$D_j=\begin{vmatrix} a_{11} & \cdots & a_{1,j-1} & b_1 & a_{1,j+1} & \cdots & a_{1n} \\ a_{21} & \cdots & a_{2,j-1} & b_2 & a_{2,j+1} & \cdots & a_{2n} \\ \vdots & & \vdots & \vdots & \vdots & & \vdots \\ a_{n1} & \cdots & a_{n,j-1} & b_n & a_{n,j+1} & \cdots & a_{nn} \end{vmatrix}.$$

【例 9-1】 用克莱姆法则解线性方程组.

$$\begin{cases} 3x_1-x_2+x_3=26, \\ 2x_1-4x_2-x_3=9, \\ x_1+2x_2+x_3=16. \end{cases}$$

解：利用三阶行列式的展开式可得

$$D=5,\ D_1=55,\ D_2=20,\ D_3=-15,$$

故

$$x_1=\frac{D_1}{D}=\frac{55}{5}=11,\ x_2=\frac{D_2}{D}=\frac{20}{5}=4,\ x_3=\frac{D_3}{D}=\frac{-15}{5}=-3.$$

任务 2　掌握行列式的性质与计算

9.2　行列式的性质

为了简化行列式的计算，需要学习行列式的一些基本性质．简便起见，本书对这些性质不加证明.

9.2.1　行列式的基本性质

性质 1　行列式与其转置行列式相等，即

$$D=D^{\mathrm{T}}.$$

性质 2　交换行列式的两行(列)，行列式变号.

例如，$\begin{vmatrix} 1 & 7 & 5 \\ 6 & 6 & 2 \\ 3 & 5 & 8 \end{vmatrix} = -\begin{vmatrix} 1 & 7 & 5 \\ 3 & 5 & 8 \\ 6 & 6 & 2 \end{vmatrix}$.

特别地：若行列式中有两行(列)对应元素相等，则行列式等于零.

因为把行列式 D 中相同的两行(列)互换，其结果仍是 D，但由性质 2 可知，其结果应该为 $-D$，因而 $D=-D$，所以 $D=0$.

性质 3　行列式中某一行(列)的所有元素的公因数可以提到行列式的外面. 即以数 k 乘以行列式等于用数 k 乘以行列式的某一行或某一列.

$$\begin{vmatrix} a_{11} & a_{12} & \cdots & a_{1n} \\ \vdots & \vdots & & \vdots \\ ka_{i1} & ka_{i2} & \cdots & ka_{in} \\ \vdots & \vdots & & \vdots \\ a_{n1} & a_{n2} & \cdots & a_{nn} \end{vmatrix} = k\begin{vmatrix} a_{11} & a_{12} & \cdots & a_{1n} \\ \vdots & \vdots & & \vdots \\ a_{i1} & a_{i2} & \cdots & a_{in} \\ \vdots & \vdots & & \vdots \\ a_{n1} & a_{n2} & \cdots & a_{nn} \end{vmatrix}.$$

特别地：若行列式中有一行(列)的元素全为零，则行列式等于零.

性质 4　行列式中如果有某两行(列)对应元素成比例，则行列式的值为零.

特别地：比例系数为 1 时，则为性质 2 的推论.

$$\begin{vmatrix} a_{11} & a_{12} & \cdots & a_{1n} \\ \vdots & \vdots & & \vdots \\ a_{i1} & a_{i2} & \cdots & a_{in} \\ \vdots & \vdots & & \vdots \\ ka_{i1} & ka_{i2} & \cdots & ka_{in} \\ \vdots & \vdots & & \vdots \\ a_{n1} & a_{n2} & \cdots & a_{nn} \end{vmatrix} = k\begin{vmatrix} a_{11} & a_{12} & \cdots & a_{1n} \\ \vdots & \vdots & & \vdots \\ a_{i1} & a_{i2} & \cdots & a_{in} \\ \vdots & \vdots & & \vdots \\ a_{i1} & a_{i2} & \cdots & a_{in} \\ \vdots & \vdots & & \vdots \\ a_{n1} & a_{n2} & \cdots & a_{nn} \end{vmatrix} = 0.$$

性质 5　如果行列式 D 中某一行(列)的每个元素都可以写成两个数的和，则此行列式可以写成两个行列式的和，这两个行列式分别以这两个数为所在行(列)对应位置的元素，其他位置的元素与 D 相同. 即

$$D=\begin{vmatrix} a_{11} & a_{12} & \cdots & (a_{1i}+a'_{1i}) & \cdots & a_{1n} \\ a_{21} & a_{22} & \cdots & (a_{2i}+a'_{2i}) & \cdots & a_{2n} \\ \vdots & \vdots & & \vdots & & \vdots \\ a_{n1} & a_{n2} & \cdots & (a_{ni}+a'_{ni}) & \cdots & a_{nn} \end{vmatrix} = \begin{vmatrix} a_{11} & \cdots & a_{1i} & \cdots & a_{1n} \\ a_{21} & \cdots & a_{2i} & \cdots & a_{2n} \\ \vdots & & \vdots & & \vdots \\ a_{n1} & \cdots & a_{ni} & \cdots & a_{nn} \end{vmatrix} + \begin{vmatrix} a_{11} & \cdots & a'_{1i} & \cdots & a_{1n} \\ a_{21} & \cdots & a'_{2i} & \cdots & a_{2n} \\ \vdots & & \vdots & & \vdots \\ a_{n1} & \cdots & a'_{ni} & \cdots & a_{nn} \end{vmatrix}.$$

性质 6　把行列式的某一行(列)的各元素的 k 倍加到另一行(列)的对应元素上，行列式的值不变. 即

$$\begin{vmatrix} a_{11} & \cdots & a_{1i} & \cdots & a_{1j} & \cdots & a_{1n} \\ a_{21} & \cdots & a_{2i} & \cdots & a_{2j} & \cdots & a_{2n} \\ \vdots & & \vdots & & \vdots & & \vdots \\ a_{n1} & \cdots & a_{ni} & \cdots & a_{nj} & \cdots & a_{nn} \end{vmatrix} \xlongequal{c_i+kc_j} \begin{vmatrix} a_{11} & \cdots & (a_{1i}+ka_{1j}) & \cdots & a_{1j} & \cdots & a_{1n} \\ a_{21} & \cdots & (a_{2i}+ka_{2j}) & \cdots & a_{2j} & \cdots & a_{2n} \\ \vdots & & \vdots & & \vdots & & \vdots \\ a_{n1} & \cdots & (a_{ni}+ka_{nj}) & \cdots & a_{nj} & \cdots & a_{nn} \end{vmatrix}.$$

9.2.2 利用性质计算行列式

【例 9-2】 利用行列式的性质填空.

(1) $\begin{vmatrix} z_1 & x_1 & y_1 \\ z_2 & x_2 & y_2 \\ z_3 & x_3 & y_3 \end{vmatrix} = \underline{\qquad\qquad} \begin{vmatrix} x_1 & x_2 & x_3 \\ y_1 & y_2 & y_3 \\ z_1 & z_2 & z_3 \end{vmatrix}$;

(2) $\begin{vmatrix} -a_{11} & -a_{12} & -a_{13} \\ 3a_{21} & 3a_{22} & 3a_{23} \\ -6a_{31} & -6a_{32} & -6a_{33} \end{vmatrix} = \underline{\qquad\qquad} \begin{vmatrix} a_{11} & a_{12} & a_{13} \\ a_{21} & a_{22} & a_{23} \\ a_{31} & a_{32} & a_{33} \end{vmatrix}$;

(3) $D = \begin{vmatrix} 2 & -4 & 1 \\ 3 & -6 & 3 \\ -5 & 10 & 4 \end{vmatrix} = \underline{\qquad\qquad}$.

解: (1) $\begin{vmatrix} z_1 & x_1 & y_1 \\ z_2 & x_2 & y_2 \\ z_3 & x_3 & y_3 \end{vmatrix} = \begin{vmatrix} z_1 & z_2 & z_3 \\ x_1 & x_2 & x_3 \\ y_1 & y_2 & y_3 \end{vmatrix} = -\begin{vmatrix} x_1 & x_2 & x_3 \\ z_1 & z_2 & z_3 \\ y_1 & y_2 & y_3 \end{vmatrix} = \begin{vmatrix} x_1 & x_2 & x_3 \\ y_1 & y_2 & y_3 \\ z_1 & z_2 & z_3 \end{vmatrix}$;

(2) $$\begin{vmatrix} -a_{11} & -a_{12} & -a_{13} \\ 3a_{21} & 3a_{22} & 3a_{23} \\ -6a_{31} & -6a_{32} & -6a_{33} \end{vmatrix} = -\begin{vmatrix} a_{11} & a_{12} & a_{13} \\ 3a_{21} & 3a_{22} & 3a_{23} \\ -6a_{31} & -6a_{32} & -6a_{33} \end{vmatrix}$$

$$= -3\begin{vmatrix} a_{11} & a_{12} & a_{13} \\ a_{21} & a_{22} & a_{23} \\ -6a_{31} & -6a_{32} & -6a_{33} \end{vmatrix} = 18\begin{vmatrix} a_{11} & a_{12} & a_{13} \\ a_{21} & a_{22} & a_{23} \\ a_{31} & a_{32} & a_{33} \end{vmatrix};$$

(3) 因为第一列与第二列元素对应成比例，故 $D=0$.

【例 9-3】 计算下列行列式：

$$D = \begin{vmatrix} a & b & b & b \\ b & a & b & b \\ b & b & a & b \\ b & b & b & a \end{vmatrix} (\text{其中 } a \neq b).$$

分析: 直接利用性质化为三角形行列式比较困难，但据其结构特点，每一列均有一个 a 和 3 个 b，故将各行都加到第一行上去，有

$$D = \begin{vmatrix} a+3b & a+3b & a+3b & a+3b \\ b & a & b & b \\ b & b & a & b \\ b & b & b & a \end{vmatrix} = (a+3b)\begin{vmatrix} 1 & 1 & 1 & 1 \\ b & a & b & b \\ b & b & a & b \\ b & b & b & a \end{vmatrix}$$

$$= (a+3b)\begin{vmatrix} 1 & 1 & 1 & 1 \\ 0 & a-b & 0 & 0 \\ 0 & 0 & a-b & 0 \\ 0 & 0 & 0 & a-b \end{vmatrix} = (a+3b)(a-b)^3.$$

【例 9-4】 计算行列式：

$$D=\begin{vmatrix}-2&3&2&4\\1&-2&3&2\\3&2&3&4\\0&4&-2&5\end{vmatrix}.$$

解：$D=\begin{vmatrix}-2&3&2&4\\1&-2&3&2\\3&2&3&4\\0&4&-2&5\end{vmatrix}\xlongequal{r_1\leftrightarrow r_2}-\begin{vmatrix}1&-2&3&2\\-2&3&2&4\\3&2&3&4\\0&4&-2&5\end{vmatrix}$

$$\xlongequal[r_3-3r_1]{r_2+2r_1}-\begin{vmatrix}1&-2&3&2\\0&-1&8&8\\0&8&-6&-2\\0&4&-2&5\end{vmatrix}\xlongequal[r_4+4r_2]{r_3+8r_2}-\begin{vmatrix}1&-2&3&2\\0&-1&8&8\\0&0&58&62\\0&0&30&37\end{vmatrix}$$

$$\xlongequal{r_4-\frac{30}{58}r_3}-\begin{vmatrix}1&-2&3&2\\0&-1&8&8\\0&0&58&62\\0&0&0&\frac{143}{29}\end{vmatrix}$$

$$=-\left[1\times(-1)\times58\times\frac{143}{29}\right]=286.$$

化一般行列式为三角形行列式的具体步骤：

(1)如果行列式第一列第一个元素为零，先将第一行与其他行交换，使第一列第一个元素不为零.

(2)把第一行分别乘以适当的数加到其他各行，使第一列除第一个元素外其余元素全为零.

(3)用同样的方法依次将第二列第二个元素以下各元素化为零，第三列第三个元素以下的各元素化为零，依次变换下去，直到使行列式变为上三角形行列式，则其值为主对角线上各元素的积.

【例 9-5】 计算 n 阶行列式：

$$D_n=\begin{vmatrix}x&a&a&\cdots&a\\a&x&a&\cdots&a\\a&a&x&\cdots&a\\\vdots&\vdots&\vdots&&\vdots\\a&a&a&\cdots&x\end{vmatrix}.$$

解法一：$D_n\xlongequal[i=2,3,\cdots,n]{C_1+C_i}\begin{vmatrix}x+(n-1)a&a&a&\cdots&a\\x+(n-1)a&x&a&\cdots&a\\x+(n-1)a&a&x&\cdots&a\\\vdots&\vdots&\vdots&&\vdots\\x+(n-1)a&a&a&\cdots&x\end{vmatrix}$

$$\xlongequal[i=2,3,\cdots,n]{r_i-r_1}\begin{vmatrix} x+(n-1)a & a & a & \cdots & a \\ 0 & x-a & 0 & \cdots & 0 \\ 0 & 0 & x-a & \cdots & 0 \\ \vdots & \vdots & \vdots & & \vdots \\ 0 & 0 & 0 & \cdots & x-a \end{vmatrix}$$

$$=[x+(n-1)a](x-a)^{n-1}.$$

解法二：

$$D_n=\begin{vmatrix} x & a & a & \cdots & a \\ a & x & a & \cdots & a \\ a & a & x & \cdots & a \\ \vdots & \vdots & \vdots & & \vdots \\ a & a & a & \cdots & x \end{vmatrix}_n=\begin{vmatrix} 1 & a & a & a & \cdots & a \\ 0 & x & a & a & \cdots & a \\ 0 & a & x & a & \cdots & a \\ 0 & a & a & x & \cdots & a \\ \vdots & \vdots & \vdots & \vdots & & \vdots \\ 0 & a & a & a & \cdots & x \end{vmatrix}_{n+1}$$

$$\xlongequal[i=2,3,\cdots,n+1]{r_i-r_1}\begin{vmatrix} 1 & a & a & a & \cdots & a \\ -1 & x-a & 0 & 0 & \cdots & 0 \\ -1 & 0 & x-a & 0 & \cdots & 0 \\ -1 & 0 & 0 & x-a & \cdots & 0 \\ \vdots & \vdots & \vdots & \vdots & & \vdots \\ -1 & 0 & 0 & 0 & \cdots & x-a \end{vmatrix}_{n+1}$$

(1)如果 $x=a$，则

$$D_n=\begin{vmatrix} 1 & a & a & a & \cdots & a \\ -1 & 0 & 0 & 0 & \cdots & 0 \\ -1 & 0 & 0 & 0 & \cdots & 0 \\ -1 & 0 & 0 & 0 & \cdots & 0 \\ \vdots & \vdots & \vdots & \vdots & & \vdots \\ -1 & 0 & 0 & 0 & \cdots & 0 \end{vmatrix}_{n+1}=0.$$

(2)如果 $x\neq a$，则

$$D_n\xlongequal[i=2,3,\cdots,n+1]{C_1+\frac{C_i}{x-a}}\begin{vmatrix} 1+\dfrac{na}{x-a} & a & a & a & \cdots & a \\ 0 & x-a & 0 & 0 & \cdots & 0 \\ 0 & 0 & x-a & 0 & \cdots & 0 \\ 0 & 0 & 0 & x-a & \cdots & 0 \\ \vdots & \vdots & \vdots & \vdots & & \vdots \\ 0 & 0 & 0 & 0 & \cdots & x-a \end{vmatrix}_{n+1}=\left(1+\frac{na}{x-a}\right)(x-a)^n.$$

综合(1)，(2)有：

$$D_n=[x+(n-1)a](x-a)^{n-1}.$$

9.3 行列式的展开定理

前面学习了行列式的定义、性质，而利用它们只能进行简单行列式的计算，并且计算过程也比较繁杂．下面讨论新的行列式的计算方法：即如何通过恒等变形降低行列式的阶数，从而进行行列式的计算.

9.3.1 行列式按某一行(列)展开定理

先以三阶行列式来做说明.

$$\begin{vmatrix} a_{11} & a_{12} & a_{13} \\ a_{21} & a_{22} & a_{23} \\ a_{31} & a_{32} & a_{33} \end{vmatrix} = a_{11}a_{22}a_{33} - a_{11}a_{23}a_{32} + a_{12}a_{23}a_{31} - a_{12}a_{21}a_{33} + a_{13}a_{21}a_{32} - a_{13}a_{22}a_{31}$$

$$= a_{11}\begin{vmatrix} a_{22} & a_{23} \\ a_{32} & a_{33} \end{vmatrix} - a_{12}\begin{vmatrix} a_{21} & a_{23} \\ a_{31} & a_{33} \end{vmatrix} + a_{13}\begin{vmatrix} a_{21} & a_{22} \\ a_{31} & a_{32} \end{vmatrix},$$

由此可见，一个三阶行列式可以转化成 3 个二阶行列式，其中，

$$\begin{vmatrix} a_{22} & a_{23} \\ a_{32} & a_{33} \end{vmatrix}$$

是原三阶行列式中划去元素 a_{11} 所在的第一行、第一列，剩下的元素按原来次序组成的二阶行列式，称它为元素 a_{11} 的余子式，记作 M_{11}．同样地，后面两个二阶行列式可分别表示为 M_{12}，M_{13}．于是

$$\begin{vmatrix} a_{11} & a_{12} & a_{13} \\ a_{21} & a_{22} & a_{23} \\ a_{31} & a_{32} & a_{33} \end{vmatrix} = a_{11}M_{11} - a_{12}M_{12} + a_{13}M_{13},$$

上式等号右边第二项前面是负号，其余是正号．为了使每一项前面都是正号，令

$$A_{11} = (-1)^{1+1}M_{11},\ A_{12} = (-1)^{1+2}M_{12},\ A_{13} = (-1)^{1+3}M_{13},$$

这样规定的 A_{11}，A_{12}，A_{13} 分别称为元素 a_{11}，a_{12}，a_{13} 的代数余子式，于是有

$$\begin{vmatrix} a_{11} & a_{12} & a_{13} \\ a_{21} & a_{22} & a_{23} \\ a_{31} & a_{32} & a_{33} \end{vmatrix} = a_{11}A_{11} + a_{12}A_{12} + a_{13}A_{13}.$$

此式说明：一个三阶行列式等于它的第一行的元素与自己的代数余子式的乘积之和，这称为三阶行列式按第一行展开．类似可以证明：一个三阶行列式也等于它的其余各行(列)元素与自己代数余子式的乘积之和.

三阶行列式按一行展开的理论可以推广到任意 n 阶行列式，为此先给出 n 阶行列式的余子式与代数余子式的定义.

定义 9.6 在 n 阶行列式中，将元素 a_{ij} 所在的行和列同时划去，其余元素构成一个 $n-1$ 阶行列式，称为元素 a_{ij} 的余子式，记为 M_{ij}；记 $A_{ij} = (-1)^{i+j}M_{ij}$，称 A_{ij} 为元素 a_{ij}

的代数余子式.

例如:

$$D=\begin{vmatrix} a_{11} & a_{12} & a_{13} & a_{14} \\ a_{21} & a_{22} & a_{23} & a_{24} \\ a_{31} & a_{32} & a_{33} & a_{34} \\ a_{41} & a_{42} & a_{43} & a_{44} \end{vmatrix},\ M_{23}=\begin{vmatrix} a_{11} & a_{12} & a_{14} \\ a_{31} & a_{32} & a_{34} \\ a_{41} & a_{42} & a_{44} \end{vmatrix},\ A_{23}=(-1)^{2+3}M_{23}=-M_{23}.$$

定理 9.2 行列式等于它的任意一行(列)的各个元素与其代数余子式的乘积之和，即

$$D=\begin{cases} a_{i1}A_{i1}+a_{i2}A_{i2}+\cdots+a_{in}A_{in}\,(i=1,\ 2,\ \cdots,\ n), \\ a_{1j}A_{1j}+a_{2j}A_{2j}+\cdots+a_{nj}A_{nj}\,(j=1,\ 2,\ \cdots,\ n). \end{cases}$$

此定理称为行列式按行(列)展开定理.

另外，行列式的某一行(列)的各个元素与另一行(列)对应的其代数余子式的乘积之和等于零，即

$$a_{k1}A_{i1}+a_{k2}A_{i2}+\cdots+a_{kn}A_{in}=0,\ k\neq i.$$

9.3.2 利用行(列)展开定理计算行列式

利用行列式按行(列)展开定理可以把高阶行列式转化为低阶行列式进行计算，通常称为降阶法. 在实际计算过程中，为减少计算量，可以先利用行列式的性质将行列式中某一行(列)化为仅含有一个非零元素，再按此行(列)展开，变为低一阶的行列式，如此继续下去，直到化为三阶或二阶行列式.

【例 9-6】 计算行列式:

$$D=\begin{vmatrix} 3 & 1 & -1 & 2 \\ -5 & 1 & 3 & -4 \\ 2 & 0 & 1 & -1 \\ 1 & -5 & 3 & -3 \end{vmatrix}.$$

解: $$D\xlongequal{r_1-r_3}\begin{vmatrix} 1 & 1 & -2 & 3 \\ -5 & 1 & 3 & -4 \\ 2 & 0 & 1 & -1 \\ 1 & -5 & 3 & -3 \end{vmatrix}\xlongequal[r_4-r_1]{\substack{r_2+5r_1 \\ r_3-2r_1}}\begin{vmatrix} 1 & 1 & -2 & 3 \\ 0 & 6 & -7 & 11 \\ 0 & -2 & 5 & -7 \\ 0 & -6 & 5 & -6 \end{vmatrix}$$

$$=\begin{vmatrix} 6 & -7 & 11 \\ -2 & 5 & -7 \\ -6 & 5 & -6 \end{vmatrix}\xlongequal[-r_3]{-r_2}2(-1)^2\begin{vmatrix} 3 & -7 & 11 \\ 1 & -5 & 7 \\ 3 & -5 & 6 \end{vmatrix}\xlongequal{r_1\leftrightarrow r_2}-2\begin{vmatrix} 1 & -5 & 7 \\ 3 & -7 & 11 \\ 3 & -5 & 6 \end{vmatrix}$$

$$\xlongequal[r_2-3r_1]{r_3-r_2}-2\begin{vmatrix} 1 & -5 & 7 \\ 0 & 8 & -10 \\ 0 & 2 & -5 \end{vmatrix}=-2\begin{vmatrix} 8 & -10 \\ 2 & -5 \end{vmatrix}=40.$$

【例 9-7】 计算行列式:

$$D=\begin{vmatrix}1&2&3&4&5\\2&1&2&3&4\\3&2&1&2&3\\4&3&2&1&2\\5&4&3&2&1\end{vmatrix}.$$

解：$D=\begin{vmatrix}1&2&3&4&5\\2&1&2&3&4\\3&2&1&2&3\\4&3&2&1&2\\5&4&3&2&1\end{vmatrix}\xlongequal[i=4,3,2,1]{r_{i+1}-r_i}\begin{vmatrix}1&2&3&4&5\\1&-1&-1&-1&-1\\1&1&-1&-1&-1\\1&1&1&-1&-1\\1&1&1&1&-1\end{vmatrix}$

$$\xlongequal[i=1,2,3,4]{r_i-r_5}\begin{vmatrix}0&1&2&3&6\\0&-2&-2&-2&0\\0&0&-2&-2&0\\0&0&0&-2&0\\1&1&1&1&-1\end{vmatrix}=\begin{vmatrix}1&2&3&6\\-2&-2&-2&0\\0&-2&-2&0\\0&0&-2&0\end{vmatrix}$$

$$=6\times(-1)^{1+4}\begin{vmatrix}-2&-2&-2\\0&-2&-2\\0&0&-2\end{vmatrix}=48.$$

9.3.3　拉普拉斯定理

定义 9.7　在 n 阶行列式中，任意选定 k 行、k 列 $(1\leqslant k\leqslant n)$，位于这些行列交叉处的 k^2 个元素按原来顺序构成的一个 k 阶行列式 N，称其为行列式 D 的一个 k 阶子式.

在 D 中划去 k 行、k 列后，余下的元素按原来顺序构成的一个 $n-k$ 阶行列式 M，称为 k 阶子式 N 的余子式；而

$$A=(-1)^{(i_1+i_2+\cdots+i_k)+(j_1+j_2+\cdots+j_k)}M$$

为其代数余子式．这里 i_1，i_2，…，i_k；j_1，j_2，…，j_k 分别为 k 阶子式 N 的行标和列标.

定理 9.3（拉普拉斯定理）　在 n 阶行列式

$$D=\begin{vmatrix}a_{11}&a_{12}&\cdots&a_{1n}\\a_{21}&a_{22}&\cdots&a_{2n}\\\vdots&\vdots&&\vdots\\a_{n1}&a_{n2}&\cdots&a_{nn}\end{vmatrix}$$

中，任意取定 k 行$(1\leqslant k\leqslant n)$，由这 k 行元素组成的 k 阶子式为

$$N_1,\ N_2,\ \cdots,\ N_t\ (t=C_n^k),$$

与它们的代数余子式的乘积之和等于 D，即

$$D=N_1A_1+N_2A_2+\cdots+N_tA_t.$$

其中，A_i 是 N_i 的代数余子式.

【例 9-8】　计算行列式：

$$D=\begin{vmatrix}1&2&0&0\\3&4&0&0\\0&0&-1&3\\0&0&5&1\end{vmatrix}.$$

解：$D\xlongequal{\text{按第 1，2 行展}}N_1A_1+N_2A_2+N_3A_3+N_4A_4+N_5A_5+N_6A_6$

$$=\begin{vmatrix}1&2\\3&4\end{vmatrix}(-1)^{(1+2)+(1+2)}\begin{vmatrix}-1&3\\5&1\end{vmatrix}+\begin{vmatrix}1&0\\3&0\end{vmatrix}(-1)^{(1+2)+(1+3)}\begin{vmatrix}0&3\\0&1\end{vmatrix}+$$

$$\begin{vmatrix}1&0\\3&0\end{vmatrix}(-1)^{(1+2)+(1+4)}\begin{vmatrix}0&-1\\0&5\end{vmatrix}+\begin{vmatrix}2&0\\4&0\end{vmatrix}(-1)^{(1+2)+(2+3)}\begin{vmatrix}0&3\\0&1\end{vmatrix}+$$

$$\begin{vmatrix}2&0\\4&0\end{vmatrix}(-1)^{(1+2)+(2+4)}\begin{vmatrix}0&-1\\0&5\end{vmatrix}+\begin{vmatrix}0&0\\0&0\end{vmatrix}(-1)^{(1+2)+(3+4)}\begin{vmatrix}0&0\\0&0\end{vmatrix}$$

$$=\begin{vmatrix}1&2\\3&4\end{vmatrix}\begin{vmatrix}-1&3\\5&1\end{vmatrix}+0+0+0+0+0=(4-6)\times(-1-15)=32.$$

一般地，

$$\begin{vmatrix}a_{11}&\cdots&a_{1k}&0&\cdots&0\\\vdots&&\vdots&\vdots&&\vdots\\a_{k1}&\cdots&a_{kk}&0&\cdots&0\\c_{11}&\cdots&c_{1k}&b_{11}&\cdots&b_{1n}\\\vdots&&\vdots&\vdots&&\vdots\\c_{n1}&\cdots&c_{nk}&b_{n1}&\cdots&b_{nn}\end{vmatrix}=\begin{vmatrix}a_{11}&\cdots&a_{1k}\\\vdots&&\vdots\\a_{k1}&\cdots&a_{kk}\end{vmatrix}\begin{vmatrix}b_{11}&\cdots&b_{1n}\\\vdots&&\vdots\\b_{n1}&\cdots&b_{nn}\end{vmatrix}.$$

任务 3　认识矩阵

9.4　矩阵的概念

矩阵是线性代数中的一个重要概念，它是研究线性关系的一个有力工具．本节主要介绍矩阵的概念及运算、矩阵的初等变换、逆矩阵及矩阵的秩.

9.4.1　矩阵的概念

定义 9.8　由 $m\times n$ 个数 $a_{ij}(i=1,2,\cdots,m;j=1,2,\cdots,n)$ 排成一个 m 行 n 列的矩形数表，称为一个 $m\times n$ 矩阵．通常用大写字母 $\boldsymbol{A}$，$\boldsymbol{B}$，$\boldsymbol{C}$…表示，记作

$$\boldsymbol{A}=\begin{pmatrix}a_{11}&a_{12}&\cdots&a_{1n}\\a_{21}&a_{22}&\cdots&a_{2n}\\\vdots&\vdots&&\vdots\\a_{m1}&a_{m2}&\cdots&a_{mn}\end{pmatrix},$$

其中，a_{ij}称为矩阵的元素，$i(i=1,2,\cdots,m)$称为行标，$j(j=1,2,\cdots,n)$称为列标. 需要标明矩阵行、列数时，可表示为$\boldsymbol{A}_{m\times n}$或$\boldsymbol{A}_{mn}$；也可表示为$(a_{ij})_{m\times n}$或$(a_{ij})_{mn}$，简记作$(a_{ij})$.

例如，$\begin{pmatrix}1 & 0 & 3 & 5\\ -9 & 6 & 4 & 3\end{pmatrix}$是一个$2\times4$矩阵，$\begin{pmatrix}1\\2\\4\end{pmatrix}$是一个$3\times1$矩阵，$(2\quad 3\quad 5\quad 9)$是一个$1\times4$矩阵，$(4)$是一个$1\times1$矩阵.

注意：矩阵表示一个数表，行列式表示一个数；矩阵的行数与列数不一定相等，而行列式则必须相等；它们使用的符号不同.

9.4.2　几种特殊的矩阵

(1)零矩阵. 元素全为零的矩阵称为零矩阵，记作$\boldsymbol{O}_{m\times n}$或$\boldsymbol{O}$.

(2) 行(列矩阵). 称只有一行(列)的矩阵为行(列)矩阵(也称行(列)向量或数组).

如前例中$\begin{pmatrix}1\\2\\4\end{pmatrix}$与$(2\quad 3\quad 5\quad 9)$.

(3)方阵. 行数与列数都等于n的矩阵$\boldsymbol{A}$，称为n阶方阵，简记作$\boldsymbol{A}_n$，即

$$\boldsymbol{A}_n=\begin{pmatrix}a_{11} & a_{12} & \cdots & a_{1n}\\ a_{21} & a_{22} & \cdots & a_{2n}\\ \vdots & \vdots & & \vdots\\ a_{n1} & a_{n2} & \cdots & a_{nn}\end{pmatrix}.$$

行标与列标相等的元素称为主对角元素，其构成的斜线称为主对角线.

特别规定：一阶方阵只含有一个元素，即$\boldsymbol{A}_1=(a_{11})$，如前例中$\boldsymbol{A}=(4)$.

(4)三角形矩阵. 主对角线上(下)方的元素全为0的n阶方阵称为下(上)三角形矩阵，即方阵

$$\begin{pmatrix}a_{11} & a_{12} & \cdots & a_{1n}\\ 0 & a_{22} & \cdots & a_{2n}\\ \vdots & \vdots & & \vdots\\ 0 & 0 & \cdots & a_{nn}\end{pmatrix}\quad\text{和}\quad\begin{pmatrix}a_{11} & 0 & \cdots & 0\\ a_{21} & a_{22} & \cdots & 0\\ \vdots & \vdots & & \vdots\\ a_{n1} & a_{n2} & \cdots & a_{nn}\end{pmatrix}.$$

(5)对角矩阵. 主对角线以外的元素全为零的n阶方阵称为对角矩阵，即

$$\begin{pmatrix}\lambda_1 & 0 & \cdots & 0\\ 0 & \lambda_2 & \cdots & 0\\ \vdots & \vdots & & \vdots\\ 0 & 0 & \cdots & \lambda_n\end{pmatrix}.$$

记作：$\boldsymbol{A}=\mathrm{diag}(\lambda_1,\lambda_2,\cdots,\lambda_n)$.

(6) 数量矩阵．主对角线上的元素全为数 k 的对角矩阵称为数量矩阵，即

$$\begin{pmatrix} k & 0 & \cdots & 0 \\ 0 & k & \cdots & 0 \\ \vdots & \vdots & & \vdots \\ 0 & 0 & \cdots & k \end{pmatrix}.$$

(7) 单位矩阵．主对角线上的元素全为 1 的 n 阶数量矩阵称为 n 阶单位矩阵，记作 $\boldsymbol{I}$ 或 $\boldsymbol{E}$，即

$$\boldsymbol{I}=\begin{pmatrix} 1 & 0 & \cdots & 0 \\ 0 & 1 & \cdots & 0 \\ \vdots & \vdots & & \vdots \\ 0 & 0 & \cdots & 1 \end{pmatrix}.$$

(8) 阶梯形矩阵．若矩阵 $\boldsymbol{A}$ 满足：

1) 各非零行的首非零元素分布在不同列；

2) 如果有零行在矩阵最下端．

则称 $\boldsymbol{A}$ 为阶梯形矩阵．

例如：$\begin{pmatrix} 0 & 1 & 0 & 2 \\ 2 & 0 & 0 & 0 \\ 0 & 0 & 0 & 0 \end{pmatrix}$ 和 $\begin{pmatrix} 2 & 0 & 1 \\ 0 & 3 & 5 \end{pmatrix}$ 是阶梯形矩阵．

(9) 简化阶梯形矩阵．若阶梯形矩阵 $\boldsymbol{A}$ 满足：

1) 各非零行首非零元素都为 1；

2) 各非零行首非零元素所在列中其他元素都为零．

则称 $\boldsymbol{A}$ 为简化阶梯形矩阵．

例如 $\begin{pmatrix} 1 & 0 & 0 & 4 & 5 \\ 0 & 0 & 1 & 0 & 0 \\ 0 & 1 & 0 & 1 & 3 \end{pmatrix}$ 是一个简化阶梯形矩阵．

(10) 矩阵的同型．设有两个矩阵：

$$\boldsymbol{A}=\begin{pmatrix} a_{11} & a_{12} & \cdots & a_{1n} \\ a_{21} & a_{22} & \cdots & a_{2n} \\ \vdots & \vdots & & \vdots \\ a_{m1} & a_{m2} & \cdots & a_{mn} \end{pmatrix} \text{和} \boldsymbol{B}=\begin{pmatrix} b_{11} & b_{12} & \cdots & b_{1q} \\ b_{21} & b_{22} & \cdots & b_{2q} \\ \vdots & \vdots & & \vdots \\ b_{p1} & b_{p2} & \cdots & b_{pq} \end{pmatrix},$$

若 $m=p$，$n=q$，则称矩阵 $\boldsymbol{A}$ 与 $\boldsymbol{B}$ 同型．

任务4　掌握矩阵的运算

9.5　矩阵的运算

9.5.1　矩阵的加法和减法

定义9.9　两个 $m\times n$ 矩阵 $\boldsymbol{A}=(a_{ij})_{m\times n}$，$\boldsymbol{B}=(b_{ij})_{m\times n}$对应位置上的元素相加得到的 $m\times n$ 矩阵，称为 $\boldsymbol{A}$ 与 $\boldsymbol{B}$ 的和，记作 $\boldsymbol{A}+\boldsymbol{B}$，即

$$\boldsymbol{A}+\boldsymbol{B}=(a_{ij}+b_{ij})=\begin{pmatrix} a_{11}+b_{11} & a_{12}+b_{12} & \cdots & a_{1n}+b_{1n} \\ a_{21}+b_{21} & a_{22}+b_{22} & \cdots & a_{2n}+b_{2n} \\ \vdots & \vdots & & \vdots \\ a_{m1}+b_{m1} & a_{m2}+b_{m2} & \cdots & a_{mn}+b_{mn} \end{pmatrix}.$$

例如，$\begin{pmatrix} 1 & 2 \\ 5 & 6 \\ 3 & 7 \end{pmatrix}+\begin{pmatrix} 14 & 3 \\ 8 & 4 \\ 3 & 9 \end{pmatrix}=\begin{pmatrix} 1+14 & 2+3 \\ 5+8 & 6+4 \\ 3+3 & 7+9 \end{pmatrix}=\begin{pmatrix} 15 & 5 \\ 13 & 10 \\ 6 & 16 \end{pmatrix}$.

容易验证，矩阵的加法满足下述性质：

(1) $\boldsymbol{A}+\boldsymbol{B}=\boldsymbol{B}+\boldsymbol{A}$.

(2) $(\boldsymbol{A}+\boldsymbol{B})+\boldsymbol{C}=\boldsymbol{A}+(\boldsymbol{B}+\boldsymbol{C})$.

若将矩阵 $\boldsymbol{A}$ 中每个元素都变号，得到的矩阵称为 $\boldsymbol{A}$ 的负矩阵，记作：$-\boldsymbol{A}$.

由此规定：$\boldsymbol{A}-\boldsymbol{B}=\boldsymbol{A}+(-\boldsymbol{B})$.

若矩阵 $\boldsymbol{A}=(a_{ij})$ 与 $\boldsymbol{B}=(b_{ij})$ 为同型矩阵，并且对应元素相等，即

$$a_{ij}=b_{ij}(i=1,\ 2,\ \cdots,\ m;\ j=1,\ 2,\ \cdots,\ n),$$

则称矩阵 $\boldsymbol{A}$ 与 $\boldsymbol{B}$ 相等，记作 $\boldsymbol{A}=\boldsymbol{B}$.

9.5.2　矩阵的数乘

定义9.10　数 k 与矩阵 $\boldsymbol{A}$ 的乘积称作矩阵的数乘，记作 $k\boldsymbol{A}$ 或 $\boldsymbol{A}k$，规定为

$$k\boldsymbol{A}=\boldsymbol{A}k=(ka_{ij})=\begin{pmatrix} ka_{11} & ka_{12} & \cdots & ka_{1n} \\ ka_{21} & ka_{22} & \cdots & ka_{2n} \\ \vdots & \vdots & & \vdots \\ ka_{m1} & ka_{m2} & \cdots & ka_{mn} \end{pmatrix}.$$

容易验证，矩阵的数乘满足下述性质：

(1) $(kl)\boldsymbol{A}=k(l\boldsymbol{A})$.

(2) $(k+l)\boldsymbol{A}=k\boldsymbol{A}+l\boldsymbol{A}$.

(3) $k(\boldsymbol{A}+\boldsymbol{B})=k\boldsymbol{A}+k\boldsymbol{B}$.

(4) $1\cdot\boldsymbol{A}=\boldsymbol{A}$，$0\cdot\boldsymbol{A}=\boldsymbol{O}$.

【例9-9】　设 $\boldsymbol{A}=\begin{pmatrix} 2 & 0 & -1 \\ 3 & 1 & -2 \end{pmatrix}$，$\boldsymbol{B}=\begin{pmatrix} -1 & 1 & 2 \\ -2 & 1 & 5 \end{pmatrix}$，求：(1) $2\boldsymbol{A}+\boldsymbol{B}$；(2) $\boldsymbol{A}-3\boldsymbol{B}$.

解：(1) $2\boldsymbol{A}+\boldsymbol{B}=\begin{pmatrix}2\times2 & 2\times0 & 2\times(-1)\\2\times3 & 2\times1 & 2\times(-2)\end{pmatrix}+\begin{pmatrix}-1 & 1 & 2\\-2 & 1 & 5\end{pmatrix}$

$$=\begin{pmatrix}4 & 0 & -2\\6 & 2 & -4\end{pmatrix}+\begin{pmatrix}-1 & 1 & 2\\-2 & 1 & 5\end{pmatrix}=\begin{pmatrix}3 & 1 & 0\\4 & 3 & 1\end{pmatrix};$$

(2) $\boldsymbol{A}-3\boldsymbol{B}=\begin{pmatrix}2 & 0 & -1\\3 & 1 & -2\end{pmatrix}-\begin{pmatrix}3\times(-1) & 3\times1 & 3\times2\\3\times(-2) & 3\times1 & 3\times5\end{pmatrix}$

$$=\begin{pmatrix}2 & 0 & -1\\3 & 1 & -2\end{pmatrix}-\begin{pmatrix}-3 & 3 & 6\\-6 & 3 & 15\end{pmatrix}=\begin{pmatrix}5 & -3 & -7\\9 & -2 & -17\end{pmatrix}.$$

9.5.3 矩阵的乘法

定义 9.11 设矩阵 $\boldsymbol{A}=(a_{ij})_{m\times s}$，$\boldsymbol{B}=(b_{ij})_{s\times n}$. 则它们的乘积 $\boldsymbol{AB}$ 是一个 $m\times n$ 矩阵 $\boldsymbol{C}=(c_{ij})_{m\times n}$，记作 $\boldsymbol{C}=\boldsymbol{AB}$.

其中

$$c_{ij}=a_{i1}b_{1j}+a_{i2}b_{2j}+\cdots+a_{is}b_{sj}=\sum_{k=1}^{s}a_{ik}b_{kj}(i=1,\ 2,\ \cdots,\ m;\ j=1,\ 2,\ \cdots,\ n),$$

即 $\boldsymbol{AB}$ 的第 i 行第 j 列上的元素是矩阵 $\boldsymbol{A}$ 的第 i 行上的所有元素与矩阵 $\boldsymbol{B}$ 的第 j 列上的对应元素乘积之和.

注意：(1) 相乘条件：左矩阵的列数等于右矩阵的行数.

(2) 相乘规则：按定义.

(3) 相乘结果：乘积矩阵行数为左矩阵的行数，列数为右矩阵的列数.

【例 9-10】 求矩阵 $\boldsymbol{A}=\begin{pmatrix}-2 & 4\\1 & -2\end{pmatrix}$与 $\boldsymbol{B}=\begin{pmatrix}2 & 4\\-3 & -6\end{pmatrix}$的乘积 $\boldsymbol{AB}$ 与 $\boldsymbol{BA}$.

解：$\boldsymbol{AB}=\begin{pmatrix}-2 & 4\\1 & -2\end{pmatrix}\begin{pmatrix}2 & 4\\-3 & -6\end{pmatrix}=\begin{pmatrix}-16 & -32\\8 & 16\end{pmatrix}$,

$$\boldsymbol{BA}=\begin{pmatrix}2 & 4\\-3 & -6\end{pmatrix}\begin{pmatrix}-2 & 4\\1 & -2\end{pmatrix}=\begin{pmatrix}0 & 0\\0 & 0\end{pmatrix}.$$

一般地，矩阵的乘法不满足交换律，即 $\boldsymbol{AB}\neq\boldsymbol{BA}$，而且两个非零矩阵的乘积可能是零矩阵.

【例 9-11】 设矩阵 $\boldsymbol{A}=\begin{pmatrix}2 & -3 & -5\\-1 & 4 & 5\\1 & -3 & -4\end{pmatrix}$，$\boldsymbol{B}=\begin{pmatrix}-1 & 3 & 5\\1 & -3 & -5\\-1 & 3 & 5\end{pmatrix}$，求 $\boldsymbol{AO}$，$\boldsymbol{AB}$.

解：显然 $\boldsymbol{A}_{3\times3}\boldsymbol{O}_{3\times8}=\boldsymbol{O}_{3\times8}$，

$$\boldsymbol{AB}=\begin{pmatrix}2 & -3 & -5\\-1 & 4 & 5\\1 & -3 & -4\end{pmatrix}\begin{pmatrix}-1 & 3 & 5\\1 & -3 & -5\\-1 & 3 & 5\end{pmatrix}=\begin{pmatrix}0 & 0 & 0\\0 & 0 & 0\\0 & 0 & 0\end{pmatrix}=\boldsymbol{O}_{3\times3}.$$

与数的乘法不同，两个非零矩阵的乘积可能是零矩阵，反过来，如果两个矩阵的乘积是零矩阵，不能断定 $\boldsymbol{A}$ 或 $\boldsymbol{B}$ 一定是零矩阵.

容易验证，矩阵的乘法满足下面的性质：

(1) $(\boldsymbol{AB})\boldsymbol{C}=\boldsymbol{A}(\boldsymbol{BC})$.

(2)$k(\boldsymbol{AB})=(k\boldsymbol{A})\boldsymbol{B}=\boldsymbol{A}(k\boldsymbol{B})$.

(3)$\boldsymbol{A}(\boldsymbol{B}+\boldsymbol{C})=\boldsymbol{AB}+\boldsymbol{AC}$，$(\boldsymbol{B}+\boldsymbol{C})\boldsymbol{A}=\boldsymbol{BA}+\boldsymbol{CA}$.

(4)$\boldsymbol{I}_m\boldsymbol{A}_{m\times n}=\boldsymbol{A}_{m\times n}$，$\boldsymbol{A}_{m\times n}\boldsymbol{I}_n=\boldsymbol{A}_{m\times n}$.

(5)$(k\boldsymbol{I}_m)\boldsymbol{A}_{m\times n}=k\boldsymbol{A}_{m\times n}$，$\boldsymbol{A}_{m\times n}(k\boldsymbol{I}_n)=k\boldsymbol{A}_{m\times n}$.

注意：矩阵乘法一般不满足的运算律：

(1)交换律不成立：即 $\boldsymbol{AB}\neq\boldsymbol{BA}$.

(2)乘法消去律不成立：即若 $\boldsymbol{AB}=\boldsymbol{AC}$，不一定有 $\boldsymbol{B}=\boldsymbol{C}$.

例如，线性方程组：

$$\begin{cases}a_{11}x_1+a_{12}x_2+\cdots+a_{1n}x_n=b_1,\\a_{21}x_1+a_{22}x_2+\cdots+a_{2n}x_n=b_2,\\\cdots\cdots\\a_{n1}x_1+a_{n2}x_2+\cdots+a_{nn}x_n=b_n,\end{cases}$$

若令　$\boldsymbol{A}=\begin{pmatrix}a_{11}&a_{12}&\cdots&a_{1n}\\a_{21}&a_{22}&\cdots&a_{2n}\\\vdots&\vdots&&\vdots\\a_{n1}&a_{n2}&\cdots&a_{nn}\end{pmatrix}$称为系数矩阵，$\boldsymbol{X}=\begin{pmatrix}x_1\\x_2\\\vdots\\x_n\end{pmatrix}$称为未知量矩阵，$\boldsymbol{B}=\begin{pmatrix}b_1\\b_2\\\vdots\\b_n\end{pmatrix}$称为常数项矩阵，则该线性方程组可以表示为矩阵方程

$$\boldsymbol{AX}=\boldsymbol{B},$$

即线性方程组和矩阵方程可以互相表示.

9.5.4　n 阶方阵的幂

定义 9.12　设 $\boldsymbol{A}$ 是一个 n 阶方阵，k 为正整数，$\boldsymbol{A}^k=\underbrace{\boldsymbol{AA}\cdots\boldsymbol{A}}_{k}$称为 $\boldsymbol{A}$ 的 k 次幂.

$\boldsymbol{A}^k$ 就是 k 个 $\boldsymbol{A}$ 连乘，显然只有方阵的幂才有意义．规定：$\boldsymbol{A}_m^0=\boldsymbol{E}_m^2$.

方阵的幂具有下列运算性质：

$$\boldsymbol{A}^k\boldsymbol{A}^m=\boldsymbol{A}^{k+m},\ (\boldsymbol{A}^k)^m=\boldsymbol{A}^{km}.$$

【例 9-12】　设 $\boldsymbol{A}=\begin{pmatrix}1&0\\1&1\end{pmatrix}$，求 $\boldsymbol{A}^2$，$\boldsymbol{A}^3$.

解：$\boldsymbol{A}^2=\begin{pmatrix}1&0\\1&1\end{pmatrix}\begin{pmatrix}1&0\\1&1\end{pmatrix}=\begin{pmatrix}1&0\\2&1\end{pmatrix}$，

$\boldsymbol{A}^3=\begin{pmatrix}1&0\\1&1\end{pmatrix}^2\begin{pmatrix}1&0\\1&1\end{pmatrix}=\begin{pmatrix}1&0\\2&1\end{pmatrix}\begin{pmatrix}1&0\\1&1\end{pmatrix}=\begin{pmatrix}1&0\\3&1\end{pmatrix}$.

9.5.5　矩阵的转置

定义 9.13　把 $m\times n$ 矩阵 $\boldsymbol{A}$ 的行列互换得到一个 $n\times m$ 矩阵，称为 $\boldsymbol{A}$ 的转置矩阵，

记作A^T. 即

$$\text{若} A=\begin{pmatrix} a_{11} & a_{12} & \cdots & a_{1n} \\ a_{21} & a_{22} & \cdots & a_{2n} \\ \vdots & \vdots & & \vdots \\ a_{m1} & a_{m2} & \cdots & a_{mn} \end{pmatrix}，\text{则} A^T=\begin{pmatrix} a_{11} & a_{21} & \cdots & a_{m1} \\ a_{12} & a_{22} & \cdots & a_{m2} \\ \vdots & \vdots & & \vdots \\ a_{1n} & a_{2n} & \cdots & a_{mn} \end{pmatrix}.$$

例如，$(1 \quad 3 \quad -9)^T=\begin{pmatrix} 1 \\ 3 \\ -9 \end{pmatrix}$，$\begin{pmatrix} 1 & 2 \\ 3 & 4 \end{pmatrix}^T=\begin{pmatrix} 1 & 3 \\ 2 & 4 \end{pmatrix}$.

矩阵的转置具有下列运算性质：

(1)$(A^T)^T=A$.

(2)$(A+B)^T=A^T+B^T$.

(3)$(kA)^T=kA^T$.

(4)$(AB)^T=B^TA^T$.

【例 9-13】 已知$A=\begin{pmatrix} 2 & 0 & -1 \\ 1 & 3 & 2 \end{pmatrix}$，$B=\begin{pmatrix} 1 & 7 & -1 \\ 4 & 2 & 3 \\ 2 & 0 & 1 \end{pmatrix}$，求$(AB)^T$.

解：方法一：因为

$$AB=\begin{pmatrix} 2 & 0 & -1 \\ 1 & 3 & 2 \end{pmatrix}\begin{pmatrix} 1 & 7 & -1 \\ 4 & 2 & 3 \\ 2 & 0 & 1 \end{pmatrix}=\begin{pmatrix} 0 & 14 & -3 \\ 17 & 13 & 10 \end{pmatrix},$$

所以

$$(AB)^T=\begin{pmatrix} 0 & 14 & -3 \\ 17 & 13 & 10 \end{pmatrix}^T=\begin{pmatrix} 0 & 17 \\ 14 & 13 \\ -3 & 10 \end{pmatrix}$$

方法二：$(AB)^T=B^TA^T=\begin{pmatrix} 1 & 4 & 2 \\ 7 & 2 & 0 \\ -1 & 3 & 1 \end{pmatrix}\begin{pmatrix} 2 & 1 \\ 0 & 3 \\ -1 & 2 \end{pmatrix}=\begin{pmatrix} 0 & 17 \\ 14 & 13 \\ -3 & 10 \end{pmatrix}$.

9.5.6 n阶方阵的行列式

定义 9.14 由n阶方阵A的元素所构成的行列式，叫作方阵A的行列式，记作$|A|$或$\det A$.

例如，$A=\begin{pmatrix} 2 & 3 \\ 6 & 8 \end{pmatrix}$，则$|A|=\begin{vmatrix} 2 & 3 \\ 6 & 8 \end{vmatrix}=-2$.

矩阵的转置具有下列运算性质：

(1)$|A^T|=|A|$.

(2)$|kA|=k^n|A|$.

(3)$|AB|=|A||B|$.

由性质(3)易推出$|AB|=|BA|$.

9.6　逆矩阵的计算

9.6.1　逆矩阵的定义

定义 9.15　对于 n 阶方阵 $\boldsymbol{A}$，如果存在一个 n 阶方阵 $\boldsymbol{B}$，使得

$$\boldsymbol{AB}=\boldsymbol{BA}=\boldsymbol{E},$$

则方阵 $\boldsymbol{A}$ 称为可逆矩阵，简称 $\boldsymbol{A}$ 可逆，方阵 $\boldsymbol{B}$ 称为 $\boldsymbol{A}$ 的逆矩阵，记为 $\boldsymbol{A}^{-1}$.

设 $\boldsymbol{B}_1$，$\boldsymbol{B}_2$ 都是 $\boldsymbol{A}$ 的逆矩阵，即有

$$\boldsymbol{AB}_1=\boldsymbol{B}_1\boldsymbol{A}=\boldsymbol{I},\ \boldsymbol{AB}_2=\boldsymbol{B}_2\boldsymbol{A}=\boldsymbol{I},$$

则有

$$\boldsymbol{B}_1=\boldsymbol{B}_1\boldsymbol{I}=\boldsymbol{B}_1(\boldsymbol{AB}_2)=\boldsymbol{IB}_2=\boldsymbol{B}_2,$$

表明 $\boldsymbol{A}$ 的逆矩阵只有一个.

定理 9.4　如果方阵 $\boldsymbol{A}$ 可逆，则其逆矩阵是唯一的.

可逆矩阵满足下列性质：

性质 1　若 $\boldsymbol{A}$ 可逆，则 $\boldsymbol{A}^{-1}$ 也可逆，且 $(\boldsymbol{A}^{-1})^{-1}=\boldsymbol{A}$.

性质 2　若 $\boldsymbol{A}$ 可逆，数 $k\neq 0$，则 $k\boldsymbol{A}$ 可逆，且 $(k\boldsymbol{A})^{-1}=\dfrac{1}{k}\boldsymbol{A}^{-1}$.

性质 3　若 $\boldsymbol{A}$，$\boldsymbol{B}$ 为同阶方阵且均可逆，则 $\boldsymbol{AB}$ 也可逆，且

$$(\boldsymbol{AB})^{-1}=\boldsymbol{B}^{-1}\boldsymbol{A}^{-1}.$$

证明：$(\boldsymbol{AB})(\boldsymbol{B}^{-1}\boldsymbol{A}^{-1})=\boldsymbol{A}(\boldsymbol{BB}^{-1})\boldsymbol{A}^{-1}=\boldsymbol{AEA}^{-1}=\boldsymbol{AA}^{-1}=\boldsymbol{E}$,

故

$$(\boldsymbol{AB})^{-1}=\boldsymbol{B}^{-1}\boldsymbol{A}^{-1}.$$

性质 4　若 $\boldsymbol{A}$ 可逆，则 $\boldsymbol{A}^{\mathrm{T}}$ 也可逆，且 $(\boldsymbol{A}^{\mathrm{T}})^{-1}=(\boldsymbol{A}^{-1})^{\mathrm{T}}$.

证明：因为

$$\boldsymbol{A}^{\mathrm{T}}(\boldsymbol{A}^{-1})^{\mathrm{T}}=(\boldsymbol{A}^{-1}\boldsymbol{A})^{\mathrm{T}}=\boldsymbol{E}^{\mathrm{T}}=\boldsymbol{E},$$

所以

$$(\boldsymbol{A}^{\mathrm{T}})^{-1}=(\boldsymbol{A}^{-1})^{\mathrm{T}}.$$

性质 5　若 $\boldsymbol{A}$ 可逆，则 $|\boldsymbol{A}^{-1}|=|\boldsymbol{A}|^{-1}=\dfrac{1}{|\boldsymbol{A}|}$.

证明：因为 $\boldsymbol{AA}^{-1}=\boldsymbol{E}$，所以 $|\boldsymbol{A}||\boldsymbol{A}^{-1}|=1$.

因此 $|\boldsymbol{A}^{-1}|=|\boldsymbol{A}|^{-1}$.

9.6.2　逆矩阵的求法

1. 待定系数法

待定系数法是利用逆矩阵的定义，列矩阵方程进行求解.

【例 9-14】　求矩阵 $\boldsymbol{A}=\begin{pmatrix}2&1\\-1&0\end{pmatrix}$ 的逆矩阵.

解：设 $\boldsymbol{B}=\begin{pmatrix}a&b\\c&d\end{pmatrix}$ 是 $\boldsymbol{A}$ 的逆矩阵，则由逆矩阵的定义有

$$\boldsymbol{AB}=\begin{pmatrix}2&1\\-1&0\end{pmatrix}\begin{pmatrix}a&b\\c&d\end{pmatrix}=\begin{pmatrix}1&0\\0&1\end{pmatrix},$$

即
$$\begin{pmatrix}2a+c & 2b+d\\ -a & -b\end{pmatrix}=\begin{pmatrix}1 & 0\\ 0 & 1\end{pmatrix},$$

由矩阵相等可得
$$\begin{cases}2a+c=1,\\ 2b+d=0,\\ -a=0,\\ -b=1,\end{cases}\text{即}\begin{cases}a=0,\\ b=-1,\\ c=1,\\ d=2.\end{cases}$$

又因为
$$\begin{pmatrix}2 & 1\\ -1 & 0\end{pmatrix}\begin{pmatrix}0 & -1\\ 1 & 2\end{pmatrix}=\begin{pmatrix}0 & -1\\ 1 & 2\end{pmatrix}\begin{pmatrix}2 & 1\\ -1 & 0\end{pmatrix}=\begin{pmatrix}1 & 0\\ 0 & 1\end{pmatrix},$$

所以
$$\boldsymbol{A}^{-1}=\begin{pmatrix}0 & -1\\ 1 & 2\end{pmatrix}.$$

2. 伴随矩阵法

定义 9.16 设 $\boldsymbol{A}$ 为 n 阶方阵，即
$$\boldsymbol{A}=\begin{pmatrix}a_{11} & a_{12} & \cdots & a_{1n}\\ a_{21} & a_{22} & \cdots & a_{2n}\\ \vdots & \vdots & & \vdots\\ a_{n1} & a_{n2} & \cdots & a_{nn}\end{pmatrix},$$
由其行列式 $|\boldsymbol{A}|$ 中元素 a_{ij} 的代数余子式 A_{ij} 构成的 n 阶矩阵
$$\begin{pmatrix}A_{11} & A_{21} & \cdots & A_{n1}\\ A_{12} & A_{22} & \cdots & A_{n2}\\ \vdots & \vdots & & \vdots\\ A_{1n} & A_{2n} & \cdots & A_{nn}\end{pmatrix}$$
称为矩阵 $\boldsymbol{A}$ 的伴随矩阵．记为 $\boldsymbol{A}^*$.

【例 9-15】 已知 $\boldsymbol{A}=\begin{pmatrix}a & b\\ c & d\end{pmatrix}$，求 $\boldsymbol{A}^*$.

解： $\boldsymbol{A}^*=\begin{pmatrix}A_{11} & A_{21}\\ A_{12} & A_{22}\end{pmatrix}$，又因 $|\boldsymbol{A}|=\begin{vmatrix}a & b\\ c & d\end{vmatrix}$，所以
$$A_{11}=d,\ A_{12}=-c,\ A_{21}=-b,\ A_{22}=a,$$
所以
$$\boldsymbol{A}^*=\begin{pmatrix}d & -b\\ -c & a\end{pmatrix}.$$

二阶方阵伴随矩阵的一般规律：主对角线上两元素互换，次对角线上两元素变号.

下面来介绍逆矩阵的求解方法之二——伴随矩阵法.

定理 9.5 矩阵 $\boldsymbol{A}$ 可逆的充分必要条件是 $|\boldsymbol{A}|\neq 0$，且
$$\boldsymbol{A}^{-1}=\frac{1}{|\boldsymbol{A}|}\boldsymbol{A}^*.$$

若方阵 $\boldsymbol{A}$ 有 $|\boldsymbol{A}|\neq 0$，则称 $\boldsymbol{A}$ 为非奇异矩阵，否则为奇异矩阵.

证明： 若 $\boldsymbol{A}$ 可逆，即有 $\boldsymbol{A}^{-1}$ 使 $\boldsymbol{A}\boldsymbol{A}^{-1}=\boldsymbol{E}$.

故 $$|\boldsymbol{A}|\cdot|\boldsymbol{A}^{-1}|=|\boldsymbol{E}|=1,$$

所以 $|\boldsymbol{A}|\neq 0$.

当 $|\boldsymbol{A}|\neq 0$ 时，有

$$\boldsymbol{A}\boldsymbol{A}^{*}=\boldsymbol{A}^{*}\boldsymbol{A}=\begin{pmatrix}|\boldsymbol{A}| & 0 & \cdots & 0\\ 0 & |\boldsymbol{A}| & \cdots & 0\\ \vdots & \vdots & & \vdots\\ 0 & 0 & \cdots & |\boldsymbol{A}|\end{pmatrix}=|\boldsymbol{A}|\boldsymbol{E}\quad\Rightarrow\boldsymbol{A}\frac{\boldsymbol{A}^{*}}{|\boldsymbol{A}|}=\frac{\boldsymbol{A}^{*}}{|\boldsymbol{A}|}\boldsymbol{A}=\boldsymbol{E},$$

按逆矩阵的定义得 $$\boldsymbol{A}^{-1}=\frac{\boldsymbol{A}^{*}}{|\boldsymbol{A}|}.$$

证毕.

这个定理不仅给出了判别 n 阶方阵 $\boldsymbol{A}$ 是否可逆的条件，而且在 $\boldsymbol{A}$ 可逆的情况下，还给出了求逆矩阵的一种方法，通常叫伴随矩阵法.

【例 9-16】 求矩阵 $\boldsymbol{A}=\begin{pmatrix}1 & 2 & 3\\ 2 & 2 & 1\\ 3 & 4 & 3\end{pmatrix}$ 的逆矩阵.

解： 因为 $$|\boldsymbol{A}|=\begin{vmatrix}1 & 2 & 3\\ 2 & 2 & 1\\ 3 & 4 & 3\end{vmatrix}=2\neq 0,$$

所以 $\boldsymbol{A}^{-1}$ 存在.

$$A_{11}=\begin{vmatrix}2 & 1\\ 4 & 3\end{vmatrix}=2,\ A_{12}=-\begin{vmatrix}2 & 1\\ 3 & 3\end{vmatrix}=-3,$$

同理可得 $A_{13}=2$，$A_{21}=6$，$A_{22}=-6$，$A_{23}=2$，$A_{31}=-4$，$A_{32}=5$，$A_{33}=-2$，所以

$$\boldsymbol{A}^{*}=\begin{pmatrix}A_{11} & A_{21} & A_{31}\\ A_{12} & A_{22} & A_{32}\\ A_{13} & A_{23} & A_{33}\end{pmatrix}=\begin{pmatrix}2 & 6 & -4\\ -3 & -6 & 5\\ 2 & 2 & -2\end{pmatrix},$$

故 $$\boldsymbol{A}^{-1}=\frac{1}{|\boldsymbol{A}|}\boldsymbol{A}^{*}=\frac{1}{2}\begin{pmatrix}2 & 6 & -4\\ -3 & -6 & 5\\ 2 & 2 & -2\end{pmatrix}=\begin{pmatrix}1 & 3 & -2\\ -3/2 & -3 & 5/2\\ 1 & 1 & -1\end{pmatrix}.$$

任务 5　利用矩阵的初等变换求逆矩阵

9.7　矩阵的初等变换

矩阵的初等变换是矩阵的一种十分重要的运算，它在矩阵理论的讨论以及后续内容中都起着重要的作用.

9.7.1 初等变换

1. 初等变换

定义 9.17 对矩阵施以下列 3 种变换，称为矩阵的初等变换：

(1)交换矩阵的任意两行(列).

(2)矩阵的任意一行(列)乘以非零数 k.

(3)矩阵的任意一行(列)的 k 倍加到另一行(列)上.

矩阵的初等变换分为初等行变换与初等列变换.

例如初等行变换：

(1)交换矩阵 $\boldsymbol{A}$ 的第一行与第三行.

$$\boldsymbol{A}=\begin{pmatrix}a_{11}&a_{12}&a_{13}&a_{14}\\a_{21}&a_{22}&a_{23}&a_{24}\\a_{31}&a_{32}&a_{33}&a_{34}\end{pmatrix}\xrightarrow{r_1\leftrightarrow r_3}\begin{pmatrix}a_{31}&a_{32}&a_{33}&a_{34}\\a_{21}&a_{22}&a_{23}&a_{24}\\a_{11}&a_{12}&a_{13}&a_{14}\end{pmatrix}.$$

(2)矩阵 $\boldsymbol{A}$ 的第二行乘以非零数 k.

$$\boldsymbol{A}=\begin{pmatrix}a_{11}&a_{12}&a_{13}&a_{14}\\a_{21}&a_{22}&a_{23}&a_{24}\\a_{31}&a_{32}&a_{33}&a_{34}\end{pmatrix}\xrightarrow{r_2\times k}\begin{pmatrix}a_{11}&a_{12}&a_{13}&a_{14}\\ka_{21}&ka_{22}&ka_{23}&ka_{24}\\a_{31}&a_{32}&a_{33}&a_{34}\end{pmatrix}.$$

(3)矩阵的第一行的 k 倍加到第二行上.

$$\boldsymbol{A}=\begin{pmatrix}a_{11}&a_{12}&a_{13}&a_{14}\\a_{21}&a_{22}&a_{23}&a_{24}\\a_{31}&a_{32}&a_{33}&a_{34}\end{pmatrix}\xrightarrow{r_1\times k+r_2}\begin{pmatrix}a_{11}&a_{12}&a_{13}&a_{14}\\a_{21}+ka_{11}&a_{22}+ka_{12}&a_{23}+ka_{13}&a_{24}+ka_{14}\\a_{31}&a_{32}&a_{33}&a_{34}\end{pmatrix}.$$

初等列变换与行变换完全类似．因为，矩阵转置后，行、列互换，列变换就变为行变换，即行、列地位相当．因此，对矩阵行有的性质、规律，对矩阵的列同样成立．为此，后面讨论、应用矩阵初等变换时主要以初等行变换为主.

【例 9-17】 利用初等变换化 $\boldsymbol{A}$ 为阶梯形矩阵.

$$\boldsymbol{A}=\begin{pmatrix}1&2&3&4\\2&3&1&4\\3&2&4&1\end{pmatrix}.$$

解： 由阶梯形矩阵的定义知：要化 $\boldsymbol{A}$ 为阶梯形矩阵，即要使 $\boldsymbol{A}$ 中非零行首非零元素分部在不同列.

对 $\boldsymbol{A}$ 施以初等变换，有

$$\boldsymbol{A}=\begin{pmatrix}1&2&3&4\\2&3&1&4\\3&2&4&1\end{pmatrix}\xrightarrow[r_1\times(-3)+r_3]{r_1\times(-2)+r_2}\begin{pmatrix}1&2&3&4\\0&-1&-5&-4\\0&-4&-5&-11\end{pmatrix}$$

$$\xrightarrow{r_2\times(-4)+r_3}\begin{pmatrix}1&2&3&4\\0&-1&-5&-4\\0&0&15&5\end{pmatrix}.$$

任何非零矩阵经若干次初等变换总可以化为阶梯形矩阵.

具体方法：

(1)观察第一列元素中有多少个非零元素，若不超过一个，则符合要求；若超过一个，不妨设 $a_{11}\neq 0$，$a_{l1}\neq 0$(即使 $a_{11}=0$，可通过换行使得 $a_{11}\neq 0$)，将第一行的 $-\frac{a_{l1}}{a_{11}}$倍加到第 l 行上去……以使得第一列中非零元素为一个.

(2)再用同样的方法依次观察和处理其他各列，直至使得非零行元素分布在不同列为止；另外，对矩阵作初等变换的过程中，若有零行出现，则适时将零行换至矩阵最下端.

【例 9-18】 化矩阵 $\boldsymbol{A}$ 为阶梯形矩阵.

$$\boldsymbol{A}=\begin{pmatrix}1&0&1\\2&1&0\\-3&2&-5\end{pmatrix}.$$

解：

$$\boldsymbol{A}=\begin{pmatrix}1&0&1\\2&1&0\\-3&2&-5\end{pmatrix}\xrightarrow[r_1\times 3+r_3]{r_1\times(-2)+r_2}\begin{pmatrix}1&0&1\\0&1&-2\\0&2&-2\end{pmatrix}$$

$$\xrightarrow{r_2\times(-2)+r_3}\begin{pmatrix}1&0&1\\0&1&-2\\0&0&2\end{pmatrix}.$$

2. 初等矩阵

定义 9.18　对单位矩阵施以一次初等变换得到的矩阵，称为初等矩阵.

初等矩阵有以下 3 种：

(1)对 $\boldsymbol{I}$ 施以第 1 种初等变换得到的矩阵.

$$\boldsymbol{E}(i,\ j)=\begin{pmatrix}1&&&&&&&&&\\&\ddots&&&&&&&&\\&&1&&&&&&&\\&&&0&&\cdots&&1&&\\&&&&1&&&&&\\&&&\vdots&&\ddots&&\vdots&&\\&&&&&&1&&&\\&&&1&&\cdots&&0&&\\&&&&&&&&1&\\&&&&&&&&&\ddots&\\&&&&&&&&&&1\end{pmatrix}\begin{matrix}\\\\\\i\text{行}\\\\\\\\j\text{行}\\\\\\\\\end{matrix}$$

$$\qquad\qquad i\text{列}\qquad\qquad j\text{列}$$

第 i 行(列)与第 j 行(列)交换.

(2)对 $\boldsymbol{I}$ 施以第二种初等变换得到的矩阵.

$$E(i(k))=\begin{pmatrix}1 & & & & & & \\ & \ddots & & & & & \\ & & 1 & & & & \\ & & & k & & & \\ & & & & 1 & & \\ & & & & & \ddots & \\ & & & & & & 1\end{pmatrix}\begin{matrix} \\ \\ \\ i\text{ 行}(k) \\ \\ \\ \\ \end{matrix}$$

$$i\text{ 列}(k)$$

第 i 行(列)乘以非零数 k.

(3)对 $\boldsymbol{I}$ 施以第 3 种初等变换得到的矩阵.

$$E(i,\ j(k))=\begin{pmatrix}1 & & & & & & \\ & \ddots & & & & & \\ & & 1 & \cdots & k & & \\ & & & \ddots & \vdots & & \\ & & & & 1 & & \\ & & & & & \ddots & \\ & & & & & & 1\end{pmatrix}\begin{matrix} \\ \\ i\text{ 行} \\ \\ j\text{ 行} \\ \\ \\ \end{matrix}$$

$$i\text{ 列}\qquad j\text{ 列}$$

第 j 行(列)的 k 倍加到第 i 行(列)上.

总之，对矩阵 $\boldsymbol{A}=(a_{ij})_{m\times n}$ 施以某种初等行(列)变换得到的矩阵，等于用 m 阶(n 阶)单位矩阵做同种行(列)变换得到的初等矩阵左乘(右乘)矩阵 $\boldsymbol{A}$.

由初等变换的定义可得以下定理.

定理 9.6 任何非奇异方阵经过有限次初等变换可以化为单位阵，即 $\boldsymbol{A}\sim\boldsymbol{I}$.

证明： 设 $\boldsymbol{A}$ 为非奇异方阵，则有 $|\boldsymbol{A}|\neq 0$，从而由行列式的性质知，$\boldsymbol{A}$ 中不能有两行(列)对应元素成比例，也不能有某行(列)的元素全为零．由于对矩阵作初等变换相当于用初等方阵左乘或右乘该矩阵，而初等方阵的行列式不等于零，故经初等变换后的方阵仍有上述非奇异方阵的性质．不妨设方阵 $\boldsymbol{A}$ 中的 $a_{11}\neq 0$(否则，可经对换两行或两列做到这一点)，于是可经另外两种初等变换使之化为 1，且使新的方阵中该元素 $a_{11}=1$ 下面与右面的元素全为零．依次类推，可经有限次初等变换把矩阵除主对角线外的元素全化为零，而主对角线上的元素 $a_{ii}(i=1,\ 2,\ \cdots,\ n)$ 全为 1，即此方阵为单位阵.

推论 设 $\boldsymbol{A}$ 为非奇异方阵，则存在有限个初等方阵 $\boldsymbol{P}_1$，$\boldsymbol{P}_2$，…，$\boldsymbol{P}_l$，使 $\boldsymbol{A}=\boldsymbol{P}_1\boldsymbol{P}_2\cdots\boldsymbol{P}_l$.

证明： 由上述定理，对任何非奇异方阵 $\boldsymbol{A}$，有 $\boldsymbol{A}\sim\boldsymbol{I}$. 再由矩阵等价的对称性，也就有 $\boldsymbol{I}\sim\boldsymbol{A}$. 那么，设把 $\boldsymbol{I}$ 变为 $\boldsymbol{A}$ 的初等变换对应的初等方阵为 $\boldsymbol{P}_1$，$\boldsymbol{P}_2$，…，$\boldsymbol{P}_l$，即有：$\boldsymbol{P}_1\boldsymbol{P}_2\cdots\boldsymbol{P}_r\boldsymbol{I}\boldsymbol{P}_{r+1}\cdots\boldsymbol{P}_l=\boldsymbol{A}$，亦即

$$\boldsymbol{A}=\boldsymbol{P}_1\boldsymbol{P}_2\cdots\boldsymbol{P}_l. \tag{9-5}$$

从这个推论出发，可以得到另一种求逆矩阵的方法.

当 $|\boldsymbol{A}|\neq 0$ 时，由推论有 $\boldsymbol{A}=\boldsymbol{P}_1\boldsymbol{P}_2\cdots\boldsymbol{P}_l$，在此式两边依次左乘以 $\boldsymbol{P}_1^{-1}$，$\boldsymbol{P}_2^{-1}$，…，

P_l^{-1}得：

$$P_1^{-1}P_2^{-1}\cdots P_l^{-1}A=I, \tag{9-6}$$

另一方面，由于$A=P_1P_2\cdots P_l$，故得

$$A^{-1}=(P_1P_2\cdots P_l)^{-1}=P_l^{-1}P_{l-1}^{-1}\cdots P_2^{-1}P_1^{-1}I,$$

即

$$P_l^{-1}P_{l-1}^{-1}\cdots P_2^{-1}P_1^{-1}I=A^{-1}. \tag{9-7}$$

式(9-6)和式(9-7)表明：同一组初等变换可把A变为I，把I变为A^{-1}. 那么，式(9-6)和式(9-7)可以合并为

$$P_l^{-1}P_{l-1}^{-1}\cdots P_2^{-1}P_1^{-1}(A\vdots I)=(I\vdots A^{-1}). \tag{9-8}$$

式(9-8)表明，对$n\times 2n$矩阵$(A\vdots I)$进行初等行变换，当把A变为I时，I就变为A^{-1}. 这种用矩阵的初等变换求逆矩阵的方法，常常比前面介绍的伴随矩阵法要简便一些，特别适用于当矩阵的阶数较高时逆矩阵的计算.

9.7.2　利用初等变换求逆矩阵

【例 9-19】 利用初等变换求下面矩阵的逆矩阵.

$$A=\begin{pmatrix}1&2&3\\2&2&1\\3&4&3\end{pmatrix}.$$

解：$(A\vdots E)=\begin{pmatrix}1&2&3&\vdots&1&0&0\\2&2&1&\vdots&0&1&0\\3&4&3&\vdots&0&0&1\end{pmatrix}$

$$\xrightarrow[r_3-3r_1]{r_2-2r_1}\begin{pmatrix}1&2&3&\vdots&1&0&0\\0&-2&-5&\vdots&-2&1&0\\0&-2&-6&\vdots&-3&0&1\end{pmatrix}$$

$$\xrightarrow[r_3-r_2]{r_1+r_2}\begin{pmatrix}1&0&-2&\vdots&-1&1&0\\0&-2&-5&\vdots&-2&1&0\\0&0&-1&\vdots&-1&-1&1\end{pmatrix}$$

$$\xrightarrow[r_2-5r_3]{r_1-2r_3}\begin{pmatrix}1&0&0&\vdots&1&3&-2\\0&-2&0&\vdots&3&6&-5\\0&0&-1&\vdots&-1&-1&1\end{pmatrix}$$

$$\xrightarrow[r_3\div(-1)]{r_2\div(-2)}\begin{pmatrix}1&0&0&\vdots&1&3&-2\\0&1&0&\vdots&-\dfrac{3}{2}&-3&\dfrac{5}{2}\\0&0&1&\vdots&1&1&-1\end{pmatrix},$$

故

$$A^{-1}=\begin{pmatrix}1&3&-2\\-\dfrac{3}{2}&-3&\dfrac{5}{2}\\1&1&-1\end{pmatrix}.$$

9.8 矩阵的秩

矩阵的秩是线性代数中的一个十分重要的概念，它在线性方程组的讨论中起着重要的作用，为此下面来了解其相关知识.

9.8.1 矩阵的秩的定义

定义 9.19 设矩阵 $\boldsymbol{A}$，当 $\boldsymbol{A}$ 为阶梯形矩阵时，或 $\boldsymbol{A}$ 虽不是阶梯形矩阵，但可经过若干次初等变换化为阶梯形矩阵，且阶梯形矩阵非零行的行数为 r，则称矩阵 $\boldsymbol{A}$ 的秩为 r，记作：$r(\boldsymbol{A})=r$.

9.8.2 利用初等变换求矩阵的秩

【例 9-20】 求矩阵的秩.

$$\boldsymbol{A}=\begin{pmatrix}0&1&2&3\\1&0&1&0\\0&0&1&0\end{pmatrix}.$$

解：$\boldsymbol{A}=\begin{pmatrix}0&1&2&3\\1&0&1&0\\0&0&1&0\end{pmatrix}\xrightarrow{r_1\leftrightarrow r_2}\begin{pmatrix}1&0&1&0\\0&1&2&3\\0&0&1&0\end{pmatrix}$.

故 $r(\boldsymbol{A})=3$.

【例 9-21】 已知矩阵 $\boldsymbol{A}=\begin{pmatrix}3&2&1&1\\1&2&-3&2\\4&4&-2&3\end{pmatrix}$，求 $r(\boldsymbol{A})$，$r(\boldsymbol{A}^{\mathrm{T}})$.

解：$\boldsymbol{A}=\begin{pmatrix}3&2&1&1\\1&2&-3&2\\4&4&-2&3\end{pmatrix}\xrightarrow{r_1\leftrightarrow r_2}\begin{pmatrix}1&2&-3&2\\3&2&1&1\\4&4&-2&3\end{pmatrix}$

$$\xrightarrow[(-4)r_1+r_3]{(-3)r_1+r_2}\begin{pmatrix}1&2&-3&2\\0&-4&10&-5\\0&-4&10&-5\end{pmatrix}$$

$$\xrightarrow{(-1)r_2+r_3}\begin{pmatrix}1&2&-3&2\\0&-4&10&-5\\0&0&0&0\end{pmatrix},$$

故 $r(\boldsymbol{A})=2$.

$$\boldsymbol{A}^{\mathrm{T}}=\begin{pmatrix}3&1&4\\2&2&4\\1&-3&-2\\1&2&3\end{pmatrix}\xrightarrow{r_1\leftrightarrow r_4}\begin{pmatrix}1&2&3\\2&2&4\\1&-3&-2\\3&1&4\end{pmatrix}\xrightarrow[\substack{(-1)r_1+r_3\\(-3)r_1+r_4}]{(-2)\times r_1+r_2}\begin{pmatrix}1&2&3\\0&-2&-2\\0&-5&-5\\0&-5&-5\end{pmatrix}$$

$$\xrightarrow[\substack{\left(-\frac{1}{2}\right)\times r_2\\ \left(-\frac{1}{5}\right)\times r_3\\ \left(-\frac{1}{5}\right)\times r_4}]{}\begin{pmatrix}1&2&3\\0&1&1\\0&1&1\\0&1&1\end{pmatrix}\xrightarrow[(-1)\times r_2+r_4]{(-1)\times r_2+r_3}\begin{pmatrix}1&2&3\\0&1&1\\0&0&0\\0&0&0\end{pmatrix},$$

故 $r(\boldsymbol{A}^{\mathrm{T}})=2.$

由此可知，矩阵转置后秩不变.

不难证明，矩阵的秩具有下列性质：

(1) $r(\boldsymbol{O})=0.$

(2) $0\leqslant r(\boldsymbol{A})\leqslant\min\{m,\ n\}.$

(3) $r(\boldsymbol{A}^{\mathrm{T}})=r(\boldsymbol{A})$；$r(k\boldsymbol{A})=r(\boldsymbol{A})$，$k\neq0.$

任务 6　利用初等变换求解矩阵方程

9.9　用高斯消元法解线性方程组

在线性代数课程中，线性方程组将贯穿始终，是基本内容之一. 前面讨论了 n 个未知量 n 个方程式的线性方程组. 我们知道，只要这种线性方程组的系数行列式的值不为零，那么它就有唯一解；并且可以依据克莱姆法则表示出来. 但是在很多实际问题中，常常会遇到方程的个数和未知量的个数不相同的方程组，或是即使未知数个数与方程个数相同，但系数行列式却等于零. 因此有必要讨论更一般的线性方程组.

设含有 n 个未知量、由 m 个方程组成的方程组为

$$\begin{cases}a_{11}x_1+a_{12}x_2+\cdots+a_{1n}x_n=b_1,\\ a_{21}x_1+a_{22}x_2+\cdots+a_{2n}x_n=b_2,\\ \cdots\cdots\\ a_{m1}x_1+a_{m2}x_2+\cdots+a_{mn}x_n=b_m,\end{cases}$$

当右端常数项 $b_1=b_2=\cdots=b_m=0$ 时，方程组称为齐次线性方程组，否则，称为非齐次线性方程组. 线性方程组可以表示为矩阵方程 $\boldsymbol{AX}=\boldsymbol{B}$ 的形式.

其中

$$\boldsymbol{A}=\begin{pmatrix}a_{11}&a_{12}&\cdots&a_{1n}\\a_{21}&a_{22}&\cdots&a_{2n}\\\vdots&\vdots&&\vdots\\a_{m1}&a_{m2}&\cdots&a_{mn}\end{pmatrix}=(a_{ij})_{m\times n}$$

称为系数矩阵.

$\boldsymbol{X}=\begin{pmatrix}x_1\\x_2\\\vdots\\x_n\end{pmatrix}$称为未知量矩阵；$\boldsymbol{B}=\begin{pmatrix}b_1\\b_2\\\vdots\\b_m\end{pmatrix}$称为常数项矩阵.

$$\overline{\boldsymbol{A}}=(\boldsymbol{A}\vdots\boldsymbol{B})=\begin{pmatrix}a_{11}&a_{12}&\cdots&a_{1n}&\vdots&b_1\\a_{21}&a_{22}&\cdots&a_{2n}&\vdots&b_2\\\vdots&\vdots&&\vdots&\vdots&\vdots\\a_{m1}&a_{m2}&\cdots&a_{mn}&\vdots&b_m\end{pmatrix}$$

称为增广矩阵.

本章后续部分将简要介绍线性方程组的消元法，利用矩阵的秩讨论线性方程组是否有解及其解法、解的结构等问题.

【例 9-22】 利用消元法求解线性方程组：

$$\begin{cases}2x_1-x_2-x_3=-8,\\x_1-x_2=-3,\\-x_1-x_2+3x_3=10.\end{cases}$$

解：交换方程组中第 1 个方程和第 2 个方程的位置得

$$\begin{cases}x_1-x_2=-3,\\2x_1-x_2-x_3=-8,\\-x_1-x_2+3x_3=10,\end{cases}$$

将第 1 个方程的 -2 倍、1 倍分别加到第 2 个、第 3 个方程中，得

$$\begin{cases}x_1-x_2=-3,\\x_2-x_3=-2,\\-2x_2+3x_3=7,\end{cases}$$

将第 2 个方程的 2 倍加到第 3 个方程中，得

$$\begin{cases}x_1-x_2=-3,\\x_2-x_3=-2,\\x_3=3,\end{cases}$$

将第 3 个方程加到第 2 个方程中，得

$$\begin{cases}x_1-x_2=-3,\\x_2=1,\\x_3=3,\end{cases}$$

将第 2 个方程加到第 1 个方程中，得

$$\begin{cases}x_1=-2,\\x_2=1,\\x_3=3.\end{cases}$$

方程组不断变化，但其解始终保持不变，该变换为方程组的同解变换.

在同解变换过程中，只是方程组的系数和常数项进行变换，未知量始终保持不变，

因此求解过程可以省去未知量和运算符号，只写出未知量系数和常数项的变换．即对增广矩阵进行初等变换：

$$\overline{A}=\begin{pmatrix}2&-1&-1&\vdots&-8\\1&-1&0&\vdots&-3\\-1&-1&3&\vdots&10\end{pmatrix}\xrightarrow{r_1\leftrightarrow r_2}\begin{pmatrix}1&-1&0&\vdots&-3\\2&-1&-1&\vdots&-8\\-1&-1&3&\vdots&10\end{pmatrix}$$

$$\xrightarrow[r_1+r_3]{(-2)\times r_1+r_2}\begin{pmatrix}1&-1&0&\vdots&-3\\0&1&-1&\vdots&-2\\0&-2&3&\vdots&7\end{pmatrix}\xrightarrow{2\times r_2+r_3}\begin{pmatrix}1&-1&0&\vdots&-3\\0&1&-1&\vdots&-2\\0&0&1&\vdots&3\end{pmatrix}$$

$$\xrightarrow{r_3+r_2}\begin{pmatrix}1&-1&0&\vdots&-3\\0&1&0&\vdots&1\\0&0&1&\vdots&3\end{pmatrix}\xrightarrow{r_2+r_1}\begin{pmatrix}1&0&0&\vdots&-2\\0&1&0&\vdots&1\\0&0&1&\vdots&3\end{pmatrix},$$

还原回方程组，可得

$$\begin{cases}x_1=-2,\\x_2=1,\\x_3=3.\end{cases}$$

此方程组有唯一解.

由此可知：解线性方程组等价于对其增广矩阵进行初等变换，从而求得方程组的解.

【例 9-23】 解方程组：

$$\begin{cases}2x_1+x_2+x_3-x_4=2,\\x_1-x_2+2x_3+x_4=4,\\x_1-3x_2+4x_3+3x_4=8.\end{cases}$$

解：作增广矩阵 $\overline{A}$，且化为阶梯形矩阵：

$$\overline{A}=\begin{pmatrix}2&1&1&-1&\vdots&2\\1&-1&2&1&\vdots&4\\1&-3&4&3&\vdots&8\end{pmatrix}\xrightarrow{r_1\leftrightarrow r_2}\begin{pmatrix}1&-1&2&1&\vdots&4\\2&1&1&-1&\vdots&2\\1&-3&4&3&\vdots&8\end{pmatrix}$$

$$\xrightarrow[(-1)\times r_1+r_3]{(-2)\times r_1+r_2}\begin{pmatrix}1&-1&2&1&\vdots&4\\0&3&-3&-3&\vdots&-6\\0&-2&2&2&\vdots&4\end{pmatrix}\xrightarrow[\left(-\frac{1}{2}\right)\times r_3]{\frac{1}{3}\times r_2}\begin{pmatrix}1&-1&2&1&\vdots&4\\0&1&-1&-1&\vdots&-2\\0&1&-1&-1&\vdots&-2\end{pmatrix}$$

$$\xrightarrow{(-1)\times r_2+r_3}\begin{pmatrix}1&-1&2&1&\vdots&4\\0&1&-1&-1&\vdots&-2\\0&0&0&0&\vdots&0\end{pmatrix},$$

还原回方程组得

$$\begin{cases}x_1-x_2+2x_3+x_4=4,\\x_2-x_3-x_4=-2.\end{cases}$$

显然，两个独立方程是不能完全约束 4 个未知量的，只能约束两个未知量的取值，而另外两个未知量可以任意取值.

可任意取值的未知量称为自由未知量．不能任意取值的未知量称为非自由未知量.

自由未知量与非自由未知量应如何选择呢？原则上可以任意选，但习惯上一般取未知量角标大的为自由未知量，角标小的为非自由未知量．因此，本题中取 x_1，x_2 为非自由未知量，x_3，x_4 为自由未知量．当给自由未知量一组值时，非自由未知量就有一组确定的值．于是方程组有无穷多解.

为此，继续化阶梯形矩阵为简化阶梯形矩阵，有

$$\overline{A}\longrightarrow\begin{pmatrix}1 & -1 & 2 & 1 & \vdots & 4\\0 & 1 & -1 & -1 & \vdots & -2\\0 & 0 & 0 & 0 & \vdots & 0\end{pmatrix}\xrightarrow{1\times r_2+r_1}\begin{pmatrix}1 & 0 & 1 & 0 & \vdots & 2\\0 & 1 & -1 & -1 & \vdots & -2\\0 & 0 & 0 & 0 & \vdots & 0\end{pmatrix},$$

还原成方程组，有

$$\begin{cases}x_1+x_3=2,\\x_2-x_3-x_4=-2,\end{cases}$$

即

$$\begin{cases}x_1=2-x_3,\\x_2=-2+x_3+x_4,\end{cases}$$

取 $x_3=c_1$，$x_4=c_2$（c_1，c_2 为任意常数），有

$$\begin{cases}x_1=2-c_1,\\x_2=c_1+c_2-2,\\x_3=c_1,\\x_4=c_2,\end{cases}$$

即为线性方程组的全部解，又称为方程组的通解.

【例 9-24】 解方程组：

$$\begin{cases}x_1+x_2-x_3=1,\\x_1+2x_2+x_3=1,\\3x_1+5x_2+x_3=0.\end{cases}$$

解： 作增广矩阵 $\overline{A}$，且化为阶梯形矩阵，有

$$\overline{A}=\begin{pmatrix}1 & 1 & -1 & \vdots & 1\\1 & 2 & 1 & \vdots & 1\\3 & 5 & 1 & \vdots & 0\end{pmatrix}\xrightarrow[(-3)\times r_1+r_3]{(-1)\times r_1+r_2}\begin{pmatrix}1 & 1 & -1 & \vdots & 1\\0 & 1 & 2 & \vdots & 0\\0 & 2 & 4 & \vdots & -3\end{pmatrix}$$

$$\xrightarrow{(-2)\times r_2+r_3}\begin{pmatrix}1 & 1 & -1 & \vdots & 1\\0 & 1 & 2 & \vdots & 0\\0 & 0 & 0 & \vdots & -3\end{pmatrix},$$

在阶梯形矩阵中，第三行代表方程：

$$0=-3.$$

显然，此式不成立，故原方程组无解.

注意： 求出解后，要代入原方程组检验.

若有唯一解，将其代入原方程组.

若为无穷解，如只有一个自由未知量 c，令 $c=0$ 或 $c=1$，将得到的两组解分别代入原方程组检验；若通解中有两个常数 c_1，c_2，则需

$$\begin{cases} c_1=0, \\ c_2=0, \end{cases}\begin{cases} c_1=0, \\ c_2=1, \end{cases}\begin{cases} c_1=1, \\ c_2=0, \end{cases}$$

得 3 组解，代入原方程组检验.

线性方程组的一般解法：

(1)对增广矩阵作若干次初等行变换，化其为阶梯形矩阵.

(2)由阶梯形矩阵判断方程组是否有解.

(3)若有解，进一步化阶梯形矩阵为简化阶梯形矩阵.

(4)将简化阶梯形矩阵还原成线性方程组，得出解.

线性方程组的解有 3 种情况：唯一解、无穷多解、无解.

9.10　线性方程组解的一般理论

9.10.1　非齐次线性方程组解的判定定理

观察例题中的未知量个数与增广矩阵和系数矩阵的秩的关系.

【例 9-25】　未知量个数 $n=3$，有

$$\overline{\boldsymbol{A}}=\begin{pmatrix} 2 & -1 & -1 & \vdots & -8 \\ 1 & -1 & 0 & \vdots & -3 \\ -1 & -1 & 3 & \vdots & 10 \end{pmatrix}\longrightarrow\begin{pmatrix} 1 & 0 & 0 & \vdots & -2 \\ 0 & 1 & 0 & \vdots & 1 \\ 0 & 0 & 1 & \vdots & 3 \end{pmatrix},$$

$r(\overline{\boldsymbol{A}})=r(\boldsymbol{A})=3=n$，有唯一解.

【例 9-26】　未知量个数 $n=4$，有

$$\overline{\boldsymbol{A}}=\begin{pmatrix} 2 & 1 & 1 & -1 & \vdots & 2 \\ 1 & -1 & 2 & 1 & \vdots & 4 \\ 1 & -3 & 4 & 3 & \vdots & 8 \end{pmatrix}\longrightarrow\begin{pmatrix} 1 & 0 & 1 & 0 & \vdots & 2 \\ 0 & 1 & -1 & -1 & \vdots & -2 \\ 0 & 0 & 0 & 0 & \vdots & 0 \end{pmatrix},$$

$r(\overline{\boldsymbol{A}})=r(\boldsymbol{A})=2<n$，有无穷多解.

【例 9-27】　未知量个数 $n=3$，有

$$\overline{\boldsymbol{A}}=\begin{pmatrix} 1 & 1 & -1 & \vdots & 1 \\ 1 & 2 & 1 & \vdots & 1 \\ 3 & 5 & 1 & \vdots & 0 \end{pmatrix}\longrightarrow\begin{pmatrix} 1 & 1 & -1 & \vdots & 1 \\ 0 & 1 & 2 & \vdots & 0 \\ 0 & 0 & 0 & \vdots & -3 \end{pmatrix},$$

$r(\overline{\boldsymbol{A}})=3\neq r(\boldsymbol{A})=2$，无解.

由此我们可得到非齐次线性方程组解的判定定理：

定理 9.7　设线性方程组 $\sum\limits_{i=1}^{m} a_{ij}x_j=b_i(j=1,2,\cdots,n)$，系数矩阵 $\boldsymbol{A}=(a_{ij})_{m\times n}$，增广矩阵 $\overline{\boldsymbol{A}}=(a_{ij}b_i)_{m\times(n+1)}$，则：

(1)若 $r(\overline{\boldsymbol{A}})=r(\boldsymbol{A})=n$，方程组有唯一解.

(2)若 $r(\overline{\boldsymbol{A}})=r(\boldsymbol{A})<n$，方程组有无穷多解.

(3)若 $r(\overline{A})\neq r(A)$，方程组无解.

【例 9-28】 已知线性方程组：

$$\begin{cases}x_1-x_2+x_3-x_4=0,\\ x_1+x_2+x_3-x_4=2,\\ 2x_1-2x_2+2x_3-x_4=1.\end{cases}$$

(1)求增广矩阵的秩与系数矩阵的秩；

(2)判断线性方程组解的情况；

(3)若有解，求出解.

解：(1)对增广矩阵作初等变换，化为阶梯形矩阵：

$$\overline{A}=\begin{pmatrix}1&-1&1&-1&\vdots&0\\1&1&1&-1&\vdots&2\\2&-2&2&-1&\vdots&1\end{pmatrix}\xrightarrow[(-2)\times r_1+r_3]{(-1)\times r_1+r_2}\begin{pmatrix}1&-1&1&-1&\vdots&0\\0&2&0&0&\vdots&2\\0&0&0&1&\vdots&1\end{pmatrix},$$

故 $r(\overline{A})=r(A)=3$.

(2)因 $r(\overline{A})=r(A)=3<n=4$，所以方程组有无穷多解.

(3) 继续化为简化阶梯形矩阵：

$$\overline{A}\longrightarrow\cdots\longrightarrow\begin{pmatrix}1&-1&1&-1&\vdots&0\\0&2&0&0&\vdots&2\\0&0&0&1&\vdots&1\end{pmatrix}\xrightarrow{\frac{1}{2}\times r_2}\begin{pmatrix}1&-1&1&-1&\vdots&0\\0&1&0&0&\vdots&1\\0&0&0&1&\vdots&1\end{pmatrix}$$

$$\xrightarrow[r_3+r_1]{r_2+r_1}\begin{pmatrix}1&0&1&0&\vdots&2\\0&1&0&0&\vdots&1\\0&0&0&1&\vdots&1\end{pmatrix},$$

还原成方程组得

$$\begin{cases}x_1+x_3=2,\\ x_2=1,\\ x_4=1.\end{cases}$$

选取 x_3 为自由未知量，令 $x_3=c$，得

$$\begin{cases}x_1=2-c,\\ x_2=1,\\ x_3=c,\\ x_4=3.\end{cases}$$

9.10.2　齐次线性方程组解的判定定理

齐次线性方程组：

$$\begin{cases}a_{11}x_1+a_{12}x_2+\cdots+a_{1n}x_n=0,\\ a_{21}x_1+a_{22}x_2+\cdots+a_{2n}x_n=0,\\ \cdots\cdots\\ a_{m1}x_1+a_{m2}x_2+\cdots+a_{mn}x_n=0\end{cases}$$

表示为矩阵方程 $\boldsymbol{AX}=\boldsymbol{0}$. 其增广矩阵为

$$\overline{\boldsymbol{A}}=(\boldsymbol{A}\vdots\boldsymbol{B})=\begin{pmatrix} a_{11} & a_{12} & \cdots & a_{1n} & \vdots & 0 \\ a_{21} & a_{22} & \cdots & a_{2n} & \vdots & 0 \\ \vdots & \vdots & & \vdots & \vdots & \vdots \\ a_{m1} & a_{m2} & \cdots & a_{mn} & \vdots & 0 \end{pmatrix},$$

增广矩阵最后一列元素为零，因此齐次线性方程组的增广矩阵的秩恒等于系数矩阵的秩．即 $r(\overline{\boldsymbol{A}})\equiv r(\boldsymbol{A})$.

由上述线性方程组解的判定定理可知，齐次线性方程组一定有解，且

(1)当 $r(\boldsymbol{A})=n$ 时，齐次线性方程组有唯一解——零解.

(2)当 $r(\boldsymbol{A})<n$ 时，齐次线性方程组有无穷多解(除零解外还有非零解).

由此可得齐次线性方程组解的判定定理.

定理 9.8　n 元齐次线性方程组 $\boldsymbol{AX}=\boldsymbol{0}$ 有非零解的充分必要条件是

$$r(\boldsymbol{A})<n.$$

结合矩阵秩的性质，不难得出以下推论：

在齐次线性方程组 $\boldsymbol{A}_{m\times n}\boldsymbol{X}_{n\times 1}=\boldsymbol{0}_{m\times 1}$ 中，如果 $m<n$，方程组一定有非零解.

【例 9-29】　已知方程组：

$$\begin{cases} x_1+x_2+x_3+4x_4-3x_5=0, \\ x_1-x_2+3x_3-2x_4-x_5=0, \\ 2x_1+x_2+3x_3+5x_4-5x_5=0, \\ 3x_1+x_2+5x_3+6x_4-7x_5=0. \end{cases}$$

(1)判断有无非零解，若有，求自由未知量的个数；

(2)求解的一般表达式.

解：(1)因为 $m=4<n=5$，故此齐次线性方程组有非零解.

对系数矩阵作初等变换，有

$$\boldsymbol{A}=\begin{pmatrix} 1 & 1 & 1 & 4 & -3 \\ 1 & -1 & 3 & -2 & -1 \\ 2 & 1 & 3 & 5 & -5 \\ 3 & 1 & 5 & 6 & -7 \end{pmatrix}\xrightarrow[\substack{(-2)\times r_1+r_3 \\ (-3)\times r_1+r_4}]{(-1)\times r_1+r_2}\begin{pmatrix} 1 & 1 & 1 & 4 & -3 \\ 0 & -2 & 2 & -6 & 2 \\ 0 & -1 & 1 & -3 & 1 \\ 0 & -2 & 2 & -6 & 2 \end{pmatrix}$$

$$\xrightarrow[\frac{1}{2}\times r_4]{\frac{1}{2}\times r_2}\begin{pmatrix} 1 & 1 & 1 & 4 & -3 \\ 0 & -1 & 1 & -3 & 1 \\ 0 & -1 & 1 & -3 & 1 \\ 0 & -1 & 1 & -3 & 1 \end{pmatrix}\xrightarrow[(-1)\times r_2+r_4]{(-1)\times r_2+r_3}\begin{pmatrix} 1 & 1 & 1 & 4 & -3 \\ 0 & -1 & 1 & -3 & 1 \\ 0 & 0 & 0 & 0 & 0 \\ 0 & 0 & 0 & 0 & 0 \end{pmatrix}$$

$$\xrightarrow{1\times r_2+r_1}\begin{pmatrix} 1 & 0 & 2 & 1 & -2 \\ 0 & -1 & 1 & -3 & 1 \\ 0 & 0 & 0 & 0 & 0 \\ 0 & 0 & 0 & 0 & 0 \end{pmatrix},$$

自由未知量的个数：$n-r(\boldsymbol{A})=5-2=3$.

(2)将上面的简化阶梯形矩阵还原为方程组

$$\begin{cases} x_1 + 2x_3 + x_4 - 2x_5 = 0, \\ -x_2 + x_3 - 3x_4 + x_5 = 0, \end{cases}$$

选取 x_3，x_4，x_5 为自由未知量，分别令其为 $x_3 = c_1$，$x_4 = c_2$，$x_5 = c_3$，可得

$$\begin{cases} x_1 = -2c_1 - c_2 + 2c_3, \\ x_2 = c_1 - 3c_2 + c_3, \\ x_3 = c_1, \\ x_4 = c_2, \\ x_5 = c_3. \end{cases}$$

9.10.3 线性方程组解的结构

把线性方程组的解表示成为列矩阵(列向量) $\boldsymbol{X}$ 的形式：

$$\boldsymbol{X} = \begin{pmatrix} x_1 \\ x_2 \\ \vdots \\ x_n \end{pmatrix} = (x_j)_{n \times 1}.$$

这一列向量就称为齐次线性方程组的解向量.

1. 齐次线性方程组解的结构定理

前面例题中的解表示为解向量为

$$\boldsymbol{X} = \begin{pmatrix} -2c_1 - c_2 + 2c_3 \\ c_1 - 3c_2 + c_3 \\ c_1 \\ c_2 \\ c_3 \end{pmatrix}.$$

齐次线性方程组的解向量具有下列性质：

(1) 若 α_1，α_2 是方程组 $\boldsymbol{AX} = \boldsymbol{0}$ 的两个解向量，则它们的和 $\alpha_1 + \alpha_2$ 也是方程组的一个解向量.

(2) 若 α 是方程组 $\boldsymbol{AX} = \boldsymbol{0}$ 的解向量，c 为任意常数，则 $c\alpha$ 也是方程组的一个解向量.

(3) 若 α_1，α_2，…，α_l 是方程组 $\boldsymbol{AX} = \boldsymbol{0}$ 的解向量，c_1，c_2，…，c_l 为任意常数，则其线性组合 $(c_1\alpha_1 + c_2\alpha_2 + \cdots + c_l\alpha_l)$ 也是方程组的一个解向量.

下面简要介绍一下向量组的线性相关与线性无关.

给定向量组 A：α_1，α_2，…，α_l，如果存在不全为零的数 c_1，c_2，…，c_l，使

$$c_1\alpha_1 + c_2\alpha_2 + \cdots + c_l\alpha_l = \boldsymbol{0}$$

成立，则称向量组 $\boldsymbol{A}$ 是线性相关的，否则称它线性无关.

前面例题中，解向量的一般表达式可写成解向量的线性组合：

$$X=\begin{pmatrix}-2c_1-c_2+2c_3\\c_1-3c_2+c_3\\c_1+0+0\\0+c_2+0\\0+0+c_3\end{pmatrix}=c_1\begin{pmatrix}-2\\1\\1\\0\\0\end{pmatrix}+c_2\begin{pmatrix}-1\\-3\\0\\1\\0\end{pmatrix}+c_3\begin{pmatrix}2\\1\\0\\0\\1\end{pmatrix}=c_1\alpha_1+c_2\alpha_2+c_3\alpha_3,$$

其中，

$\alpha_1=\begin{pmatrix}-2\\1\\1\\0\\0\end{pmatrix}$相当于在 X 中令 $c_1=1$，$c_2=0$，$c_3=0$ 得到的一个解向量.

$\alpha_2=\begin{pmatrix}-1\\-3\\0\\1\\0\end{pmatrix}$相当于在 X 中令 $c_1=0$，$c_2=1$，$c_3=0$ 得到的一个解向量.

$\alpha_3=\begin{pmatrix}2\\1\\0\\0\\1\end{pmatrix}$相当于在 X 中令 $c_1=0$，$c_2=0$，$c_3=1$ 得到的一个解向量.

α_1，α_2，α_3 称为该方程组的一个基础解系.

定义 9.20　已知齐次线性方程组 $AX=0$，若其解向量的一般表达式为

$$X=c_1\alpha_1+c_2\alpha_2+\cdots+c_l\alpha_l,$$

其中，c_1，c_2，…，c_l 为任意常数，解向量组 α_1，α_2，…，α_l 为齐次线性方程组 $AX=0$ 的一个极大线性无关组，则称 α_1，α_2，…，α_l 为齐次线性方程组的一个基础解系．其中：$l=n-r$，l 等于自由未知量的个数.

由于基础解系中自由未知量的选择不唯一，所以基础解系也不唯一.

若上述例题中自由未知量的选择为 $x_1=c_1$，$x_3=c_2$，$x_4=c_3$，则方程组的解变为

$$\begin{cases}x_1=c_1,\\x_2=\dfrac{1}{2}(c_1+4c_2-5c_3),\\x_3=c_2,\\x_4=c_3,\\x_5=\dfrac{1}{2}(c_1+2c_2+c_3),\end{cases}$$

其表示为解向量为

$$X=\begin{pmatrix}c_1\\ \frac{1}{2}(c_1+4c_2-5c_3)\\ c_2\\ c_3\\ \frac{1}{2}(c_1+2c_2+c_3)\end{pmatrix}=\begin{pmatrix}c_1+0+0\\ \frac{1}{2}c_1+2c_2-\frac{5}{2}c_3\\ 0+c_2+0\\ 0+0+c_3\\ \frac{1}{2}c_1+c_2+\frac{1}{2}c_3\end{pmatrix}=c_1\begin{pmatrix}1\\ \frac{1}{2}\\ 0\\ 0\\ \frac{1}{2}\end{pmatrix}+c_2\begin{pmatrix}0\\ 2\\ 1\\ 0\\ 1\end{pmatrix}+c_3\begin{pmatrix}0\\ -\frac{5}{2}\\ 0\\ 1\\ \frac{1}{2}\end{pmatrix}=c_1\alpha'_1+c_2\alpha'_2+c_3\alpha'_3,$$

α'_1，α'_2，α'_3 也是该方程组的一个基础解系.

由此总结出齐次线性方程组解的结构定理：

定理 9.9 已知 n 元齐次线性方程组 $AX=0$，若 $r(A)=r<n$，则该方程组的基础解系包含 $(n-r)$ 个解向量 $(\alpha_1, \alpha_2, \cdots, \alpha_{n-r})$，它的全部解可以表示为基础解系的 $(n-r)$ 个解向量的线性组合，即：

$$X=c_1\alpha_1+c_2\alpha_2+\cdots+c_{n-r}\alpha_{n-r}.$$

用基础解系表示全部解的一般方法：

(1) 由线性方程组的一般解法(增广矩阵)求出 $AX=0$ 无穷多解的一般表达式 $X=(x_j)_{n\times1}$，其中：$x_j=c_1k_{j1}+c_2k_{j2}+\cdots+c_{n-r}k_{j,n-r}$.

(2) 依次令：

$c_1=1$，$c_2=0$，…，$c_{n-r}=0$，得 $\alpha_1=(k_{11}\quad k_{21}\quad \cdots \quad k_{n1})^{\mathrm{T}}$；

$c_1=0$，$c_2=1$，…，$c_{n-r}=0$，得 $\alpha_2=(k_{12}\quad k_{22}\quad \cdots \quad k_{n2})^{\mathrm{T}}$；

……

$c_1=0$，$c_2=0$，…，$c_{n-r}=1$，得 $\alpha_{n-r}=(k_{1,n-r}\quad k_{2,n-r}\quad \cdots \quad k_{n,n-r})^{\mathrm{T}}$.

(3) 求出 $AX=0$ 的基础解系 α_1，α_2，…，α_{n-r}.

(4) 由定理写出 $AX=0$ 的全部解

$$X=c_1\alpha_1+c_2\alpha_2+\cdots+c_{n-r}\alpha_{n-r}.$$

【例 9-30】 已知齐次线性方程组

$$\begin{cases}x_1+x_2+2x_3-x_4=0,\\ 2x_1+x_2+x_3-x_4=0,\\ 2x_1+2x_2+x_3+2x_4=0.\end{cases}$$

(1) 判断有无非零解及自由未知量的个数；

(2) 若有非零解，求出解及基础解系.

解：(1) 由于 $m=3<n=4$，故有非零解；又因 $r(\overline{A})=r(A)$，只需化系数矩阵.

$$A=\begin{pmatrix}1&1&2&-1\\2&1&1&-1\\2&2&1&2\end{pmatrix}\xrightarrow[(-2)\times r_1+r_3]{(-2)\times r_1+r_2}\begin{pmatrix}1&1&2&-1\\0&-1&-3&1\\0&0&-3&4\end{pmatrix}$$

$$\xrightarrow{r_2+r_1}\begin{pmatrix}1&0&-1&0\\0&-1&-3&1\\0&0&-3&4\end{pmatrix}\xrightarrow{r_2\times(-1)}\begin{pmatrix}1&0&-1&0\\0&1&3&-1\\0&0&-3&4\end{pmatrix}$$

$$\xrightarrow{r_3+r_2}\begin{pmatrix}1 & 0 & -1 & 0\\ 0 & 1 & 0 & 3\\ 0 & 0 & -3 & 4\end{pmatrix},$$

故 $r(A)=3$，自由未知量的个数为 $n-r=4-3=1$.

(2)还原成方程组

$$\begin{cases}x_1-x_3=0,\\ x_2+3x_4=0,\\ -3x_3+4x_4=0,\end{cases}$$

令 $x_4=c$，则

$$\begin{cases}x_1=\dfrac{4}{3}c,\\ x_2=-3c,\\ x_3=\dfrac{4}{3}c,\\ x_4=c.\end{cases}$$

令 $c=1$，则基础解系为 $\begin{pmatrix}\dfrac{4}{3} & -3 & \dfrac{4}{3} & 1\end{pmatrix}^{\mathrm{T}}$.

方程组的解为

$$\boldsymbol{X}=c\begin{pmatrix}\dfrac{4}{3}\\ -3\\ \dfrac{4}{3}\\ 1\end{pmatrix}.$$

2. 非齐次线性方程组解的结构

定义 9.21　已知 n 元线性方程组 $\boldsymbol{AX}=\boldsymbol{B}(\boldsymbol{B}\neq\boldsymbol{0})$ 为非齐次线性方程组，则 $\boldsymbol{AX}=\boldsymbol{0}$ 叫作 $\boldsymbol{AX}=\boldsymbol{B}$ 的导出组.

例如，非齐次线性方程组

$$\begin{cases}x_1+x_2+x_3+x_4=1,\\ 3x_1+2x_2+x_3=2,\\ x_2+2x_3+3x_4=3\end{cases}$$

的导出组为

$$\begin{cases}x_1+x_2+x_3+x_4=0,\\ 3x_1+2x_2+x_3=0,\\ x_2+2x_3+3x_4=0.\end{cases}$$

下面我们不加证明来介绍非齐次线性方程组的性质.

性质 1　已知非齐次线性方程组 $\boldsymbol{AX}=\boldsymbol{B}(\boldsymbol{B}\neq\boldsymbol{0})$，如果 α 是它的导出组 $\boldsymbol{AX}=\boldsymbol{0}$ 的解向量，β 是它的解向量，则 $\alpha+\beta$ 也是 $\boldsymbol{AX}=\boldsymbol{B}$ 的解向量.

性质 2　已知非齐次线性方程组 $\boldsymbol{AX}=\boldsymbol{B}(\boldsymbol{B}\neq\boldsymbol{0})$，如果 β_1，β_2 是它的两个解向量，

则 $\beta_1-\beta_2$ 是其导出组 $AX=0$ 的解向量.

非齐次线性方程组解的结构定理:

定理 9.10 已知非齐次线性方程组 $AX=B(B\neq 0)$ 有无穷多解，如果

$$\alpha_1,\ \alpha_2,\ \cdots,\ \alpha_{n-r}$$

是它导出组 $AX=0$ 的一个基础解系，β 是它的解向量，则它的全部解可表示为

$$X=c_1\alpha_1+c_2\alpha_2+\cdots+c_{n-r}\alpha_{n-r}+\beta.$$

显然，若导出组 $AX=0$ 只有零解，则 $AX=B$ 只有唯一解 β；若导出组 $AX=0$ 有非零解，则 $AX=B$ 有无穷多解.

【例 9-31】 用导出组的基础解系表示下面方程组的全部解.

$$\begin{cases}x_1-x_2-2x_3+2x_4=-1,\\2x_1-x_2+x_3-2x_4=1,\\-x_1+x_2+2x_3+x_4=0.\end{cases}$$

解：作增广矩阵，并化其为简化阶梯形矩阵.

$$\overline{A}=\begin{pmatrix}1&-1&-2&2&\vdots&-1\\2&-1&1&-2&\vdots&1\\-1&1&2&1&\vdots&0\end{pmatrix}\xrightarrow[r_1+r_3]{(-2)\times r_1+r_2}\begin{pmatrix}1&-1&-2&2&\vdots&-1\\0&1&5&-6&\vdots&3\\0&0&0&3&\vdots&-1\end{pmatrix}$$

$$\xrightarrow{r_2+r_1}\begin{pmatrix}1&0&3&-4&\vdots&2\\0&1&5&-6&\vdots&3\\0&0&0&3&\vdots&-1\end{pmatrix}\xrightarrow[\frac{4}{3}\times r_3+r_1]{2\times r_3+r_2}\begin{pmatrix}1&0&3&0&\vdots&\frac{2}{3}\\0&1&5&0&\vdots&1\\0&0&0&3&\vdots&-1\end{pmatrix}$$

$$\xrightarrow{\frac{1}{3}\times r_3}\begin{pmatrix}1&0&3&0&\vdots&\frac{2}{3}\\0&1&5&0&\vdots&1\\0&0&0&1&\vdots&-\frac{1}{3}\end{pmatrix},$$

还原为方程组:

$$\begin{cases}x_1+3x_3=\dfrac{2}{3},\\x_2+5x_3=1,\\x_4=-\dfrac{1}{3},\end{cases}$$

令 $x_3=c$，则

$$\begin{cases}x_1=\dfrac{2}{3}-3c,\\x_2=1-5c,\\x_3=c,\\x_4=-\dfrac{1}{3},\end{cases}$$

表示为解向量为

$$\boldsymbol{X}=\begin{pmatrix}x_1\\x_2\\x_3\\x_4\end{pmatrix}=\begin{pmatrix}\frac{2}{3}-3c\\1-5c\\c\\-\frac{1}{3}\end{pmatrix}=c\begin{pmatrix}-3\\-5\\1\\0\end{pmatrix}+\begin{pmatrix}\frac{2}{3}\\1\\0\\-\frac{1}{3}\end{pmatrix},$$

即为非齐次线性方程组的全部解.

其中，$\alpha=\begin{pmatrix}-3\\-5\\1\\0\end{pmatrix}$为其导出组的一个基础解系.

【例 9-32】 已知三元非齐次线性方程组，其增广矩阵的秩与系数矩阵的秩都为 2，即 $r(\overline{\boldsymbol{A}})=r(\boldsymbol{A})=2$，且

$$\beta_1=\begin{pmatrix}0\\1\\2\end{pmatrix},\ \beta_2=\begin{pmatrix}2\\3\\-1\end{pmatrix}$$

都是它的解向量，求它的全部解.

解：因 $n=3$，$r(\overline{\boldsymbol{A}})=r(\boldsymbol{A})=2$，所以自由未知量的个数为 $n-r=3-2=1$. 故导出组的基础解系含有一个解向量 α，由非齐次线性方程组解的性质可知

$$\alpha=\beta_1-\beta_2=\begin{pmatrix}-2\\-2\\3\end{pmatrix},$$

因此全部解可表示为 $\boldsymbol{X}=c\alpha+\beta_1$ 或 $\boldsymbol{X}=c\alpha+\beta_2$.

项　目　小　结

本项目知识结构思维导图：

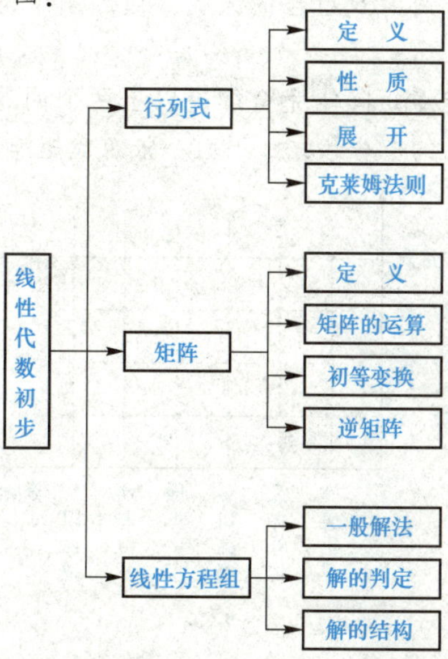

思 政 天 地

游戏植入广告的矩阵化传播

对于品牌客户而言，一个可以称为有价值的网络媒体一般需要能覆盖500万~1 000万的有效人群，达不到这个标准的传播平台对他们而言并非价值媒体，仅仅是一个宣传的窗口，也只能获取媒介预算中的机动费用．在游戏已经成为一个传播平台的共识情况下，国内真正能聚合500万~1 000万有效用户的游戏大作寥寥无几，更多的游戏在用户规模上无法形成一个独立的价值媒体，能获得品牌客户的广告费也十分的艰难．这是不是意味着在国内只有几个游戏大作能成为品牌客户的游戏植入广告合作伙伴？不是的，有一个解决方案能让二线的游戏成为品牌广告投放的选择——构建游戏传播矩阵．

构建游戏传播矩阵源于对游戏传播力的深入思考，重点解决两个问题．

第一：类型游戏组合，形成覆盖面更加广泛的媒体集合．在中国每一个游戏玩家实际上都会同时玩两三款游戏，在玩MMoG游戏的同时也会参与平台游戏、网页游戏等．但在某一个时期内，同一类型的游戏却很少重叠，例如劲舞团、舞街区、热舞派对、超级舞者、唯舞独尊的用户重合度就比较低，玩家对同一类型的游戏一般在一个时间段内只选择一款．这也就意味着在同一时间内同一类型的玩家分布于各个游戏当中．整合了这些游戏也就完成了对这些类型用户的整合．如果一个品牌广告希望能尽可能多地影响目标用户，那就必须采用游戏组合的方式，尽可能覆盖类型用户．

第二：游戏广告表现方式整合，形成多样化、立体化的广告传播．现在中国的第三方游戏植入广告技术都是通过在游戏中截取能放置广告的画面，并用广告画面替代，实现广告在游戏内的展示．除非本身就是游戏开发商，否则没有任何一家游戏植入广告公司能确保某一款游戏内的所有位置都能成为广告位，也不能确保一款游戏内能出现路牌、背景、3D建模、视频弹出、道具植入、在线互动、服装植入等全部的广告形式，有可能一款游戏只能采用一种广告传播方式，这种单一的广告表现对于客户而言是远远不够的．这就必须采用游戏组合的方式，通过多个游戏组合形成多种广告表现方式的整合．

构建一个专业的游戏传播矩阵能完全解决以上两个问题，在游戏矩阵中行向量为不同的游戏，列向量为不同的广告形式．下面一张游戏矩阵图可以直观地表示：

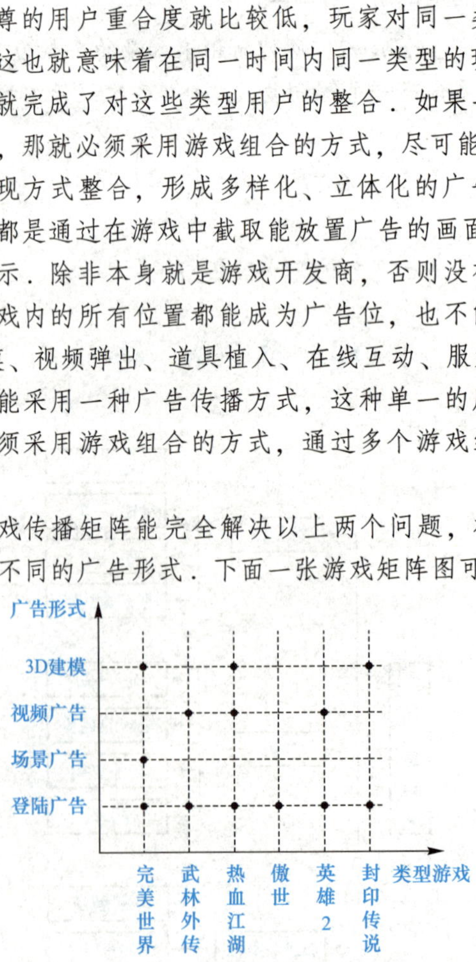

其数学表示为

$$A=\begin{pmatrix}1&0&1&0&0&1\\0&1&1&0&1&0\\1&0&0&0&0&0\\1&1&1&1&1&1\end{pmatrix}.$$

项　目　训　练

一、填空题

1. 若 $\begin{vmatrix}k&1\\1&2\end{vmatrix}=0$，则 $k=$____________.

2. 设 $A=\begin{pmatrix}3&2\\0&1\\1&4\end{pmatrix}$，$B=\begin{pmatrix}1&0&2\\0&1&0\end{pmatrix}$，则 $AB=$____________.

3. 设 $A=\begin{pmatrix}2&0&0\\0&1&0\\0&2&2\end{pmatrix}$，则 $A^{-1}=$____________.

4. 设 A 为 3×3 矩阵，且方程组 $AX=0$ 的基础解系含有两个解向量，则 $r(A)=$____________.

5. 设矩阵 $A=\begin{pmatrix}2&0&1\\-1&1&-3\end{pmatrix}$，$B=\begin{pmatrix}0&4&2\\3&5&7\end{pmatrix}$，则 $A^{T}B=$____________.

6. 已知行列式 $\begin{vmatrix}a&2&1\\2&3&0\\1&-1&1\end{vmatrix}=0$，则数 $a=$____________.

7. 设方程组 $\begin{cases}x_1+2x_2=0,\\2x_1+kx_2=0\end{cases}$ 有非零解，则数 $k=$____________.

8. 设 $A=\begin{pmatrix}1&2\\-1&0\end{pmatrix}$，则 $A^2-2A+E=$____________.

9. 已知三阶行列式 $\begin{vmatrix}a_{11}&2a_{12}&3a_{13}\\2a_{21}&4a_{22}&6a_{23}\\3a_{31}&6a_{32}&9a_{33}\end{vmatrix}=6$，则 $\begin{vmatrix}a_{11}&a_{12}&a_{13}\\a_{21}&a_{22}&a_{23}\\a_{31}&a_{32}&a_{33}\end{vmatrix}=$____________.

10. 设三阶行列式 D_3 的第 2 列元素分别为 1，-2，3，对应的代数余子式分别为 -3，2，1，则 $D_3=$____________.

二、选择题

1. 设 A 为三阶方阵，且 $|A|=-2$，则 $|3A^{T}A|=$（　　）.

A. -108　　B. -12　　C. 12　　D. 108

2. 如果方程组$\begin{cases}3x_1+kx_2-x_3=0,\\4x_2-x_3=0,\\4x_2+kx_3=0\end{cases}$有非零解，则 $k=($　　$)$.

A. -2　　B. -1　　C. 1　　D. 2

3. 设 $\boldsymbol{A}$，$\boldsymbol{B}$ 为同阶方阵，下列等式中正确的是(　　).

A. $\boldsymbol{AB}=\boldsymbol{BA}$　　B. $(\boldsymbol{A}+\boldsymbol{B})^{-1}=\boldsymbol{A}^{-1}+\boldsymbol{B}^{-1}$

C. $|\boldsymbol{A}+\boldsymbol{B}|=|\boldsymbol{A}|+|\boldsymbol{B}|$　　D. $(\boldsymbol{A}+\boldsymbol{B})^{\mathrm{T}}=\boldsymbol{A}^{\mathrm{T}}+\boldsymbol{B}^{\mathrm{T}}$

4. 设 $\boldsymbol{A}$ 为四阶矩阵，且 $|\boldsymbol{A}|=2$，则 $|\boldsymbol{A}^*|=($　　$)$.

A. 2　　B. 4　　C. 8　　D. 12

5. 已知矩阵 $\boldsymbol{A}=\begin{pmatrix}1&1\\0&-1\end{pmatrix}$，$\boldsymbol{B}=\begin{pmatrix}1&0\\1&1\end{pmatrix}$，则 $\boldsymbol{AB}-\boldsymbol{BA}=($　　$)$.

A. $\begin{pmatrix}1&0\\-2&-1\end{pmatrix}$　　B. $\begin{pmatrix}1&1\\0&-1\end{pmatrix}$

C. $\begin{pmatrix}1&0\\0&1\end{pmatrix}$　　D. $\begin{pmatrix}0&0\\0&0\end{pmatrix}$

三、计算题

1. 计算四阶行列式$\begin{vmatrix}1&2&0&0\\0&1&2&0\\0&0&1&2\\2&0&0&1\end{vmatrix}$的值.

2. 设 $\boldsymbol{A}=\begin{pmatrix}3&2&1\\1&1&1\\1&0&1\end{pmatrix}$，求 $\boldsymbol{A}\begin{pmatrix}-1&1&0\\0&0&2\\0&0&2\end{pmatrix}$.

3. 设 $\boldsymbol{A}=\begin{pmatrix}-1&1&0\\0&0&2\\0&0&2\end{pmatrix}$，$\boldsymbol{B}=\begin{pmatrix}1&1&0\\0&2&2\\0&0&3\end{pmatrix}$，且 $\boldsymbol{A}$，$\boldsymbol{B}$，$\boldsymbol{X}$ 满足 $(\boldsymbol{E}-\boldsymbol{B}^{-1}\boldsymbol{A})^{\mathrm{T}}\boldsymbol{B}^{\mathrm{T}}\boldsymbol{X}=\boldsymbol{E}$，求 $\boldsymbol{X}$，$\boldsymbol{X}^{-1}$.

4. 计算行列式 $D=\begin{vmatrix}1&2&3&4\\1&0&1&2\\3&-1&-1&0\\1&2&0&-5\end{vmatrix}$的值.

5. 已知 $\boldsymbol{A}=\begin{pmatrix}1&4\\-1&2\end{pmatrix}$，$\boldsymbol{C}=\begin{pmatrix}3&1\\0&-1\end{pmatrix}$，矩阵 $\boldsymbol{X}$ 满足 $\boldsymbol{AX}=\boldsymbol{C}$，求 $\boldsymbol{X}$.

6. 求非齐次方程组$\begin{cases}x_1+x_2+x_3+x_4+x_5=7,\\3x_1+2x_2+x_3+x_4-3x_5=-2,\\x_2+2x_3+2x_4+6x_5=23,\\5x_1+4x_2-3x_3+3x_4-x_5=12\end{cases}$的通解.

7. 已知非齐次线性方程组：

$$\begin{cases} x_1 + x_2 + \lambda x_3 = -2, \\ x_1 + \lambda x_2 + x_3 = -2, \\ \lambda x_1 + x_2 + x_3 = \lambda - 3. \end{cases}$$

(1)讨论 λ 为何值时，方程组无解、有唯一解、有无穷多个解.

(2)在方程组有无穷多个解时，求出方程组的通解.

8. 设三元齐次线性方程组：

$$\begin{cases} ax_1 + x_2 + x_3 = 0, \\ x_1 + ax_2 + x_3 = 0, \\ x_1 + x_2 + ax_3 = 0. \end{cases}$$

(1)确定当 a 为何值时，方程组有非零解.

(2)当方程组有非零解时，求出它的基础解系和全部解.

教学实验　利用 MATLAB 计算行列式、矩阵、解线性方程组

一、实验目的

(1)熟悉 MATLAB 中关于矩阵运算的各种命令 .

(2)会利用 MATLAB 计算行列式 .

(3)会利用 MATLAB 求解线性方程组 .

二、实验指导

1. 矩阵的输入与生成

在 MATLAB 数学实验中，矩阵的输入格式为在方括号内逐行键入矩阵各元素，同一行各元素之间用逗号或空格分隔，两行元素之间用分号分隔 .

【例 9-33】 输入矩阵 $A = \begin{pmatrix} 1 & 2 \\ 3 & 4 \end{pmatrix}$.

MATLAB 输入命令	MATLAB 输出结果

`A=[1, 2; 3, 4]`	`A =`
	`12`
	`34`

在 MATLAB 数学实验中，单位矩阵与零矩阵可直接生成，其调用函数为：

命令	功能	命令	功能
`eye(n)`	生成 n 阶单位矩阵	`ones(m, n)`	m×n 全 1 矩阵
`zeros (m, n)`	生成 m×n 零矩阵	`zeros(n)`	生成 n 阶零矩阵

【例 9-34】 生成三阶的单位矩阵.

MATLAB 输入命令	MATLAB 输出结果
eye(3)	ans = 100 010 001

2. 矩阵的运算

在 MATLAB 数学实验中，矩阵的基本运算包括的命令如表 9-1.

表 9-1 矩阵基本运算符

命令	功能	命令	功能
A±B	矩阵 A 与 B 的和(差)	k*A	数 k 与矩阵 A 的数乘
A*B	矩阵 A 与 B 的乘法	A'	矩阵 A 的转置矩阵
A^k	矩阵 A 的 k 次方		

说明 只有在矩阵运算有意义时才能用上述指令.

【例 9-35】 设 $\boldsymbol{A}=\begin{pmatrix}1 & -3 & 6\\ 2 & 9 & 0\end{pmatrix}$，$\boldsymbol{B}=\begin{pmatrix}4 & 3\\ -1 & 0\\ 5 & 2\end{pmatrix}$，$\boldsymbol{C}=\begin{pmatrix}6 & -1 & 0\\ -5 & 9 & 2\\ 0 & 7 & 9\end{pmatrix}$，求：

(1)$2\boldsymbol{A}+\boldsymbol{B}^{\mathrm{T}}$；(2)$\boldsymbol{AB}$；(3)$5\boldsymbol{BA}-\boldsymbol{C}^3$.

序号	MATLAB 输入命令	MATLAB 输出结果
(1)	A=[1, -3, 6; 2, 9, 0]; B=[4, 3; -1, 0; 5, 2]; C=[6, -1, 0; -5, 9, 2; 0, 7, 9]; 2*A+B'	ans = 6 -7 17 7 18 1
(2)	A*B	ans = 37 9 -1 6
(3)	5*B*A-C^3	ans = -271 265 166 945 -1 198 -502 840 -1 682 -712

3. 矩阵求秩、求逆、行简化实验

在 MATLAB 数学实验中，我们还可以调用其有关函数进行矩阵求逆、求秩、行简化. 其调用函数格式如表 9-2：

表 9-2　矩阵求逆、求秩、行简化运算符

命令	功能
inv(A)或 A^(-1)	求矩阵 A 的逆矩阵
rank(A)	求矩阵 A 的秩
rref(A)	求矩阵 A 的行最简形矩阵
rref([A, eye(n)])	用初等行变换求逆矩阵，A 为 n 阶方阵 结果中第 $n+1$ 列到第 $2n$ 列的方阵为 A 的逆矩阵

【例 9-36】 设 $\boldsymbol{A}=\begin{pmatrix}1&0&1\\2&1&0\\-3&2&-5\end{pmatrix}$，求：(1)矩阵 $\boldsymbol{A}$ 的秩；(2)矩阵 $\boldsymbol{A}$ 的行最简形矩阵；(3)矩阵 $\boldsymbol{A}$ 的逆矩阵 .

序号	MATLAB 输入命令	MATLAB 输出结果
(1)	rank(A) A = [1, 0, 1; 2, 1, 0; -3, 2, -5]	ans = 3
(2)	rref(A)	ans = 1 0 0 0 1 0 0 0 1
(3)	inv(A)	ans = -2.500 0　1.000 0　-0.500 0 5.000 0　-1.000 0　1.000 0 3.500 0　-1.000 0　0.500 0
	rref([A, eye(3)])	ans = 1.000 00　0　-2.500 0　1.000 0　0.500 0 0　1.000 0　0　5.000 0　-1.000 0　1.000 0 0　0　1.000 0　3.500 0　-1.000 0　0.500 0

4. 矩阵方程求解实验

矩阵左除 \ 与矩阵右除/的用法如表 9-3 所示 .

表 9-3　矩阵的左除与右除

命 令	功 能	
A \ B	求 AX = B 的解	A 是方阵，高斯消元法求解，粗略等于 inv(A) * B，当 A 为奇异阵时有警告信息
B/A	求 XA = B 的解	A 不是方阵，最小二乘解，包括有唯一解、无穷多解与无解的情况

左除与右除的关系为 $\boldsymbol{A}\setminus\boldsymbol{B}=(\boldsymbol{B}^{\mathrm{T}}/\boldsymbol{A}^{\mathrm{T}})^{\mathrm{T}}$. 下面只研究 $\boldsymbol{AX}=\boldsymbol{B}$ 的解，并且认为方程

组总有解，不判断解的情况.

【例 9-37】 求解矩阵方程 $X\begin{pmatrix}2 & 1\\ 1 & 2\end{pmatrix}=\begin{pmatrix}1 & 2\\ -1 & 4\end{pmatrix}$.

MATLAB 输入命令	MATLAB 输出结果
A=[2, 1; 1, 2]; B=[1, 2; -1, 4]; X=B/A	x= -0.000 0　　1.000 0 -2.000 0　　3.000 0

说明 矩阵方程中的系数矩阵为奇异矩阵.

对于奇异矩阵，可将其转变为长方阵，求解与原方程组等价的方程组：

$$\begin{pmatrix}2 & -5\\ -2 & 5\\ 0 & 0\end{pmatrix}X=\begin{pmatrix}-7\\ 7\\ 0\end{pmatrix}.$$

MATLAB 输入命令	MATLAB 输出结果
A=[2, -5; -2, 5; 0, 0]; B=[-7; 7; 0]; A\B	Warning: Rank deficient, rank=1, tol=4.7 103 e-015. ans= 0 1.400 0

【例 9-38】 求解矩阵方程 $\begin{pmatrix}-1 & 2 & 3\\ 4 & -5 & 6\end{pmatrix}X=\begin{pmatrix}5 & -3\\ 7 & 2\end{pmatrix}$.

MATLAB 输入命令	MATLAB 输出结果
A=[-1, 2, 3; 4, -5, 6]; B=[5, -3; 7, 2]; A\B	ans= 0　　0 0.333 3　　-0.888 9 1.444 4　　-0.407 4

说明 矩阵方程中的系数矩阵不是方阵. 请读者验证 A*(A\B)是否等于 B.

5. 线性方程组求解实验

线性方程组 AX=B 的解法如表 9-4 所示.

表 9-4 线性方程组的解法

线性方程组 AX=B 的解，增广矩阵[A, B]		
rank(A)≠rank([A, B])	无解	
rank(A)=rank([A, B])	rank(A)<n	有无穷多解，利用 rref 命令求通解
	rank(A)=n	有唯一解，若 m=n(A 为非奇异阵)，利用 rref 命令、A\B、inv(A)*B
		有唯一解，若 m>n，利用 rref 命令、A\B

【例 9-39】 求线性方程组$\begin{cases}x_1+x_2-x_3=3,\\x_1+2x_2-3x_2=1,\\x_1+3x_2-6x_3=4\end{cases}$的解.

解法	MATLAB 输入命令	MATLAB 输出结果
解法 1	A=[1, 1, -1; 1, 2, -3; 1, 3, -6]; B=[3, 1, 4]'; rref([A, B])	ans = 1 0 0 10 0 1 0 -12 0 0 1 -5
解法 2	A=[1, 1, -1; 1, 2, -3; 1, 3, -6]; B=[3, 1, 4]'; X=A\B	X = 10 -12 -5

由此可见，原方程组有唯一解$\begin{cases}x_1=10,\\x_2=-12,\\x_3=-5.\end{cases}$

【例 9-40】 求解非齐次线性方程组.

$$\begin{cases}x_1-2x_2+2x_3+2x_4=3,\\-2x_1-x_2+x_3+3x_4=1,\\-x_1-3x_2+3x_3+5x_4=2.\end{cases}$$

解法	MATLAB 输入命令	MATLAB 输出结果
解法 1	A=[1, -2, 2, 2; -2, -1, 1, 3; -1, -3, 3, 5]; B=[3, 1, 2]'; rref([A, B])	ans = 1 0 0 -4/5 0 0 1 -1 -7/5 0 0 0 0 0 1
解法 2	A=[1, -2, 2, 2; -2, -1, 1, 3; -1, -3, 3, 5]; B=[3, 1, 2]'; RA=rank(A), RAB=rank([A, B])	RA = 2 RAB = 3

由上知，因为$r(\boldsymbol{A})\neq r([\boldsymbol{A},\ \boldsymbol{B}])$，所以方程组无解.

【例 9-41】 判断下列方程组的解.

$$\begin{cases}2x_1+3x_2+x_3=4,\\x_1-2x_2+4x_3=-5,\\3x_1+8x_2-2x_3=13,\\4x_1-x_2+9x_3=-6.\end{cases}$$

解法	MATLAB 输入命令	MATLAB 输出结果

解法 1	`A=[2, 3, 1; 1, -2, 4; 3, 8, -2; 4, -1, 9];`
	`B=[4, -5, 13, -6];`
	`rref([A, B])`
		`C=rref(A, B)`
		`C=`
		`1 0 2 -1`
		`0 1 -1 2`
		`0 0 0 0`
		`0 0 0 0`

解法 2	`A=[2, 3, 1; 1, -2, 4; 3, 8, -2; 4, -1, 9];`
	`B=[4, -5, 13, -6];`
	`RA=rank(A), RAB=rank([A, B])`
		`RA=`
		`2`
		`RAB=`
		`2`

由于 $r(A)=r(\boldsymbol{A},\ \boldsymbol{B})<3$，故方程组有无穷多个解.

教学实验训练题

1. 生成5阶单位阵与2×4阶零矩阵.

2. 设矩阵 $\boldsymbol{A}=\begin{pmatrix}1 & -3\\2 & 8\\5 & -6\end{pmatrix}$，$\boldsymbol{B}=\begin{pmatrix}4 & 6\\0 & -7\\5 & 5\end{pmatrix}$，求 $3\boldsymbol{A}-2\boldsymbol{B}$，$\boldsymbol{A}\boldsymbol{B}^{\mathrm{T}}$.

3. 设矩阵 $\boldsymbol{A}=\begin{pmatrix}1 & 2 & -1\\3 & 4 & -2\\4 & -4 & 1\end{pmatrix}$，求 $\boldsymbol{A}^{-1}$.

4. 将矩阵 $\boldsymbol{A}=\begin{pmatrix}1 & -5 & -3 & 0 & 2\\4 & 6 & 1 & 3 & 1\\6 & -4 & -5 & 3 & 5\\2 & -10 & -6 & 0 & 4\end{pmatrix}$ 化为行最简矩阵，并求 $\boldsymbol{A}$ 的轶.

5. 解矩阵方程.

(1) $\begin{pmatrix}1 & -2 & 0\\1 & -2 & -1\\-3 & 1 & 2\end{pmatrix}\boldsymbol{X}=\begin{pmatrix}-1 & 4\\2 & 5\\1 & -3\end{pmatrix}$；

(2) $\begin{pmatrix}2 & 3 & -2\\-2 & 1 & 3\\0 & 2 & 1\end{pmatrix}\boldsymbol{X}\begin{pmatrix}2 & 1\\5 & 2\end{pmatrix}=\begin{pmatrix}-3 & 2\\0 & 4\\8 & 3\end{pmatrix}$.

6. 解下列线性方程组.

(1) 求线性方程组 $\begin{cases}x_1-x_2+x_3=1,\\3x_2+x_3=3,\\x_1+2x_2+x_3=0\end{cases}$ 的解；

(2) 求线性方程组 $\begin{cases}x_1+x_2-x_3-x_4=0,\\2x_1-x_2+4x_3-5x_4=0,\\x_1+2x_2-3x_3=0,\\-x_1+x_2-3x_3+3x_4=0\end{cases}$ 的解.

项目十　线性规划初步

任务 1　认识线性规划的数学模型

10.1　线性规划问题的数学模型

在实际问题中，往往需要研究一类必须满足另外条件要求的线性方程组或线性不等式组的解，线性规划应运而生．作为运筹学的重要分支之一，它从20世纪40年代末期开始发展，虽然只经历了短短数十年时间，但在生产、管理、运输等方面有着广泛的应用．

那么，什么是线性规划？线性规划所讨论的问题有什么特点呢？为了回答这些问题，我们先来看下面两个例子．

10.1.1　实例

【例 10-1】　某工厂生产甲、乙两种产品，生产每件产品需要原材料、能源消耗、劳动力及所获利润见表 10-1.

表 10-1

品种	原材料/kg	能源消耗/百元	劳动力/人	利润/千元
甲	2	1	4	5
乙	3	6	2	6

现有库存原材料 1 400 kg，能源消耗总额不超过 $2\,400\times10^2$ 元，全厂劳动力满员为 2 000 人．试安排生产任务(生产甲、乙产品各多少件)，使获得利润最大．

为了解决这一问题，我们首先把它归结为一个数学问题，即把它抽象为数学模型．一般来说，要建立一个数学模型可采用以下步骤：

第一步，认真分析实际问题，考虑问题的主要因素，舍弃问题的次要因素．如在本例中，我们仅考虑在劳动力和原材料数量有限，能源消耗总量不超过要求的条件下，确定甲、乙两种产品的生产数量，使工厂取得最大利润．

第二步，将有待解决的主要因素设为未知变量 x_1，x_2，…，x_n，称为决策变量．在本例中，可设 x，y 表示生产甲、乙两种产品的数量．

第三步，明确问题中所有的限制条件，并用决策变量的方程组或不等式组表示出来，通常称这组限制条件为约束条件．本例的约束条件为

$$\begin{cases}2x+3y\leqslant 1\ 400 & \text{原材料的消耗不能超过现有总量}\\ x+6y\leqslant 2\ 400 & \text{能源消耗不能超过其总额}\\ 4x+2y\leqslant 2\ 000 & \text{劳动力消耗不能超过工厂劳动力总和}\\ x\geqslant 0,\ y\geqslant 0,\ x,\ y\in\mathbf{Z}\end{cases}$$

第四步，明确问题追求的目标是什么，把它变成决策变量的函数，并求它的最大值或最小值．本例中的目标函数为 $S=5x+6y$，并求 S 的最大值.

综上所述，这个问题的数学模型就可以写成：

$$\max S=5x+6y,$$

满足：

$$\begin{cases}2x+3y\leqslant 1\ 400,\\ x+6y\leqslant 2\ 400,\\ 4x+2y\leqslant 2\ 000,\\ x\geqslant 0,\ y\geqslant 0,\ x,\ y\in\mathbf{Z}.\end{cases}$$

【例 10-2】 某校组织春游，可以租用两种型号的客车：45 座客车和 60 座客车．已知 45 座客车的租金为每辆 250 元，60 座客车的租金为每辆 300 元；又若单独租用 45 座客车若干辆，则刚好坐满；若单独租用 60 座客车，可少租一辆且余 30 个座位.

(1)求该校参加春游的人数；

(2)试确定租车方式(两种型号的车各租多少辆)，使租车总费用最少.

解：(1) 关于该校参加春游的人数(基本模型). 设该校参加春游人数为 x，则有方程(数学模型)：

$$\frac{x}{45}=\frac{x+30}{60}+1,$$

解此方程(求解模型)，得 $x=270$ (人).

(2)设使用 45 座客车数为 y_1，使用 60 座客车数为 y_2，则数学模型为

$$\min z=250y_1+300y_2,$$

满足：

$$\begin{cases}45y_1+60y_2\geqslant 270,\\ y_1,\ y_2\geqslant 0,\ y_1,\ y_2\in\mathbf{Z}.\end{cases}$$

或

$$\min z=250y_1+300y_2,$$

满足：

$$\begin{cases}3y_1+4y_2\geqslant 18,\\ y_1,\ y_2\geqslant 0,\ y_1,\ y_2\in\mathbf{Z}.\end{cases}$$

10.1.2 线性规划的一般模型

在上面两个具体例子中，尽管实际问题背景不一样，但从抽象的数量关系来看是一样的，都归结为：求目标函数在约束条件下的非负最值点.

定义 10.1 求一组变量的非负值，满足由变量的线性方程组或线性不等式组构成的约束条件，且作为变量线性函数的目标函数取值最大或最小，这样的问题称为线性

规划问题.

它的一般形式为求一组变量 x_1，x_2，…，x_n 的值，满足约束条件

$$\begin{cases} a_{11}x_1 + a_{12}x_2 + \cdots + a_{1n}x_n \leqslant b_1 \quad (\text{或} \geqslant b_1, \text{或} = b_1), \\ a_{21}x_1 + a_{22}x_2 + \cdots + a_{2n}x_n \leqslant b_2 \quad (\text{或} \geqslant b_2, \text{或} = b_2), \\ \cdots\cdots \\ a_{m1}x_1 + a_{m2}x_2 + \cdots + a_{mn}x_n \leqslant b_m \quad (\text{或} \geqslant b_m, \text{或} = b_m), \\ x_i \geqslant 0 \ (i = 1, 2, \cdots, n), \end{cases}$$

且使目标函数

$$S = c_1x_1 + c_2x_2 + \cdots + c_nx_n$$

取值最大(或最小).

也可以记作：

$$\max S = c_1x_1 + c_2x_2 + \cdots + c_nx_n (\text{或} \min S = c_1x_1 + c_2x_2 + \cdots + c_nx_n),$$

$$\begin{cases} a_{11}x_1 + a_{12}x_2 + \cdots + a_{1n}x_n \leqslant b_1 \quad (\text{或} \geqslant b_1, \text{或} = b_1), \\ a_{21}x_1 + a_{22}x_2 + \cdots + a_{2n}x_n \leqslant b_2 \quad (\text{或} \geqslant b_2, \text{或} = b_2), \\ \cdots\cdots \\ a_{m1}x_1 + a_{m2}x_2 + \cdots + a_{mn}x_n \leqslant b_m \quad (\text{或} \geqslant b_m, \text{或} = b_m), \\ x_i \geqslant 0 \ (i = 1, 2, \cdots, n). \end{cases}$$

其中，a_{11}，…，a_{mn}；b_1，…b_m；c_1，…，c_n 皆为已知常数.

显然，构成线性规划问题的要素是决策变量、约束条件及目标函数．建立线性规划问题的数学模型，就是从实际问题出发，抓住主要因素，确定决策变量，找出约束条件，并给出目标函数的表达式.

类似于例 10-1 的问题，企业在日常经营活动中是会经常遇到的．因此，在某些限制条件下，如何制订一个最合理的生产计划就有重要的意义．目前，线性规划问题在经济管理中主要有以下几方面的应用：生产的组织与计划问题、运输问题、合理下料问题、配料问题和库存问题等.

关于线性规划问题的解，有下面重要的概念.

定义 10.2　在线性规划问题中，满足约束条件的解称为可行解，所有可行解的集合称为可行解集；使目标函数取得最大值或最小值的可行解称为最优解，对应于最优解的目标函数值称为最优值.

显然，解线性规划问题就是求得最优解和最优值.

任务 2　研究线性规划问题的解法

10.2　线性规划的图解法

图解法是求解两个变量的线性规划问题的简便方法，这个解法虽然只适用于两个

变量的线性规划问题，但由此得出的一些结论也适用于多变量的线性规划问题.

下面来求解例 10-1 建立的数学模型.

$$\max S = 5x + 6y$$

满足：

$$\begin{cases} 2x + 3y \leqslant 1\ 400, \\ x + 6y \leqslant 2\ 400, \\ 4x + 2y \leqslant 2\ 000, \\ x \geqslant 0,\ y \geqslant 0,\ x,\ y \in \mathbf{Z}. \end{cases}$$

解：(1) 先分析约束条件.

1) 因为 $x \geqslant 0$，$y \geqslant 0$，x，$y \in \mathbf{Z}$，所以满足约束条件的点落在第一象限内.

2) 满足 $2x + 3y \leqslant 1\ 400$ 的点均位于直线 l_1：$2x + 3y = 1\ 400$ 上及 l_1 的左下方的半平面内；满足 $x + 6y \leqslant 2\ 400$ 的点均位于直线 l_2：$x + 6y = 2\ 400$ 上及 l_2 的左下方的半平面内；满足 $4x + 2y \leqslant 2\ 000$ 的点均位于直线 l_3：$4x + 2y = 2\ 000$ 上及 l_3 的左下方的半平面内，如图 10-1 所示.

从图中可看到，这是一个凸多边形，就是这个线性规划问题的可行解集，或称可行域.

(2) 再考虑问题的目标函数．在目标函数 $S = 5x + 6y$ 中，如果把 S 看作是参数，它表示一组平行直线族，这组平行直线族具有相同的斜率．在同一条直线上的不同点对应的目标函数 S 的值为同一值，所以称这些直线为目标函数等值线.

从图 10-1 可看出，随着直线向上方的平行移动，离坐标原点越远的地方其 S 的值越大．因此要寻找的直线是平行线族中既与多边形相交又尽可能离原点最远的一条直线．当 l 过 l_1 与 l_3 的交点时，S 取最大值．故

$$\begin{cases} 2x + 3y = 1\ 400, \\ 4x + 2y = 2\ 000, \end{cases}$$

解得

$$\begin{cases} x = 400, \\ y = 200. \end{cases}$$

此时，有

$$S_{\max} = 5 \times 400 + 6 \times 200 = 3200(\text{千元}).$$

从这个例子可以看出，利用图解法求解两个变量的线性规划问题的一般步骤如下：

第一步：根据约束条件画出可行解集.

第二步：根据目标函数 S 的表达式画出目标直线，并明确目标函数值增加的方向.

第三步：在可行解集中，寻找符合要求的距离目标直线最远或最近的点，并求出该点坐标，即为最优解．将最优解代入目标函数，求出最优值.

【例 10-3】 求解由例 10-2 所列模型的最优解

$$\min z = 250y_1 + 300y_2,$$

满足：

$$\begin{cases} 3y_1 + 4y_2 \geqslant 18, \\ y_1,\ y_2 \geqslant 0,\ y_1,\ y_2 \in \mathbf{Z}. \end{cases}$$

解：如图 10-2 所示，

$$\min z = 250y_1 + 300y_2,$$

满足：

$$\begin{cases} 3y_1 + 4y_2 \geqslant 18, \\ y_1,\ y_2 \geqslant 0,\ y_1,\ y_2 \in \mathbf{Z} \end{cases}$$

的解为 $y_1 = 0$，$y_2 = 4.5$，$z_{\min} = 1\ 350$.

令 $y_2 = 4$，得 $y_1 = 1$，$z = 250 \times 1 + 300 \times 4 = 1\ 450$.

令 $y_2 = 3$，得 $y_1 = 2$，$z = 250 \times 2 + 300 \times 3 = 1\ 400$.

故数学模型的解为

$$\begin{cases} y_1 = 2 \\ y_2 = 3 \end{cases},\ z_{\min} = 1\ 400.$$

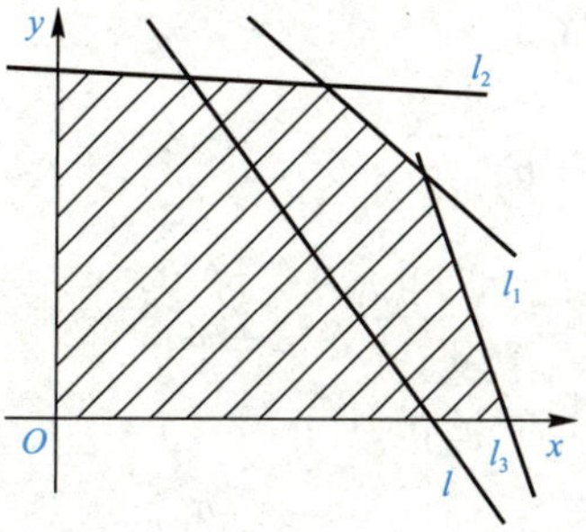

图 10-1

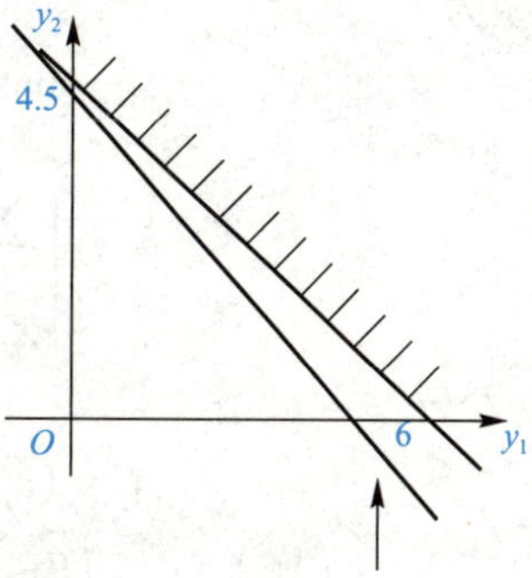

图 10-2

两个变量的线性规划问题的解可能有以下 4 种情况：有唯一的最优解；有无穷多最优解；有可行解，但是没有最优解；没有可行解.

10.3　线性规划问题的标准型

10.3.1　线性规划问题的标准型

由于对目标的追求和约束形式的不同，线性规划模型的具体形式是多种多样的．为了讨论和计算方便，我们要在这众多的形式中规定一种形式，将其称为线性规划模型的标准型．线性规划模型的标准型为

$$\max z = c_1x_1 + c_2x_2 + \cdots + c_nx_n, \tag{10-1}$$

$$\begin{cases} a_{11}x_1 + a_{12}x_2 + \cdots + a_{1n}x_n = b_1 \\ a_{21}x_1 + a_{22}x_2 + \cdots + a_{2n}x_n = b_2 \\ \cdots\cdots \\ a_{m1}x_1 + a_{m2}x_2 + \cdots + a_{mn}x_n = b_m \\ x_i \geqslant 0\ (i = 1,\ 2,\ \cdots,\ n) \end{cases} \tag{10-2}$$

上述形式的特点是：

(1)所有决策变量都是非负的.

(2)所有约束条件都是"="型.

(3)目标函数是求最大值.

(4)所有常数项 $b_i(i=1, \cdots, m)$ 都是非负的.

线性规划模型的标准型可以写成简缩形式为

$$\max z=\sum_{j=1}^{n} c_j x_j,$$

$$\left.\begin{array}{l}\sum_{j=1}^{n} a_{ij} x_j=b_i, \ i=1, 2, \cdots, m \\ x_j \geqslant 0, \ j=1, 2, \cdots, n\end{array}\right\} \tag{10-3}$$

线性规划模型的标准型有时用矩阵或向量描述往往更为方便．用向量表示线性规划模型的标准型为

$$\max z = \boldsymbol{C}\boldsymbol{X},$$

$$\begin{cases}\sum_{j=1}^{n} \boldsymbol{P}_j x_j = \boldsymbol{b}, \\ \boldsymbol{X} \geqslant 0,\end{cases}$$

其中，

$$\boldsymbol{C}=(c_1, c_2, \cdots, c_n),$$

$$\boldsymbol{X}=\begin{pmatrix}x_1 \\ x_2 \\ \vdots \\ x_n\end{pmatrix}, \ \boldsymbol{P}_j=\begin{pmatrix}a_{1j} \\ a_{2j} \\ \vdots \\ a_{mj}\end{pmatrix}(j=1, 2, \cdots n), \ \boldsymbol{b}=\begin{pmatrix}b_1 \\ b_2 \\ \vdots \\ b_m\end{pmatrix}.$$

向量 $\boldsymbol{P}_j$ 是变量 x_j 对应的约束条件中的系数列向量．用矩阵表示线性规划的标准型为

$$\max z=\boldsymbol{C}\boldsymbol{X},$$

$$\begin{cases}\boldsymbol{A}\boldsymbol{X}=\boldsymbol{b}, \\ \boldsymbol{X}\geqslant 0,\end{cases}$$

其中

$$\boldsymbol{A}=\begin{pmatrix}a_{11} & a_{12} & \cdots & a_{1n} \\ a_{21} & a_{22} & \cdots & a_{2n} \\ \vdots & \vdots & & \vdots \\ a_{m1} & a_{m2} & \cdots & a_{mn}\end{pmatrix}.$$

$x \geqslant 0$ 表示列向量的所有分量都是非负的．其他同前．我们称 $\boldsymbol{A}$ 为约束方程的系数矩阵($m \times n$)，一般 $m<n$，m，n 为正整数.

10.3.2 线性规划问题的标准化

我们对线性规划问题的研究是基于标准型进行的．因此对于给定的非标准型线性规划问题的数学模型，则需要将其化为标准型．一般地，对于不同形式的线性规划模

型，可以采用以下方法将其化为标准型.

(1) 对于目标函数是求最小值的线性规划问题，只要将目标函数的系数反号，即可化为等价的最大值问题.

(2) 约束条件为“≤”(“≥”)类型的线性规划问题，可在不等式左边加上(或者减去)一个非负的新变量，即可化为等式．这个新增的非负变量称为松弛变量(或剩余变量)，也可统称为松弛变量．在目标函数中，一般认为新增的松弛变量的系数为零.

(3) 如果在一个线性规划问题中，决策变量 x_k 的符号没有限制，我们可用两个非负的新变量 x_k^1 和 x_k^2 之差来代替，即将变量 x_k 写成 $x_k=x_k^1-x_k^2$，且有 $x_k^1\geqslant 0$，$x_k^2\geqslant 0$. 通常将这样的 x_k 称为自由变量.

(4) 当常数项 b_i 为负值时，可在该约束条件的两边分别乘以 -1 即可.

【例 10-4】 将下列线性规划模型化为标准型.

$$\max z=70x_1+120x_2,$$
$$\begin{cases}9x_1+4x_2\leqslant 3\ 600,\\4x_1+5x_2\leqslant 2\ 000,\\3x_1+54x_2\leqslant 3\ 000,\\x_1\geqslant 0,\ x_2\geqslant 0.\end{cases}$$

解：在各不等式的左边分别加上松弛变量 x_3，x_4，x_5，使不等式成为等式，从而得到标准型：

$$\max z=70x_1+120x_2,$$
$$\begin{cases}9x_1+4x_2+x_3=3\ 600,\\4x_1+5x_2+x_4=2\ 000,\\3x_1+54x_2+x_5=3\ 000,\\x_1,\ x_2,\ \cdots,\ x_5\geqslant 0.\end{cases}$$

【例 10-5】 将下列线性规划模型化成标准型.

$$\min z=3x_1-x_2+3x_3,$$
$$\begin{cases}x_1+x_2+x_3\leqslant 6,\\x_1+x_2-x_3\geqslant 2,\\-3x_1+2x_2+x_3=5,\\x_1\geqslant 0,\ x_2\geqslant 0,\ x_3\text{ 无非负约束}.\end{cases}$$

解：通过以下 4 个步骤：

(1) 目标函数两边乘上 -1 化为求最大值.

(2) 以 $x_3=x_3^1-x_3^2$ 代入目标函数和所有的约束条件中，其中 $x_3^1\geqslant 0$，$x_3^2\geqslant 0$.

(3) 在第一个约束条件的左边加上松弛变量 x_4.

(4) 在第二个约束条件的左边减去剩余变量 x_5.

于是得到该线性规划模型的标准型：

$$\max(-z) = -3x_1 + x_2 - 3x_3^1 + 3x_3^2,$$

$$\begin{cases} x_1 + x_2 + x_3^1 - x_3^2 + x_4 = 6, \\ x_1 + x_2 - x_3^1 + x_3^2 - x_5 = 2, \\ -3x_1 + 2x_2 + x_3^1 - x_3^2 = 5, \\ x_1,\ x_2,\ x_3^1,\ x_3^2,\ x_4,\ x_5 \geqslant 0. \end{cases}$$

关于线性规划问题的求解可借用 lingo 软件来求解，其迭代求解方法——单纯形法，我们这里不做详细讨论，感兴趣的可参考其他教材.

项 目 小 结

本章简要介绍了线性代数的应用之一——线性规划问题的数学模型．要求能建立一些简单问题的数学模型，并将其化为标准型．了解线性规划问题解的概念，能用图解法求解两个决策变量的线性规划问题.

思 政 天 地

线性规划之父——丹齐格

在人类进行的各项活动中，要做成一件事情，往往要受到各种主客观条件的限制，一个自然的想法是："如何在现有条件下以最小的代价获得最佳效果．"这就是通常所说的优化问题，相应的数学方法就是优化方法．在优化领域，丹齐格就是一位杰出代表．丹齐格(1914.11.8—2005.5.13)，著名数学家、线性规划的奠基人，美国科学院、美国工程院、美国人文与科学院三院院士，其主要贡献在线性规划方面，其代表作为《线性规划与推广》．丹齐格获得过冯·诺依曼理论奖和美国国家科学奖，他自己的名字还命名过一个奖项．丹齐格发表100余篇关于数学规划及其应用方面的论文，对统计学、运筹学、计算机科学和经济学都有大贡献．因此，丹齐格被冠以"线性规划之父"的头衔.

一、赴美学术深造

丹齐格(George Bernard Dantzig)1914 年 11 月 8 日出生于美国俄勒冈州波特兰，丹齐格的父亲托比阿斯·丹齐格是俄罗斯数学家，曾在巴黎与昂利·庞加莱学习．后来，托比阿斯与索邦大学学生安雅·乌松结婚．丹齐格的父母在巴黎大学读书时认识，其后移民至美国定居．高中时，丹齐格已对数学有极大的兴趣，特别是几何学．由于父亲是一名数学家，常会提出复杂的问题让他挑战．后来，丹齐格进了马兰大学，取得数学及物理学位，并于密西根大学取得数学硕士学位．他喜欢统计学，却对其他抽象数学兴趣不大，于是，离开学界到美国劳工统计局工作．两年后，他获加州大学克莱分校录取通知，攻读博士学位，师承统计学家内曼．"二战"爆发后，丹齐格暂停学业加入美国空军负责统计工作，战后才完成博士学位．虽然获邀留在大学任教，但他决定回到空军成为数学顾问.

1952 年，丹齐格加入兰德公司的数学分部，1960 年，他回到加州大学克莱分校的工业工程学系担任教授、运筹学中心主任．丹齐格最著名的数学贡献是发现了“单纯形法”，有效快速解决一些规划问题，例如以最符合成本效益的方式分配工作、制造产品等．其实，第二次世界大战的爆发中断了丹齐格的克莱研究生学习．他成了美国空军总部统计控制的战斗分析处主任，处理供应链的补给和管理成千上万的人员和物资．工作使他开始关注真实世界的问题，就是线性规划将要解决的问题.1966 年，他在斯坦福大学任类似职务，留在那直到 90 年代退休．丹齐格除了线性规划和单纯形法的杰出工作，还推进了很多领域的发展，有分解论、灵敏度分析、互补主元法、大系统最优化、非线性规划和不确定规划．为了纪念他的贡献，美国工业与应用数学学会和数学规划学会联合设立了一项以丹齐格命名的国际奖，奖励在线性规划方面的开创性工作，1982 年首次颁奖.

二、以课堂作业的心态，解决世界难题

丹齐格的一件真实事件，成为后来一个著名传奇故事的来源.1939 年，在他读博士的第一年，丹齐格上耶日・内曼教授的其中一堂课时迟到，进课室时已开始上课．他看到黑板上有两道习题，于是，就抄在笔记上准备回家解决．这两条问题比平时困难，数日后，他把功课交给内曼，并为自己花了那么长时间完成道歉．内曼只叫他把答案放到其办公桌上．丹齐格起初有点犹豫——内曼桌上有太多东西，他担心功课会被淹没、不见天日．大约 6 个星期后，内曼在某个星期日早上 8 时敲门，兴奋地告诉他：“我刚写完你其中一篇论文的介绍，快点读完，好让我寄出去发表.”

原来在那一堂课开始时，内曼向班上提到两个统计学上未解决的难题．但丹齐格迟到，错过了这一部分，更误会那两个问题是课后习题．在内曼的协助下，第一道难题的答案在 1940 年发表．一年后，丹齐格为未想到博士论文题目感到担忧，内曼知道后告诉他，只要把两个问题的解答合起来，就会被接纳作为其博士论文．他第二道“习题”的答案没有立即发表在期刊上，直到 1950 年，著名数学家亚伯拉罕・瓦尔德打算把新发现投稿到期刊，却被告知结果跟丹齐格的发现类似，于是，写信给丹齐格，双方同意下论文联名发表.

这件事后来流传开来，是因为丹齐格有一次认识了一位倡导“积极性思维”的牧师(现称“成功学导师”)罗伯特・舒勒．舒勒听了丹齐格的故事，就问能不能把这个故事写进他最近准备出版的书．结果，舒勒写出来的时候给故事改头换面了一下，变得更加夸张．比如他把家庭作业改成了一场考试，丹齐格“交卷前十分钟”才解出最后一道题；还添加了“爱因斯坦也解不出的未解之谜”之类的论述等．舒勒给这个故事添加了这样的寓意：如果丹齐格一开始就知道这两道题不是作业，而是著名的统计学未解决难题，他可能就不会“积极性思维”，可能会气馁，永远也解不出这两道题．自此，这个故事开始流传，并用作教材中以展示正面思考的力量．随着时间的推移，故事中丹齐格的名字被多次替换，内容也被改写，但仍以不同的形式被不断传播.

三、线性规划，运筹学的主要分支

如果优化问题中的主客观条件(约束条件)和要实现的目标(目标函数)都可以表示为线性函数，那么，对应的优化问题就称为线性规划问题．这类问题虽然简单，但却是各项经济活动中最为常见的，经济、工业、国防、城市规划及交通运输等领域中都有大量的线性规划问题．从理论上看，解决相应的数学问题并不困难，但实际需要解决的问题往往规模巨大．

1947 年，美国数学家丹齐格提出了求解线性规划问题的单纯形法，成为求解线性规划问题最主要的有效算法．后来，被认为是 20 世纪经济效益最大的计算方法．用线性方程或线性不等式规划，由若干约束条件组合并具有一定目标的系统，以求得最优解的数学方法．线性规划是最优化方法之一．用数学语言表达，就是在 n 个变量(x_1，x_2，…，x_n)必须满足一些线性等式和(或)不等式的条件下，寻求 x_1，x_2，…，x_n 的一个线性关系的最优解．如在一定的人力、物力、财力、时间等条件下，寻求完成最大的任务或最小的支出．这个方法是在丹齐格提出“单纯形法”以后，作为运筹学的一个分支科目发展起来的．线性规划的数学模型主要由约束条件和目标函数两个部分组成：约束条件，即对系统所考虑的控制因素加以限制的条件，或者说该系统达到目标时对各因素的限制条件；目标函数，指系统的最优要求．目标若极大化，则目标函数值取极大值，如利润、产值、产量等；目标若极小化，则目标函数值取极小值，如成本、工时、距离等．

古人云：“运筹帷幄之中，决胜千里之外．”运筹学是 20 世纪三四十年代发展起来的一门新兴交叉学科，它主要研究人类对各种资源的运用及筹划活动，以期通过了解和发展这种运用及筹划活动的基本规律，发挥有限资源的最大效益，达到总体最优的目标．线性规划是运筹学中研究较早、发展较快、应用广泛、方法较成熟的一个主要分支，它是辅助人们进行科学管理的一种数学方法．线性规划，是研究线性约束条件下线性目标函数的极值问题的数学理论和方法，广泛应用于军事作战、经济分析、经营管理和工程技术等方面．同时，为合理地利用有限的人力、物力、财力等资源作出最优决策，提供科学的依据．

线性规划的研究成果还直接推动了其他数学规划问题包括整数规划、随机规划和非线性规划的算法研究．美国数学家丹齐格提出的单纯形法是求解线性规划问题的一种普遍而有效的算法．当单纯形法被精心实现时，在实际中通常能够快速地解决一般的线性规划．无论是吉尔福特还是申克－丹齐格都强调指出：“以追求多种答案和解决方法为特征的发散性认识加工能力就是一种创造性能力．”后者更强调在最小信息或信息不完备、不充分的前提下能产生新的观念是创造力强的标志．

作者：中国上海 中兴通讯上海研发中心 邵红胜；中国上海 上海市城市科技学校 邵红能．

资料来源：《大学科普》2019 年第 3 期

项 目 训 练

1. 试论述线性规划数学模型的组成部分及其特性．

2. 一家餐厅 24 h 全天候营业，在各时间段中所需要的服务员数量分别为

2：00～6：00　　3 人　　　　6：00～10：00　9 人

10：00～14：00　12 人　　　　14：00～18：00　5 人

18：00～22：00　18 人　　　　22：00～2：00　4 人

设服务员在各时间段的开始时点上班并连续工作 8 h，问该餐厅至少配备多少服务员，才能满足各个时间段对人员的需要．试构造此问题的数学模型．

3. 现要截取 2.9 m、2.1 m 和 1.5 m 的圆钢各 100 根，已知原材料的长度是 7.4 m，问应如何下料，才能使所消耗的原材料最省．试构造此问题的数学模型．

4. 某糖果厂用原料 A，B，C 加工成三种不同牌号的糖果甲、乙、丙．已知各种牌号糖果中 A，B，C 原料的含量要求、各种原料的单位成本、各种原料每月的限制用量、三种牌号糖果的单位加工费及售价见表 10-2．问该厂每月生产这三种牌号糖果各多少千克，才能使该厂获利最大？试建立这个问题的线性规划模型．

表 10-2

	甲	乙	丙	原料成本/元	限制用量/kg
A	60% 以上	15% 以上		2.00	2 000
B				1.50	2 500
C	20% 以下	60% 以下	50% 以下	1.00	1 200
加工费/元	0.50	0.40	0.30		
售价/元	3.40	2.85	2.25		

5. 某厂在今后 4 个月内需租用仓库存放物资，已知每个月所需的仓库面积见表 10-3．租金与租借合同的长短有关，租用的时间越长，享受的优惠越大，具体租金见表 10-4．租借仓库的合同每月月初都可办理，每份合同具体规定租用面积数和期限．因此该厂可根据需要在任何一个月月初办理租借合同，且每次办理时，可签一份，也可同时签若干份租用面积和租借期限不同的合同，总的目标是使所付的租借费用最小．试根据上述要求，建立一个线性规划的数学模型．

表 10-3

月份	1 月	2 月	3 月	4 月
所需面积/100 m^2	15	10	20	12

表 10-4

合同租借期限	1 个月	2 个月	3 个月	4 个月
单位(100 m^2)租金/元	2 800	4 500	6 000	7 300

6. 某农场有 100 公顷土地及 25 万元资金可用于发展生产．农场劳动力情况为秋、冬季 4 500 人·日，春、夏季 6 000 人·日，如劳动力本身过剩可外出打工，春、夏季收入为 20 元/(人·日)，秋、冬季为 12 元/(人·日)．该农场种植三种作物：大豆、玉米和小麦，并饲养奶牛和鸡．种作物不需要专门投资，而饲养动物时每头奶牛投资 8 000 元，每只鸡投资 2 元．养奶牛时每头需拨出 1.5 公顷土地种饲草，并占用人工秋、冬季为 100 人·日，春、夏季为 50 人·日，年净收入 3 000 元/每头奶牛．养鸡不占土地，需人工为每只鸡秋、冬季 0.3 人·日，春、夏季 0.1 人·日，年净收入为每只 8 元．

农场现有鸡舍允许最多养5 000只鸡，牛栏允许最多养50头奶牛，三种作物每年需要的人工及收入情况见表10-5. 试决定该农场的经营方案，使年净收入最大.

表10-5

	大豆	玉米	小麦
每公顷秋、冬季所需人·日数	20	35	10
每公顷春、夏季所需人·日数	50	75	40
年净收入/(元·公顷$^{-1}$)	1 100	1 500	900

7. 用图解法求解下列线性规划问题.

(1) $\max z = 2x_1 + x_2$,

$$\begin{cases} 4x_1 + 3x_2 \leqslant 12, \\ 2x_1 + x_2 \leqslant 8, \\ 4x_1 - x_2 \leqslant 8, \\ x_1,\ x_2 \geqslant 0; \end{cases}$$

(2) $\max z = 3x_1 + 2x_2$,

$$\begin{cases} -x_1 + 2x_2 \leqslant 4, \\ 3x_1 + 2x_2 \leqslant 14, \\ x_1 - x_2 \leqslant 3, \\ x_1,\ x_2 \geqslant 0; \end{cases}$$

(3) $\max z = 2x_1 + 3x_2$,

$$\begin{cases} x_1 - x_2 \leqslant 2, \\ -3x_1 + x_2 \leqslant 4, \\ x_1,\ x_2 \geqslant 0; \end{cases}$$

(4) $\max z = x_1 + x_2$,

$$\begin{cases} x_1 - x_2 \geqslant 0, \\ 3x_1 - x_2 \leqslant -3, \\ x_1,\ x_2 \geqslant 0. \end{cases}$$

8. 将线性规划模型转化为标准形式：

$$\max z = 2x_1 + x_2 + 3x_3 + x_4,$$

$$\begin{cases} x_1 + x_2 + 2x_3 + x_4 \leqslant 10, \\ 2x_1 - 3x_2 + 5x_3 - x_4 = -8, \\ x_1 + x_2 - 6x_3 + 4x_4 \geqslant 12, \\ x_1,\ x_2,\ x_3 \geqslant 0,\ x_4\ \text{无约束}. \end{cases}$$

教学实验　利用MATLAB求解线性规划问题

一、实验目的

会利用MATLAB求解线性规划问题.

二、实验指导

用MATLAB优化工具箱解线性规划问题时不要求化为标准形式，而是要求化为如下形式：

$$\min S = \boldsymbol{CX},$$

$$s.t. \begin{cases} \boldsymbol{AX} \leqslant b, \\ \boldsymbol{A}_1\boldsymbol{X} \leqslant b_1, \\ LB \leqslant \boldsymbol{X} \leqslant UB. \end{cases} \qquad (10\text{-}4)$$

也就是将不等式约束分开列出，并将决策变量的上下界约束单独列出．使用时要先化为式(10-4)这种形式．

MATLAB 中有专门用来计算线性规划问题的函数，其调用格式如表 10-6.

表 10-6　线性规划问题求解指令

命令	功能
`[x, fval] = linprog(c, A, b, Al, bl, LB, UB, x0)`	求线性规划问题 (10-4) 的解

其中，c，A，b，Al，bl，LB，UB 如式(10-4)所示，x0 是解的初始近似，x 返回近似最优解，fval 返回近似最优值．

c，A，b，是不可省略的．

若没有线性不等式约束，则可省略 aeq，beq，命令中用[ ]代替．

若 x 无下界，则 LB 可省略；若 x 无上界，则 UB 可省略．

若 x 无下界，则也可置 LB = - inf，若 x 无上界，则也可置 UB = inf.

【例 10 -6】　解线性规划问题：

$$\max S = 3x_1 + 8x_2 - 4x_3,$$

$$s.t.\begin{cases} x_1 + 3x_2 + 2x_3 = 8, \\ x_1 + x_2 - x_3 \geqslant 3, \\ x_1,\ x_2,\ x_3 \geqslant 0. \end{cases}$$

解：先把问题化为

$$\min S' = -3x_1 - 8x_2 + 4x_3,$$

$$s.t.\begin{cases} -x_1 - x_2 + x_3 \leqslant -3, \\ x_1 + 3x_2 + 2x_3 = 8, \\ x_1,\ x_2,\ x_3 \geqslant 0. \end{cases}$$

MATLAB 输入命令	MATLAB 输出结果

`c = [ -3, -8, 4]; a = [ -1, -1, 1]; b = [ -3];`
`aeq = [1, 3, 2], beq = 8;`
`[x, y] = linprog(f, a, b, aeq, beq, LB)`
	x =
	8.000 0
	0.000 0
	0.000 0
	y =
	-24.000 0

所以原问题的最优解为$\begin{cases} x_1 = 8, \\ x_2 = 0, \\ x_3 = 0. \end{cases}$目标函数的最大值为 24.

教学实验训练题

求解下列线性规划问题.

(1) $\max S = x_1 + 3x_2 - 2x_3$,

$$s.t.\begin{cases} x_1 + 2x_2 + 3x_3 = 6, \\ x_1 + 2x_2 - x_3 \geqslant 4, \\ x_1,\ x_2,\ x_3 \geqslant 0. \end{cases}$$

(2) $\max S = -3x_1 + x_2 + 2x_3$,

$$s.t.\begin{cases} x_1 + x_2 + 4x_3 = 6, \\ x_1 + 2x_2 + 2x_3 \geqslant 4, \\ -3x_1 + x_2 + 2x_3 \leqslant 2, \\ x_1 \geqslant 0,\ x_2 \geqslant 0,\ x_3 \leqslant 5. \end{cases}$$

项目十一　概率论初步

概率论是研究随机现象数量规律的科学，是统计学的理论基础，它的主要研究对象是概率、随机现象及其概率分布和数字特征．它被广泛应用于自然科学、社会科学、工程技术、工农业生产技术和军事技术中，并且正广泛地与其他学科互相渗透或结合，成为近代经济理论、管理科学等学科应用、研究的重要工具．本章介绍概率论的两个最基本概念：随机事件及其概率，讲述概率的古典定义、性质及其相关运算；讨论事件的独立性，全概率公式等内容.

11.1　随机事件的概率

在自然界里，在我们的生产生活中，充满了不确定性．从抛硬币、掷骰子和玩扑克牌等简单的机会游戏，到复杂的社会现象；从婴儿的诞生，到世间万物的繁衍生息，我们无时无刻不面临着不确定性．概率论与数理统计是研究和揭示随机现象统计规律的一门基础学科.

1. 随机现象

客观世界中，有些事情的发生是偶然的，有些事情的发生是必然的，而且偶然与必然之间往往有某种内在的联系．在自然界和人的实践活动中经常遇到各种各样的现象，这些现象可分为两类：确定性现象和随机现象．一类是确定的，如"在一个标准大气压下，水加热到 100 ℃时必然沸腾""在地球上向上抛一块石头必然下落""同性电荷相斥，异性电荷相吸"，等等，这种在一定条件下有确定结果的现象称为确定性现象．另一类现象是随机的，如"在相同的条件下，向上抛一枚质地均匀的硬币，其结果可能出现正面朝上，也可能出现反面朝上""一个人在相同的条件下投篮，他可能投中，也可能投不中"，以上所举的现象都具有随机性，即在一定条件下进行试验或观察会出现不同的结果(也就是说，多于一种可能的实验结果)，而且在每次试验之前都无法预言会出现哪一个结果(不能肯定试验会出现哪一个结果)，这种现象称为随机现象．在客观世界中，随机现象是极为普遍的，例如"某地区的年降雨量""一批种子的发芽率""一年全省的经济总量"，等等.

2. 随机试验

对于随机事件，知道它发生的可能性大小是非常重要的，用概率(probability)度量随机事件发生的可能性的大小能为我们的决策提供关键性的依据．那么如何才能获得随机事件发生的概率呢？最直接的方法就是试验(观察).

一个试验如果满足下述条件：

(1)试验可以在相同的条件下重复进行；

(2)试验的所有可能结果是明确的，可知道的(在试验之前就可以知道的)并且不止一个；

(3)每次试验总是恰好出现这些可能结果中的一个，但在一次试验之前却不能肯定这次实验出现哪一个结果.

就称这样的试验是随机试验，简称试验.

在通常情况下，我们将随机试验用大写的英文字母“E”表示．如：E_1：抛一枚硬币. E_2：掷一枚骰子.

每次试验的一个可能结果称为基本事件，记作 ω_1，ω_2，ω_3，$\cdots$. 因为随机试验的所有结果是确定的，从而所有的基本事件也是确定的.

所有的基本事件的集合称为基本事件空间或样本空间，记作 Ω，即 $\Omega=\{\omega_1, \omega_2, \omega_3, \cdots\}$，试验的每一个可能出现的结果称为随机事件，简称事件．事件用 A，B，C 等大写英文字母表示．在每一次试验中一定发生的事件称为必然事件(certain event)，记为 Ω. 在每一次试验中一定不发生的事件称为不可能事件(impossible event)，记作$\varnothing$. 在一定条件下可能发生也可能不发生的事件，叫作随机事件(random event).

思考：你能举出一些现实生活中的随机事件、必然事件、不可能事件的实例吗？

3. 事件间的关系与运算

(1)包含关系.

若事件 A 发生必然导致事件 B 发生，则称事件 B 包含了事件 A，或称 A 包含于 B，记为 $B\supset A$ 或 $A\subset B$.

可以给上述含义一个几何解释，如图 11-1，设样本空间是一个长方形，A、B 是两个事件，也就是说它们是 Ω 的子集，“A 发生必然导致 B 发生”意味着属于 A 的样本点在 B 中．由此可见，事件 $A\subset B$ 的含义与集合论是一致的.

特别地，对任何事件 A 有：$A\subset\Omega$，$\varnothing\subset A$.

(2)相等关系.

若 $A\subset B$，同时有 $B\subset A$，称 A 与 B 相等，记为 $A=B$.

事件 A 与 B 相等，即事件 A 与 B 是同一事件.

(3)事件的和(并).

称事件“A 与 B 中至少有一个发生”为 A 与 B 的和事件．记为 $A\cup B$. 如图 11-2.

$A\cup B=$“A 或 B 发生”.

显然：$A\cup\varnothing=A$，$A\cup\Omega=\Omega$，$A\cup A=A$.

若 $A\subset B$，则 $A\cup B=B$，$A\subset(A\cup B)$，$B\subset(A\cup B)$.

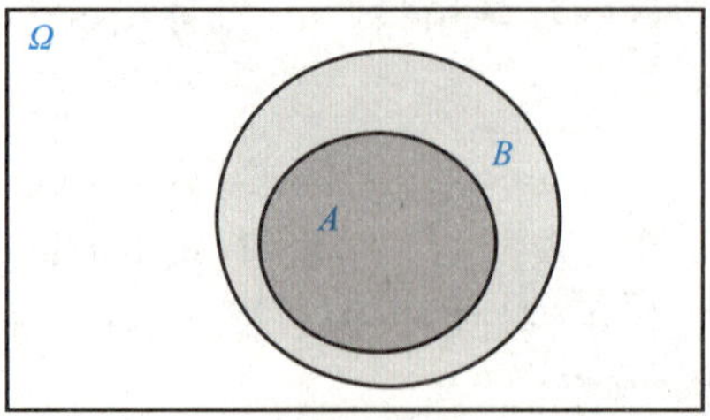

图 11-1

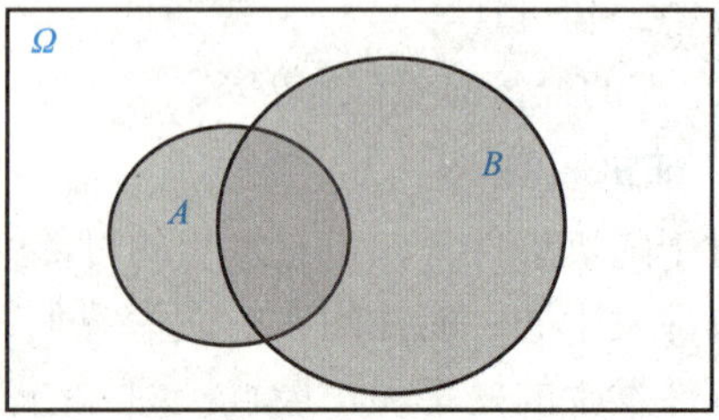

图 11-2

如，在抛掷骰子一次的试验中，事件 $A=\{$出现奇数点$\}$，事件 $B=\{$出现点数大于

3}，则 $A\cup B=\{$出现 1，3，4，5，6 点$\}$.

推广： $A_1\cup A_2\cup\cdots\cup A_n$ 表示 A_1，A_2，…，A_n 至少有一个发生.

(4)事件的积(交).

称“A 与 B 同时发生”这一事件为 A 和 B 的积事件，记为 $A\cap B$ 或 AB. 如图 11-3.

显然，$A\cap\varnothing=\varnothing$，$A\cap\Omega=A$，$(A\cap B)\subset A$，$(A\cap B)\subset B$.

若 $A\subset B$，则 $A\cap B=A$.

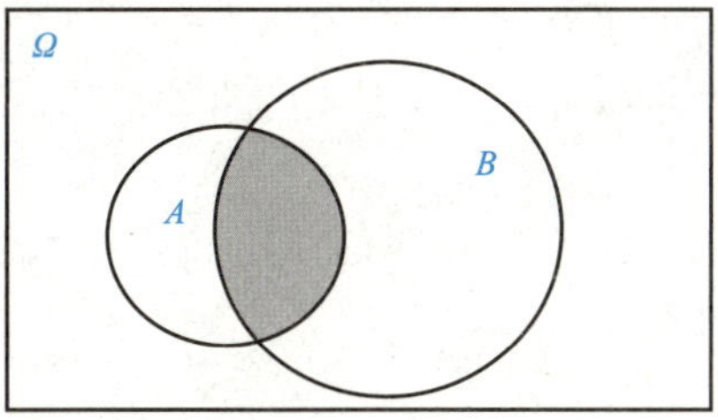

图 11-3

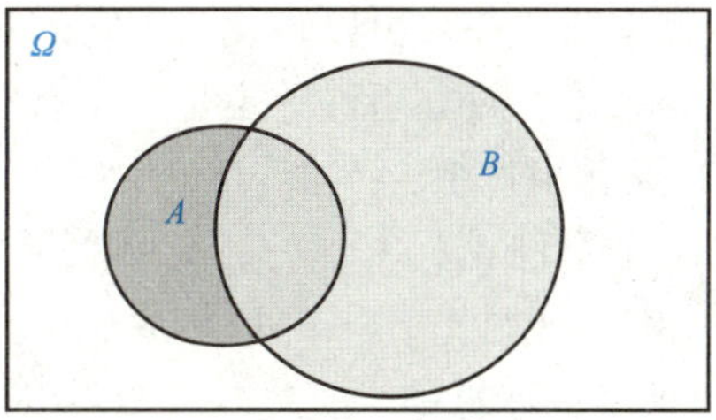

图 11-4

如，在抛掷骰子一次的试验中，事件 $A=\{$出现奇数点$\}$，事件 $B=\{$出现点数大于 3$\}$，则 $AB=\{$出现点数 5$\}$.

(5)差事件.

称“A 发生 B 不发生”这一事件为 A 与 B 的差事件，记为 $A-B$. 如图 11-4.

如，在抛掷骰子一次的试验中，事件 $A=\{$出现奇数点$\}$，事件 $B=\{$出现点数大于 3$\}$，则 $A-B=\{$出现点数 1，3$\}$.

显然，$A-B=A-AB$，$A-\varnothing=A$.

(6)互不相容事件(互斥事件).

若两个事件 A 与 B 不能同时发生，即 $AB=\varnothing$，称 A 与 B 为互不相容事件(或互斥事件)，如图 11-5.

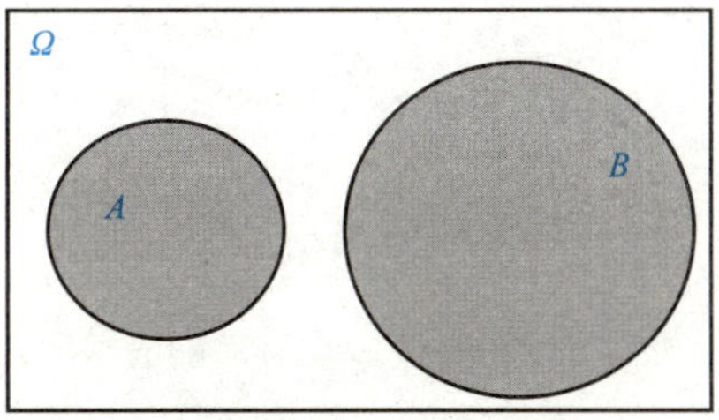

图 11-5

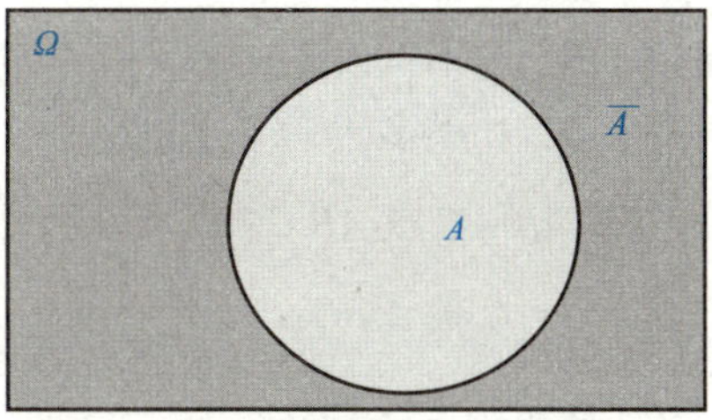

图 11-6

如，在抛掷骰子一次的试验中，事件 $A=\{1, 2, 3\}$，事件 $B=\{5, 6\}$，则 $AB=\varnothing$.

注： 任意两个基本事件都是互不相容事件.

推广： 设 n 个事件 A_1，A_2，…，A_n 两两互不相容，即：$A_iA_j=\varnothing(i, j=1, 2, \cdots, n. i\neq j)$，称 A_1，A_2，…，A_n 互不相容(互斥).

(7)对立事件.

称“$\Omega-A$”为 A 的对立事件或 A 的逆事件，记为 $\overline{A}$. 如图 11-6.

如，在抛掷骰子一次的试验中，事件 $A=\{$出现奇数点$\}$，事件 $B=\{$出现偶数点$\}$，则 $B=\overline{A}$.

显然有：$A\cup\overline{A}=\Omega$，$A\cap\overline{A}=\varnothing$.

显然 $\overline{\overline{A}}=A$，$\overline{\Omega}=\varnothing$，$A-B=A\overline{B}$.

由此说明，若事件 A 比较复杂，往往它的对立事件比较简单，因此我们在求复杂事件的概率时，往往可以转化为求它的对立事件的概率.

重要结论：对立事件一定是互斥事件，但互斥事件不一定是对立事件.

(8)完备事件组.

若 n 个事件 A_1，A_2，…，A_n 满足：①A_1，A_2，…，A_n 两两互斥；②$A_1\cup A_2\cup\cdots\cup A_n=\Omega$，则称 A_1，A_2，…，A_n 构成一个完备事件组.

4. 事件的运算律

(1)交换律：$A\cup B=B\cup A$，$A\cap B=B\cap A$(或 $AB=BA$).

(2)结合律：$(A\cup B)\cup C=A\cup(B\cup C)$，$(AB)C=A(BC)$.

(3)分配律：$(A\cup B)\cap C=(A\cap C)\cup(B\cap C)$，$(A\cap B)\cup C=(A\cup C)\cap(B\cup C)$.

(4)对偶律(德摩根定律)：$\overline{A\cup B}=\overline{A}\cap\overline{B}$，$\overline{A\cap B}=\overline{A}\cup\overline{B}$.

【例 11-1】 设 A，B，C 为 Ω 中的随机事件，试用 A，B，C 表示下列事件.

(1)A 与 B 发生而 C 不发生；

(2)A 发生，B 与 C 不发生；

(3)恰有一个事件发生；

(4)恰有两个事件发生；

(5)三个事件都发生；

(6)至少有一个事件发生；

(7)A，B，C 都不发生；

(8)A，B，C 不都发生；

(9)A，B，C 不多于一个发生.

解：(1)$AB-C$ 或 $AB\overline{C}$；

(2)$A-B-C$ 或 $A\overline{BC}$；

(3)$A\overline{BC}\cup\overline{A}B\overline{C}\cup\overline{AB}C$；

(4)$AB\overline{C}\cup A\overline{B}C\cup\overline{A}BC$；

(5)ABC；

(6)$A\cup B\cup C$ 或(3)(4)(5)之和；

(7)$\overline{A}\,\overline{B}\,\overline{C}$；

(8)$\overline{ABC}$；

(9)$\overline{A}\,\overline{B}\,\overline{C}\cup A\overline{B}\,\overline{C}\cup\overline{A}B\overline{C}\cup\overline{A}\,\overline{B}C$ 或 $\overline{AB\cup BC\cup CA}$.

5. 概率的统计定义

在相同的条件下重复 n 次试验，事件 A 发生的次数 n_A 称为事件 A 出现的频数

(frequency)，称事件 A 出现的比例 $f_n(A)=\dfrac{\text{频数 } n_A}{\text{试验总次数 } n}$ 为事件 A 出现的频率(relative frequency).

思考：频率的取值范围是什么？

为了进一步探求事件的频率和事件发生可能性之间的内在联系，历史上有很多数学家做了大量的重复试验．通过抛掷硬币这个有名的试验分析发现，虽然事件 $A=\{$正面向上$\}$发生的频率 $f(A)$ 各不相同，但是它们都在一个固定的数值 0.5 附近摆动，而且，随着试验次数的增加，这种摆动的幅度越来越小，有逐渐稳定于数值 0.5 的趋势.

上述试验的结果从客观上揭示了一个事件发生的频率稳定于一个固定数值的规律，这一统计规律性称为频率的稳定性．它表明随机事件发生可能性的大小都是由它自身固有的客观属性决定的．因此，任何事件发生的可能性的大小都是可以度量的，我们将用来表示事件发生可能性大小的数值称为事件的概率.

定义 11.1　对于随机事件 A，$f_n(A)$ 为其在 n 次试验中出现的频率，当试验次数 n 无限增大时，$f_n(A)$ 最终趋近于稳定值 P，P 称为随机事件 A 的概率，记为 $P(A)=P$.

如在抛掷硬币的随机试验中，事件 $A=\{$正面向上$\}$发生的概率 $P(A)=0.5$.

思考：事件 A 发生的频率 $f_n(A)$ 是不是不变的？事件 A 的概率 $P(A)$ 是不是不变的？它们之间有什么区别和联系？

本章中我们研究的是那些在相同的条件下可以进行大量重复试验的随机事件，它们都具有频率稳定性.

任何事件的概率是 0 ~ 1 之间的一个确定的数，它度量该事件发生的可能性．小概率(接近 0)事件很少发生，而大概率(接近 1)事件则经常发生．例如，对每个人来讲，他买一张彩票中特等奖的概率就是小概率事件，他买 10 000 张体育彩票至少有一张中奖(中几等奖都算中奖)的概率是很大的．知道随机事件的概率的大小有利于我们做出正确的决策.

思考：有人说，既然抛掷一枚均匀的硬币出现正面的概率为 0.5，那么连续抛掷一枚质地均匀的硬币，一定是一次正面朝上，一次反面朝上，你认为这种说法正确吗？

如果某种彩票的中奖率为 $\dfrac{1}{1\,000}$，那么买 1 000 张这种彩票一定能中奖吗？(假设该彩票有足够多的张数．)

6. 古典概率

定义 11.2　若随机试验具有下述特征：

(1)有限性：基本事件总数有限；

(2)等可能性：每个基本事件出现的可能性是相等的．

就称这种数学模型为古典概型.

古典概型在概率论中具有非常重要的地位，一方面它直观、简单，另一方面它概括了许多实际内容，因此在实际中有广泛的应用.

定义 11.3　对任一古典概型试验，若样本空间的基本事件总数为 n，事件 A 含有其中 m 个基本事件，则事件 A 发生的概率为

$$P(A)=\frac{m}{n}=\frac{A\text{ 发生的次数}}{\text{基本事件总数}}.$$

对任何事件 A，其概率都具有如下性质：$0\leqslant P(A)\leqslant 1$，$P(\Omega)=1$，$P(\varnothing)=0$.

【例 11-2】 在盒子中有 5 个球(三个白球，两个黑球)，从中任取两个．求取出的两个球都是白球的概率；是一白一黑的概率.

解： 显然这个问题是古典概型.

设 $A=\{$取到的两个球都是白球$\}$，$B=\{$取到的两个球一白一黑$\}$，基本事件总数为 $n=C_5^2$，A 含有的基本事件数为 $m=C_3^2$，故 $P(A)=\dfrac{C_3^2}{C_5^2}=\dfrac{3}{10}=0.3$.

B 含有的基本事件数为 $m=C_3^1C_2^1$，$P(B)=\dfrac{C_3^1C_2^1}{C_5^2}=\dfrac{6}{10}=0.6$.

【例 11-3】 从 52 张的扑克牌中取出 13 张牌来，问有 5 张红心、3 张黑桃、3 张方块和 2 张草花的概率是多少？

解： 设 $A=\{$13 张牌中有 5 张红心、3 张黑桃、3 张方块、2 张草花$\}$.

基本事件总数为：$n=C_{52}^{13}$.

A 含有的基本事件数为：$m=\dfrac{C_{13}^5C_{13}^3C_{13}^3C_{13}^2}{C_{52}^{13}}\approx 0.012\,93$.

7. 概率的性质

定理 11.1 (1)对任一随机事件 A，有 $P(\overline{A})=1-P(A)$；

(2)若 $A\subset B$，则 $P(B-A)=P(B)-P(A)$；

(3)对任意两个事件 A，B，有 $P(A\cup B)=P(A)+P(B)-P(AB)$.

此公式称为概率的一般加法公式.

当事件 A 与 B 互不相容时，即 $AB=\varnothing$，有 $P(A\cup B)=P(A)+P(B)$.

特别地，对任意三个事件 A，B，C，有

$$P(A\cup B\cup C)=P(A)+P(B)+P(C)-P(AB)-P(AC)-P(BC)+P(ABC).$$

【例 11-4】 某企业与甲、乙两公司签订物资长期供货关系的合同，由以前的统计得知甲公司能按时供货的概率为 0.9，乙公司能按时供货的概率为 0.75，企业要求两公司至少有一公司能按时供货的概率为 0.95，求两公司都能按时供货的概率.

解： 设事件 $A=\{$甲公司能按时供货$\}$，$B=\{$乙公司能按时供货$\}$，由已知条件知 $P(A)=0.9$，$P(B)=0.75$，$P(A\cup B)=0.95$. 则

$$P(AB)=P(A)+P(B)-P(A\cup B)=0.9+0.75-0.95=0.7.$$

【例 11-5】 某旅客从服务员那里拿来一串钥匙共 5 把，其中只有一把能打开门锁．今逐把试开，求三次内能打开门锁的概率.

分析：第一次、第二次、第三次能打开门锁均为三次内能打开门锁.

解： 设 A 表示“三次内能打开门锁”．显然，A_1，A_2，A_3 两两互斥，且 $A_1+A_2+A_3=A$.

注意到，第一次能打开门锁，是第一次试开时，就从 5 把钥匙中取到了能打开门锁的钥匙；第二次能打开门锁，是第一次试开时，取到了打不开门锁的钥匙，而第二次试开时，才取到了能打开门锁的钥匙；第三次能打开门锁可类推，于是

$P(A_1)=\dfrac{1}{5}=0.2$，$P(A_2)=\dfrac{4}{5}\cdot\dfrac{1}{4}=0.2$，$P(A_3)=\dfrac{4}{5}\cdot\dfrac{3}{4}\cdot\dfrac{1}{3}=0.2$，$P(A)=$

$P(A_1+A_2+A_3)=P(A_1)+P(A_2)+P(A_3)=0.2+0.2+0.2=0.6.$

【例 11-6】 某小区 80% 的住户有小汽车，60% 的住户有摩托车，50% 的住户既有小汽车又有摩托车，问该小区住户有小汽车或者摩托车的占多少？

解： 设事件 $A=\{$有小汽车的住户$\}$，$B=\{$有摩托车的住户$\}$，且 $P(A)=0.8$，$P(B)=0.6$，则 $P(A\cup B)=P(A)+P(B)-P(AB)=0.8+0.6-0.5=0.9.$

【例 11-7】 某汽车厂一配套车间生产的 100 件产品中有 70 件一等品，26 件二等品，4 件等外品，规定一、二等品为合格品，则该车间的合格率是多少？

解： 设事件 A，B，C 分别表示产品为一等品，二等品，合格品，显然，$P(A)=\frac{70}{100}=0.7$，$P(B)=\frac{26}{100}=0.26.$

因为事件 A，B 互不相容，所以有 $P(C)=P(A)+P(B)=0.7+0.26=0.96.$

或 $P(C)=1-P(\overline{C})=1-\frac{4}{100}=0.96.$

11.2　条件概率与事件的独立性

1. 条件概率

考虑事件 A 的概率，有时不仅依赖于 A 的信息，而另一件事 B 的发生也有可能影响事件 A 的概率．在事件 B 发生的条件下，事件 A 发生的概率，通常记为 $P(A|B)$．一般来说 $P(A|B)$ 与 $P(A)$ 不相等．

引例　盒子中装有 16 个球，其中 6 个是玻璃球，10 个是木制球．而玻璃球中 2 个是红色的，4 个是蓝色的；木制球中有 3 个是红色的，7 个是蓝色的（见表 11-1）．现从中任取一个球，求如果已知取到的是蓝色球，那么该球是玻璃球的概率是多少？

表 11-1　　单位：个

	玻璃	木制	
红	2	3	5
蓝	4	7	11
共计	6	10	16

解： 记 $A=\{$取到蓝色球$\}$，$B=\{$取到玻璃球$\}$，

$$P(B|A)=\{\text{已知取到的是蓝色球，那么该球是玻璃球}\}.$$

由表 11-1 知 $P(A)=\frac{11}{16}$，$P(B)=\frac{6}{16}$，$P(B|A)=\frac{4}{11}$，$P(AB)=\frac{4}{16}$，

显然 $P(B)\neq P(B|A)$，且可验证

$$P(B|A)=\frac{4}{11}=\frac{4}{16}\times\frac{16}{11}=\frac{P(AB)}{P(A)}.$$

定义 11.4　设 A，B 是两个随机事件，且 $P(A)>0$，称 $P(B|A)=\frac{P(AB)}{P(A)}$ 为在已知事件 A 发生的条件下事件 B 发生的条件概率.

【例 11-8】 有 20 套英语试题，其中 7 套在考试中已经用过，现从这 20 套试题中随机地连续取两次，每次取一套，共取两套试题．问在第一次抽取的不是曾用过的试题的情况下，第二次抽取的也是未曾用过的试题的概率是多少？

解： 设事件 $A=\{$第一次抽到的是未曾用过的试题$\}$，事件 $B=\{$第二次抽到的是未曾用过的试题$\}$.

法一　从 20 套试题中每次抽取一套，连续取两次，取到的都是未曾用过的试题，相当于一次从这 20 套中任取 2 套，且取到的都是不曾用过的试题，所以 $P(AB)=\frac{C_{13}^2}{C_{20}^2}=\frac{39}{95}$.

由题意可知，$P(B|A)=\frac{P(AB)}{P(A)}=\frac{39}{95}\Big/\frac{13}{20}=\frac{12}{19}$.

法二　由题意可知，A 发生后原样本空间点数由原来的 20 减少为 19，而 B 中的样本点数是 12，因此所求的概率为 $P(B|A)=\frac{12}{19}$.

【例 11-9】 某动物寿命为 20 年的概率为 0.5，为 30 年的概率为 0.3，问现为 20 岁的这种动物能活到 30 岁的概率有多大？

解： 设 $A=\{$活到 20 岁$\}$，$B=\{$活到 30 岁$\}$，$B\subset A$，则 $P(AB)=P(B)$，$P(B|A)=\frac{P(AB)}{P(A)}=\frac{P(B)}{P(A)}=\frac{0.3}{0.5}=0.6$.

2. 乘法公式

定理 11.2（乘法公式） 设 A，B 是任意两个随机事件，则

$$P(AB)=P(A)P(B|A)\quad (P(A)\neq 0),$$
$$P(AB)=P(B)P(A|B)\quad (P(B)\neq 0).$$

注：该定理可推广至 n 个事件

$$\begin{aligned}&P(A_1A_2\cdots A_n)\\&=P(A_1)P(A_2|A_1)P(A_3|A_1A_2)\cdots P(A_n|A_1A_2\cdots A_{n-1}),\\&P(A_n|A_1A_2\cdots A_{n-1})>0.\end{aligned}$$

【例 11-10】 一批零件共 100 个，次品率为 10%，连接两次从这批零件中任取一件，第一次取出的零件不再放回，求第二次才取得正品的概率.

解： 设 $A=\{$第一次取得次品$\}$，$B=\{$第二次取得正品$\}$，则

$$P(AB)=P(A)P(B|A)=\frac{10}{100}\times\frac{90}{99}=0.090\,9.$$

【例 11-11】 甲、乙两市都位于长江下游，据一百多年的气象记录，知道在一年中雨天的比例甲市占 20%，乙市占 18%，两地同时下雨占 12%．记 $A=\{$甲市出现雨天$\}$，$B=\{$乙市出现雨天$\}$，求：

（1）两市至少有一市是雨天的概率；

（2）乙市出现雨天的条件下，甲市也出现雨天的概率；

（3）甲市出现雨天的条件下，乙市也出现雨天的概率.

解：（1）$P(A\cup B)=P(A)+P(B)-P(AB)=0.2+0.18-0.12=0.26$；

$$P(A|B)=\frac{P(AB)}{P(B)}=\frac{0.12}{0.18}\approx 0.6667;$$

$$P(B|A)=\frac{P(AB)}{P(A)}=\frac{0.12}{0.2}=0.6.$$

11.3　全概率公式与贝叶斯公式

1. 全概率公式

全概率公式和贝叶斯公式都是由条件概率和乘法公式推导出来的重要公式．它能使我们由简单事件的概率计算出未知的复杂事件的概率.

引例　一批产品，第一、第二、第三车间分别生产其中的25%，35%和40%；又知每个车间生产的产品中，次品分别占5%，4%和2%．现从这批产品中任取1件，求它是次品的概率.

分析　设B表示“任取1件产品为次品”.

设$A_i(i=1, 2, 3)$表示“取到1件产品是第i车间生产的”．显然A_1，A_2，A_3构成完备事件组.

解：为计算事件B发生的概率，需考虑促使事件B发生的全部“原因”事件．依题设，事件B伴随着事件A_1，A_2，A_3中的任意一个发生而发生，且

$$B=\Omega B=(A_1+A_2+A_3)B=A_1B+A_2B+A_3B,$$

并注意到A_1B，A_2B，A_3B两两互斥．因$P(A_1)=0.25$，$P(A_2)=0.35$，$P(A_3)=0.40$，$P(B|A_1)=0.05$，$P(B|A_2)=0.04$，$P(B|A_3)=0.02$，

于是，
$$\begin{aligned}P(B)&=P(A_1B+A_2B+A_3B)=P(A_1B)+P(A_2B)+P(A_3B)\\&=P(A_1)P(B|A_1)+P(A_2)P(B|A_2)+P(A_3)P(B|A_3)\\&=0.25\cdot 0.05+0.35\cdot 0.04+0.40\cdot 0.02=0.0345.\end{aligned}$$

定理11.3　若事件组A_1，A_2，…，A_n满足：

A_1，A_2，…，A_n互不相容且$P(A_i)>0(i=1, 2, \cdots, n)$；

$A_1\cup A_2\cup\cdots\cup A_n=\Omega$，即$A_1$，$A_2$，…，$A_n$至少有一个发生，

对任意事件B有

$$P(B)=\sum_{i=1}^{n}P(A_i)P(B|A_i).$$

此式称为全概率公式.

【例11-12】　经临床统计表明，利用血清甲蛋白的方法诊断肝癌很有效，即对患者使用该法有95%的把握将其诊断出来，而当一个健康人接受这种诊断时，误诊的概率仅为1%．设肝癌在某地的发病率为0.5%．若用这种方法在该地进行肝癌普查，从该地人群中任抽一人接受检查，求此人被诊断为肝癌的概率.

解：设$A=$“接受检查的人患肝癌”，$B=$“此人被诊断为肝癌”.

则$P(A)=0.005$，$P(\overline{A})=0.995$，$P(B|A)=0.95$，$P(B|\overline{A})=0.01$.

于是，由全概率公式

$P(B)=P(A)P(B\mid A)+P(\bar{A})P(B\mid \bar{A})=0.005\cdot 0.95+0.995\cdot 0.01=0.0147=1.47\%$.

2. 贝叶斯公式(逆概率公式)

【例 11-13】 在前述引例的条件下，现从这批产品中任取 1 件是次品，求它是第一车间生产的概率.

解：由概率的乘法公式 $P(A_1|B)=\dfrac{P(A_1B)}{P(B)}=\dfrac{P(A_1)P(B|A_1)}{P(B)}$,

由此式知，需先用全概率公式求出 $P(B)$. 因已求出 $P(B)=0.0345$，于是，这件次品是第一车间生产的概率是 $P(A_1|B)=\dfrac{0.25\cdot 0.05}{0.0345}=0.3623$.

定理 11.4(贝叶斯公式) 若 n 个事件 $A_1, A_2, \cdots, A_n$ 构成完备事件组，B 为任一事件，则在 B 发生的条件下事件 A_k 发生的条件概率为

$$P(A_k|B)=\frac{P(A_k)P(B|A_k)}{\sum\limits_{i=1}^{n}P(A_i)P(B|A_i)}(1\leqslant k\leqslant n).$$

【例 11-14】 一般而言，男性中有 5% 是色盲患者，女性中有 0.25% 是色盲患者，今从男女人数相等的人群中随机地挑选一人，恰好是色盲患者，问此人是男性的概率是多少?

解：$A=\{$任选一人是色盲$\}$，$B=\{$任选一人是男性$\}$，显然 B，$\bar{B}$互不相容，且 $B\cup\bar{B}=\Omega$，故

$$P(B|A)=\frac{P(AB)}{P(A)}=\frac{P(B)P(A|B)}{P(B)P(A|B)+P(\bar{B})P(A|\bar{B})}=\frac{0.5\times 0.05}{0.5\times 0.05+0.5\times 0.0025}\approx 0.9524.$$

【例 11-15】 某单位职工上班，乘公交车、自驾汽车、骑自行车和步行的概率各为 0.40，0.45，0.05 和 0.10；下雪天他们迟到的概率分别为 0.20，0.10，0 和 0.05. 某下雪天有一名职工迟到了，求他是乘公交车、自驾汽车、骑自行车和步行上班者的概率.

解：$B=\{$一名职工上班迟到$\}$，$A_1=\{$乘公交车上班$\}$，$A_2=\{$自驾汽车上班$\}$，$A_3=\{$骑自行车上班$\}$，$A_4=\{$步行上班$\}$. 本例要求的是，在 B 已经发生时，事件 A_1，A_2，A_3，A_4 发生的条件概率，即要求 $P(A_i|B)$，$i=1, 2, 3, 4$. 由题设 $P(A_1)=0.40$，$P(A_2)=0.45$，$P(A_3)=0.05$，$P(A_4)=0.10$，

$$P(B|A_1)=0.20,\ P(B|A_2)=0.10,\ P(B|A_3)=0,\ P(B|A_4)=0.05.$$

由全概率公式 $P(B)=\sum\limits_{i=1}^{n}P(A_i)P(B|A_i)=0.40\cdot 0.20+0.45\cdot 0.10+0.05\cdot 0+0.10\cdot 0.05=0.13$.

于是

$$P(A_1|B)=\frac{P(A_1)P(B|A_1)}{P(B)}=\frac{0.40\cdot 0.20}{0.13}\approx 0.6154,$$

$$P(A_2|B)=\frac{P(A_2)P(B|A_2)}{P(B)}=\frac{0.45\cdot 0.10}{0.13}\approx 0.3462,$$

$$P(A_3|B)=\frac{P(A_3)P(B|A_3)}{P(B)}=\frac{0.05\cdot 0}{0.13}=0,$$

$$P(A_4|B)=\frac{P(A_4)P(B|A_4)}{P(B)}=\frac{0.10\cdot 0.05}{0.13}\approx 0.038\,5.$$

在实际问题中，有时，要找出引起事件 B 发生的最大可能的“原因”事件 A_k. 这时要求出每一个 $P(A_i|B)(i=1, 2, \cdots, n)$，然后找出其中最大者 $P(A_k|B)$. 上例 $P(A_1|B)$ 为最大.

11.4　随机事件的独立性与伯努利概型

1. 随机事件的独立性

引例　甲、乙两人同时向一目标射击一次，$A=\{$甲击中目标$\}$，$B=\{$乙击中目标$\}$，则 $P(B)=P(B|A)$，说明事件 A 发生并不影响 B 发生的概率. 这时有 $P(AB)=P(A)P(B)$. 同样，$P(A)=P(A|B)$.

两个随机事件 A 与 B，事件 A 发生与不发生，不影响事件 B 发生的概率；同样，事件 B 发生与不发生，也不影响事件 A 发生的概率. 这时，称事件 A 与 B 是相互独立的.

定义 11.5　两个随机事件 A 与 B，若 $P(A|B)=P(A)(P(B)>0)$ 或 $P(B|A)=P(B)(P(A)>0)$，则称事件 A 与 B 互相独立，简称 A，B 独立.

显然，若两个事件 A 与 B 相互独立，则它们的概率乘法公式是 $P(AB)=P(A)P(B)$，也可以把满足上式的两个事件 A 与 B，作为 A 与 B 相互独立的定义.

【例 11-16】　设事件 A 与 B 独立，且 $P(A\cup B)=0.6$，$P(A)=0.5$，求 $P(B)$.

解： 事件 A 与 B 独立，且 $P(A\cup B)=0.6$，$P(A)=0.5$，而 $P(A\cup B)=P(A)+P(B)-P(AB)$，

即 $0.6=0.5+P(B)-0.5P(B)$，解得 $P(B)=0.2$.

重要结论：

(1) 设 $P(A)>0$，则事件 A 与 B 互相独立的充分必要条件是 $P(B)=P(B|A)$，或者 $P(A)=P(A|B)$.

(2) 若四对事件 A，B；A，$\overline{B}$；$\overline{A}$，B；$\overline{A}$，$\overline{B}$ 中有一对独立，则其余三对也独立.

(3) 若三个事件 A，B，C 满足：

$$\begin{cases}P(AB)=P(A)P(B),\\ P(AC)=P(A)P(C),\\ P(BC)=P(B)P(C),\\ P(ABC)=P(A)P(B)P(C),\end{cases}$$

$P(B)>0$，则称三个事件 A，B，C 相互独立，简称 A，B，C 独立.

(4) 设事件 A_1，A_2，$\cdots$，A_n 相互独立，则

$$
\begin{aligned}
&P(A_1\cup A_2\cup\cdots\cup A_n)\\
&=1-P(\overline{A_1\cup A_2\cup\cdots\cup A_n})\\
&=1-P(\overline{A_1}\,\overline{A_2}\cdots\overline{A_n})\\
&=1-P(\overline{A_1})P(\overline{A_2})\cdots P(\overline{A_n}).
\end{aligned}
$$

注：事件 A 与事件 B 相互独立指 B 出现的概率与 A 是否出现无关；事件 A 与事件 B 互不相容是指 B 的出现必然导致 A 的不出现，即 B 出现的概率与 A 是否出现有关，也即 $AB=\varnothing$.

【例 11-17】 张、王、赵三位同学各自独立地去解一道数学题，他们能解出的概率分别为 $\frac{1}{5}$，$\frac{1}{3}$，$\frac{1}{4}$，试求：

(1)恰有一人解出的概率；

(2)难题被解出的概率.

解：设 $A_i(i=1, 2, 3)$分别表示张、王、赵三位同学解出难题这三个事件，由题设知 A_1，A_2，A_3 相互独立.

(1)设 $A=\{$三个中恰有一人解出难题$\}$，则 $A=A_1\overline{A_2A_3}\cup\overline{A_1}A_2\overline{A_3}\cup\overline{A_1A_2}A_3$，

$$
\begin{aligned}
P(A)&=P(A_1\overline{A_2A_3})+P(\overline{A_1}A_2\overline{A_3})+P(\overline{A_1A_2}A_3)\\
&=P(A_1)P(\overline{A_2})P(\overline{A_3})+P(\overline{A_1})P(A_2)P(\overline{A_3})+P(\overline{A_1})P(\overline{A_2})P(A_3)\\
&=\frac{1}{5}\times\frac{2}{3}\times\frac{3}{4}+\frac{4}{5}\times\frac{1}{3}\times\frac{3}{4}+\frac{4}{5}\times\frac{2}{3}\times\frac{1}{4}\approx 0.433\,3.
\end{aligned}
$$

(2)设 $B=\{$难题被解出$\}$，$P(B)=P(A_1\cup A_2\cup A_3)=1-P(\overline{A_1})P(\overline{A_2})P(\overline{A_3})=1-\left(1-\frac{1}{5}\right)\left(1-\frac{1}{3}\right)\left(1-\frac{1}{4}\right)=\frac{3}{5}$.

【例 11-18】 若每个人血清中含有肝炎病毒的概率为 0.4%，混合 100 个人的血清，求此血清中含有肝炎病毒的概率？

解：设 $A_i=\{$第 i 个人血清中含有肝炎病毒$\}$，$i=1, 2, \cdots, 100$. 可以认为 A_1，A_2，…，A_{100} 相互独立，所求的概率为 $P(A_1\cup A_2\cup\cdots\cup A_{100})=1-P(\overline{A_1})\cup P(\overline{A_2})\cup\cdots\cup P(\overline{A_{100}})=1-0.996^{100}=0.33$.

显然每个人有病毒的概率很小，但是混合后则有很大概率．在实际工作中，这类效应值得充分重视．

2. 伯努利概型

(1)伯努利试验.

若试验 E 只有两个可能的结果：A 及 $\overline{A}$，称这个试验为伯努利试验.

(2)伯努利概型.

设随机试验 E 具有如下特征：

1)每次试验是相互独立的；

2)每次试验有且仅有两种结果：事件 A 和事件 $\overline{A}$；

3)每次试验的结果发生的概率相同，即 $P(A)=p$，$P(\overline{A})=1-p=q$.

称试验 E 表示的数学模型为伯努利概型．若试验做了 n 次，则这个试验也称为 n 重伯努利试验.

(3)伯努利概型的计算公式.

【例 11-19】 某人共进行了 3 次投篮，他命中率为 0.8，求他恰好投中 2 次的概率.

解：设 $A_i=\{$第 i 次投中$\}(i=1, 2, 3)$，$B=\{$恰好投中 2 次$\}$，

$$\begin{aligned}P(B)&=P(A_1A_2\overline{A_3}+A_1\overline{A_2}A_3+\overline{A_1}A_2A_3)\\&=P(A_1A_2\overline{A_3})+P(A_1\overline{A_2}A_3)+P(\overline{A_1}A_2A_3)\\&=P(A_1)P(A_2)P(\overline{A_3})+P(A_1)P(\overline{A_2})P(A_3)+P(\overline{A_1})P(A_2)P(A_3)\\&=0.8^2\times0.2+0.8^2\times0.2+0.8^2\times0.2\\&=C_3^2\,0.8^2\,(1-0.8)^{3-2}.\end{aligned}$$

一般地，有如下结论：

定理 11.5 在 n 重伯努利试验中，若事件 A 发生的概率为 p，则事件 A 恰好发生 k 次的概率有：

$$B(k;\ n;\ p)=P_n(k)=C_n^kp^k\,(1-p)^{n-k}=C_n^kp^kq^{n-k}(q=1-p,\ k=0,\ 1,\ 2,\ \cdots,\ n).$$

【例 11-20】 有一大批电子元件，一级品率为 0.2，任意抽取 10 件，求恰有 6 件一级品的概率.

解：这是不放回抽样，可看成是 10 重伯努利试验，所求概率为 $P_n(k)=C_{10}^6\cdot0.2^6\cdot0.8^4=0.0055$.

11.5　随机变量及其分布

11.5.1　随机变量及其概率分布

1. 随机变量的定义

为了深入地研究随机现象，便于数学处理，需要把随机试验的结果数量化．有一些随机事件，本来就需要用数量来描述的；还有一些随机事件，本来是不用数量来描述的，但可人为地用数量来描述它．为此而引入随机变量概念.

引例 1 设有产品 100 件，其中次品 5 件，正品 95 件．现从 100 件中任取 20 件，其中的次品数 X 随取样结果的不同而取不同的值，把变量 X 称为随机变量．X 的取值可能是 0，1，2，3，4，5.

引例 2 调查 100 个消费者，考察他们对饮料的偏好，并记下喜欢某一品牌的人数 X，显然人数 X 是个变量，称 X 为随机变量．它可能取值为 0，1，2，…，100.

引例 3 抛掷一枚均匀的硬币，有两个可能结果："出现正面向上"或"出现反面向上"．这个试验结果与数值无关，但我们可以使试验的结果数量化．通常令"$X=1$"表示出现正面向上；"$X=0$"表示出现反面向上.

定义 11.6 随着试验结果变化而变化的变量称为随机变量．通常用希腊字母 ξ，η，ζ 或大写字母 X，Y，Z 等表示随机变量．

随机事件不论与数量是否有关，都可以数量化，即都能用数量化的方式表达．随机事件数量化的好处是可以用数学分析的方法来研究随机现象．

以上各例，我们将随机试验结果用一个实数 X 表示，X 是一个变量，且具有以下两个特性：

(1) 取值的随机性，它所取的不同数值要由随机试验的结果而定；

(2) 概率的确定性，它取某一个值或在某个区间内取值的概率是确定的．

2. 随机变量的分类

随机变量按其取值情况分为两大类：离散型随机变量和非离散型随机变量．在非离散型随机变量中，最常见的是连续型随机变量．

所谓离散型随机变量，是指只取有限个或可列个值的随机变量．如某一时间内公共汽车站等车乘客人数、某人某天手机收到的信息数以及前面 3 个引例中的随机变量 X 都只取有限个值．

所谓连续型随机变量，是指在某一个或若干个有限和无限区间上取所有值的随机变量．如电子元件的寿命、钢管的长度等都是非离散型随机变量的特殊情形．

11.5.2 离散型随机变量

1. 离散型随机变量的定义

定义 11.7 只取有限个或可列个值的随机变量 X 称为离散型随机变量．

讨论离散型随机变量主要要搞清楚两个方面：一是随机变量的所有可能取值；二是随机变量取这些可能值的概率．

2. 离散型随机变量的概率分布

定义 11.8 设 X 为离散型随机变量，它的所有可能取值为 x_1，x_2，…，x_k，…，其相应的概率为 p_1，p_2，…，p_k，…，记为 $P\{X=x_k\}=p_k(k=1, 2, \cdots)$．称上式为随机变量 X 的概率函数，也称为随机变量 X 的概率分布．有时也称为 X 的分布列．

显然，由该公式便可知道 X 取所有值的分布情况．

随机变量 X 的概率函数也可以用表格形式表示，如表 11-2.

表 11-2

X	x_1	x_2	…	x_k	…
P	p_1	p_2	…	p_k	…

这称为 X 的概率函数表或概率分布表．

由于随机事件"$X=x_1$"，"$X=x_2$"，…，"$X=x_k$"，…构成一个完备事件组，因此离散型随机变量 X 的概率分布中的概率有以下性质：

(1) 非负性：$p_k \geqslant 0(k=1, 2, \cdots)$；

(2) 规范性：$\sum\limits_{k} p_k = 1$.

【例 11-21】 设离散型随机变量 X 的概率分布为 $P\{X=k\}=\frac{\lambda}{k}(k=1, 2, 3, 4)$，其中 λ 是待定常数.

(1)求 λ 的值，并写出概率分布表；

(2)求 $P\{X\leqslant 3\}$，$P\{X>3\}$，$P\{1<X<4\}$，$P\{X<1\}$，$P\{X\geqslant 4\}$.

解：(1)由概率分布的性质知 $\sum_{k=1}^{4}\frac{\lambda}{k}=\lambda+\frac{\lambda}{2}+\frac{\lambda}{3}+\frac{\lambda}{4}=1$，即$\frac{25\lambda}{12}=1$，$\lambda=\frac{12}{25}$.

随机变量 X 的概率分布表为

X	1	2	3	4
P	$\frac{12}{25}$	$\frac{6}{25}$	$\frac{4}{25}$	$\frac{3}{25}$

(2)$P\{X\leqslant 3\}=P\{X=1\}+P\{X=2\}+P\{X=3\}=\frac{12}{25}+\frac{6}{25}+\frac{4}{25}=\frac{22}{25}$,

$P\{X>3\}=P\{X=4\}=\frac{3}{25}$,

$P\{1<X<4\}=P\{X=2\}+P\{X=3\}=\frac{10}{25}=\frac{2}{5}$,

$P\{X<1\}=0$,

$P\{X\geqslant 4\}=P\{X=4\}=\frac{3}{25}$.

3. 常见的离散型随机变量的概率分布

(1)两点分布.

引例 设有产品 100 件，其中次品 5 件，正品 95 件. 现从中任取 1 件，考察取出的次品数. 试用随机变量描述该试验的结果，并写出其概率分布.

解：用 X 表示该随机变量，这个变量只能取两个值. 若以 $X=0$ 表示取出的是正品，以 $X=1$ 表示取出的是次品. 易知 $P\{X=0\}=0.95$，$P\{X=1\}=0.05$.

若用公式表示 X 的概率分布，则为

$P\{X=k\}=(0.05)^{k}(0.95)^{1-k}(k=0, 1)$.

一般地，只取两个可能值 x_1，x_2 的随机变量 X，其概率分布可写为 $P\{X=x_k\}=p_k(k=1, 2)$，称 X 服从两点分布. 若 $x_1=0$，$x_2=1$，这时称 X 服从0-1分布.

0-1 分布描述只有两个可能结果的随机试验，0-1 分布的概率分布一般写为 $P\{X=k\}=p^{k}(1-p)^{1-k}(k=0, 1)$，

其中参数 p：$0<p<1$. 若以概率分布表表示，则为

X	0	1
P	$1-p$	p

(2)二项分布.

若随机变量 X 的概率分布为 $P(X=k)=C_n^k p^k(1-p)^{n-k}(k=0,1,2,\cdots,n)$,
(11-1)

其中 $0<p<1$, n 为正整数，则称 X 服从参数 n, p 的二项分布，记为 $X\sim B(n,p)$.

显然，当 $n=1$ 时，二项分布就是 $0-1$ 分布.

考察伯努利概型，n 次独立重复试验中事件 A 发生的次数 X 就服从二项分布．“二项分布”的名称由来就是 $(q+px)^n$ 的二项展开式中 x^k 的系数恰好是 $C_n^k p^k q^{n-k}$.

【例 11-22】 某人对一目标连续射击 4 次，每次击中目标的概率都是 0.25，设各次射击彼此独立，求击中目标次数 X 的概率分布.

解：这是 4 重伯努利试验，$X\sim B(4,0.25)$，若用公式(11-1)表示，X 的概率分布为

$$P(X=k)=C_4^k(0.25)^k(0.75)^{4-k}(k=0,1,2,3,4).$$

由二项分布公式可算出：

$$P(X=0)=0.75^4=0.3164,$$
$$P(X=1)=C_4^1(0.25)(0.75)^3=0.4219,$$
$$P(X=2)=C_4^2(0.25)^2(0.75)^2=0.2109,$$
$$P(X=3)=C_4^3(0.25)^3(0.75)=0.0469,$$
$$P(X=4)=C_4^4(0.25)^4=0.0039.$$

于是 X 的分布表为

X	0	1	2	3	4
P	0.316 4	0.421 9	0.210 9	0.046 9	0.003 9

【例 11-23】 在一个车间里有 9 个工人相互独立地工作，且他们间歇地使用电力，若每个工人在一小时内平均有 12 分钟需要电力，问在一小时内至少有 7 人需要用电的概率是多少?

解：依题意，每个工人在一小时内需要用电的概率 $p=\frac{12}{60}=0.2$.

对每个工人而言，在一小时内需要用电的概率都为 0.2，不需要用电的概率都为 0.8. 若设 X 表示在一小时内需要用电的工人数，则 X 服从二项分布，且 $X\sim B(9,0.2)$，至少有 7 人需要用电的概率是 $P\{X\geqslant 7\}=P\{X=7\}+P\{X=8\}+P\{X=9\}=C_9^7(0.2)^7(0.8)^2+C_9^8(0.2)^8(0.8)+C_9^9(0.2)^9=0.0003$.

(3)泊松分布.

若随机变量 X 的概率分布为：$P(X=k)=\frac{\lambda^k}{k!}e^{-\lambda}(k=0,1,2,\cdots)$，其中 $\lambda>0$，则称 X 服从参数为 λ 的泊松(Poisson)分布，记为 $X\sim P(k,\lambda)$，或简记为 $X\sim P(\lambda)$.

泊松分布的参数 λ 是单位时间(或单位面积)内随机事件的平均发生次数，适用于描述单位时间内随机事件发生的次数．如某一服务设施在一定时间内到达的人数，电话交换机接到呼叫的次数，汽车站台的候车人数，机器出现的故障数，自然灾害发生

的次数，一块产品上的缺陷数，显微镜下单位分区内的细菌分布数，等等.

定理 11.6　在 n 重伯努利试验中，当 n 充分大时，记 $\lambda=np$，X 近似地服从参数为 λ 的泊松分布，即有近似等式 $C_n^k p^k q^{n-k}\approx\frac{\lambda^k}{k!}e^{-\lambda}$ 成立，其中 $q=1-p$.

证明

$$\begin{aligned}C_n^k p^k q^{n-k}&=\frac{n!}{k!\,(n-k)!}p^k(1-p)^{n-k}\\&=\frac{n(n-1)\cdots(n-k+1)}{k!}\left(\frac{\lambda}{n}\right)^k\left(1-\frac{\lambda}{n}\right)^{n-k}\\&=\frac{\lambda^k}{k!}\left(1-\frac{1}{n}\right)\cdots\left(1-\frac{k-1}{n}\right)\left(1-\frac{\lambda}{n}\right)^{n-k},\end{aligned}$$

因为 $\lim\limits_{n\to\infty}\left(1-\frac{1}{n}\right)\cdots\left(1-\frac{k-1}{n}\right)=1$，$\lim\limits_{n\to\infty}\left(1-\frac{\lambda}{n}\right)^{n-k}=e^{-\lambda}$，所以 $\lim\limits_{n\to\infty}C_n^k p^k q^{n-k}=\frac{\lambda^k}{k!}e^{-\lambda}$. 即当 n 充分大时，$C_n^k p^k q^{n-k}\approx\frac{\lambda^k}{k!}e^{-\lambda}$.

在二项分布中，要计算 $B(k;\ n,\ p)=C_n^k p^k q^{n-k}$，当 n 和 k 都比较大时，计算量比较大，若此时 np 不太大(即 p 较小)，那么由结论就有 $B(k;\ n,\ p)\approx\frac{\lambda^k}{k!}e^{-\lambda}$，其中 $\lambda=np$，而要计算 $\frac{\lambda^k}{k!}e^{-\lambda}$，有专用的泊松分布表可查.

【例 11-24】　计算概率 $P_{512\times10^3}(1)=C_{512\times10^4}^1\times10^{-7}\times(1-10^{-7})^{512\times10^4-1}$.

解： $n=512\times10^4$，$p=10^{-7}$，$\lambda=np=512\times10^4\times10^{-7}=0.512$，所求概率 $P_{512\times10^3}(1)\approx\frac{0.512^1\times e^{-0.512}}{1!}\approx0.512\times0.6\approx0.3$.

【例 11-25】　(寿命保险问题)在保险公司里有 2 500 个同年龄和同社会阶层的人参加了人寿保险．每个人参保一年交付保险费 365 元，一年内死亡时，受益人可获得保险公司 60 000 元赔偿．设一年内每人死亡的概率为 0.002，求：

(1)保险公司亏本的概率；

(2)保险公司获利不少于 300 000 元的概率.

解：(1)设 $A=\{$保险公司亏本$\}$，保险公司一年内的总收入为 $2\,500\times365=912\,500$ 元．若一年内死亡 x 人，则保险公司一年内应付 $60\,000x$ 元，故事件 A 发生等价于 $60\,000x>912\,500$ 成立，即 $x>15.208\,3$. 于是 $P(A)=\sum\limits_{k=16}^{2\,500}P_{2\,500}(k)=1-\sum\limits_{k=0}^{15}P_{2\,500}(k)=1-\sum\limits_{k=0}^{15}C_{2\,500}^k\times(0.002)^k\times0.998^{2\,500-k}$.

由于 n 很大，p 很小，$\lambda=np=2\,500\times0.002=5$，$P(A)\approx1-\sum\limits_{k=0}^{15}\frac{5^k e^{-5}}{k!}=\sum\limits_{k=16}^{\infty}\frac{5^k e^{-5}}{k!}=0.000\,069$.

可见，保险公司一年内亏本的概率是非常小的.

(2)保险公司获利不少于 300 000 元的事件等价于 $912\,500-60\,000x\geqslant300\,000$ 成立，即 $x\leqslant10.208\,3$，x 为一年内死亡人数.

$$P(B)=\sum_{k=0}^{10}P_{2\,500}(k)=\sum_{k=0}^{10}C^{k}\,2\,500\times 0.002^{k}\times 0.998^{2\,500-k}$$

$$\approx\sum_{k=0}^{10}\frac{5^{k}\mathrm{e}^{-5}}{k!}=1-\sum_{k=11}^{\infty}\frac{5^{k}\mathrm{e}^{-5}}{k!}=1-0.013\,695=0.986\,305.$$

即保险公司获利不少于300 000元的概率在98%以上.

【例11-26】 设一批产品的次品率不超过0.5%，今从中随机抽取200件样品进行检查，发现5件次品，问能否相信“次品率不超过0.5%”的假设.

解：假设这批产品的次品率为0.5%，现计算200件产品中次品数不低于5的事件A的概率.

$$P(A)=\sum_{k=5}^{200}C_{200}^{k}\times(0.005)^{k}\times 0.995^{200-k}$$

$$\approx\sum_{k=5}^{200}\frac{(0.005\times 200)^{k}\mathrm{e}^{-0.005\times 200}}{k!}=\sum_{k=5}^{200}\frac{1^{k}\mathrm{e}^{-1}}{k!}=0.003\,660(\text{查表}).$$

这个概率很小，不到千分之四，人们在长期的实践中总结出了一条原理，概率很小的事件在一次试验中，实际上是几乎不可能发生的，根据这条原理，“次品率不超过0.5%”的假设是不可信的.

11.5.3 连续型随机变量

1. 连续型随机变量的定义

连续型随机变量是指如果随机变量X的所有可能取值不可以逐个列举出来，而是取数轴上某一区间内的任意值．例如一批电子元件的寿命，实际中常遇到的测量误差等都是连续型随机变量.

定义11.9 对于随机变量X，若存在一个非负可积函数$f(x)$，$x\in(-\infty,+\infty)$，使得对任意实数a，$b(a<b)$，都有$P(a<X\leqslant b)=\int_a^b f(x)\mathrm{d}x$，

则称X是连续型随机变量，并称$f(x)$为x的概率密度函数，简称概率密度.

概率密度与概率之间的关系，如图11-7所示.

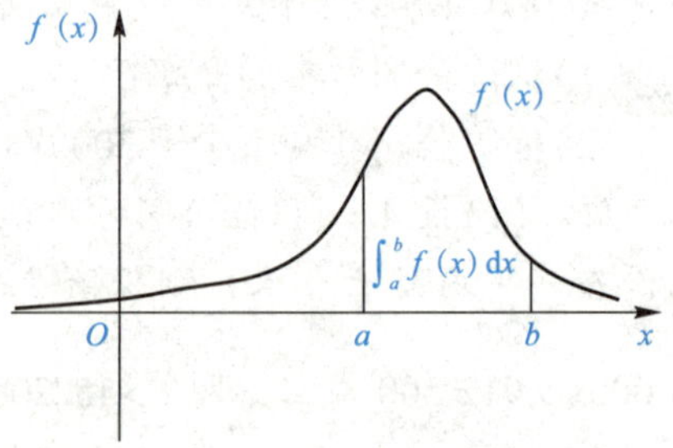

图11-7

显然，概率密度$f(x)$具有以下性质：

(1)非负性：$f(x)\geqslant 0$，$x\in(-\infty,+\infty)$；

(2)归一性：$\int_{-\infty}^{+\infty}f(x)\mathrm{d}x=1$；

(3)$P(X=x)=0$.

【例11-27】 设连续型随机变量X的概率密度为：

$$f(x)=\begin{cases}\dfrac{A}{\sqrt{1-x^{2}}}, & |x|\leqslant 1,\\ 0, & |x|>1.\end{cases}$$

求：(1)系数 A；(2)$P\left(\frac{1}{2}<X<\frac{1}{2}\right)$.

解：(1)$\because \int_{-\infty}^{+\infty} f(x)\,dx = \int_{-1}^{+1}\frac{A}{\sqrt{1-x^2}}dx = 2A\arcsin x\big|_0^1 = A\pi = 1$，$\therefore A=\frac{1}{\pi}$.

(2)$P\left(-\frac{1}{2}<A<\frac{1}{2}\right)=\int_{-\frac{1}{2}}^{\frac{1}{2}} f(x)\,dx=\int_{-\frac{1}{2}}^{\frac{1}{2}}\frac{dx}{\pi\sqrt{1-x^2}}=\frac{1}{3}$.

2. 常见的连续型分布

(1)均匀分布.

若随机变量 X 的概率密度为

$$f(x)=\begin{cases}\frac{1}{b-a}, & a\leqslant x\leqslant b,\\ 0, & 其他,\end{cases}$$

则称 X 服从$[a,b]$上的均匀分布，记作 $X\sim U[a,b]$. 均匀分布的概率密度曲线如图 11-8 所示.

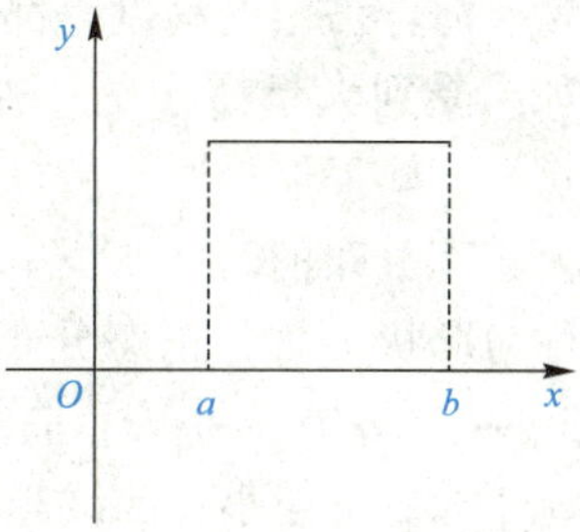

图 11-8

服从均匀分布的随机变量 X 取值于$[a,b]$中任一小区间的概率与该区间的长度成正比，而与该小区间的位置无关.

【例 11-28】 某随机变量 X 在区间$[0,10]$上服从均匀分布，求 $P(4<X<7)$.

解：因为 $X\sim U[0,10]$，X 的概率密度为 $f(x)=\begin{cases}0.1, & 0\leqslant x\leqslant 10,\\ 0, & 其他,\end{cases}$

所以 $P(4<X<7)=\int_4^7 0.1\,dx=0.3$.

(2)指数分布.

若随机变量 X 的概率密度为

$$f(x)=\begin{cases}\lambda e^{-\lambda x}, & x\geqslant 0,\\ 0, & x<0\end{cases}(\lambda>0),$$

则称 X 服从参数为 λ 的指数分布，记为 $X\sim E(\lambda)$，概率密度的曲线如图 11-9 所示.

$$P(a<X<b)=\lambda\int_a^b e^{-\lambda x}dx=e^{-\lambda a}-e^{-\lambda b},$$

$$\int_{-\infty}^{+\infty} f(x)\,dx=\int_0^{+\infty} e^{-\lambda x}dx=1-\lim_{x\to\infty}e^{-\lambda x}=1.$$

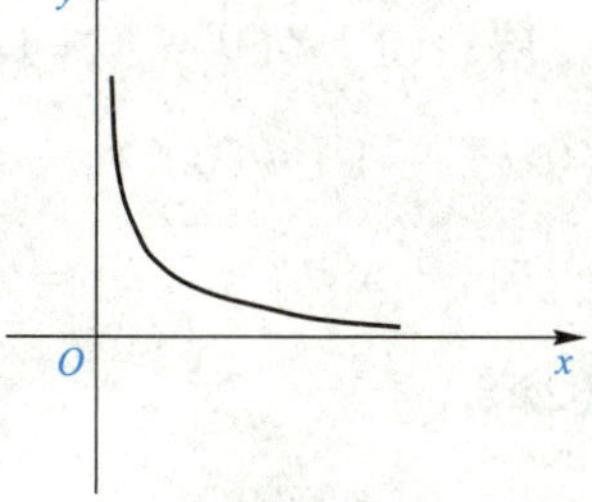

图 11-9

【例 11-29】 已知某种电子管的寿命 X(h)服从指数分布 $X\sim E(\lambda)$，概率密度为

$$f(x)=\begin{cases}\frac{1}{1\,000}e^{-\frac{x}{1\,000}}, & x\geqslant 0,\\ 0, & x<0.\end{cases}$$

求这种电子管能使用 1 000 h 以上的概率.

解：依题意得所求概率为 $P(X\geqslant 1\,000)=P(1\,000\leqslant X<+\infty)=\int_{1\,000}^{+\infty}\frac{1}{1\,000}e^{-\frac{x}{1\,000}}dx$

$=\frac{1}{e}\approx 0.368$.

(3)正态分布.

若随机变量 X 的密度函数为

$$p(x)=\frac{1}{\sqrt{2\pi}\sigma}e^{-\frac{(x-\mu)^2}{2\sigma^2}},\quad -\infty<x<+\infty,\ \sigma>0,$$

称 X 服从参数为 μ，σ^2 的正态分布，记为 $X\sim N(\mu,\ \sigma^2)$.

正态分布是概率论中最重要的一个分布，研究表明许多实际问题中的变量，如测量误差、射击时弹着点与靶心间的距离、热力学中理想气体的分子速度、农作物的收获量、海洋波浪的高度等都可以认为服从正态分布．进一步的理论研究表明，一个变量如果受到大量微小的、独立的随机因素的影响，那么这个变量一般都是一个正态变量.

正态分布的密度曲线呈钟形，μ 称为位置参数，σ 称为形状参数．正态分布的概率密度曲线关于 $x=\mu$ 对称，σ 的大小表示曲线陡缓程度．σ 越大，曲线越平缓；σ 越小，曲线越陡峭．正态分布的概率密度曲线如图 11-10 所示.

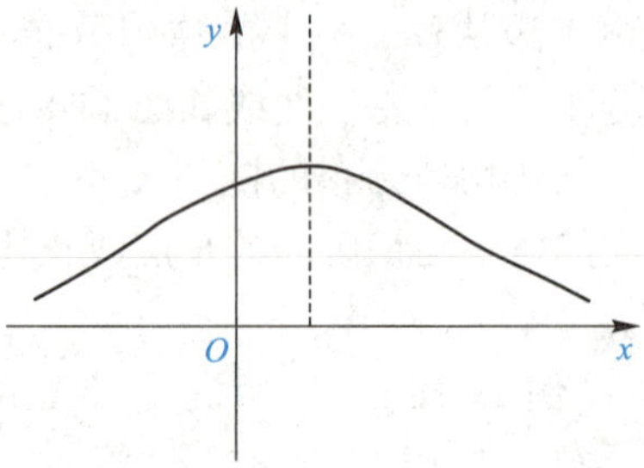

图 11-10

特别：当 $\mu=0$，$\sigma=1$ 时，正态分布 $N(0,\ 1)$ 称为标准正态分布，其密度函数为：

$$\varphi(x)=\frac{1}{\sqrt{2\pi}}e^{-\frac{x^2}{2}},\quad -\infty<x<+\infty.$$

【例 11-30】 已知 $X\sim N(0,\ 1)$，求 $P(1<X<2)$.

解：$P(1<X<2)=\int_1^2\frac{1}{\sqrt{2\pi}}e^{-\frac{x^2}{2}}dx=\int_{-\infty}^2\frac{1}{\sqrt{2\pi}}e^{-\frac{x^2}{2}}dx-\int_{-\infty}^1\frac{1}{\sqrt{2\pi}}e^{-\frac{x^2}{2}}dx=\Phi(2)-\Phi(1)$.

查表得：$\Phi(2)=0.977\ 2$，$\Phi(1)=0.841\ 3$，故 $P(1<X<2)=0.135\ 9$.

【例 11-31】 设 X 服从正态分布 $N(1,\ 4)$，求：

(1) $P(0\leqslant X\leqslant 1.6)$；(2) $P(5<X<7.2)$；(3) $P(X\geqslant 2.3)$.

解：(1) $P(0\leqslant X\leqslant 1.6)=\Phi\left(\frac{1.6-1}{2}\right)-\Phi\left(\frac{0-1}{2}\right)=\Phi(0.3)-\Phi(-0.5)=\Phi(0.3)-[1-\Phi(0.5)]=0.617\ 9-0.308\ 5=0.309\ 4$.

(2) $P(5<X<7.2)=\Phi\left(\frac{7.2-1}{2}\right)-\Phi\left(\frac{5-1}{2}\right)=\Phi(3.1)-\Phi(2)=1-0.977\ 2=0.022\ 8$.

(3) $P(X\geqslant 2.3)=1-\Phi\left(\frac{2.3-1}{2}\right)=1-0.742\ 2=0.257\ 8$.

【例 11-32】 某工程队完成某项工程所需时间 X(单位：天)服从 $N(30,\ 25)$，按照合同规定，若在 30 天内完成，则奖励 15 万元；若在 30 至 45 天内完成，则奖励 1 万元；若超过 45 天完成，则罚款 10 万元．分别求该工程队在完成这项工程时，罚款 10 万元的概率和奖励 15 万元的概率.

解：设该工程队在完成这项工程时，奖励额为 Y.

因为 $X \sim N(30,\ 25)$，所以罚款 10 万元的概率为：$P(Y=-10)=P(X>45)=1-F(45)=1-\Phi\left(\frac{45-30}{5}\right)=1-\Phi(3)=1-0.9987=0.0013$；

奖励 15 万元的概率为：$P(Y=15)=P(X\leqslant 30)=F(30)=\Phi(0)=0.5$.

11.6　随机变量的数字特征

概率分布全面地描述了随机变量取值的统计性规律，而数字特征则描述这种统计规律性的某些重要特征．数字特征包括数学期望、方差、协方差、相关系数和矩等，这里只介绍数学期望和方差．

11.6.1　数学期望

1. 离散型随机变量的数学期望

定义 11.10　设离散型随机变量 X 的可能取值为 $x_i\ (i=1,\ 2,\ \cdots)$，其分布列为 $p_i\ (i=1,\ 2,\ \cdots)$，则当 $\sum\limits_{i=1}^{\infty}|x_i|p_i<\infty$ 时，称 X 存在数学期望，且数学期望为 $E(X)=\sum\limits_{i=1}^{\infty}x_ip_i$. 若 $\sum\limits_{i=1}^{\infty}|x_i|p_i=\infty$，则称 X 的数学期望不存在.

数学期望简称为期望或均值.

【例 11-33】　设 A、B 两台自动车床生产同一标准件，在一定时间间隔内，设 A、B 两台车床次品数分别为 X 和 Y，根据长期统计资料知 X 和 Y 的分布列如表 11-3 所示.

表 11-3　A、B 两台车床的次品数的概率分布表

X	0	1	2	3
P	0.7	0.1	0.1	0.1
Y	0	1	2	3
P	0.5	0.3	0.2	0

问：哪一台车床的产品质量好些？

解：$E(X)=0\times 0.7+1\times 0.1+2\times 0.1+3\times 0.1=0.6$，

$E(Y)=0\times 0.5+1\times 0.3+2\times 0.2+3\times 0=0.7$，

因为 $E(X)<E(Y)$，所以车床 A 的品质好些.

【例 11-34】　某厂要决定今后 5 年内生产某电子产品的生产批量，以便及早做好生产前的各项准备工作．根据以往销售统计资料及市场调查和预测知：未来市场出现销路好、销路一般和销路差三种状态的概率分别为 0.3、0.5 和 0.2；若按大、中、小三种不同生产批量投产，今后 5 年内不同销售状态下的收益值如表 11-4 所示.

表 11-4　今后 5 年内不同销售状态下的收益值

方案	各种状态的概率		
	销路好	销路一般	销路差
	0.3	0.5	0.2
大批量生产收益 X_1	20	14	-2
中批量生产收益 X_2	12	17	12
小批量生产收益 X_3	8	10	10

试作出分析，以确定最佳生产批量.

解：$E(X_1)=0.3\times20+0.5\times14+0.2\times(-2)=12.6$；

$E(X_2)=0.3\times12+0.5\times17+0.2\times12=14.5$；

$E(X_3)=0.3\times8+0.5\times10+0.2\times10=9.4$.

$E(X_2)$比$E(X_1)$和$E(X_3)$都大，所以认为选择中批量生产方案为优.

2. 连续型随机变量的数学期望

定义 11.11　设 X 是一个连续型随机变量，密度函数为$f(x)$，当$\int_{-\infty}^{+\infty}|x|f(x)\mathrm{d}x<\infty$时，称 X 的数学期望(均值)存在，且记数学期望$E(X)=\int_{-\infty}^{+\infty}xf(x)\mathrm{d}x$.

【例 11-35】　设随机变量 X 的概率密度为 $f(x)=\begin{cases}\dfrac{1}{a}, & 0<x<a,\\ 0, & \text{其他},\end{cases}$ 求 $E(X)$，$E(5X^2)$.

解：$E(X)=\int_{-\infty}^{+\infty}xf(x)\mathrm{d}x=\int_0^a x\cdot\dfrac{1}{a}\mathrm{d}x=\dfrac{a}{2}$；

$$E(5X^2)=\int_{-\infty}^{+\infty}5x^2f(x)\mathrm{d}x=\int_0^a 5x^2\cdot\frac{1}{a}\mathrm{d}x=\frac{5}{3}a^2.$$

【例 11-36】　设顾客在某银行的窗口等待服务的时间 X(以分计)服从指数分布，其概率密度为$f(x)=\begin{cases}\dfrac{1}{5}\mathrm{e}^{-\frac{x}{5}}, & x>0,\\ 0, & x\leqslant0.\end{cases}$ 试求顾客等待服务的平均时间.

解：$E(X)=\int_{-\infty}^{+\infty}xf(x)\mathrm{d}x=\int_0^{+\infty}x\cdot\dfrac{1}{5}\mathrm{e}^{-\frac{x}{5}}\mathrm{d}x=5$(分钟).

因此，顾客平均等待 5 分钟就可以得到服务.

3. 几种常见随机变量的数学期望

(1)两点分布，$E(X)=1\times p+0\times q=p$.

(2)二项分布，设 $X\sim B(n,p)$，则 $E(X)=np$.

(3)泊松分布，设 $X\sim P(\lambda)$，则 $E(X)=\lambda$.

(4)均匀分布，设 $X\sim U[a,b]$，则 $E(X)=\dfrac{a+b}{2}$.

即
$$E(X)=\int_{-\infty}^{+\infty}xp(x)\mathrm{d}x=\int_a^b\frac{x}{b-a}\mathrm{d}x=\frac{a+b}{2}.$$

(5)指数分布，设 $X\sim E(\lambda)$，则 $E(X)=\dfrac{1}{\lambda}$.

即
$$E(X)=\int_0^{+\infty}x\lambda e^{-\lambda x}dx=-\int_0^{+\infty}xde^{-\lambda x}=\frac{1}{\lambda}.$$

(6)正态分布，设 $X\sim N(\mu,\sigma^2)$，则 $E(X)=\mu$.

即
$$E(X)=\int_{-\infty}^{+\infty}xp(x)dx=\frac{1}{\sqrt{2\pi}\sigma}\int_{-\infty}^{+\infty}xe^{-\frac{(x-\mu)^2}{2\sigma^2}}dx$$
$$=\frac{1}{\sqrt{2\pi}}\int_{-\infty}^{+\infty}(\sigma y+\mu)e^{-\frac{y^2}{2}}dy\left(令\ y=\frac{x-\mu}{\sigma}\right)$$
$$=\frac{\mu}{\sqrt{2\pi}}\int_{-\infty}^{+\infty}e^{-\frac{y^2}{2}}dy=\mu.$$

【例 11-37】 某人射击的命中率是 0.8，今连续射击 30 次，求命中率的平均次数.

解：设 X 表示射击 30 次命中的次数，则 $X\sim B(30,0.8)$. 求命中的平均次数，就是求 X 的数学期望. 因 $E(X)=np=30\times0.8=24$，故命中的平均次数为 24.

4. 数学期望的性质

设 X 与 Y 都是随机变量，c 是常数，则数学期望有如下性质：

性质 1　常数的数学期望就是这个常数，即 $E(c)=c$.

性质 2　和差的数学期望等于数学期望的和差，即 $E(X\pm Y)=E(X)\pm E(Y)$.

性质 3　若随机变量 X，Y 互相独立，则乘积的数学期望等于数学期望的乘积，即 $E(XY)=E(X)E(Y)$.

性质 4　设随机变量 X，Y 互相独立，a，b，c 均为常数，则 $E(aX+bY+c)=aE(X)+bE(Y)+c$.

11.6.2　方差

1. 方差的定义及计算公式

定义 11.12　设 X 是一个随机变量，数学期望 $E(X)$ 存在，如果 $E(X-E(X))^2$ 也存在，则称 $E(X-E(X))^2$ 为随机变量 X 的方差，并记为 $D(X)$ 或 Var$X$. 方差的算数平方根 $\sqrt{D(X)}$ 又称为标准差、均方差、根方差，记为 σ.

(1)若 X 为离散型随机变量，概率分布为 $P(X=x_k)=p_k(k=1,2,\cdots)$，则随机变量 X 的方差为：$D(X)=E[X-E(X)]^2=\sum\limits_{i=1}^{\infty}(x_k-E(X))^2p_k$.

(2)若 X 为连续型随机变量，概率密度为 $f(x)$，则随机变量 X 的方差为：$D(X)=E[X-E(X)]^2=\int_{-\infty}^{+\infty}[x-E(X)]^2f(x)dx$.

2. 方差的简化计算公式

$$D(X)=E(X-E(X))^2$$
$$=E[X^2-2XE(X)+(EX)^2]=E(X^2)-(EX)^2.$$

【例 11-38】 设离散型随机变量 X 的概率分布如表 11-5.

表 11-5

X	-1	0	0.5	1	2
P	0.1	0.5	0.1	0.1	0.2

求 $D(X)$，$D(2X+1)$.

解： $E(X)=(-1)\times 0.1+0\times 0.5+0.5\times 0.1+1\times 0.1+2\times 0.2=0.45$，$E(X^2)=(-1)^2\times 0.1+0^2\times 0.5+(0.5)^2\times 0.1+1^2\times(0.1)+2^2\times 0.2=1.025$，

$D(X)=E(X^2)-(EX)^2=1.025-(0.45)^2=0.8225$.

$D(2X+1)=4D(X)=4\times 0.8225=3.29$.

【例 11-39】 设随机变量 X 的概率密度为 $p(x)=\begin{cases}\dfrac{3}{2}x^2, & -1\leqslant x\leqslant 1,\\ 0, & \text{其他},\end{cases}$ 求 $D(X)$.

解： $E(X)=\int_{-\infty}^{+\infty}xf(x)\,\mathrm{d}x=\dfrac{3}{2}\int_{-1}^{1}x^3\,\mathrm{d}x=0$，

$$E(X^2)=\int_{-\infty}^{+\infty}x^2f(x)\,\mathrm{d}x=\frac{3}{2}\int_{-1}^{1}x^4\,\mathrm{d}x=\frac{3}{5},$$

$$D(X)=E(X^2)-(EX)^2=\frac{3}{5}.$$

3. 几种常见随机变量的方差(表 11-6)

(1)两点分布.

因为 $E(X)=p$，$E(X^2)=1^2p+0^2q=p$，

所以 $D(X)=E(X^2)-(EX)^2=p-p^2=pq(q=1-p)$.

(2)二项分布.

$E(X)=np$，

$$\begin{aligned}E(X^2)&=\sum_{k=0}^{n}k^2C_n^kp^kq^{n-k}\\&=\sum_{k=1}^{n}npkC_{n-1}^{k-1}p^{k-1}q^{n-k}\ (\text{令 } m=k-1)\\&=np\left(\sum_{m=0}^{n-1}mC_{n-1}^{m}p^{m}q^{n-m+1}+\sum_{m=0}^{n-1}C_{n-1}^{m}p^{m}q^{n-m-1}\right)\\&=np[(n-1)p+1],\end{aligned}$$

$$\begin{aligned}D(X)&=E(X^2)-(EX)^2\\&=np[(n-1)p+1]-(np)^2,\\&=npq(q=1-p).\end{aligned}$$

(3)泊松分布.

$E(X)=\lambda$，

$$\begin{aligned}E(X^2)&=\sum_{k=0}^{\infty}k^2\frac{\lambda^k}{k!}e^{-\lambda}\\&=\sum_{k=1}^{\infty}k\frac{\lambda^{k-1}}{(k-1)!}\lambda e^{-\lambda}(\text{令 } m=k-1)\end{aligned}$$

$$=\lambda\sum_{m=0}^{\infty}m\frac{\lambda^m}{m!}e^{-\lambda}+\lambda\sum_{m=0}^{\infty}\frac{\lambda^m}{m!}e^{-\lambda}$$

$$=\lambda^2+\lambda,$$

$$D(X)=E(X^2)-(EX)^2=\lambda^2+\lambda-\lambda^2=\lambda.$$

(4)均匀分布.

$$E(X)=\frac{a+b}{2},$$

$$E(X^2)=\int_a^b x^2\frac{1}{b-a}dx=\frac{1}{3}(a^2+ab+b^2),$$

$$D(X)=E(X^2)-(EX)^2$$

$$=\frac{1}{3}(a^2+ab+b^2)-\left(\frac{a+b}{2}\right)^2$$

$$=\frac{(b-a)^2}{12}.$$

(5)指数分布.

$$E(X)=\frac{1}{\lambda},$$

$$E(X^2)=\int_0^{+\infty}x^2\lambda e^{-\lambda x}dx=-\int_0^{+\infty}x^2 de^{-\lambda x}$$

$$=-x^2e^{-\lambda x}\Big|_0^{+\infty}+2\int_0^{+\infty}xe^{-\lambda x}dx$$

$$=\frac{2}{\lambda}\int_0^{+\infty}x\lambda e^{-\lambda x}dx=\frac{2}{\lambda^2},$$

$$D(X)=E(X^2)-(EX)^2=\frac{2}{\lambda^2}-\left(\frac{1}{\lambda}\right)^2=\frac{1}{\lambda^2}.$$

(6)正态分布.

$$E(X)=\mu,$$

$$D(X)=\int_{-\infty}^{+\infty}(x-\mu)^2\frac{1}{\sqrt{2\pi}\sigma}e^{-\frac{(x-\mu)^2}{2\sigma^2}}dx\left(令\ y=\frac{x-\mu}{\sigma}\right)$$

$$=\int_{-\infty}^{+\infty}y^2\frac{\sigma^2}{\sqrt{2\pi}}e^{-\frac{y^2}{2}}dy$$

$$=\frac{\sigma^2}{\sqrt{2\pi}}\left(-ye^{-\frac{y^2}{2}}\Big|_{-\infty}^{+\infty}+\int_{-\infty}^{+\infty}e^{-\frac{y^2}{2}}dy\right)$$

$$=\sigma^2\left(\frac{1}{\sqrt{2\pi}}\int_{-\infty}^{+\infty}e^{-\frac{y^2}{2}}dy\right)=\sigma^2.$$

表 11-6　常见随机变量的数学期望、方差表

分布名称	分布列或概率密度	期望	方差	均方差
$X\sim B(1,\ p)$	$P(X=1)=p$, $P(X=0)=1-p$,	p	$p(1-p)$	$\sqrt{p(1-p)}$

续表

分布名称	分布列或概率密度	期望	方差	均方差
$X \sim B(n,\ p)$	$P(X=k)=C_n^k p^k(1-p)^{n-k}$ $(k=0,\ 1,\ 2,\ \cdots,\ n)$	np	$np(1-p)$	$\sqrt{np(1-p)}$
$X \sim P(\lambda)$	$P(X=k)=\frac{\lambda^k}{k!}e^{-\lambda},\ \lambda>0$ $(k=0,\ 1,\ 2,\ \cdots)$	λ	λ	$\sqrt{\lambda}$
$X \sim U[a,\ b]$	$P(x)=\begin{cases}\frac{1}{b-a}, & a\leqslant x\leqslant b\\ 0, & \text{其他}\end{cases}$	$\frac{a+b}{2}$	$\frac{(b-a)^2}{12}$	$\frac{(b-a)\sqrt{3}}{6}$
$X \sim E(\lambda)$	$P(x)=\begin{cases}\lambda e^{-\lambda x}, & x\geqslant 0\\ 0, & x<0\end{cases}$	$\frac{1}{\lambda}$	$\frac{1}{\lambda^2}$	$\frac{1}{\lambda}$
$X \sim B(\mu,\ \sigma^2)$	$P(x)=\frac{1}{\sigma\sqrt{2\pi}}e^{\frac{(x-\mu)2}{2\sigma 2}}$	μ	σ^2	σ
$X \sim N(0,\ 1)$	$\varphi(x)=\frac{1}{\sqrt{2\pi}}e^{-\frac{x^2}{2}}$	0	1	1

4. 方差的性质

性质 1　设 c 为任意常数，则 $D(c)=0$.

性质 2　设 c 为任意常数，X 为随机变量，则 $D(cX)=c^2D(X)$.

性质 3　设 X，Y 为互相独立的随机变量，则 $D(X\pm Y)=D(X)+D(Y)$.

性质 4　设随机变量 X，Y 互相独立，a，b，c 均为常数，则 $D(aX+bY+c)=a^2D(X)+b^2D(Y)$.

性质 5　设 X 为随机变量，则 $D(X)=E(X^2)-(EX)^2$.

因为 $D(X)=E(X-(EX))^2$（$E(X)$ 是一个常数）$=E[X^2-2XE(X)+(EX)^2]=E(X^2)-(EX)^2$.

【例 11-40】　一种股票的未来价格是一随机变量，一个要买股票的人可以通过比较两种股票未来价格的期望和方差来决定购买何种股票，由未来价格的期望值(及期望价格)可以判定未来收益，而由方差可以判定投资的风险．方差大则意味着投资风险大，设有甲、乙两家公司的两种股票，今年的价格都是 10 元，一年后它们的价格及其分布分别如表 11-7、表 11-8 所示.

表 11-7　一年后甲股票的价格及其概率分布

甲股票			
X/元	6	12	10
P	0.4	0.5	0.1

表 11-8　一年后乙股票的价格及其概率分布

乙股票			
Y/元	6	8	22
P	0.3	0.5	0.2

试比较购买这两种股票时的投资风险.

解： 两公司的股票价格都是离散型随机变量.

先计算甲公司股票的方差

$E(X)=6\times0.4+12\times0.5+10\times0.1=9.4$，$E(X^2)=6^2\times0.4+12^2\times0.5+10^2\times0.1=96.4$，

$D(X)=E(X^2)-(EX)^2=96.4-9.4^2=8.04$.

再计算乙公司股票的方差

$E(Y)=6\times0.3+8\times0.5+22\times0.2=10.2$，$E(Y^2)=6^2\times0.3+8^2\times0.5+22^2\times0.2=139.6$，

$D(Y)=E(Y^2)-(EY)^2=139.6-10.2^2=35.56$.

因为 $E(X)\approx E(Y)$，而 $D(Y)$ 远大于 $D(X)$，所以购买乙股票的投资风险大一些.

【例 11-41】 设随机变量 X 的概率密度为 $f(x)=\begin{cases}1+x, & -1\leqslant x<0,\\ 1-x, & 0\leqslant x\leqslant 1,\\ 0, & \text{其他}.\end{cases}$ 求 $D(X)$.

解： $E(X)=\int_{-1}^{0}x(1+x)\mathrm{d}x+\int_{0}^{1}x(1-x)\mathrm{d}x=0$，

$E(X^2)=\int_{-1}^{0}x^2(1+x)\mathrm{d}x+\int_{0}^{1}x^2(1-x)\mathrm{d}x=\frac{1}{6}$，

所以 $D(X)=E(X^2)-(EX)^2=\frac{1}{6}$.

【例 11-42】 设随机变量 X，Y 互相独立，它们的概率密度分别为

$$f(x)=\begin{cases}2\mathrm{e}^{-2x}, & x>0,\\ 0, & x\leqslant 0,\end{cases}\qquad f(y)=\begin{cases}4, & 0\leqslant y\leqslant \frac{1}{4},\\ 0, & \text{其他},\end{cases}\quad \text{求 } D(X+Y).$$

解： 显然 $X\sim E(2)$，$D(X)=\frac{1}{2^2}=\frac{1}{4}$，$Y\sim U\left(0,\ \frac{1}{4}\right)$，$D(Y)=\frac{\left(\frac{1}{4}-0\right)^2}{12}=\frac{1}{192}$，

又因为 X，Y 相互独立，所以

$$D(X+Y)=D(X)+D(Y)=\frac{1}{4}+\frac{1}{192}=\frac{49}{192}.$$

项 目 小 结

本项目知识结构思维导图：

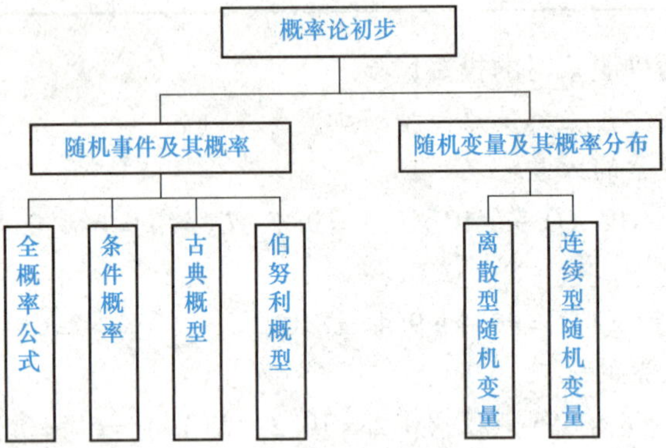

思 政 天 地

生活中的概率

概率论渗透到现代生活的方方面面．正如19世纪法国著名数学家拉普拉斯(Laplace，1794—1827)所说："对于生活中的大部分，最重要的问题实际上只是概率问题．你可以说几乎我们所掌握的所有知识都是不确定的，只有一小部分我们能确定地了解．甚至数学科学本身，归纳法、类推法和发现真理的首要手段都是建立在概率论的基础之上．因此，整个人类知识系统是与这一理论相联系的……"

婴儿出生时的男女比例

一般人或许认为：生男生女的可能性是相等的，因而推测出男婴和女婴的出生数的比应当是1:1，可事实并非如此．

公元1814年，法国数学家拉普拉斯在他的新作《概率的哲学探讨》一书中，记载了一个有趣的统计．他根据伦敦、彼得堡、柏林和全法国的统计资料，得出了几乎完全一致的男婴和女婴出生数的比值是22:21，即在全体出生婴儿中，男婴占51.2%，女婴占48.8%．可奇怪的是，当他统计1745—1784年整整四十年间巴黎男婴出生率时，却得到了另一个比是25:24，男婴占51.02%，与前者相差0.14%．

对于这千分之一点四的微小差异，拉普拉斯感到困惑不解，他深信自然规律，他觉得这千分之一点四的后面，一定有深刻的因素．于是，他深入进行调查研究，终于发现：当时巴黎人"重女轻男"，有抛弃男婴的陋俗，以至于歪曲了出生率的真相，经过修正，巴黎的男女婴的出生比率依然是22:21.

什么是概率天气预报

概率天气预报是用概率值表示预报量出现可能性的大小，它所提供的不是某种天气现象的"有"或"无"，某种气象要素值的"大"或"小"，而是天气现象出现的可能性有多大．

如对降水的预报，传统的天气预报一般预报有雨或无雨，而概率预报则给出可能出现降水的百分数，百分数越大，出现降水的可能性越大．一般来讲，概率值小于或等于30%，可认为基本不会降水；概率值在30% ~60%，降水可能发生，但可能性较小；概率值在60% ~70%，降水可能性很大；概率值大于70%，有降水发生．概率天气预报既反映了天气变化确定性的一面，又反映了天气变化的不确定性和不确定程度．在许多情况下，这种预报形式更能适应经济活动和军事活动中决策的需要．

地球与彗星碰撞概率：相当于飞机失事

紫金山天文台研究人员认为，从几百万年的漫长时间来看，彗星或小行星撞地球的概率，与在飞机坠毁事故中丧生的概率是一样的．

王思潮研究员说，小行星、彗星撞击地球是一种高危害、低概率的事件，如直径140米的彗星彗核、小行星如果碰撞地球，就会引起海啸．一般来说，直径是一公里以上的小行星平均50万年碰撞一次；直径140米以上的，平均5 000年碰撞一次，也就是说近50年碰撞的概率为1/100. 天文学家和地球物理学家求助于数值模拟计算，推断出直径在200米以上的陨星撞击地球的概率大约为每17万年一次．

“数以百万计的小行星，在地球周围织成一张密密的‘蛛网’，我们的地球，就在这张危险横生的网中穿行．”王思潮说，“每年，在说不准的时间里，一些小行星会令人措手不及地‘撞’到地球上来．”

项 目 训 练

一、填空题

1. 已知 $P(A)=0.3$，$P(B)=0.4$，$P(AB)=0.2$，则 $P(A\cup B)=$__________．

2. 在一副52张的扑克牌中任取3张，则至少两张花色相同的概率为(用式子表示，不必具体算出)__________．

3. 设事件 A，B 互不相容，则 $P(AB)=$__________．

4. 设事件 A 与 B 满足 $P(A)=0.5$，$P(B)=0.6$，$P(B|A)=0.8$，则 $P(A\cup B)=$__________．

5. 设随机事件 A，B 互不相容，且 $P(A)=0.3$，$P(\overline{B})=0.6$，$P(B|A)=0.8$，则 $P(B|\overline{A})=$__________．

6. 在10件产品中，有6件一等品，4件二等品，若以随机变量 X 表示“在取出的3件产品中所含二等品件数”，则 X 所可能取的值是__________；$P\{X=0\}=$__________；$P\{X=1\}=$__________；$P\{X=2\}=$__________；$P\{X=3\}=$__________；$P\{X<0\}=$__________；$P\{X\leqslant 0\}=$__________；$P\{X>3\}=$__________；$P\{X\geqslant 3\}=$__________；$P\{X\leqslant 3\}=$__________；$P\{X<4\}=$__________；$P\{1<X\leqslant 3\}=$__________．

7. 在100件产品中有15件次品，从中任意抽取1件．若以随机变量 X 表示“抽取到的次品数”，当抽取到正品时，记为 $X=0$，当抽到次品时，记为 $X=1$，则 $P\{X=0\}$

= ____________；$P\{X=1\}$ = ____________.

8. 设随机变量 X 服从参数为 λ 的泊松分布，且 $P(X=1)=P(X=2)$，则 λ = ____________.

9. 已知随机变量 $X\sim N(-3,1)$，$Y\sim N(2,1)$，且 X 与 Y 相互独立，设 $Z=X-2Y+3$，则 $E(X)$ = ____________，$D(X)$ = ____________，$E(Y)$ = ____________，$D(Y)$ = ____________，$E(Z)$ = ____________，$D(Z)$ = ____________，$Z\sim$ ____________分布.

10. 设 X 服从参数 $p(0<p<1)$ 的 0－1 分布，则 $E(X)$ = ____________，$D(X)$ = ____________.

11. 设随机变量 $X\sim B(n,p)$，且 $E(X)=3$，$D(X)=2$，则 X 的全部可能取值是____________.

12. 设随机变量 $X\sim P(\lambda)$，且 $E(X)=4$，则 $D(X)$ = ____________，$P\{X=1\}$ = ____________.

13. 设随机变量 $X\sim U(2,6)$，则 $E(X)$ = ____________，$D(X)$ = ____________，$E(-3X+2)$ = ____________，$D(2-3X)$ = ____________.

14. 设随机变量 X 与 Y 的密度函数分别为 $f_X(x)=\begin{cases}2e^{-2x}, & x\geqslant 0,\\ 0, & x<0,\end{cases}$ $f_Y(y)=\begin{cases}4e^{-4y}, & y\geqslant 0,\\ 0, & y<0,\end{cases}$ 则 $E(X)$ = ____________，$D(X)$ = ____________，$E(X+Y)$ = ____________.

15. 设随机变量 X 的密度函数为 $f(x)=\dfrac{1}{2\sqrt{2\pi}}e^{-\frac{(x-3)^2}{8}}$，$x\in(-\infty,+\infty)$，则 $E(X)$ = ____________，$D(X)$ = ____________.

二、选择题

1. 6 个男生，4 个女生，站成一排，则这 4 个女生站在一起的概率为(　　).

A. $\dfrac{4!\ 7!}{10!}$　　B. $\dfrac{7}{10}$　　C. $\dfrac{4!\ 6!}{10!}$　　D. $\dfrac{4}{10}$

2. 设 A，B，C 为三个事件，则 $\overline{A}BC\cup A\overline{B}C\cup AB\overline{C}$ 表示(　　).

A. A、B、C 中恰有一个发生　　B. A、B、C 中恰有两个发生

C. A、B、C 中至少有一个发生　　D. A、B、C 中至少有两个发生

3. $f(x)=\begin{cases}\dfrac{1}{b-a}, & a\leqslant x\leqslant b,\\ 0, & \text{其他}\end{cases}$ 是(　　)分布的概率密度.

A. 倍数　　B. 二项　　C. 均匀　　D. 泊松

4. 若随机变量 $X\sim B(2,p)$，随机变量 $Y\sim B(3,p)$，且 $P(X\geqslant 1)=\dfrac{5}{9}$，则 $P(Y\geqslant 1)$ = (　　).

A. $\dfrac{19}{27}$　　B. $\dfrac{8}{27}$　　C. $\dfrac{1}{27}$　　D. $\dfrac{26}{27}$

5. 描述离散型随机变量概率分布情况的是(　　).

A. 分布列　　B. 密度函数　　C. 正态分布　　D. 均匀分布

6. 当随机变量 X 的可能值充满区间(　　)时，$p(x)=\cos x$ 可成为 X 的概率密度.

A. $\left[0,\ \frac{\pi}{2}\right]$　　B. $\left[\frac{\pi}{2},\ \pi\right]$　　C. $[0,\ \pi]$　　D. $\left[\frac{3\pi}{2},\ \frac{7\pi}{4}\right]$

7. 随机变量 $E(X)=D(X)=\lambda$，当 δ 逐渐增大时，$P(|x-2|<\delta)$ 的值逐渐(　　).

A. 增大　　B. 减小　　C. 不变　　D. 无法确定

8. 设 X 的分布函数为 $F(x)$，密度函数为 $p(x)$，则 X 落在 $[1,\ 3]$ 内的概率为(　　).

A. $p(3)-p(1)$　　B. $F(3)-F(1)$　　C. $\int_1^3 F(x)\mathrm{d}x$　　D. $\int_1^3 xp(x)\mathrm{d}x$

9. 设 X 的概率密度函数为 $p(x)=\begin{cases}\frac{1}{9}\mathrm{e}^{-\frac{x}{9}}, & x\geqslant 0,\\ 0, & x<0,\end{cases}$ 则 $E\left(-\frac{1}{9}X\right)=($　　$)$.

A. 9　　B. -9　　C. 1　　D. -1

10. 设 X 的概率密度函数为 $p(x)=\frac{1}{\sqrt{2\pi}}\mathrm{e}^{-\frac{(x-2)^2}{2}}$，则有(　　).

A. $P(X<-2)=P(X>2)$　　B. X 服从指数分布

C. $P(X\leqslant 2)=P(X>2)$　　D. $P(X=2)=\frac{1}{\sqrt{2\pi}}$

11. 设随机变量 X 的概率密度函数为 $p(x)$，分布函数为 $F(X)$，则对任意实数 x 都有(　　).

A. $P(X=x)=0$　　B. $F(x)=f(x)$

C. $f(x)=0$　　D. $P(X\leqslant x)=\int_0^x f(t)\mathrm{d}t$

12. 设 X 的概率密度为 $p(x)=\begin{cases}1, & 0\leqslant x\leqslant 1,\\ 0, & \text{其他},\end{cases}$ 则 $E(X-1)=($　　$)$.

A. $-\frac{1}{2}$　　B. $\frac{1}{2}$　　C. 0　　D. 1

三、解答题

1. 掷一枚骰子，$A=\{$点数大于2$\}$，$B=\{$点数大于5$\}$，求 $P(A-B)$.

2. 化简下列事件：

(1)$(A\cup B)(B\cup C)$；(2)$(A\cup B)(A\cup\overline{B})$；(3)$(A\cup B)(A\cup\overline{B})(\overline{A}\cup B)$；

(4)$(A\cup B)(A\cup\overline{B})(\overline{A}\cup B)(\overline{A}\cup\overline{B})$.

3. 设 A，B，C 为三个事件，用 A，B，C 的运算关系表示下列各事件.

(1)A 发生，B 与 C 不发生；(2)A 与 B 都发生，而 C 不发生；

(3)A，B，C 至少有一个发生；(4)A，B，C 都发生；

(5)A，B，C 都不发生；(6)A，B，C 中不多于一个发生；

(7)A，B，C 中不多于两个发生；(8)A，B，C 中至少有两个发生.

4. 写出下列随机试验的样本空间：

(1)将一枚匀称的硬币抛掷3次，观察出现正反面的情况；

(2)逐个试制某种产品，直到得到5个合格品为止，记录试制产品的总件数；

(3)某汽车站，，每隔6 min发一次车．乘客不知道该车站发车的时间表，观察乘客候车的时间t(单位：min)．

5. 事件A与B之间有怎样的关系时，下列等式成立：

(1)$A+B=A$；(2)$AB=A$.

6. 从一批产品中，每次取一件产品检验，设A_1，A_2，A_3分别表示第1次、第2次、第3次取到的产品，用A_1，A_2，A_3的运算表示下列事件：

(1)3次中至少有一次取到次品；

(2)3次中没有取到次品；

(3)3次中至少有2次取到合格品；

(4)3次中恰好有2次取到合格品．

7. 考察甲、乙两城市九月份下雨的情况．根据以往的资料，对该月份中的任一天，甲城下雨的概率为0.4，乙城下雨的概率是0.3，甲、乙两城都下雨的概率为0.28．今对某一天，求下列事件的概率：

(1)在乙城下雨时，甲城下雨；

(2)在甲城下雨时，乙城下雨；

(3)甲、乙两城至少有一个城市下雨．

8. 在10个考题签中有3道难答题，甲、乙、丙三人按顺序抽签，求下列事件的概率：

(1)3人都抽到难答签；(2)至少有1人抽到难答签．

9. 5张彩券中有1张中奖券，5个人按先后顺序各抽一张券．在开始抽取前，求各人中奖的概率．

10. 随机地选取四人，求至少两个人的生日是同一个月的概率．

11. 一批产品中4%是次品，在合格品中有75%是一级品，现从这批产品中任取1件，求它是一级品的概率．

12. 市场供应的热水器中，甲厂产品占50%，乙厂产品占20%，丙厂产品占30%；甲厂产品的合格率为90%，乙厂为85%，丙厂为80%．求买到的热水器是合格品的概率．

13. 甲公司正在考虑是否生产一种新产品，这种产品盈利与否，主要取决于乙公司是否生产同类新产品．若乙公司生产这种新产品，甲公司盈利的概率为0.2，若乙公司不生产，甲公司盈利的概率为0.9．甲公司经研究决定：若盈利的概率不小于0.6，则生产这种产品；否则不生产．现甲公司已获信息，乙公司正忙于另一业务，生产这种产品的概率仅为0.3．试就甲公司是否生产这种新产品做出决策．

14. 甲、乙、丙三组工人加工同一种零件，他们出现次品的概率分别是0.01，0.02和0.03；又知甲组加工出的零件是乙组的2倍，是丙组的4倍．现将他们加工的零件混放在一起，从中抽取一件，求它不是次品的概率．

15. 现有学生500名，其中男生200名，女生300名．在这些学生中，有60名男生，100名女生计划主修会计学．现随机抽取1名学生，发现该名学生计划主修会计学．那么这个学生是女生的概率是多少？

16. 甲、乙两射手同时向一目标各射击一次，命中率分别为0.7，0.8. 求下列事件的概率：

(1) 两人同时命中；

(2) 甲命中、乙不命中；

(3) 甲、乙恰有一人命中；

(4) 至少有一人命中.

17. 一个自动报警器由雷达和计算机两部分组成，两部分有任何一部分失灵，这个报警器就失灵．若使用100 h，雷达失灵的概率为0.1，计算机失灵的概率为0.3. 两部分失灵与否相互独立，求这个报警器使用100 h后失灵的概率.

18. 三个人独立破译一个密码，他们能译出的概率分别为$\frac{1}{5}$，$\frac{1}{3}$，$\frac{1}{4}$. 问能将此密码破译出的概率.

19. 第一台、第二台机器生产一级品零件概率分别为70%和80%. 第一台生产零件2个，第二台生产零件3个，且各零件生产出是几级品是相互独立的．求所生产的5个零件全是一级品的概率.

20. 有两箱同种类的零件，第一箱装50只，其中10只一等品；第二箱装30只，其中18只一等品，今从两箱中任挑出一箱，然后从该箱中取零件两次，每次任取一只，做不放回抽样，求：(1) 第一次取到的零件是一等品的概率；(2) 第一次取到的零件是一等品的条件下，第二次取到的也是一等品的概率.

21. 某建筑工程队从甲、乙两个供应站购进建筑材料，供应站甲能及时供应材料的概率为0.84，供应站乙能及时供应材料的概率为0.79. 两供应站都能及时供应材料的概率为0.65. 求至少有一个供应站能及时供应材料的概率.

22. 一批零件中有10个合格品和2个废品，安装机器时，从这批零件中依次抽取，若每次取出的废品不再放回去，直到取出合格品为止，求在取出合格品之前，已取出的废品数的概率分布.

23. 设随机变量X的概率分布如表11-9.

表11-9

X	-1	0	1	2	3
P	c	$2c$	c	$2c$	$4c$

(1) 求c的值；(2) 写出概率分布表.

24. 一批种子发芽率为90%，从中任取10粒，求播种后恰有8粒发芽的概率.

25. 已知某本书一页上的印刷错误的个数服从参数为0.2的泊松分布，求下列事件的概率：

(1) 试写出X的概率分布；

(2) 求一页上印刷错误不多于1个的概率.

26. 一袋中有4只乒乓球，编号为1，2，3，4，在其中同时取3只，以X表示取出的三只球中的最大号码，写出随机变量X的分布律.

27. 设在15只同类型零件中有2只次品，在其中取三次，每次任取一只，做不放回抽样，以 X 表示取出次品的数量.(1)求 X 的分布律；(2)画出分布律的图形.

28. 保险公司出售某种寿险保单 2 500 份，已知此项寿险每单需要交保费 120 元，当被保险人一年内死亡时，其家属可以从保险公司获得 2 万元的赔偿. 若此类被保险人一年内死亡的概率为 0.002，试求：(1)保险公司此项寿险亏损的概率；(2)保险公司从此项寿险获利不少于 10 万元的概率；(3)获利不少于 20 万元的概率.

29. 某商店出售某种贵重商品，据经验每月该商品的销售量服从参数为 3 的泊松分布，问月初进货时要库存多少件此商品，才能有 99% 的把握满足当月的需要？

30. 一电话总计每分钟受到呼叫的次数服从参数为 4 的泊松分布，求：(1)某一分钟恰有 8 次呼叫的概率；(2)某一分钟的呼叫次数大于 3 的概率.

31. 若连续型随机变量 X，其概率密度 $f(x)=\begin{cases} k\mathrm{e}^{-3x}, & x>0, \\ 0, & x\leqslant 0, \end{cases}$ (1)确定常数 k；(2)求 X 的分布函数，并求 $P(X>0.1)$.

32. 假设办理某一银行业务电话所用时间(分)是以 $\theta=5$ 为参数的指数分布的随机变量. 如某人刚好在你前面办理业务，求你将等超过 10 分钟的概率.

33. 设随机变量 X 的概率分布如表 11-10.

表 11-10

X	-2	0	1	3
P	$\frac{1}{3}$	$\frac{1}{2}$	$\frac{1}{12}$	$\frac{1}{12}$

求：(1)$E(-X+1)$；(2)$E(2X^3+5)$.

34. 设 $X\sim U\left(0,\ \frac{\pi}{2}\right)$，求 $E(2X+1)$，$E(\cos X)$.

35. 据资料统计，某地段一个月内发生交通事故的次数服从表 11-11 所示的分布.

表 11-11

X	0	1	2	3	4	5
P	0.10	0.33	0.31	0.13	0.09	0.04

问该地段发生交通事故的月平均数是多少？

36. 卖水果的某个个体户，在不下雨的日子里每天可以赚 100 元，在雨天则要损失 10 元，该地区每年下雨的日子约有 130 天，求该个体户每天获利的数学期望(一年按 365 天计).

37. 设离散型随机变量 X 的分布如表 11-12.

表 11-12

X	-1	0	1
P	$\frac{1}{4}$	$\frac{1}{2}$	$\frac{1}{4}$

求：(1)$Y=X^3$ 的分布列和 Y 的数学期望 $E(Y)$；

(2)$Y=X^2$ 的分布列和 Y 的数学期望 $E(Y)$.

38. 在国际市场上，每年对我国某种商品的需求量是一个随机变量 X(单位：t)，它服从[2 000，4 000]上的均匀分布．已知每售出一吨此商品，就可以赚得外汇 3 万美元；但若售不出去，则每吨需仓储费 1 万美元．那么，外贸部门每年应组织多少货源，才能使收益最大？

39. 设随机变量 X 的概率分布如表 11-13.

表 11-13

X	1	2	3
P	0.2	0.3	0.5

求 X 的方差 $D(X)$.

40. 在相同条件下，用两种方法测量某零件的长度(单位：mm)，由大量测量结果得到它们的概率分布如表 11-14.

表 11-14

长度 l	4.8	4.9	5.0	5.1	5.2
p_1	0.1	0.1	0.6	0.1	0.1
p_2	0.2	0.2	0.2	0.2	0.2

其中 $p_k(k=1, 2)$ 表示第 k 种方法的概率．试比较哪种方法的精确度好.

41. 设 $X \sim B(n, p)$，$E(X)=2.4$，$D(X)=1.44$，求 n 和 p.

42. 设 $X \sim N(1, 2)$，$Y \sim N(2, 1)=2.4$，且 X，Y 相互独立，求 $E(3X-Y+4)$，$D(X-Y)$.

43. 设随机变量 X 的概率密度为 $f(x)=\begin{cases} 1+x, & -1 \leqslant x<0, \\ 1-x, & 0<x<1, \\ 0, & \text{其他}, \end{cases}$ 求 $E(X)$，$D(X)$，$E(2X-1)$，$D(2X-1)$.

44. 某种电子仪器的使用寿命 X(单位：h)是连续型随机变量，其密度函数为 $f(x)=\begin{cases} \frac{1}{800}e^{-\frac{x}{800}}, & x \geqslant 0, \\ 0, & x<0. \end{cases}$ 试确定该电子仪器的数学期望、方差、标准差.

45. 设随机变量 X 的分布列如表 11-15.

表 11-15

X	-1	0	2	3
$P(X)$	K	$2K$	$3K$	$4K$

求：(1)常数 K；(2)概率 $P(X=1)$；(3)概率 $P(0<X\leqslant 3)$.

46. 在 $a+b$ 件商品中，有 a 件正品，b 件次品．现从中任取一件，若随机变量 $X=\begin{cases} 1, & \text{取到正品}, \\ 0, & \text{取到次品}, \end{cases}$ 求随机变量 X 的分布函数.

47. 设随机变量 X 的概率密度函数为 $p(x)=\begin{cases} k(4x-2x^2), & 0<x<2, \\ 0, & \text{其他}. \end{cases}$

求：(1)常数 k；(2)概率 $P(X=1)$；(3)概率 $P(1<X\leqslant 3)$.

48. 设 X 的密度函数为 $p(x)=\frac{1}{2}e^{-|x|}$，求 $E(X)$ 和 $D(X)$.

四、应用题

1. 设某批鸡蛋每枚的重量 X(g)服从正态分布，$X\sim N(50, 25)$，求：

(1)从该批鸡蛋中任取 1 枚，其重量不足 45 g 的概率；

(2)若从该批鸡蛋中任取 5 枚，恰有两枚鸡蛋不足 45 g 的概率.

备用数据：$\Phi(1)=0.841\ 3$，$\Phi(1.645)=0.95$，$\Phi(x)$ 为标准正态分布函数.

2. 设一商场每月销售某种商品的数量服从参数为 5 的泊松分布，问在月初进货时至少要进多少件此种商品，才能保证当月不脱销的概率小于 0.99？

3. 游客乘电梯从底层到电视塔顶层观光，电梯于每个整点的第 5 分钟、25 分钟和 55 分钟从底层运行．假设一游客在早八点的第 X 分钟到达底层候梯处，且 X 服从 $[0, 60]$ 上的均匀分布，求该游客等候时间的数学期望.

4. 已知 100 台机床彼此独立地工作着，每台机床的实际工作时间占全部工作时间的 80%，求任意时刻 70 台至 86 台机床在工作的概率．(已知 $\Phi(2.5)=0.993\ 8$，$\Phi(1.5)=0.933\ 2$)

教学实验　利用 MATLAB 求数字特征

一、实验目的

(1)会利用 MATLAB 求概率问题.

(2)会利用 MATLAB 求概率分布的均值与方差.

(3)会利用 MATLAB 作回归分析.

二、实验指导

1. 利用 MATLAB 求概率

对于常见的概率分布的计算，MATLAB 的统计工具箱中提供了以下两类函数(表 11-16、表 11-17).

(1)累积分布函数(表 11-16)

表 11-16

概率分布	泊松分布	二项分布	均匀分布	指数分布	正态分布
函数关键字	poisscdf	binocdf	unifcdf	expcdf	normcdf

【例 11-43】 已知 $X\sim N(2, 9)$，求 $P(X>1)$.

MATLAB 输入命令	MATLAB 输出结果
>>1-normcdf(1, 2, 3)	ans = 0.630 6

即 $P(X>1)=0.630\ 6$.

(2)概率密度函数(pdf)(表11-17)

表11-17

概率分布	泊松分布	二项分布	均匀分布	指数分布	正态分布
函数关键字	poisspdf	binopdf	unifpdf	exppdf	normpdf

【例11-44】 某厂的产品在出厂前必须通过抽样检测，并且每天抽样200件，假设次品率为2%，求一天内没有发现次品的概率．

MATLAB 输入命令	MATLAB 输出结果
`>>binopdf(0, 200, 0.02)`	ans = 0.017 6

即一天内没有发现次品的概率为0.017 6.

2. 运用 MATLAB 求均值与方差

在MATLAB的工具箱中，以stat结尾的函数可以计算给定参数的某种分布的均值与方差(表11-18)：

表11-18

概率分布	泊松分布	二项分布	均匀分布	指数分布	正态分布
函数关键字	poissstat	binostat	unifstat	expstat	normstat

【例11-45】 已知随机变量 $X\sim N(5,9)$，求 $E(X)$，$D(X)$.

MATLAB 输入命令	MATLAB 输出结果
`>>[m, v]=normstat(5, 3)`	m = 5 v = 9

即 $E(X)=5$，$D(X)=9$.

3. 用 MATLAB 作回归分析

不含常数项的一元回归模型 $y=ax+\varepsilon$，x，y 都是 $n\times 1$ 向量，在MATLAB中进行回归分析的程序有：

(1)	$b=regress(y,x)$;
(2)	$[b, bint, r, rint, stats]=regress(y,x)$;
(3)	$[b, bint, r, rint, stats]=regress(y,x,alpha)$.

注：$b=regress(y,x)$ 返回基于观测 y 和回归矩阵 x 的最小二乘拟合系数的结果.

$[b, bint, r, rint, stats]=regress(y,x)$ 则给出系数的估计值b；系数估计值的置信度为95%的置信区间 bint；残差r及各残差的置信区间 rint；向量 *ststs* 给出回归的 R^3 统计量和 F 以及 p 值. $[b, bint, r, rint, stats]=regress(y,x,alpha)$ 给出置信度为 $1-alpha$ 的结果，其他符号意义同上．对含常数项的一元回归模型，可将 x 变为 $n\times 1$

矩阵，其中第一列全为 1.

【例 11-46】 2020 年农村居民的人均月收入和生活消费支出数据如表 11-19.

表 11-19

人均月收入 x/元	1 241.36	1 255.7	1 461.2	1 572.9	1 682.8	1 796.7
人均月生活费支出 y/元	1 200.2	1 247.8	1 354.2	1 460.3	1 571.3	1 680.3

求 y 对 x 的回归直线方程，并检验线性关系的显著性.

MATLAB 输入命令	MATLAB 输出结果

`>>x = [1241.36 1255.7 1461.2 1572.9 1682.8 1796.7]'`
`y=[1200.2 1247.8 1354.2 1460.3 1571.3 1680.3]"`
`scatter(x, y)`
击回车键
	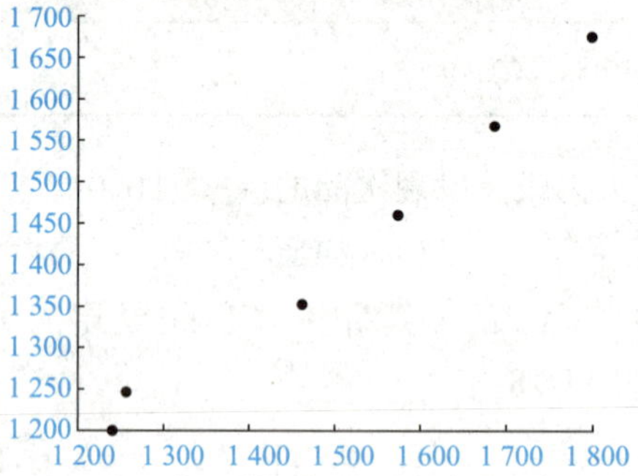

再进一步进行回归分析，在命令窗口中继续输入.

MATLAB 输入命令	MATLAB 输出结果

`x=[ones(6, 1), x]`
`[b, bint, r, rint, stats] = regress(y, x)`
击回车键
	显示
	b =
	185.489 7
	0.821 4
	$bint$ =
	-28.693 6　399.673 0
	0.680 1　0.962 7
	r =
	-4.916 0
	30.905 4
	-31.487 9
	-17.135 8
	3.594 7
	19.039 7
	$rint$ =
	-66.441 5　-56.609 4
	-8.925 9　70.736 7
	-86.816 1　23.840 4
	-86.154 3　1.882 6
	-65.305 4　72.494 7
	-30.010 2　68.089 6
	$stats$ =
	0.984 9　260.499 3　0.000 1

从以上 MATLAB 输出结果可以看出：人均月生活费支出 y 对人均月收入 x 的回归直线方程为 $y=185.4897+0.8214x$，$R^2=0.9849$，$P=0.0001<0.05$，说明线性关系显著，拟合程度相当高 .

教学实验训练题

1. 运用 MATLAB 求解下列概率问题 .

(1) $X\sim B(100, 0.3)$，求 $P(X=20)$；　　(2) $X\sim N(0, 1)$，求 $P(-1\leqslant X\leqslant 1)$.

2. 运用 MATLAB 求下列分布的均值与方差 .

(1) $X\sim B(100, 0.3)$；　　(2) $X\sim N(4, 25)$.

3. 已知某种电子元件的寿命 X(小时) 的概率密度为

$$f(x)=\begin{cases}0, & x<0,\\ \dfrac{1}{1\,000}e^{-\frac{x}{1\,000}}, & x\geqslant 0,\end{cases}$$

利用 MATLAB 求该种电子元件的平均寿命.

4. 某家庭月销售支出与家庭月支配收入之间存在下列关系，请你利用 MATLAB 求解线性回归方程，并检验线性关系的显著性.

表 11-20

收入/元	800	1 100	1 400	1 700	2 000	2 300	2 600	2 900	3 200	3 500
消费/元	594	638	1 122	1 155	1 480	1 595	1 969	2 078	2 585	2 530

5. 测得 16 名成年女子的身高 x(cm) 与腿长 y(cm) 所得数据如表 11－21 所示.

表 11-21

身高	143	145	146	147	149	150	153	154	155	156	157	158	159	160	162	164
腿长	88	85	88	91	92	93	93	95	96	98	97	96	98	99	100	102

求 y 对 x 的线性回归方程，并检验线性关系的显著性.

参 考 文 献

[1]杨敏华. 经济数学[M]. 大连：东北财经出版社，2018.
[2]冯其明. 经济数学基础[M]. 南京：南京大学出版社，2015.
[3]全国大学生数学建模竞赛组委会编. 大学生数学建模竞赛[M]. 北京：高等教育出版社，2018.
[4]侯风波. 高等数学[M]. 北京：高等教育出版社，2009.
[5]胡桶春. 应用高等数学[M]. 北京：航空工业出版社，2019.
[6]顾静相. 经济数学基础[M]. 北京：高等教育出版社，2018.
[7]仉志余. 大学数学应用教程[M]. 北京：北京大学出版社，2005.
[8]王劲松. 高等数学[M]. 重庆：西南师范大学出版社，2007.
[9]节存来. 经济应用数学[M]. 北京：高等教育出版社，2019.
[10]邵晓锋. 高等代数[M]. 北京：高等教育出版社，2020.
[11]姚孟臣. 线性代数[M]. 北京：高等教育出版社，2004.
[12]刘桂真. 运筹学[M]. 北京：高等教育出版社，2007.
[13]甘培锋. 线性代数[M]. 北京：经济科学出版社，2015.
[14]周晓中. 线性代数与线性规划[M]. 北京：中国人民大学出版社，2014.